天

天

초판 1쇄 인쇄 2018년 5월 28일
초판 1쇄 발행 2018년 6월 1일

지은이 하늘과 땅
펴낸이 金泰奉
펴낸곳 한솜미디어
등 록 제5-213호

편 집 박창서, 김수정
마케팅 김명준
홍 보 김태일

주 소 (우 05044) 서울시 광진구 아차산로 413(구의동 243-22)
전 화 (02)454-0492(代)
팩 스 (02)454-0493
이메일 hansom@hansom.co.kr
홈페이지 www.hansomt.co.kr

ISBN 978-89-5959-489 4 (03150)

*책값은 표지에 표시되어 있습니다.
*잘못 만들어진 책은 구입하신 서점에서 친절하게 바꿔드립니다.
*지은이 연락처_ 천궁(天宮) 02)471-7406

하늘과 땅 著

문재인, 홍라희, 이건희, 이병철, 정주영, 신격호, 구인회 재벌들의 천상약속과 영혼들 대화. 왕과 대통령들, 재벌 회장들은 죽어서도 잘살까? 석가, 예수, 마리아, 여호와, 구천상제의 전생과 종교의 미래. 김정은, 김여정 생령과 김정일, 김일성 영혼 불러 대화. 하늘세계의 진실과 죽음이 두려운 사후세계

한솜미디어

| 책을 집필하면서 |

 추상적으로만 전해져 오던 하늘의 실체는 무엇일까?
 대우주를 창조하시고 천지만생만물의 창조자이신 하늘이 존재하실까? 천상의 절대자로 알려지고 있는 영혼의 어버이가 과연 어떤 모습으로 계실지 인류 모두가 궁금히 여기는 부분인데 아주 상세하게 밝혀내었다.

 재벌들과 종교 숭배자들의 전생록!
 그대들로부터 일평생 부러움과 선망의 대상이었던 재벌 회장들의 천상세계 신분과 현생에서 살다가 죽은 뒤의 생생한 사후세계 모습 그리고 세계 인류의 정신을 수천 년 동안 지배통치하고 있는 종교 숭배대상자들인 석가모니, 여호와, 마리아, 예수, 상제의 천상세계 신분과 그들이 수천 년 전에 이 땅에서 행했던 모든 모습들이 적나라하게 공개되었다.

 종교 숭배자들이 자신들과 제자들도 몰랐던 비밀. 천상의 주인이신 하늘만이 알고 있는 모든 비밀을 북두칠성 제 5별의 염정성주(여자)인 미호 서기부 부장(대신=장관급 신명)에게 천상의 주인께서 명을 내리셨다.

 천상과 지상의 전생과 현생, 내생, 미래의 문서기록담당인 천상의 신명을 내려 보내 그들의 전생록을 모두 알려주면서 나에게 종교의 식민지에서 인류를 구원해서 해방시켜 주라고 하시며 이 세상의 그 어떤 종교도 이 땅에 허락하신 적이 없고, 종교 자체가 죄 많은 역천자 귀신들을 하늘처럼 만들어서 받들고 섬기는 것이 현재 종교세계 모습이라며 진노하시었다.

진짜 하늘을 알아야 받들고 섬길 것이 아니던가?
인류 최초로 천상의 주인께서 인류에 대한 천상에서의 전생록과 이 땅에서 행한 진실을 기록한 모든 내용을 밝히시었다. 귀신들을 하늘로 받들어 섬기는 것이 아닌 진짜 하늘의 존재가 누구인지 그대 독자들도 모두가 알게 되리라.

지구에서 76억 인류가 행하고 있는 말과 글, 문자, 통화내용, 메일, 팩스, 유튜브, 페이스북, 행동, 마음, 생각에 대해 일거수일투족을 실시간으로 지켜보시며 천상문서담당 미호 서기부 부장이 혼자서 500억 명의 인류에 대한 현생록과 전생록을 기록하며 감찰해서 천상의 주인께 보고하고 있다.

지상의 각 나라, 기업, 단체, 가정, 개인의 행동과 말을 바로 옆에서 실시간으로 보고 들을 수 있는 대형 스크린 같은 것이 있다. 그러니까 그대들의 일거수일투족이 천상 자미천궁으로 실시간 생중계되고 있음을 명심해야 한다.

마음가짐, 몸가짐, 말조심하며 살아가야 하고, 하늘이 어디 있어? 신이 어디 있어? 하면서 하늘과 신을 무시하고 능멸하는 자들은 즉시 응징하기에 그대들의 인생으로 아픔, 슬픔, 고통, 불행의 날벼락 맞는 일들이 일어난다.

어제 세미 비서실장 이율의 육신으로 왕년에 한국 경제를 쥐고 흔들던 거목들의 사령(죽은 영혼)과 북한 최고 통치자였던 김일성과 김정일의 사령(영혼)을 불렀을 때 모습이 지금도 눈에 선하다! 참으로 한탄이 저절로 나오면서 그 무슨 말로도 그 비참한 모습을 표현할지 모를 정도로 참혹하였다.

처음으로 김정일의 사령을 불렀다. 그의 사령 영혼이 세미 비서실장 이율의 몸으로 실려서 나오는데 먹지 못하고 굶주림으로 서 있을 힘도 없이 축 늘어져서 기어 오고 있었다. 얼마 전까지도 북한의 지도자로 독재 정치하며 부귀영화를 누리던 그 김정일이 맞아? 할 정도로 아주 거지 모습이었다.

두 번째로 아버지 김일성을 불렀다. 김일성은 나타나자마자 밥 줘! 빵 줘! 옷 줘! 옷도 하나 입지 못하고 굶주림과 추위에 허덕이며 먹을 것만 찾으러 바닥을 기어 다니고 있었다. 정말 개 보다 못한 사후세상이었다. 살아 있을 때 그 위풍당당한 통치자의 모습은 티끌만치도 볼 수 없었다. 참으로 비참하였다.

세 번째로 김정은의 엄마 고영희의 모습이 나타났는데 실오리 하나 몸에 걸치지 못하고 발가벗은 나체로 나타나서 앞 가슴과 밑을 가리고 있으면서 배고파서 쩔쩔 매고 있었다. 이 여자가 북한 통치권자 김정일의 부인이 맞아? 할 정도로 축생들 보다 못한 사후세상이 너무 비참하였다.

네 번째로 고 정주영의 사령(영혼)을 불렀는데 나타나는 모습을 보니 너무 배가 고프고 추워서 허리가 90도로 꾸부정해서 힘없이 나타났다. 살아생전에 그의 자식들이 많다고 하던데 사후세계에선 아주 알거지 모습이었다. 혹시 바닥에 먹을 것이라도 있나 찾아 헤매고 사람들을 찾아다니며 먹을 것을 달라고 애걸복걸하며 다니고 있었다.

　다섯 번째로 정주영 회장의 손자 중에서 세 명 손자 생령들을 모두 불렀는데 할아버지의 모습을 보고도 불쌍해 하는 척만 하면서 진정으로 구원해주려고 하지 않았다. 이에 분노하여 저승사자들이 세 명 손자를 혼쭐이 나도록 고문 형벌을 내려주었다. 할아버지가 물려준 재산으로 부귀영화를 누리며 살면서도 죽은 조상들을 진짜 구할 생각은 추호도 없고 종교만 믿고 의지하고 있다.

　그 다음에는 삼성가의 고 이병철 사령(영혼)도 부르고, 살아 있는 홍라희 여사의 생령도 부르고, 식물인간이 되어버린 이건희 회장의 생령도 불렀는데 이건희 회장은 숨만 붙어 있는 식물인간 모습 그대로였다. 참으로 통탄하고 비참한 일이다.

　사명자들을 권력자와 부자로 안 살게 해주신 게 얼마나 큰 하늘의 사랑인지 알게 되었다. 권력자와 부자로 살았다면 끝도 없는 사후세상은 이들보다 더 못할 것은 강 건너 불 보듯 뻔하다. 한 치 앞도 보이지 않는 암흑의 사후세상에서 굶주림과 추위와 힘센 조폭 귀신들에게 매를 맞아가면서 한도 끝도 없이 어떻게 지낼 것인지 생각조차 하기도 무서운 일이다.

　사후세상은 현실처럼 존재하고 있는 것임이 분명한데 살아생전엔 죽으면 그만이지 무슨 사후세상이 어디 있어? 하고들 무시하며 살아가고 있다. 죽어 보면 다 알 것을~ 후회는 이미 늦었고 돌이킬 수 없다. 그렇게 많은 재산을 물려주고 죽으니 정말 한탄스럽기가 짝이 없어 보였다.

권력자와 부자들과 반대로 이곳에 들어온 나의 신하와 백성들은 참으로 행운이 가득한 사람들이었다. 천상으로 입천한 조상님들은 사명자 자식들을 잘 두어서 불행 중 천만다행이었다. 부모도 자식을 잘 만나야 하고, 자식도 부모를 잘 만나야 한다는 그 의미를 잘 알게 되었던 순간이다.

그리고 36살에 암으로 죽은 전연을 불렀다.
전연은 천인, 신인의 신분이었는데 오랫동안 소식이 없어서 무척이나 궁금하였다. 후에 말기 암으로 죽었다는 것을 알았는데 21차 도법주문회에서 불렀다. 전연 천인, 신인은 살아생전에 천인합체, 신인합체까지 다 이루고 세상을 떠났다.

죽는 순간 천상에서 한 마리 천룡을 내려 보내서 전연 천인, 신인을 태우고 곧바로 천상 자미천궁으로 입천하게 해주셨다고 천상에서 신명이 알려주었다.

고 정주영 회장을 비롯한 재벌가와 북한 김씨 가문의 통치권자와 비교할 때 전연 천인, 신인은 참으로 활기차고 예쁜 옷차림을 한 17세 소녀의 모습으로 하강하였다. 그저 떠날 때 내게 인사도 못 올리고 갔다며 죄송하다고 하였다.

천상에서의 삶은 근심 걱정 없이 무릉도원의 세상에서 살아가고 있고, 세상 부러울 게 하나도 없이 아주 행복하게 잘 살고 있다며 얼굴엔 웃음꽃이 활짝 피어 있었다.

재벌가 회장들도 살아생전 천인합체라도 행하고 죽었으면 추위와 거지 신세는 면하고 근심 걱정 없이 사후세상을 보냈을 것인데~전연 천인, 신인과 비교할 수 없는 세상을 살고 있으니 그대들에겐 제일 좋은 생생한 교재로 영원히 기억 속에 남아 있을 것이다.

나의 신하와 백성들은 뭐니 뭐니 해도 조상입천을 행하고 천인합체의식으로 천인이라는 영광의 관명을 안게 되어서 다행 중에 다행이다. 조상입천과 천인합체, 신인합체의 가치를 어찌 돈으로 환산할 수 있겠는가?

아직 조상입천과 천인합체를 못한 사람들은 정신 바짝 차리고 하루라도 빨리 조상입천과 천인합체만은 행하고 죽어야 한다. 언제 갑자기 죽어서 세상을 떠날지 모르기에 만사 제쳐두고 조상입천과 천인합체는 그대들 모두의 필수과정이다.

이 모두가 나(황태자)를 인류의 구원자이자 심판자(인류의 구심점)로 내려 보내주신 하해와도 같은 하늘 사랑이 있었기에 가능했다. 그 태산보다 높은 하늘의 은혜를 살아서나 죽어서나 어찌 다 갚으리오~!

사명자들을 부자로 안 만들어주신 하늘의 깊은 사랑에 감사고 또 감사하다. 살아서도 죽어서도 무릉도원의 삶을 살 수 있게 해주시고, 하늘의 명을 받은 자들이 죽어서는 대통령이나 재벌들도 못 올라가는 천상 자미천궁에 올라가서 편안히 지내게 해주시니 하늘의 깊은 뜻을 또다시 알게 되었다.

— 저자 하늘과 땅 —

| 목차 |

책을 집필하면서/ 4

제1부 구원의 하늘 天
천상세계는 존재하는가?/ 14
도솔천황 폐하와 옥경천황 폐하 하강/ 22
영혼의 어버이께서 하강/ 25
천상의 대화록/ 37
천상에서의 어린 시절 유희 전생록/ 42
풍운조화 천지대공사/ 50
황룡옥새의 위력/ 55
북두칠성의 비밀/ 58
북극성의 비밀/ 65
인류 최초 六龍(육룡)의 하강/ 67
하늘의 특명받고 내려온 天子(천자)!/ 69

제2부 이병철, 홍라희, 정주영, 신격호
하늘의 명과 천상의 약속/ 78
김정은, 김정일, 김일성, 고영희 상봉/ 88
삼성그룹 창업주 이병철 회장 전생록/ 95
삼성그룹 이건희 전생록/ 103
홍라희(라이레이사) 전생록/ 108
LG그룹 창업주 구인회 전생록/ 116
현대그룹 창업주 정주영 전생록/ 123
롯데그룹 창업주 신격호 전생록/ 135

문재인 대통령 전생록/ 145

제3부 석가, 마리아, 예수, 상제
천상반란 역모 주동자/ 158
지하세계 아수라 대마왕과의 전쟁/ 160
종교를 믿는 자체가 역천자/ 168
천상에서 도망친 자와 쫓겨난 자/ 173
영혼들과 육신들의 생사/ 178
성모 마리아(사말란국 제후의 막내딸)/ 183
예수(피에타국 제후의 아들)와 12제자/ 192
여호와(야훼) 베노타국 제후의 셋째 아들/ 204
불교의 석가모니 전생록/ 217
구천상제 증산 강일순 전생록/ 231

제4부 사후세계의 무서운 공포
하늘이 내려주신 사명/ 252
죽은 왕들과 재벌들의 하소연/ 256
춥고 배고픈 사후세계의 진실/ 268
이건희 회장 생령과 딸 이윤형의 만남/ 275
세종대왕의 사후세계 모습/ 278
천상에서 지은 죄를 빌어라/ 284
귀신들과 함께 살아가는 인생길/ 288
귀신들의 집이 되어버린 인간 육신/ 294

국문장을 열어 귀신들 빼내/ 299
춥고 배고프다며 구해달라는 재벌들/ 303
미래에 대한 예언/ 309
천상의 주인(하늘) 자리 승계/ 316
청와대 뒷산 북악산은 황룡의 머리/ 320
제사와 차례에 대한 진실/ 322
43년 만에 확인한 사후세계/ 327
천상 자미천궁으로 입천 검증/ 336
천상 자미천궁에서 일어난 기적/ 340
죄를 빌어 천상으로 돌아가려고/ 346

제5부 생사령 대화록
김정은, 김여정, 김일성, 김정일/ 354
천상의 주인께서 하강하신 天宮/ 415
최후의 결단 생사령 소멸 천지대공사/ 421
天宮은 생사령들의 마지막 종착역/ 428
청와대 이전 및 천궁 건립 촉구 궐기대회/ 433
조상입천과 천인합체 필수/ 439
부모조상님 구하는 근본도리/ 440
의식 행사/ 442
친견상담 예약 안내/ 443
찾아오는 길/ 444

책을 맺으면서/ 435

제1부
구원의 하늘 天

천상세계는 존재하는가?

세상의 영과 육을 천(天) 하나로 통일.

동화나 상상 속으로만 그렸던 천상세계는 어떤 곳일까? 아무것도 없는 허상속의 상상세계일까? 영적으로만 존재하는 세계일까? 우리 인류의 끝없는 궁금증을 갖고 있다. 인류 모두가 왜 천상으로 돌아가려고 하늘을 찾아다니는 것일까?

인류의 탄생 역사와 오랜 궁금증이 풀리는 충격적인 비밀이 풀렸다. 2018년 4월 12일. 나의 궁금증이자 인류의 궁금증이 명쾌하게 풀어진 날이다. 조물주(창조자)께서는 우주에 7,500개의 행성 중 100개의 행성에 지구인과 같은 생명체가 살 수 있도록 창조하시었다.

영적으로만 존재하는 세계가 아니라 실제 지구인의 모습과 같은 존재들이 살아가고 있는데 그 증표가 세계 인류의 오색인종이다. 7,500개 각 행성마다 피부색이 다르기 때문이다. 청인종, 홍인종, 백인종, 흑인종, 황인종이 살고 있다.

홍인종은 피부색이 구릿빛의 붉은색이고, 청인종은 푸른 튀튀한 색이다. 대체적으로 아시아인은 황인종, 유럽인은 백인종, 아프리카인은 흑인종, 아메리카 인디언은 홍인종, 청인종은 동남아시아에 살았으나 지금은 멸족하였다.

기후와 풍토에 따라서 얼굴 피부색이 변하는 게 아니고 원래부터 천상의 행성이 다르기 때문에 모양새나 얼굴색이 황인종, 백인종, 흑인종으로 분류된다. 황인종도 어딘가 모르게 얼굴 모양새가 다르고, 백인이나 흑인들도 생김새가 다르며 머리카락 모양이나 색깔도 다르다.

천상에는 3,300개의 제후국들이 있는데 지금부터 2,036년 전에 1,800개 제후국들이 천상의 주인이신 영혼의 어버이를 시해하려는 반란에 가담하였다가 실패하여 700개 제후국들은 지구로 도망쳐 내려왔고, 500개 제후국들은 얼음지옥 한빙도에 투옥되었으며, 600개 제후국들은 천옥도에 투옥되었다.

현재 지구에서 살아가고 있는 76억 3,000만 명의 인류가 천상에서 반란역모 대역죄를 짓고 지구로 도망친 700개 제후들과 황실군에 체포되어 형을 선고받고 지구로 쫓겨난 죄인들이 뿌린 씨앗들이 99.999%이다.

그래서 현재 76억 3,000만 명의 세계 인류는 하늘 아래 죄인 아닌 자들이 하나도 없다는 것이다. 이미 죽은 조상들도 죄인들이었고, 살아 있는 여러분도 역모반란 죄인의 피가 흐르고 있는 죄인들이다.

천상에서의 전생 진실이 이러한데 종교를 믿으면 천상으로 올라간다고 종교인들이 현혹하고 있다. 모두가 새빨간 거짓말들이니 더 이상 종교에 속지 마라. 이 세상의 모든 종교는 태어나면 안 되었던 것이었다. 종교 행위 자체가 하늘을 사칭하겠다는 의도이고, 하늘과 대적하여 싸우겠다는 의사표시이다.

이 땅에 그 어떤 성인성자 누구도 받들고 섬기면 안 되었던 것이다. 반란역모 죄를 빌어야 할 성인성자 귀신들을 받들고 섬기는 종교세계를 이 땅에 허락하신 적이 없다고 천상의 주인이신 영혼의 어버이께서 말씀하시었다. 오히려 천상으로 돌아가는 길과 정반대 길이고, 천상에는 종교가 없기에 이 세상의 모든 종교는 거짓이고 가짜라고 밝히시었다.

말세에 심판의 때가 왔기에 모든 종교 숭배자들, 종교 창시자와 교주들, 종교 지도자들과 이들을 믿고 따르는 신도들은 하늘로부터 심판을 받아야 할 때가 왔다.

이제까지 천상세계는 영적으로만 존재하는 세계로만 알고 있었는데 실제 존재하는 천상세계였다. 영혼의 부모님이신 조물주(창조자)이시자 천상의 주인과 대신(장관급)들이 차례대로 하강하시어 인류가 알 수 없었던 상상초월의 전무후무한 천상세계 진실을 적나라하게 가르쳐주시었다. 그래서 이 책을 읽고 있는 그대 독자들은 가장 큰 행운아에 속한다.

하늘에는 인간들 세계처럼 천상세계 정부가 있고, 200개의 중앙부처가 있음이 확인되었다. 대한민국 정부의 17개 부처와 비교할 때 상당히 큰 행정부라 할 수 있다. 그리고 살아가는 모습도 우리들 인간세상의 모습과 똑같은 모습들 그대로이다. 한마디로 천상세계를 복사한 축소판이 현재의 지구 모습이라고 보면 된다.

천상 자미천궁 사람들은 인간 육신의 형상 그대로이지만 영적으로만 존재하는 세계이고, 다른 100개의 행성에는 지구인과 같은 생명체가 살고 있다. 인류 최초로 밝혀지는 아래 내용들 모두는 천상의 신들을 하강시켜 내가 직접 대화하면서 밝혀낸 귀중한 자료들이다.

천상 자미천궁(대우주와 삼라만상의 천지만생만물 창조자)
1. 인구 : 120억 경
2. 평균수명 : 1,000억 살(탄생과 소멸 반복)
3. 천상의 주인(조물주) 연치 : 10자 살(100,000해 살)
4. 천상의 어머니 연치 : 20조(공씨가 제후의 10대 제후)
5. 인간 육신의 모습을 갖고 있되, 영적으로만 존재
6. 천상에서 1살이면 인간계에서는 10살
7. 천상의 주인 신장 크기 : 평시 2.5m, 크기 자유자재 조절
8. 천상의 어머니(황후폐하) 신장 : 1.8m

천상 도솔천궁
1. 인구 : 20억 경
2. 평균수명 : 800억 살
3. 도솔천황 폐하 연치 : 1자 살(10,000해 살)
   천상의 주인(조물주)께서 탄생시켜 주심
4. 도솔황후 폐하 연치 : 70조 살
5. 도솔천황 폐하의 신장 크기 : 2.3m

천상 옥경대
1. 인구 : 15억 경
2. 평균수명 : 800억 살
3. 옥경천황 폐하 연치 : 1자 살(10,000해 살)
   천상의 주인(조물주)께서 탄생시켜 주심

4. 옥경천황 폐하의 신장 크기 : 2.4m

5. 도솔천황 폐하(형님)와 쌍둥이

6. 미혼이신데 무속인들이 옥경천황 황후, 아들(왕자), 딸(공주)들이 있다고 세상 사람들을 속여서 분노가 폭발하여 무속인들을 모두 죽여서 무속세계 문을 닫게 만들겠다고 난리치시고 계심.

도솔천황 폐하는 조상구원, 도법, 도통, 돈 주관하시고, 옥경천황 폐하는 크고 작은 재물과 돈의 기운을 주관하신다.

천계의 신명들이 함께하는 '천지세계 신명정부'를 현 청와대 터에 세우라고 하셨는데 지구가 탄생하면서부터 하늘의 터, 신의 터로 점지되어 있었다고 하시었다. 신명정부에 동참할 천계의 신명들 규모는 엄청나다.

대우주 삼라만상과 만생만물을 만든 조물주이시자 천상세계의 절대자 주인이신 천상 자미천궁의 영혼의 아버지와 영혼의 어머니, 북극성의 주인(천자이자 황태자), 도솔천황 폐하, 옥경천황 폐하, 황실의 대신들이 차례대로 하강하시어 천상의 진실을 알려주고 계신다.

북두칠성 제 1별 탐랑성은 천자를 보좌하는 보좌관 겸 총괄본부장, 제 2별 거문성은 신명하강을 주관하는 인사부대신, 제 3별 녹존성은 재앙을 주관하는 황룡과 은룡·청룡·적룡·백룡·흑룡의 육룡들·제 4별 문곡성은 형벌을 주관하는 예조부대신,

제 5별 염정성은 천상과 지상의 문서를 기록하는 서기부 부장(겸직), 제 6별 무곡성은 창고와 오곡을 주관하는 재무부대신, 제 7별 파군성은 신군부대신, 천상의 1,500개 제후국 대표들과 재상부대신, 비서부대신, 경호부대신, 외무부대신,

판관사자 대장군이 거느리는 45개 부대장과 수하 358,000명의 판관사자들, 저승사자 대장군이 거느리는 30개 부대장과 수하 343,800명의 저승사자들, 화산폭발·지진·쓰나미·태풍·천재지변을 일으키는 120마리의 용들, 천둥번개, 벼락을 치게 하는 상하변국 뇌성벽력대장군과 31마리의 용들,

죄인들을 천옥도로 압송하는 100마리의 천룡들, 죄인들을 얼음지옥 한빙도로 압송하고, 한냉 기류를 만드는 100마리의 백룡들, 죄인들을 불지옥으로 압송하고, 폭염 기류를 몰고 오는 100마리의 적룡들, 천상세계와 반대의 지하세계 아수라 악귀들을 추포하여 얼음지옥 한빙도와 불지옥 적화도로 보내는 500마리의 황룡들,

풍운조화신장들인 구름을 만드는 역할의 운사 운룡, 눈과 비를 내리는 우사 우룡, 바람을 불게 하는 풍사 풍룡, 염라국 천황사자 염라대왕·왕세자·대장군·왕자·곡라국 지황사자 곡라대왕·현라국 인황사자 현라대왕 등 10대왕들이 하강하고, 조상영가들을 천상으로 태우고 가는 100마리의 천룡들도 하강했다.

청와대 터에 더 이상 인간 대통령이 들어오지 못하도록 수천 년 전부터 청와대 터를 지키는 흑룡이 있다. 통치자들이 청와

대에 들어오면 재앙과 불행을 내려서 일본총독들부터 현재까지 역대 대통령들 모두 재임 중이나 퇴임 후에 망명, 하야, 시해, 자살, 감옥살이를 하고 불행이 일어나고 있다.

인간의 몸 안에 3혼(태광, 상령, 유정)을 관장하고 인간즉살을 주관하는 저승세계 천황사자 염라국의 제 1대왕 염라대왕(태광= 생혼, 생령, 사혼 주관), 지황사자 곡라국의 곡라대왕(상령= 각혼, 언혼 주관), 인황사자 현라국의 현라대왕(유정= 황혼, 영혼 주관), 제 2대왕~제 10대왕이 천지세계 신명정부에 모두 동참한다.

태광(台光) 상령(爽靈) 유정(幽精)의 세 정혼이 있다. 다른 말로는 태광(台光)=사혼(思魂 : 사고하는 능력), 상령(爽靈)=언혼(言魂 : 언어구사 능력), 유정(幽精)=황혼(荒魂 : 인간의 생명력 관장)이라 하고 또 다른 표현으로는 생혼(生魂), 각혼(覺魂), 영혼(靈魂)이라 부르기도 한다. 동물에는 생혼+ 각혼이 있고, 식물에는 생혼만 있으며, 인간은 생혼+각혼+영혼이 있다.

이 모든 신명, 용들, 영들을 불러서 대화를 나누어 보았는데 너무나 흥미롭고 신비한 이야기가 무궁무진하지만 다음 기회에 공개할 계획이다.

삼라만상과 만생만물을 창조하신 절대자 하늘은 존재하시며, 천상신명들과 저승사자들도 존재하며, 상상의 동물인 용들과 봉황도 영적 세계에 실제 실존한다. 천상세계, 사후세계, 신명세계, 영혼세계, 조상세계가 실제로 존재한다.

인간의 눈으로만 안 보일 뿐 한 치의 오차도 없이 구름, 비, 눈, 바람, 화산폭발, 지진, 쓰나미 등의 천지대공사를 매일같이 실시간으로 집행하고 있다.

천상계 신들이 대거 인간계로 하강하여 신인합체를 행해서 함께 신명정부를 수립하려고 한다. 인류가 오랜 세월 애타게 기다려오던 세상인데 눈앞에 현실로 다가왔다. 천계의 고차원적인 신명들이 인간들과 하나 되어 서로가 상부상조하며 공생공존하자고 한다.

그대들이 소속되어 있는 각 분야에 최고 1인자 신명들과 신인합체를 행하면 인간의 능력으로 불가능하게 여겨지던 일들이 천계에서 하강한 신들이 상상초월의 신비능력으로 해결되는 일들이 부지기수로 일어난다. 그래서 세상을 살아가면서 신인합체(神人合體)가 반드시 필요한 것이다.

재난이 다가오는 것을 신들은 미리 알 수 있기에 위험한 재난의 중심에 서 있지 않도록 피하게 해준다. 그리고 상대방이 자신을 사기 치려 하는 것인지, 이용하려는 것인지 미리 알아차릴 수 있고, 무수히 많은 귀신들로부터 침범당하는 것을 신의 능력인 신력(神力)으로 물리칠 수 있는 것이 인류 최초의 신인합체의식이다.

※
구원의 하늘을 찾아다닌 자들
절대자 하늘을 찾아다니는 자들
영혼의 어버이를 찾아다니는 자들의 종착역!

도솔천황 폐하와 옥경천황 폐하 하강

도솔천황 폐하께서 종교에 대한 분노를 안고 하강!

 도솔천황 폐하께서 인류 심판 천지대공사에 동참하기 위해서 하강하셨다. 또한, 종교 교주와 신도들을 모두 다 죽여 버리려고 오셨다.

 심판받을 재벌들과 권력자들을 살려두라고 천상에서 온건파들이 말하고 있다. 말법시대가 열리면 천지대공사에 동참하여 적극적으로 도우라고 천상에서 내려 보냈건만, 자기들의 사리사욕을 채우는 데 급급하였다고 진노하셨다.

 도솔천황 폐하께서 도교(증산도, 대순진리, 태극도, 기타 도교 지파)를 다니다 온 자들을 다 불러내셨다. 다들 모르고 들어갔다고 변명하는데, 도통하려고 간 것이 아니더냐! 하고 호통을 치시며 그들의 모습을 보고 너무나 가슴 아파하셨다.

 너희들이 갖다 바친 돈을 이곳에 바치라고 줬는데 가짜에 빠져서 너희들 몸속에 악귀잡귀가 다 들어간 것이 아니냐고 하셨다. 들어갔으면 바로 빠져나왔어야지 왜 빨리 나오지 않았느냐 하시며, 이 나라에 너희 같은 놈들이 얼마나 많은지 아느냐 하셨다. 너희들의 죄가 너무 크다고 하시고, 그 모습을 보면서 가슴이 아프다고 하셨다.

그러는 너희들이 여기에 살겠다고 들어왔느냐? 하셨고 너희들이 뿌린 만큼 너희들이 죗값을 치러야 할 것이라고 하셨다. 이 자리를 빌어서 대순진리회, 증산도, 태극도를 다 죽여버린다 하셨다. 너무나 화가 나서 날씨 천지공사(4월 8일 전후)를 보여 주었느니라 하시며, 앞으로 여름을 겨울이 되게 해서 다들 굶어 죽게 할 것이라고 하셨다.

도솔천황 폐하의 백룡 100마리 명명식

백룡들의 이름을 호명하였다. 내가 새로 지어준 백룡들의 이름을 하나씩 호명하자 하강하며 각자 "예!"하고 우렁차게 복명복창하며 세미 비서실장 이율의 육신을 빌려서 응답하였다. 백룡들은 기상이변을 일으키는 역할이고, 한랭 기류를 몰고 오기에 날씨가 갑자기 추워지는 것인데 2018년 4월 8일 전후로 세상에 백룡의 존재를 보여주었다고 자랑하였다. 농어촌 춘래불사춘이란 제목으로 전국적인 피해가 많았었다.

100마리 백룡들의 대표인 대장군이 와서 죄인들을 잡아다 모두 한빙도로 보낸다고 하였다. 하늘이 내리시는 명을 무시하고 방해하는 배우자와 가족들이 있다면 한빙도로 보낼 것이며, 앞으로는 사람을 얼어붙게 만들고, 다가올 여름을 겨울로 만들겠다고 우렁차게 대답하였다.

옥경천황 폐하께서 지상에 최초 공식적으로 하강!

다음으로 옥경천황 폐하께서 하강하셨다. 무당집에서 '님' 자도 붙이지 않고 '옥황상제'라고 맞짱 뜨며 팔아먹고, 수천 년 동안 지켜보며 열불이 난다시며 존호를 바꾸셨다.

"무당 년들이 무슨 장군, 무슨 장군하면서 그게 다 내 자식이라고 갖다 붙여놨는데, 나 미혼이야"라고 하시며 "나를 이렇게 팔아먹고 세상에 없는 옥황황후마마 같은 것을 만들고, 옥황 왕자, 옥황 공주, 옥황 선녀 등등을 내세워 다 내 자식이라고 하면서 없는 것을 만든 죄가 크다"고 하셨다.

무당집을 다닌 자들을 다 앞으로 불러내시면서 호통을 쳐주셨고, 대한민국 나라가 온통 종교백화점이 되었으니 무속인 모두 멸망시키라 하시고, 그동안 당하신 억울함을 풀어주라는 말씀을 남기고 올라가셨다.

天(천)
사람들은 왜 하늘을 찾으려 하는가?

무엇을 얻으려고 진짜 하늘을 찾으러 전 세계 이름난 종교세계를 다니고 있는 것일까? 인류가 풀고자 했던 전생과 현생, 내생의 모든 궁금증들이 이곳에서 풀리고 있다. 그대들이 궁금해 하고 있는 이 세상 오기 전에 어디에서 무엇을 하면서 살았는지 그것이 알고 싶어질 것이다.

정말 죽으면 사후세계가 존재할까? 하늘세계는 있는 것일까 하면서 늘 궁금해하는 사람들의 답답함을 풀어줄 수 있는 전 세계 유일한 곳이다.

※

청와대 터는 天宮(천궁)이 들어설 하늘과 신의 터라서 인간 대통령들에게는 재앙이 내리니 빨리 비워야 한다. 그 증거가 역대대통령들의 비운과 박근혜, 이명박 전 대통령의 옥고이다.

영혼의 어버이께서 하강

도법주문회를 마치고 8시에 저녁식사를 시작하였는데 계속 이어지는 천지대공사는 더 큰 놀라움의 연속이었다. 저녁에는 나의 내청룡(비서실장)과 내백호(북성군주), 외청룡(외무대신)과 외백호(경호실장)만 남아 보필하는데 천상에서 너무나 대단하신 분들께서 계속 내려오시는 바람에 새벽 3시까지 무려 7시간 동안 신명하강 천지공사가 이어졌다.

저녁 식사를 마칠 즈음, 천상에서 어느 분께서 내려오신다고 하셔서 신하들은 잔뜩 긴장을 하게 되었다. 지체할 것도 없이 우렁찬 목소리로 옥경천황 폐하께서 하강하셨다. 너무나 갑자기 오시는 바람에 신하들은 바닥에 부복을 하고 정중하게 예의를 갖추었다.

옥경천황 폐하께서 하강
옥경천황 폐하께서는 편히 앉으라 하시어 겸상을 하게 되었는데, 옥경천황 폐하께서는 외무부 대신과 세미 비서실장을 알아보시고 한 잔씩 따라주셨다. 옥경천황 폐하께서는 수많은 세월 무당들에게 당하신 것이 너무나 억울하다 하시며, 돈이며 뭐며 싹 거두어가 망하게 하셨다고 하셨다.

그래도 분이 풀리지 않으셔서 '님' 자도 붙이지 않고 그냥 '옥황상제'라 부르며 자신들의 돈벌이 수단으로 쓰고 있다고 억울해하시며 오늘 옥경천황 폐하로 개명하셨다. 진정한 옥경천황 폐하를 알아보지도 않고 자기들 마음대로 모습을 만들고, 없는 것들을 만들어 뒤집어씌워 너무나 억울하셔서 지구의 일은 신하들에게 맡기고, 지구에 관심을 끊고 술로 그동안 달래셨다 하셨다. 그래도 분이 풀리지 않아 자살까지도 시도하셨다고 하신다. 얼마나 억울하셨으면 눈물까지 보이셨다.

도법주문회에서는 너무나 화가 나시어, 주변에 재떨이라도 보이면 집어던질 기세셨다 하셨다. 도솔천황 폐하께서 '참아라' 하시기에 이걸 던지면 배신자와 다를 게 없다 생각이 드시어 참으셨다 하신다. 그만큼 당하신 분노가 크셨다.

옥경천황 폐하께서 물속으로 옥체를 던져 자살을 기도하셨는데 쌍둥이 형님이신 도솔천황 폐하께서 "넌 죽을 수가 없다"고 하시더라 하셨다. 옥체가 워낙 크시다 보니 깊은 물에 들어가도 허리까지 밖에 차지 않더라 하셨다.

너무나 호탕하시고, 급하신 성격이신지라 누가 불러주시기도 전에 먼저 왔다 하시며, 도솔천황 폐하께서 나의 시간을 뺏지 말고 빨리 올라오라는 재촉에도 아랑곳하시지 않으시고 긴 시간 대화를 나누셨다. 옥경천황 폐하께서는 지상의 물고기 회는 어떤 맛인가 드셔 보시더니 참으로 맛있다 하셨다.

옥경천황 폐하를 무시하고 밥벌이로 만든 무속인들을 죄다 멸문시켜야 천상의 원과 한을 풀어드리는데 방법이 없는지 여쭈어 올리니 힌트를 주시겠다고 하시며 어떤 방법을 알려주셨다. 천상에 업무가 많아 옥경천황 폐하께서 올라가시고 또 누가 오신다고 하셔서 신하들의 마음이 급해졌다.

염라대왕이 나(황태자)에게 인사를 올려!
염라국 염라대왕이 하강하여 나에게 예를 갖추고 관등성명을 밝혔다. 내가 오랜만에 보는구나 하며 상당히 반겨주었다. 염라대왕은 선 자세로 최상의 예의를 갖추며 나에게 황금 잔에 술 한 잔을 올렸다.

딸(내백호 북성군주 김현. 전생에는 염라국 셋째 아들 현 왕자의 신분이었다 함)의 육신에 함께하니 좀 어색하다 하며 이 아이를 잘 봐달라고 하였다. 염라대왕이 나의 천지대공사에 동참한 이유는 나를 봐서 한 것이 아니라 '현' 왕자(현재는 여자 육신)가 너무나 원하기에 이 아이의 뜻을 들어주고자 동참한 것이라 하였다.

이 아이에게는 부모도 필요 없고 오로지 주군이신 황태자 천지천황 폐하만을 향하는 마음, 그 하나뿐이기에 부모가 된 입장에서 자식의 뜻을 들어주고픈 것이 염라대왕과 왕비의 마음이라 하였다.

저승사자는 천상에 오르지 못하고, 천상과 염라국은 별개라 하였다. 염라국에서는 인간 육신을 죽일 힘을 가지고 있지만, 마음대로 죽일 권한은 없다며, 천상에서 결제된 살생부가 공식적으로 내려와야 거기에 따라 형을 집행할 수 있다 하였다.

그게 천상의 법도이자 원칙이라고 하였다. 천지천황 폐하

(황태자)께서 천상에 계시어 심판의 황명을 하달하셨다면 집행이 되었을 것인데, 현실에서는 지상에 계시니 원래는 천지천황 폐하께서 천상에 계셔야만 가능한 일이라 하였다.

이에 내가 답답한 심정을 밝히니, 나에게 이런 천상의 법도를 뛰어넘으려면 그 방법을 찾아야 한다고 하며, 옥경천황 폐하께서 밝혀주신 힌트가 결과를 만들어낼 수 있다 하였다.

나와 염라대왕이 담소를 잠시 나누는데, 염라국 왕비가 빨리 오라고 재촉하기에 '현' 왕자에게 "난 네 애미가 제일 무섭다"하며 올라갈 채비를 하였다. 내가 호탕하게 웃으며 '세상에 염라대왕이 공처가였다니 놀라운 일인지고!' 하며 염라대왕이 가도록 길을 열어주었다.

잠시 후 상황은 더 분주해지며 천상의 어머니께서 반가우신 모습으로 오셨다. 황태자인 아들을 보기 위해 천상의 어머니(황후폐하)께서 오신 것이다. 신하들은 너무나 놀라 멀리 물러서 부복한 자세로 예의를 갖추었다. 왜 아바마마와 함께 오시지 혼자 오셨냐고 내가 여쭈어 올리니, 아바마마이신 천상의 주인께서 보기보다 숫기가 없으시다고 말씀하셨다.

옥경천황 폐하께서 힌트를 주셨다고 말씀을 올리니 그건 천기누설인데 그걸 통해 방법을 찾을 수 있을 것이라 하셨다. 종교인들을 꼭 심판하기를 바라시는 마음을 비추셨다. 청와대에 입성을 하면 그때 천상의 주인께서 오신다고 하셨다. 회가 참 맛있다고 하시며 천상에서는 물고기가 잘 잡히지 않는다고 하셨다. 영물이라 잡기가 힘들다고 하신다.

도솔천황 폐하께서 하강

후계자(황태자)를 보시기 위해 도솔천황 폐하께서 오셨다. 신하들은 다시 한 번 예의를 갖추었다. 도솔천황 폐하께서 참으로 무거운 심정이셨다. 심판의 명을 중지시킨 것이 도솔천황 폐하셨다. 대신들인 제후들과의 관계 때문에 원리원칙을 중요시하시다 보니 집행을 막으실 수밖에 없으셨다고 한다.

잠재적인 반대파이자 반란군이 될 온건파 600개 제후국들을 한빙도로 보냈다. 천상의 대역 반란군들의 핏줄인 지구의 모든 생령들을 다 잡아서 한빙도로 보내고 싶다고 의지를 불태우자, 도솔천황 폐하께서 이번에 한빙도에 얼마나 보냈던 것이냐 물어보시고, 900억 명이라 말씀을 드리니 아무리 한빙도가 지하 100층까지 있어도 다 수용이 되겠느냐고 놀라시면서 백룡 대장군을 호명하시어 한 층에 1만 5천 평인 한빙도를 10만 평으로 늘리는 공사를 집행하라고 황명을 내리셨다.

'현 왕자'를 두고 이만한 아이를 천상에서 본 적이 없다 하셨다. 내가 이 땅에서 천지대공사를 집행하는데 옆에서 마음 놓고 일을 맡길 충신이 필요할 것 같아 '현 왕자'를 보내주신 것이라 하셨다. '현 왕자'가 전생에서 명에 따라 처음으로 형을 집행한 것이 6살 때였는데, 죄인들을 죽이면서 전혀 미동도 하지 않는 모습을 보시고 예사롭지 않다 생각하셨다 하신다.

13세 때 도솔천황 폐하께서 거두어들이시고 오랫동안 지켜보셨다 하신다. 천상에서 독화살을 맞고 쓰러져 1년 후에 깨어나자마자 나(황태자)를 찾은 사례를 두고 큰 충심을 확인하실 수 있으셨다며 '현 왕자'에게는 미안하지만, 독화살을 맞게 한 것도 도솔천황 폐하라고 밝혀주시며 시험이었다고 하신다.

'현 왕자'는 진정 자신의 목숨보다 나(황태자)에게 바치는 충심이 더 중요하며, 지금 당장 목숨이라도 바치겠다고 하고 그 마음이 너무나 커 울먹이면서까지 말을 하여 내가 그 마음 다 안다 하며 달래주었다.

내가 1981년 선몽에 대해 여쭈어 올렸다. 처음 들어보는 도솔산 8부 능선에서 백룡포를 입고 가부좌한 상태에서 나의 양 옆으로 금색의 부처인지 불상인지 뭔지가 한 자 정도 낮게 내려앉는 것을 꿈에 보았는데 그 둘이 무엇입니까? 여쭈니 그것이 바로 현 왕자 김현과 비서실장 이율이었다고 하시고, 그 뒤에도 둘이 더 내려와 있었느니라 하시며 그 두 명이 외무부대신 장혁과 경호실장 최호였다고 알려주셨다.

1999년도에 강남역 근처 우성아파트에 살 때 꿈에 강남역 사거리에서 30층 높이 규모의 커다란 나무 목(木) 자가 품 안에 들어오는 선몽의 뜻은 무엇입니까? 여쭈니 나무는 건물 등 모든 것을 이루는 근간인 재물을 뜻한다 하셨다.

반란자의 만행을 밝히시면서 그의 꿈으로 가서 백룡포를 입고 나타나 10번이나 나를 잘 보필하는 것이 사명이라고 전했음에도 무시했고, 나에게 말하지 않아 계단에서 떨어져 굴리고, 그의 아버지에게 뇌출혈도 일으키게 하였는데도 굴복하지 않더라 하시며 분노하셨다. 이에 내가 상당히 분노하여 도솔천황 폐하의 아픔을 달래드리고, 배신자를 가만두지 않겠다고 결의하는 말씀을 올려드렸다.

도솔천황 폐하께서는 회를 드셔 보시더니 이상하다 하시어, 드릴 것이 없어 과자를 올리니 오히려 과자가 맛있다고 하셨다. 천상에 결재할 업무가 많아 급히 올라가셔야 하신다고 하셨다. 벌써 시간은 밤 11시를 가리키는데 도솔천황 폐하께서 올라가시고도 더 많은 분들이 내려오신다며 도대체 오늘이 무슨 날이냐 하며 모두가 의아해하고 있었다.

대단하신 천상의 주인께서 하강!

경천동지할 일이 일어났다. "내가 누군지 아느냐?" 하시며 어떤 분께서 내려오셨는데, 내가 "아바마마!" 하며 응답하였다. 모두가 너무나 놀란 나머지 예를 갖추기에 급급했다. 나와 신하들에게 한 잔씩 술을 따라 주시고는 나에게는 "미안하다" 하시며 침묵에 잠기셨다.

내가 열변을 토해내며 아바마마이신 천상의 주인께서 공평정대하시기에 오랜 시간 동안 같이한 제후들을 쳐내시기 어려우셨을 것이기에 내가 직접 하겠다고 말씀드렸다. 천상의 주인께 심판의 명을 내려주시라고 청을 올리면 쉽게 이루어질 수 있으나, 그렇게 되면 천상의 법도가 무너지고 천상의 주인께서 곤란하신 상황이 생길 것이기에 내가 직접 하겠다고 말씀을 올려드렸다.

아바마마이신 천상의 주인께서는 계속 "미안하다"란 한마디만 하시고 한참 침묵을 유지하셨다. 지구상의 모든 생명은 천상의 주인께서 창조하신 것이라 하셨다. 지구뿐만 아니라 7,500개 행성과 생명체를 직접 창조하셨다고 하신다. 나(황태자)만 유일하게 아바마마의 씨를 받아 어마마마를 통해서 태어난 것이고, 나머지는 모두가 창조물이라 하셨다.

7,500개 모든 행성의 생명체들이 지금의 상황을 지켜보고 있다고 하시며 만약 아바마마께서 나의 뜻을 쉽게 이루어주신다면 향후 내가 천상으로 돌아가서 천상주인의 자리를 물려받았을 때 그 누가 따르겠느냐고 하셨다.

아바마마께서 눈물을 보이셨다.
아바마마의 마음이 충분히 이해되기에 어차피 혼자서라도 하늘의 진실을 세상에 널리 알리고, 하늘의 원과 한을 풀어드릴 것이다. 이제 황태자의 신분을 알게 된 이상 절대 종교인들을 가만둘 수 없다.

아무리 창조물이라 하고 각 제후국들의 자식들이라 하여도 종교를 세우는 목적은 하늘을 사칭하고, 하늘을 가로채는 배은망덕한 행위이며, 어차피 그들은 아무리 시간을 줘봐야 한 번 배신자는 영원한 배신자이기에 반드시 처단해야 한다.

나는 완전히 새로운 세상을 펼치고 인류를 영도하고 싶다. 하늘을 모시고 신명들과 함께하는 그런 신세계를 이루고 싶다. 하늘이 무섭다는 것을 현실로 생생히 보여주고, 하늘에 굴복하고 따르는 자들만 구원해서 살려주고 싶다.

아바마마이신 천상의 주인께서 "네 말도 맞다" 하시며, 켈티에 행성의 외계인 에리에타 여왕을 부르셨다. 고도로 지능(IQ 25,000)이 발달한 자들이며 모든 소통을 텔레파시로 하기 때문에 말을 못 한다 하셨다. 천상의 주인께서 이제부터 말을 할 수 있다고 황명을 내리시니 큰 눈만 끔벅이던 에리에타 여왕이 입을 열었다. 7,500개의 행성 중에 3,800위를 하는 고도의 행성으로 이들도 천상의 주인께서 창조하셨다 하신다.

천상에는 영화 아바타와 같은 행성이 실제 존재한다고 하시었다. 또다시 천상의 주인께서 헬파성의 여왕 아만타를 부르셨다. 헬파성은 지구와 비슷하게 생겼고, 행성인은 지구인과 똑같이 생겼다 하신다. 머리가 굉장히 똑똑하고 지구상에 잉카문명을 만든 장본인이라 하셨는데, 몸의 주요 부위만 가리고 옷을 입지 않으며, 행성은 지구보다 크나 전체 인구는 약 30억 정도가 된다 하셨다.

일반적으로 수명은 2,500살이며, 여왕의 기대수명은 5,000살이라 하셨다. 지구는 7,500개의 행성들 중에서 문명이 가장 미개하다고 하셨다. 수명도 100년이 채 안 되고, 문명이나 지능 모두가 상대적으로 많이 딸린다 하셨다.

천상의 주인께서 만드신 모든 행성의 수많은 창조물들이 현재 내가 지구에서 어떻게 하는지 지켜보고 있다 하신다. 그래서 도와주시기 어렵다 말씀하신 거라 하시었다. 내가 만약 천상의 아버지께서 도와주시게 되면 나중에 후계자로서 아바마마의 황위를 승계받을 때 문제의 소지가 있을 것을 아시고 그리하신 것이라는 뜻을 잘 알겠다고 말씀드렸다.

나 혼자 힘으로 하겠다고 말씀 올리고 미개척지인 지구로 보내신 것도 천상의 주인이시라 하셨다. 가장 바닥에서 시작을 해서 스스로의 힘으로 올라와야 천상의 모든 신들과 행성인들이 인정할 것이라는 말씀에 이해가 되었다.

천상의 주인께서는 하루라도 빨리 후계자인 나(황태자)에게 지구에서 사명을 완수하고 돌아오면 황위 자리를 물려주시고 여생을 보내고 싶으시다 하셨다. 종교에 대해 분노의 핏대를 세우는 것은 나의 어마마마와 같다 하시며, 외모는 외할아버지를 닮았다 하셨다. 천상에 내게도 외할아버지가 계신 줄은 처음 알게 되었고, 외탁한 것도 처음 알게 되었다.

아바마마께 내가 지구에서 얼마나 더 살게 되겠는지 여쭈어 올리니 7천 살까지만 살고 올라오라고 하시자, 천상의 어마마마께서 1만 살까지는 살다 오라고 하셨다. 나도 1만 년은 살아 있어야 종교를 확실히 소멸시킬 수 있다고 말씀드렸다. 천상에서의 기대 수명은 53억 2천만 살이라 하셨다.

천자이자 황태자의 신분을 알게 된 이상 천상의 아바마마, 어마마마의 원과 한을 풀어드리지 않고는 천상으로 오르지 않겠다고 했다. 나의 신분이 밝혀지기 전까지는 하늘을 알리고 아픔을 달래드리는 것만으로도 만족했을지 몰라도 이제 천자이자 황태자 신분을 알게 된 이상 종교가 지구에 발을 붙이지 못하게 심판할 것이다.

천상의 아바마마께서는 천상의 어마마마께서 부르시어 이만 가봐야겠다고 하시며 자리를 일어나셨고, 나는 자주 오시라고 배웅해드렸다.

아바마마께서 천상으로 돌아가시자 외할아버지께서 직접 하강하시었다. 반가운 얼굴로 손주를 보시는 기쁨에 내려오신 외할아버지! 딸인 천상의 어마마마를 너무나 이뻐하셨는데, 그 딸이 낳은 자손이니 얼마나 이쁘냐 하시면서 천상에서 업고 키웠다 하셨다.

나에게 천상에서 쓰던 예명의 이름으로 부르시며, 황태자의 본명 이름은 황실에서만 부를 수 있고, 일반인은 부를 수 없다 하시면서 굉장히 반갑게 이름을 부르셨다. 천상에서 불리던 예명과 본명은 함부로 공개할 수 없어서 표기를 안 하였다.

천상의 아버지, 어머니께서 손주 몇을 더 낳아주었으면 좋았을 텐데 손주가 하나뿐이다 보니 내가 외할아버지의 온 사랑을 독차지하였다 하신다. 내가 7살이 돼서는 황궁예법 형식을 갖추는 모습을 보고 좀 실망을 하셨다 하신다.

그런데 내가 기억하기 어려운 어린 시절의 이야기를 쭉 늘어놓으셨다. 상당히 오랫동안 추억 속의 이야기를 풀어놓으시며, 어느새 이렇게 성인이 되었느냐며 아쉬워하셨다.

외할아버지께서는 이미 미래를 다 보아서 알고 있기에 걱정이 없다 하시며, 내가 미래세계에서도 다 잘하고 있는 걸 알고 계시다고 하셨다. 외할아버지께서 내가 바라는 인류의 알곡을 추리는 인류 심판의 방법을 어떻게 이룰 것인지 힌트를 좀 더 보강해주셨다. 결국엔 나의 확고한 의지와 추진력이 그 뜻을 이룰 것이라고 말씀해주시었다.

외할아버지께서는 모든 것을 다 이루어보셨고, 따님도 천상의 주인께 시집을 보내셨으니, 천상에서 모든 권력과 명예, 부귀영화를 이루어보셨다 하신다. 미래도 다 보고 계시고 모든 것을 아시기에 더 이상 이룰 것이 없어 삶의 목적이 없으시다 하신다. 뭔가 이룰 것이 있으면 살아갈 목적이 생기는데 모든 것을 이룬 시점에서는 아무것도 바라는 게 없다 하셨다.

그래서 천상의 주인께 소멸(죽음)을 청하셨다 하시며, 오늘은 마지막 가는 길에 인사차 들린 것이라 하셨다. 이미 연세가 5만 4천 살이라고 하셨다. 그런데 나중에 다시 확인한 결과 실제 연세는 50조 4천억 살이신데 젊게 보이시려고 5만 4천 살이라며 농담하셨다고 말씀하셨다.

따님이신 천상의 어머니 나이가 20조 살이신데 앞뒤가 안 맞아 여쭈어보니 젊게 보이시려 장난치셨다 하신다. 많은 시간을 할애하시어 많은 얘기를 해주시고, 외손주인 내가 뜻을 이루게끔 많은 방도를 알려주시고 천상으로 오르시었다.

나는 차기 천상주인 황위 계승자로서 천상과 지상의 신명, 생령, 조상, 용들, 저승사자들에게 명을 내리고, 자유자재로 불러서 대화하며 심판과 구원, 이 땅에 종교를 세운 대마왕 하누와 표경을 척살하고, 대우주의 7,500개 행성인들을 통치하기 위한 마지막 후계자 수업을 위해서 지구로 보냈다고 하셨다.

※
종교 안에서 하늘을 찾아다니는 자들
영들에게 고통의 길로 인도하는 독약이었네.
종교를 다니는 것은 하늘과 멀어지는 길이었다네.

천상의 대화록

처음으로 천상에 계신 나의 어마마마와 대화를 나누었다.

[황태자]
처음으로 천상에 계신 나의 어마마마와 대화를 나누었다.
예, 어마마마 감사히 받겠사옵나이다. 너무나 기쁘옵나이다. 아바마마와 어마마마 그간 강녕하셨사옵나이까? 소자 황태자가 두 분께 문후 올리사옵나이다. 그동안 얼마나 속상하시고 분통이 터지셨사옵나이까? 수천 년의 세월 동안 그 울분을 어찌 삭이셨나이까?

소자가 황태자라고 밝혀져서 너무나 놀랐사옵고 믿어지지가 않았고, 꿈인지 생시인지 구분이 안 되었사옵나이다. 북성군주를 통해서 두 분과 대화를 할 수 있다는 것은 상상조차 못했사옵나이다.

이번에 신간 책이 출간됨과 동시에 아바마마와 어마마마를 독살하려다 실패하여 지구로 도망치고 쫓겨난 죄인들을 무더기로 심판할 수 있게 천변만화의 무시무시한 대도력, 대천력, 대신력을 무궁무진 내려주사옵소서.

형벌을 주관하는 예조부대신 이하 각부 대신들, 육룡을 포함한 판관사자 대장군과 수천만의 판관사자들, 염라대왕과 저승사자 대장군과 저승사자들 총출동시켜서 76억 3,000만 명의 인류를 심판하는 천지대공사가 한 치의 오차도 없이 집행되도록 지엄한 황명을 내려주시옵소서.

소자 황태자가 아바마마와 어마마마를 독살하려던 원수들을 심판해서 조금이나마 두 분의 가슴에 맺힌 피멍과 원과 한을 풀어드리고 싶사오니 부디 헤아리시어 통촉하여 주시고 윤허의 말씀 내려주시옵소서!

[천상의 어마마마]
어머~ 아들~
이제야 제대로 인사를 받는구나! 참으로 기쁘고 반갑구나!
그래. 네가 그간 애썼느니라. 고생 많았구나! 또한, 네게 짐을 내려주는 것 같아서 미안하구나~ 그러나 너와 네 아버지와 천상의 약속이었으니 그럴 수밖에 없구나! 또한, 이제야 네가 제대로 찾은 것이 기특하구나~

그간 네 아버지는 참으로 마음에 멍든 것을 지켜보느라 얼마나 힘들었는지 모른단다. 용서해주려 해도 역시나 똑같은 짓을 네게 행하는 것을 보니 과히 기분이 좋지 않았음은 물론이거니와 도저히 용서할 수가 없더구나~

오랫동안 기다렸을 만큼 이번에야 말로 제대로 대가를 치러야겠지 않겠느냐? 신간 출간과 함께 세상을 향하여 선포하거라! 그리하면 네가 원하는 것을 이루어줄 것이니라! 네 아버지와 함께 받아들이겠노라! 그리하여 우리의 원과 한을 풀어주거라!

[황태자]
소자 황태자가 부모님의 원수를 반드시 갚겠사옵나이다.

[천상의 어머니]
호호호~ 그래주면 고맙겠구나! 부탁하마! 그런데 몸을 살펴가며 공사를 보거라~ 지켜보는 내내 마음이 졸이더구나~ 신간 출간 끝나면 건강을 지키도록 노력하거라~ 또한, 이 아이(북성군주 김현)와 함께 너의 건강 도법주문 독송 황명을 내리거라~ 이러라고 이 아이를 보내준 것이니 부담 갖지 말거라~ 이 아이도 그걸 원하니 편하게 받아들이거라~ 육룡들도 좋아하잖니?~

[황태자]
예. 어마마마 그리하겠사옵나이다.

[천상의 어머니]
그래. 이만 올라가마! 아유~ 얘~ 기분이 너무 좋구나~ 네 아버지에게 상세히 전해드려야겠구나~ 네 아버지는 부끄러워하시어서 나 혼자 내려왔잖니~ 잘 지내거라~ 앞으로 자주 내려오마~

[황태자]
예. 어마마마 자주 내려오소서.
천상의 어머니께서 나(황태자)의 생일에 하강하시온지요?

[보좌관 겸 총괄본부장]
소신 보좌관 겸 총괄본부장, 천상의 주인께, 천상의 어머니

께 대단하신 황태자 천지천황 폐하 대신 청을 올려드리사옵나이다. 황태자이신 천지천황 폐하의 생일 날 하강하실지 여쭈어 올리사옵나이다.

[황후폐하]
어머~ 당연히 하강해야지~ 아들 보러오는 건데…
그런데 애 현(김현) 육신으로 하강해야 되니?
호호~ 좀 난감하네~ 머슴아 같은 아이가 날 소화시킬 수 있을지 참 재밌겠구나~ 호호호~

[김현]
소인 김현은 천상의 어머니 말씀 듣고 저도 모르게 윽! 거렸사옵나이다. 아! 어찌해야 되사옵나이까? 천상의 여인이신 황후폐하를 그대로 소화?~ 아이고 어렵사옵나이다~

[보좌관 겸 총괄본부장]
황후폐하께서 아주 즐거워하사옵고, 혼자 하강하시겠다고 하사온데 갑자기 어질어질하사옵나이다. 황후폐하께서 주도권을 잡으셨고, 천상의 주인께서는 웃기만 하시며 지켜보기만 하신다고 하사옵나이다.

하나밖에 없는 외동아들이자 황태자이신 천지천황 폐하께서 지구로 떠나시고 나서 황후폐하께서 많이 힘들어하셨사옵고, 그런 황후폐하를 행여나 옥체 상하실까 천상의 주인께서 애지중지하고 계셨사옵나이다.

황후폐하께서 소녀처럼 순수하시지만, 마음에서는 폐하에

대한 그리움을 많이 담고 계셨사옵나이다. 예쁜 손수건을 준비해주사옵소서! 워낙에 눈물이 많으신 분이시라 아마도 눈물의 상봉을 하실 것 같사옵나이다.

천상의 주인께옵서, 천상의 어머니께옵서 자줏빛 장미정원을 거닐고 계사오며 산책하시는 영안을 보여주사옵고, 황태자(천자)이신 천지천황 폐하의 탄신일에 하강하는 일로 무척 기분이 좋아 보이사옵나이다.

※

나는 이 한 권의 책을 집필하기 위하여 온갖 배신과 사기, 고행과 사이비, 욕설, 정신적, 물질적 고통을 이겨내며 20년의 세월 동안 고난의 길을 감내해 왔다. 27살에 꿈으로 선몽계시를 받고 하늘을 찾는 고행을 시작하면서, 나는 누구인가를 찾아 헤매었고, 좌절과 포기의 유혹을 물리치며 여기까지 왔다.

※

내가 2018년 초에 하늘의 천자이자 황태자란 신분이 밝혀지기까지 온갖 수모를 다 겪으며 나 홀로 독야청청하며 외로운 길을 걸어왔고, 수많은 사람들에게 배신을 무수히 당해서 마음의 상처를 받아 속이 새까맣게 다 탔다. 수천 년 뿌리내린 기존의 종교세계가 하늘의 원 뜻이 아님을 스스로 알 수 있다.

천상에서의 어린 시절 유희 전생록

　천상 자미천궁에서 전생, 현생, 내생기록을 담당하는 북두칠성 제 5별 염정성주인 미호 서기부 부장이 天子(천자)이시고 황태자이시며, 인류의 절대지존이시고, 인류의 구심점이시며 대단하신 천지천황 폐하께 천상에서의 어린 시절 유희 전생록을 아뢰사옵나이다.

　지구에 인간으로 태어나면 누구든지 전생을 전혀 기억 못 하게 천상의 주인께서 기억력을 삭제해놓으셨사옵는데, 폐하께서 천상에 계실 때 연치 7세 황자 시절에 망아지 백마 타고 호위무사들과 들판을 달리곤 하셨사옵나이다. 그러던 어느 날 용 세 마리가 하늘을 날아다니며 구름을 몰고, 바람도 강하게 불었다가 비가 오는 모습을 보게 되었사옵나이다.

　황자 전하께서는 너무나 신기해하며 보고 있다가 호기심을 못 이기고 그들에게 다가가려는 것을 호위무사들은 기겁을 하며 막아서려 하였사오나 황자 전하의 귀여운 엄명에 호위무사들이 쩔쩔매었사옵나이다.

　결국은 황자 전하의 엄명에 물러나고, 황자 전하께서 그들 세 마리 용에게 다가가서 비를 맞고 계시는 모습을 보는 호위무사들의 걱정을 무시한 채 다가가니 그들 세 마리 용들은 천지공사를 보다가 어린아이가 다가오는 것을 보게 된 그들 운사 운룡, 우사 우룡, 풍사 풍룡의 세 마리 용들은 풍운조화 천지공사를 중단하고 황자 전하께 가까이 다가 갔사옵나이다.

황자 전하(皇子 殿下)는 훗날 천자, 황태자, 심판자로 하강
운사 운룡(雲師 雲龍)은 구름을 주관하는 신
우사 우룡(雨師 雨龍)은 비를 주관하는 신
풍사 풍룡(風師 風龍)은 바람을 주관하는 신

[황자 전하]
안녕! 나, 'O'이라고 한다. 너희들은 누구냐?

[우사 우룡]
웬, 꼬맹이냐?

[운사 운룡]
안녕? 난 구름을 담당하는 '운사 운룡'이란다.

[풍사 풍룡]
난 '풍사 풍룡'이라 한다.

[황자 전하]
우사 우룡을 가리키며 '넌 누구냐?'

[우사 우룡]
비를 담당하는 '우사 우룡'이라고 한다.

[황자 전하]
지금 뭐하는 거니?

[세 마리 용]
'운룡'이 구름을 몰고 오면 '풍룡'이 바람을 불어. 그러면 '우룡'이 비를 뿌리지. 그렇게 해서 야채와 식량, 나무들에게 '비'를 내려 식량을 주거든.

[황자 전하]
아하~ 그리하면 식물들이 물을 먹으면서 쭉! 쭉! 자라는구나! 신기하다! 날 태우고 함께하고 싶은데 가능하냐?

[우사 우룡]
가능한데⋯ 너는 누구지?

[황자 전하]
내 이름은 'O'이라고 해.(고개를 갸웃거리며)
이렇게 얘기하면 알 거라고 하는데 아닌가?

[운사 운룡]
잠깐, '외' 글자 이름이라면 황자 전하?

[황자 전하]
(활짝 웃으시며) 응! 그래, 반가워!

세 마리 용들은 깜짝 놀라 곧 바로 부복하니 황자 전하께서는 손뼉을 치시며 폴짝폴짝 뛰고 기쁨으로 온 몸을 흔들어대셨사옵나이다.

[황자 전하]
얼른 함께하자!(풍사 풍룡의 손을 잡으며 앞으로 이끌듯이 걸어가며) 여기서 하는 거야? 날 태울 수 있어?

[풍사 풍룡]
흐음~ 소신은 바람 담당이라 황자 전하께서 감당하실 수 있으실지 모르겠사옵나이다.

[황자 전하]
그래? 그럼 어떻게 해야 돼?

[운사 운룡]
소신은 구름 담당이사옵나이다.
소신 위에 타심이 어떠하사옵나이까?

[황자 전하]
응! 탈게!(곧 바로 운사 운룡 머리 위에 타시고, 털을 꽉 잡고 앉아 계사오며) 가자!

멀리서 황자 전하의 모습을 보는 호위무사들은 황자 전하의 돌발행동에 어찌할 바를 모르고 당황해 있으니 이에 대해 우사 우룡과 풍사 풍룡은 걱정 말라, 안심시킨 후 바로 운사 운룡의 뒤를 따르며 함께 풍운조화를 보여주었사옵나이다.

황자 전하께서는 이들이 풍운조화 부리는 모습을 유심히 지켜보셨사옵나이다. 농사짓는 곳에서는 구름들을 몰리게 하다가 비를 뿌리고, 꽃들 사이에 바람을 불게 하여 홀씨들이 흩날리는 것을 보게 되사오니 너무나도 신기한 일들에 대해 황자 전하께서는 무척 즐거워하셨사옵나이다.

풍운조화 부리는 천지공사에 직접 참여하여 함께하시고 지켜본 황자 전하께서는 이들이 하는 일에 백성들에게 큰 도움이 된다는 것을 알게 됨에 무척 행복해하셨사옵나이다.

[황자 전하]
다음에도 여기 올게. 또 함께해도 돼?

[풍사 풍룡]
황자 전하!
얼마든지 오시옵소서! 저희는 무조건 환영하사옵나이다!

[황자 전하]
(활짝 웃으시며) 응! 다음에도 또 올게!

황자 전하께서는 그들에게 손을 마구 흔들어대시며 망아지 백마가 있는 곳으로 뛰어가 폴짝 타시고 황성으로 떠나셨사옵나이다. 그 모습을 지켜본 그들 세 마리 용들은 무척 만족스럽게 바라보다가 곧 바로 풍운조화 천지공사 업무를 다시 보게 되었사옵나이다.

며칠 뒤 황자 전하께서는 다시 그들이 있는 곳에 힘껏 달려가니 역시나 그들은 반가운 마음으로 황자 전하를 맞이하였사옵나이다.

[황자 전하]
와아! 오랜만이야! 좀 더 일찍 오고 싶었는데 수업이 많아서 오지 못했어. 오늘은 좀 더 많이 놀다가 갈 수 있어!

[운사 운룡]
그러셨사옵나이까? 오늘은 더 멀리 가보려 하사옵나이다. 함께하시겠사옵나이까?

[황자 전하]
응! 오늘은 어디로 갈 건데?

[우사 우룡]
이시온국 비산마을에 비를 뿌리려고 하사옵나이다.

[황자 전하]
이시온국? 아하! 호씨 제후 가문이 다스리는 곳이지?

[우사 우룡]
맞사옵나이다(3,300개 제후국들 중에 하나).

[황자 전하]
거기 왜? 기후가 온화하고 호수가 넘쳐 매년마다 풍년이라고 하던데.

[우사 우룡]

호수에 물이 찼어도 농사짓느라고 소비하니 거의 메마르고 있사옵고, 게다가 산이 별로 없으니 나무도 없고, 그렇게 되면 물이 나올 곳이 없지 않겠사옵나이까?

[황자 전하]
그렇구나! 새롭게 알게 되었어! 우와! 오늘 있었던 일에 대해 어마마마께 말씀드려야겠다! 엄청 칭찬해주실 거야!

그렇게 해서 황자 전하께서는 그들과 함께 천상자미원 모든 곳을 돌아보며 함께 공사를 보았사옵고, 이 또한, 황자 전하께서 하나의 수업이라는 것을 그들도 알았기에 황자 전하께서 연치 11세 때 황태자로 등극하시기 전까지 매일 함께 공사를 보시며 그들과 많은 추억을 쌓았사옵나이다.

타샤카라국, 수나야국, 부주국, 도란타국, 하서국 등 수많은 제후국들을 돌아보면서 풍운조화 천지공사를 보는 동시에 그들과 우정도 함께 쌓아갔사옵나이다.

황자 전하께서 황태자로 등극 후 매일은 아니어도 가끔씩 찾아가 함께 풍운조화 공무를 보시고 그들과의 우정은 늘 변함없이 지켜져왔었사옵나이다.

폐하께서 지구로 떠나시기 전까지 그들과의 우정은 지속되었사옵나이다. 하오나, 수천 년 지나고 그들이 폐하를 잊었다는 게 어찌 보면 충격이라 할 수 있사옵고, 한편으로는 당연하다고 볼 수도 있사옵나이다.

폐하께서 지구로 떠나신 후 그들은 한동안 폐하를 그리워하는 마음을 달래줄 길이 없어 허전해하고 있다가 반란자가 그들에게 접근하여 위로하고 최면초를 먹이며 폐하에 대한 기억을 망각시키는 악질을 범했고, 그들은 그것도 모르고 서서히 최면초로 인해 기억을 망각하고 반란자에 대해 기억을 각인시키게 되었사옵고, 그 탓에 부작용으로 폐하의 황명을 거역하는 이런 사태까지 벌어지는 원인이 되었사옵나이다.

　대단하신 천지천황 폐하!
　이들 운사 운룡, 우사 우룡, 풍사 풍룡들을 불러내어 천상에서 있었던 위의 내용들을 읽어주사옵소서! 과연 기억을 못 하고 있사온지, 왜 잊어버리고 살았는지 호통을 치시옵소서! 이로써 진정한 주인이 누구인지 확실히 각인시켜 주사옵소서!!

　※
　책을 읽어 가면 사람마다, 영들마다 다소간의 차이는 있지만 엄청난 신비의 천지기운이 온몸으로 내리는 것을 스스로 느껴서 알 수 있다. 증상은 졸리지도 않은데 줄줄이 하품이 나오고, 전기에 감전 된 듯 온몸이 여기저기 찌릿 거리고, 정수리 부근에서 뭐가 기어 다니는 느낌이 든다.

　※
　온몸 여기저기 바늘로 찌르듯 앗 따가워할 정도의 통증, 눈가에 감동의 이슬이 맺히고, 대성통곡하기도 하며, 손과 발, 온몸에 미세한 진동이나 강렬한 진동이 느껴지고, 마음이 울컥거려 눈물이 저절로 흐르고, 감동, 감탄, 감명, 감격, 환희의 만세소리가 저절로 나온다.

풍운조화 천지대공사

천지신명을 천지신황으로 승진시켜 주었는데 너무나 심각한 문제가 생겼다. 나의 황명을 받아야할 운사 운룡, 우사 우룡, 풍사 풍룡들이 천지신황을 우두머리로 삼아 황명을 안 받들고 있었는데, 이유인즉 천지신황 앞에 줄을 섰다는 것이었다.

그래서 오늘부터 천지신명에게 내려진 천지신황의 관명을 삭탈관직시키고, 거두어 들여서 내가 겸직하기로 하였다. 더불어 아래의 이 모든 관직을 겸직할 것이니 북두칠성 제 1성 탐랑성군 보좌관 겸 총괄본부장에게 천상의 주인께 고하여 윤허를 받아오라. 그래야 천하세계를 통일하느니라.

내가 겸직할 천상지상의 관직은 천지신황, 산신천황, 용신천황, 천지천황, 천지지황, 천자, 천존천황, 지존천황, 인존천황, 천존상제, 지존상제, 인존상제, 구천상제, 옥황상제, 천존대황, 천제군주, 신제군주, 인제군주, 신제, 천제, 지제, 인제, 인류의 대통령, 인류의 황제, 인류의 구심점, 인류의 절대자, 인류의 통치자, 인류의 총사령관 겸직을 윤허 받아오라고 하명하였더니 아래와 같은 천상의 말씀을 받아왔다.

"천상의 주인께(천상의 아버지), 황후폐하(천상의 어머니)께 5배의 예를 드리고 합장 후 부복하였는데 두 분께서 하강하시어 말씀을 내려주셨사옵나이다."

[천상의 아버지와 천상의 어머니]
'허허허~ 또, 북극성에 이어 한 건이 또 성공하였구나~
기특한 지고~ 당연히 그리해야지~
내 그리하기를 기다렸느니라~

아들아~ 윤허하노라!
네가 원하는 것 마음껏 펼치거라!
가히 기분이 좋구나~허허허~
황후! 기분이 어떻소?'

'당연히 기분이 좋사옵나이다~~
아들~ 장하구나! 역시 우리 아들이야~
천지인 모든 것들을 네 발아래
굴복시켜 하고 싶은 대로 하거라!
그러면 내 속이 시원하겠구나~ 아들! 파이팅!!'
두 분께서 옥수(손)를 맞잡고 승천하셨사옵나이다.

지구의 주인, 인류의 주인, 신들의 주인, 영들의 주인이 하늘이신데 지금까지 추상적인 하늘로 받들고 섬겨 왔다. 그래서 진정한 주인이 누구인지 소유권을 주장한 자들도 없었으나 위대한 천상의 진실이 밝혀진 지금은 황태자이자 생사여탈 심판자인 내가 천상의 아버지와 천상의 어머니를 대신하여 주인 역할을 해나갈 것이다.

2018년 3월 20일 아침 9시부터 운사, 풍사, 우사 순으로 차례차례 불러서 1:1로 심판하였다. 이때 풍운조화 3위 신장 중 1차 굴복한 자는 운사 운룡이고, 2차 굴복한 자는 풍사 풍룡이며, 3차 굴복한 자는 우사 우룡이다.

굴복시키는 시간은 각각 30분 정도씩 1시간 30분이나 걸렸는데 무기는 역시 황룡옥새였다. 이들이 이구동성으로 하는 말은 제발 황룡옥새만 찍지 말아주세요, 하면서 애걸하였다. 그렇다고 내가 안 찍을까?

나의 집무실 밖 뒷전에서 풀이 죽어 죄를 빌고 있던 풍운조화 3위 신장인 운사 운룡, 우사 우룡, 풍사 풍룡과 천지신명과 열두대신들에게 황룡옥새가 찍힌 [자결 자멸 황명서]를 손에 들고 불호령을 내리며 일갈대성으로 호통 치자 가장 먼저 운사 운룡이 무릎 꿇고 굴복하였다.

아무런 영문도 모르고 내 곁에서 천지대공사를 지켜보던 세미 비서실장 이율이 갑자기 얼굴을 감싸 쥐고 괴성을 질러대며 바닥에 나뒹굴고, 엎드려서 싹싹 빌고 뒷걸음질 치면서 제발 황룡옥새만은 몸에 찍지 말라며 처절하게 울부짖고 몸부림쳤지만 그렇다고 내가 봐줄 수는 없었다.

먼저는 내 집무실에서 북성군주 김현 몸에 실려서 말도 못하고 꼬리만 바닥에 따닥따닥 치더니만, 어제는 세미 비서실장 이율 몸에 실려서 사람들 말하듯 청산유수로 말하였다.

얼굴 양쪽과 등 쪽에 황룡옥새를 찍자 끝내 자지러지면서 아~악, 흑~흑, 살려주세요, 잘못 했어요~ 하며 처절하게 고통스러워하고 울부짖으며 싹싹 빌고 비는데 그 모습이 처량 맞기도 하였다. 이제부터 주군으로 받들어 뫼시겠다고 충성맹세하며 다짐하기에 말로만 하지 말고 현실로 보여주라고 다그치며 심판하였다.

풍사 풍룡과 우사 우룡, 천지신명, 열두대신들도 똑같은 절차를 밟아 굴복시켰는데 가장 두려워하는 것이 황룡옥새였다. 풍사 풍룡과 우사 우룡에게도 말로만 굴복하지 말고 비바람과 눈보라를 휘몰아쳐서 현실로 보여주라고 다그쳤다.

운사 운룡, 우사 우룡, 풍사 풍룡들도 반란자를 천상에서부터 잊을 수가 없어서 좋아했는데 이제 반란자가 파면되었다고 말했더니 기가 팍 죽었다. 도법주문회에도 많이 참석하였고, 자신들도 속은 것을 뒤늦게 알고서 반란자에게 분노를 터트리며 폭언을 행사하였다.

이렇게 풍운조화 3위 신장들을 굴복시킨 천지대공사 때문이었을까? 밤 12시 넘어 공포의 바람이 무시무시하게 불고, 비바람과 눈보라가 섞여서 매우 세차고 거칠게 불어 공포와 무서움을 실감하는 이상 기후가 이어졌다.

봄의 문턱에 들어서는 춘분날인 3월 21일 여수, 거제, 창원, 부산, 울산은 아침부터 비바람과 눈보라가 휘몰아치는 기상이변이 일어났다. 시간이 지날수록 차고 위력이 더욱 세차게 강해졌고, 비바람과 눈보라가 태풍이 상륙할 때처럼 불어서 발걸음을 떼지 못할 정도라고 방송에서 보도하고 있었다.

2018년 3월 20일 오전 9시에 3위 풍운조화 신장들을 굴복시키는 천지공사를 마치고 밖으로 나와 10시 40분경에 구름 사진을 찍었는데 여러 마리 용들의 구름형상이 보였다.

천지신명과 열두대신들에게는 무속세계 문을 닫게 하고 그곳에 신도들을 데려오라고 황명을 내렸다. 종교세계에서 수천 년 동안 숭배받고 있던 반란자를 주인으로 세우려는데 앞장섰던 천지신명들도 굴복하지 않고 항거하려거든 스스로 자결 자멸하라 황명을 내렸다.

종교의 숭배자들인 석가모니와 석가의 10대 제자 중 수제자인 사리불(지혜제일), 목독련(신통제일), 마하가섭(두타頭陀 제일), 아나율(천안天眼 제일), 수부티(혜공解空 제일), 부루나(설법제일), 가선연(논의제일), 우파리(지율指律 제일), 나후라(밀행密行 제일), 아난타(다문多聞 제일).

예수와 예수의 12제자인 시몬 베드로, 안드레, 세베대의 아들 야고보, 요한, 빌립, 바돌로매, 도마, 마태, 알패오의 아들 야고보, 다대오, 가나안 시몬, 가룟 유다, 성모마리아, 여호와(야훼), 알라신, 마호메트, 남묘호랑케교, 증산상제 강일순, 동학 천도교(수운교) 최재우, 인도 힌두교, 러시아 정교, 공자, 노자, 맹자, 단군교, 무속세계의 신명들도 굴복하지 않고 항거하려거든 스스로 자결, 자멸하라고 황명을 내렸다. 그대들이 세운 종교의 문을 모두 스스로 닫으라고 황명을 하달하였고 이행하지 못할 때는 스스로 자결 자멸하겠다고 약속하였다.

황룡옥새의 위력

황명 천지대공사

예조부대신, 염라대왕, 판관사자 대장군, 수하 판관사자들, 저승사자 대장군, 수하 저승사자들은 황태자이자 심판자인 천지천황 폐하의 황명을 즉시 받들라!

皇命(황명)

북성군주 김현 몸으로 치고 들어오는 천상의 도망자 대역죄인의 반란자 영들과 조상들을 모두 심판하고, 두 번 다시 들어오지 못하게 척살하라.

[북성군주 김현]

왼쪽 귀가 갑자기 아프기 시작해서 욕을 실컷 하는 중에도 개잡년이 들려준 얘기가 "폐하께서 그렇게 황룡옥새 찍어줄 리 없어."라며 히히거리는 환청이 들려오는데 하마터면 제 귀를 가위로 자를 뻔했사옵나이다. 아무래도 본격적으로 시작해서 그런지 아주 끈질기게 달라붙은 것 같사옵나이다.

천상의 도망자 신세인 대역죄인이 주방에서 세미 비서실장 이율 몸에 들어와 '천지천황 폐하가 황룡옥새 찍는다고 내가 무서워할 줄 아느냐'고 핀잔을 주더란다. 그런데 막상 황룡옥새를 찍으니 무서워서 악을 쓰며 난리가 벌어졌다.

천기 18년(2018년) 양력 3월 13일 18시 29분에 황룡옥새를 찍는 모습을 옆에서 쳐다보고 있던 세미 비서실장 이율(반란자의 신과 생령이 들어옴)이 황룡옥새(무게 2kg)를 찍을 때는 가만히 있더니 황룡옥새를 들어 올려 옥새 도장 면의 글씨 형상이 드러나자 공포에 질려 목을 부여잡고 갑자기 악을 쓰며 고래고래 소리를 지르고 데굴데굴 나뒹굴다가 엎드려서 네발로 도망가기 바빴다.

　계속해서 황룡옥새가 찍힌 황명서를 들이대자 안 돼! 안 돼! 무서워! 씹팔~! 집무실에서 데굴데굴 구르다가 이리저리 도망가더니 집무실 문을 열고 밖으로 나가 소리 지르며 악을 쓰다가 네발로 빠르게 기어서 줄행랑치듯 도망갔다.

　세미 비서실장 이율(반란자 빙의)이 질러댄 괴성은 싸이렌 울러 퍼질 때 소리를 연상하면 된다. 갑자기 목을 부여잡고 에~ ~ 에~ ~엥~ ~ 장음으로 날카로운 괴성을 지르고 바닥에 데굴데굴 구르며 고통스러워하였다. 얼마나 소리를 크게 질러대는지 나 역시 정신이 하나도 없을 정도였다.

　도망치는 대역죄인 이자 년의 얼굴에 황룡옥새가 찍힌 종이(황명서)를 들이대자 무서워 공포에 떨면서 옆으로 누운 채 손을 저으면서 뒷걸음질을 친다. 얼굴에 붙이자 더더욱 괴성을 질러대며 도망가려고 집무실 문을 열고 나갔다. 2층 현관문을 열려는 것을 가로 막고 황룡옥새를 세미 비서실장 이율 얼굴과 머리에 찍으니 괴성을 질러대며 컥컥대고 고통스럽게 울며 불며 소리소리 악을 쓰다가 토한 뒤에 잠잠해졌다. 황룡옥새를 엄청 무서워했다.

황룡옥새의 위력을 적나라하게 보여 준 생생한 천지대공사였다. 북성군주 김현 몸으로 너무나 자주 들어와서 고통을 주었는데 그때마다 내게 전화를 하여서 도움을 요청하여 퇴치해 주었다. 오늘 두 번이나 북성군주 김현이 고통을 받았기에 처음으로 황룡옥새를 찍었더니 이적과 기적이 일어났다.

생생한 체험을 하면서 황룡옥새가 생령과 사령, 신명, 조상, 악귀잡귀들에게 얼마나 무섭고 공포스런 것인지 처음 알게 되었다. 반란군 괴수가 북성군주 김현과 비서실장 이율의 몸에 들어가서 '황룡옥새 그거 찍어봐야 무섭지 않다며 별거 아니라'고 자만하며 핀잔을 주었지만 결과는 엄청난 위력을 발휘하는 신물이자 영물 그 자체였다.

어찌 보면 그냥 황룡옥새가 찍힌 도장에 불과한데 왜 그리도 무서웠을까? 그것은 천상에서 반란을 일으키고 지구로 도망친 대역 죄인들을 심판하려고 하강한 70만 명의 신군들인 천상의 예조부대신, 염라대왕, 판관사자 대장군, 수하 판관사자들, 저승사자 대장군, 수하 저승사자들이 출동해서 잡아가기 때문이었다. 누군가 있어서 동영상을 촬영했더라면 정말 볼만한 구경거리였을 것이다.

※
청와대 터는 天宮(천궁)이 들어설 하늘과 신의 터라서 인간 대통령들에게는 재앙이 내리니 빨리 비워야 한다. 그 증거가 역대대통령들의 비운과 박근혜, 이명박 전 대통령의 옥고이다.

북두칠성의 비밀

북두칠성에 대한 비밀을 천상의 신들과 수많은 대화를 주고받은 내용이다.

[김현]
폐하! 북두칠성의 의미가 무엇인지 알고 계사옵나이까?

[폐하]
깊은 뜻은 알 수가 없지. 세상에 알려진 칠성이 있는 곳으로 알고 있고 동두칠성, 남두칠성, 서두칠성, 북두칠성으로 1개 칠성마다 7명의 성군들로 총 28명의 칠성이 있다고 알고 있어. 북두칠성은 도가에서 태상노군이 거처한다고 말하지.

[김현]
소신 어제까지 없었다가 오늘 샤워하면서 오른쪽 날갯죽지 쪽에 약 5mm 정도 크기로 멍든 것처럼 동그랗게 따닥따닥 있길래 깜짝 놀랐사옵나이다. 원래 피부가 흉터 없이 깨끗했는데 갑자기 생겨서 이게 뭔 일인가 싶었사옵나이다. 도저히 이해할 수 없어 뒤돌아 한참을 보다가 시간이 지나면 없어지겠지 하고 넘어갔사옵나이다.

한참 전생록을 기록하다가 너무 졸려서 잠 좀 깰 겸 인터넷을 뒤적거리다가 갑자기 북두칠성이 떠올라 인터넷을 보니 딱 7개 점 모양을 보고 다시 화장실 들어가서 확인했더니 북두칠성 모양새 그대로였사옵나이다.

너무 황당해서 이걸 사진 찍어서 폐하께 보내드리고 싶었사온데, 혼자서 찍을 방법을 못 찾고 끙끙거렸사옵나이다. 내일 회사 가서 여직원에게 찍어달라 부탁해서 보내드리겠사옵나이다. 너무나 황당하기도 하고 왜 생겼는지도 모르겠사옵고 해서 혹시 폐하께서 뜻을 아실까 싶어 문자를 드린 것이사옵고 그런데 누르면 아프사옵나이다.

[폐하]
셀프 촬영하면 되잖아?

[김현]
한번 시도해보겠사옵나이다.
팔도 안 닿고, 고개가 아프고 해서 실패하여 내일 찍어서 보내드리겠사옵나이다.

[폐하]
북성군주 김현, 일단 천상의 총괄본부장이나 미호 서기부 부장에게 알아보라. 우리 인간들 상식으로는 봐도 뜻풀이를 못하잖아? 뭔가 메시지를 내려준 것일 거야.

[미호 서기부 부장]
미호 서기부 부장이 폐하께 말씀을 올리사옵나이다.
북두칠성

1성 탐랑성군
보좌관 겸 전략기획 총괄본부장(천자 보좌 및 飛仙(비선=神仙 신선) 감찰

2성 거문성군
인사부대신(신명하강 주관) 겸직(녹봉과 벼슬 관리)

3성 녹존성군
六龍(육룡) 재앙을 내리고 보고함(악귀, 잡귀 즉살)

4성 문곡성군
예조부대신(형벌을 주관)

5성 염정
서기부 부장(천상의 기록문서 책임) 겸직

6성 무곡성군
재무부대신(창고 관리와 오곡주관)

7성 파군성군
판관사자 대장군, 저승사자 대장군(신군 주관)

폐하께 꼭 필요한 북두칠성이 이 아이(김현)와 함께 행하고 있사오니 끝까지 이 아이를 믿고 함께해주시옵소서!

[폐하]
그래 오호! 이런 엄청난 풀이가 나오다니 기쁘구나. 우연이

아니었구나. 그냥 넘어갔다면 큰일날 뻔하였구나.

[김현]
그러게 말이사옵나이다. 너무나 어이없기도 하고 기가 막히기도 하고 참으로 신기하다고밖에 할 말이 없사옵나이다. 깨끗했던 피부가 멍든 것처럼 점이 생기니 왜 이러나 했더니만, 역시 폐하의 무소불위하심이 대단하사옵나이다!! 내일 사진 찍어서 바로 보내드리겠사옵나이다. 소신 또한, 영광이옵고, 감개무량하사옵나이다.

[폐하]
그래, 메시지를 보내준 게 맞았구나.

[김현]
너무 기쁘사옵나이다!!

[폐하]
그럼, 아주 기쁜 일이지.

[김현]
아무리 그래도 그렇지.
꼭 날갯죽지에 나타나게 해야만 할 이유가 있을까 싶사옵고, 겨우 닿은 손에 어쩌라고 하는지 모르겠사옵나이다. 약을 바를까 했더니만 놔두어야겠사옵나이다.

[폐하]
뭘 고민해? 알아보라. 왜 그리했는지? 우연은 없다. 필유곡

절이 있을게다.

[김현]
폐하께서 천지대공사를 진행하심(인류의 구심점 추대 옹립)에 날개를 달게 해드린다는 의미로 날갯죽지에서 증표를 나타낸 것이라고 하였사옵나이다.

[폐하]
암, 그렇고말고. 그럼 그렇지. 궁금증 금방 다 풀렸네?

[김현]
또한, 7신명과 함께한다는 의미로 증표를 보여주는 것이라고 하였사옵나이다. 악귀잡귀를 즉살하고 재앙을 내리며 보고하는 신명은 육룡들인 청룡, 적룡, 백룡, 흑룡, 황룡, 은룡과 또 다른 흑룡이사옵나이다. 정말 모든 게 딱 들어맞사옵고, 폐하께 꼭 필요하실 만큼 한 치의 오차도 없으심에 그저 경이롭다밖에 할 말이 안 나왔사옵나이다.

[폐하]
아~ 그리되었구나. 기쁜 일이도다.

[김현]
폐하! 어찌 이럴 수가 있사옵나이까? 아무리 생각해도 천상에서 폐하를 위해 엄청난 큰 공을 들이셨음을 다시 한 번 감탄하였사옵나이다!

[폐하]
그래, 선물을 주시는구나.

[김현]
상상만으로 존재하던 것이 현실로 나타난 게 폐하의 무소불위하신 대도력, 대천력, 대신력에 다들 놀랄 것이사옵나이다.

[폐하]
그래, 그렇겠지?

[김현]
당연지사 아니사옵나이까? 무속세계가 아니라 실제 천지천황 폐하를 지켜주는 북두칠성이옵고, 증인이 된 소신이 있사온데 엄청 놀랄 것이사옵고, 신명정부 들어서면 어마어마한 파급력을 가져올 것이사옵나이다.

다들 북두칠성에 대해 익숙하지 않사옵나이까? 다만, 정확한 뜻을 모르고 두루뭉술하게 알고만 있다 뿐이사옵고, 이것도 신명정부가 들어서도록 보여주시는 메시지 같사옵나이다.

[폐하]
준비단계인 거 같다.

[김현]
갈수록 신기하고 재미있사옵고, 폐하 덕택에 많은 공부를 배우고 있사오며, 진심으로 은덕을 베풀어주시어 무한한 영광이사옵나이다!! 더 많은 공부하여 끝까지 보좌관 역할에 충실

하여 폐하께서 인류의 구심점으로 우뚝 서시는 일에 누가 되지 않도록 노력하겠사옵나이다!

[폐하]
그럼 반드시 그리해야지.

[김현]
존명

참으로 놀라운 일이다.
김현 우측 날갯죽지에 북두칠성이 나타난 것을 나에게 물어본 것이 이런 엄청난 일로 연결될 줄은 몰랐다. 7성(칠성)이 모두 다 모였노라. 이것은 전대미문의 대경사이고, 인류 역사 이래 처음일 것이기에 천지세계 신명정부가 속전속결로 세워질 징조이리라.

양은 12지지(十二支地) 중에서 십미토(十未土)라고 하여 희생(중앙)의 상징인 천상의 천자를 나타내기도 하는데 내가 양띠인 것 또한 우연이 아닌 것 같다.

※

위대한 하늘의 진실을 찾고, 하늘의 뜻을 만 세상에 전하며 수천 년 동안 하늘의 진실을 몰라서 종교인들에게 속고 있는 인류를 종교로부터 해방시키고 싶었는데 이것이 하늘의 마음이셨다는 것을 올해 초에 알았다.

북극성의 비밀

천체의 수천억 별들이 북극성을 중심으로 회전하기에 천체의 구심점이고, 지상세계에서는 인류의 구심점을 상징하는 증표로 알려져 있다. 그런데 나의 몸 우측 가슴 상부에 큰 점이 있는데 크기가 가로 1.7cm 세로 1.5cm이다. 어려서는 전혀 관심 없이 지내오다가 어느 때부터인가 복점(福點)이라는 생각이 들었다.

그리고 현재의 길로 접어들면서 막연히 이것이 혹시 북극성을 상징하는 점은 아닐까,라는 생각도 여러 번 해봤었지만 아무도 검증해줄 사람이 없었고, 나 홀로 마음 안에만 묻어두고 지내왔으며 그 이후에는 지금까지 어떤 증표인지 전혀 애착을 갖지 않고 살아왔었다.

1999년에 점을 치며 예언하는 어떤 도인이 있었는데 나에게 북극성이라고 말해주었지만 그런가 보다 하고 별 관심을 갖지 않았다. 또 다른 도인은 증산상제 강일순의 혼 불은 주먹 크기만 한데 나의 혼 불은 농구공 크기만 하다고 말해준 적이 있었지만 역시 그런가 보다 하고 지나쳤다.

40년 된 신의 제자는 나의 존재가 옥경천황 폐하 비슷한데 옥경천황 폐하께서 아니라고 했다며 비슷하다고만 했다. 대사, 승려, 법사, 무당, 도사도 아니라고 하였다. 충남 연암산에서 기도하던 제자는 신의 대통령이라고 말했었다.

중국 훈춘에서 예언하던 소계련은 나에게 도사(導師=중국에서는 영도자)라고 했다. 이 모든 조합이 결국 북극성의 기운을 타고난 천자이자 황태자인 나를 검증한 것이었는데 최종적으로 천상에서 북성군주(북두칠성 7명의 성주) 김현을 통해서 북극성이라고 검증해주었다.

그런데 김현이 우측 날갯죽지에 북두칠성 형상의 붉은 반점이 생겼다고 나에게 물어와서 일반적인 내용만 말해주고서 깊은 뜻은 미호 서기부 부장에게 알아보라고 했더니 북두칠성의 엄청난 비밀이 적나라하게 풀어졌다.

김현 몸에 7개의 붉은 반점이 갑자기 나타난 것이 북두칠성의 비밀을 밝혀냄은 물론 나의 우측 가슴 상부에 점이 북극성이 맞는다고 검증해주었다. 이번 일은 두 가지의 비밀을 동시에 풀어내는 쾌거를 이루었다. 이것은 대사건이자 경천동지할 일이다. 인류의 역사가 새로이 재창조되는 것과 진배없다.

※
영들의 고향은 어디일까?
천상으로 올라가고 싶은 영들~
육신이 산 자의 영혼(생령)과
육신이 죽은 자의 영혼(사령)이
가야 할 천상세계가 각기 다르구나.

인류 최초 六龍(육룡)의 하강

인류가 상상조차 못하는 신비의 세계가 이곳에서 수시로 열리고 있다.

황룡 천상의 주인과 황실을 수호하는 용
은룡 황후폐하를 수호하는 은빛 용
적룡 옥경천황 폐하를 수호하는 용
백룡 도솔천황 폐하를 수호하는 용
청룡 천지천황 폐하를 수호하는 용
흑룡 방패 역할과 악귀잡귀 퇴치 담당

수시로 불러주시어 천지천황 폐하의 옥체에 붙어 있는 악귀들을 떨쳐내라는 황명을 내려주시옵소서. 용들이 불러달라고 울부짖고 있사옵나이다.

폐하의 도법주문 독송 중에 황룡이 악귀의 목을 물어뜯고 끌어내리려는 영상을 보여주셨사옵나이다. 헌데 황룡은 천상의 주인과 황실을 수호하는 용인데 이름을 밝혀주셨사옵나이다.

천상의 주인을 수호하는 황룡은 몸과 활을 합친 ○자라고 밝혀주사옵고, 황후폐하를 수호하는 은룡은 ○, 옥경천황 폐하를 수호하는 적룡은 ○○, 도솔천황 폐하를 수호하는 백룡은 ○,

천지천황 폐하를 수호하는 청룡은 ○, 악귀잡귀와 방패역할 담당하는 흑룡은 ○ 등 이렇게 밝혀주셨사옵나이다.

수시로 불러주시어 천지천황 폐하의 옥체에 붙어 있는 악귀들을 떨쳐내라는 황명을 내려주사옵소서! 용들이 불러달라 아우성치며 울부짖고 있사옵나이다.

아~, 놀라운 일이로다. 六龍(육룡)의 이름과 역할을 모두 밝혀내다니 천지가 개벽할 일이로구나. 그래 수시로 찾아서 불러주어야겠구나.

황룡 ○, 은룡 ○, 적룡 ○○, 백룡 ○, 청룡 ○, 흑룡 ○!
내가 너희 六龍(육룡)들의 존재를 깜빡 잊고 지냈구나. 천상의 천자이자 황태자인 내가 六龍(육룡)에게 병마를 발생시키는 악귀잡귀를 즉시 소멸하는 황명을 내리니 즉시 집행하라.

※

책을 읽으면서 이제까지 수천 년의 세월 동안 종교인들이 전한 하늘세계, 사후세계, 영혼세계, 조상세계가 모두 가짜였음을 알게 되어 한편으론 배신과 분노가 폭발하고, 다른 한편으로는 드디어 진짜 하늘을 찾았다는 감격과 안도의 눈물을 흘리는 자들이 많을 것이도다.

하늘의 특명받고 내려온 天子(천자)!

내가 이 땅에 태어난 이유?

 하늘의 지엄한 황명을 받고 북극성 천상 자미천궁에서 지구로 내려온 것은 천상의 주인 자리를 빼앗으려다가 반란 역모가 실패하여 지구의 지하세계로 숨어든 총애받던 후궁 아수라 대마왕 '하누'와 그의 아들이자 나의 이복 동생인 '표경'을 죽여서 하늘의 가슴에 오랜 세월 맺힌 원과 한을 풀어드리기 위하여 2,036년 전에 이 땅으로 내려왔다.

 천상의 주인께서 천상세계와 대비되는 곳이 지하세계인데 '하누'와 '표경'이 하늘에 대적하는 아수라 대마왕이란 진실을 가르쳐주시고, 척살황명을 내리셨다. 대마왕의 위력은 하늘의 위력만큼이나 대단하다고 하시면서 목숨까지 위태로워질 수 있다고 나에게 주의를 당부하시었다.

 이들의 반란으로 인해서 천상 자미천궁이 이들 손에 넘어갈 뻔했다는 이야기를 들려주시면서 반드시 죽여야 한다고 하시었다. 그리고 이들이 종교세계를 지배통치하여 하늘의 역할을 하게 만들었고, 온 세상의 종교 기운을 먹고 사는 존재들이라면서 종교세계를 멸하여 인류의 정신세계를 바로잡고 인류를 종교세계로부터 해방시키라는 특명을 내리시었다.

종교세계는 구원의 하늘세계와 정반대의 악마세계였고, 하늘로부터 구원받지 못하도록 철저하게 교리와 이론으로 세뇌시켰다고 하시었다. 종교적 숭배대상자들인 석가, 예수, 마리아, 여호와, 상제, 마호메트, 공자, 노자를 하늘로 받들어 섬기게 만들어 진짜 하늘과 멀어지게 하였다.

외형적으로는 종교 모두가 하늘을 찾는 것 같지만 진짜 하늘세계를 아는 자가 없었기에 전하는 자도 없었고, 종교적 숭배대상자들이 지금까지 하늘 역할을 하면서 온갖 대우를 받아먹고 있었는데, 이들의 존재가 지하세계 아수라 대마왕 '하누'와 그의 아들 '표경'이 천상의 주인 역할을 하기 위해 만든 것이 이 세상의 종교세계였다고 밝히셨다.

그래서 이 땅의 종교는 모두가 소멸되어야 한다는 것이 하늘의 법도이자 지엄한 황명이시다. 천상에는 종교가 없는데 이 땅에는 왜 이렇게 종교가 많은 것이던가? 인류는 천상의 주인이 누구인지 몰라서 이스라엘 전생 신이었던 야훼를 하나님으로 받들고 섬겼으며, 천상의 주인이신 영혼의 어버이 직함과 존함도 알지 못하여 하나님, 하느님, 하늘님, 한얼님, 한울님이란 추상적인 단어를 써왔다.

하지만 나에게는 모든 것을 공개하시었다. 천상세계 자미천궁의 위치, 아바마마와 어마마마의 속명 존함과 관직, 연치, 신장, 자미천궁 인구, 영혼 창조, 행성 창조, 천지만생만물 창조, 인류에 대한 구원과 심판, 후계자 수업, 황위계승, 청와대 터의 비밀, 향후 미래계획까지 자세히 알려주시었다.

종교세계를 통해서는 수천 년의 세월이 흘러도 구원이 왜 안 되는지 인류가 모르는 비밀을 모두 자세히 가르쳐주시었다. 종교 자체가 지하세계 아수라 대마왕 '하누'와 그의 아들 '표경'이 지배통치하여 이끄는 세계였기에 구원을 안 해주신 것이다.

종교는 하늘이 원하시는 세계와는 정반대의 악마가 다스리는 대마왕의 세계였던 것인데, 인류가 이런 높은 천상세계의 진실을 알 턱이 없었기에 수천 년의 세월 동안 세계 인류가 종교의 노예, 종교의 종이 되어서 힘들게 살아가고 있다.

구원은 오직 하늘만이 하실 수 있는 고유영역이자 고유권한 이시기에 세상 그 어느 누구도 인류를 구원할 수 없다는 진실을 아무도 모르고 있었다. 천자(천지천황 폐하)는 하늘의 명을 받아 구원과 심판을 병행하는 역할을 동시에 수행한다.

천자이자 황태자 신명인 나(천지천황 폐하)는 천상의 주인(하늘)자리 황위를 계승할 북극성 성주이며 북두칠성을 거느리고 특수임무를 집행하려고 황명을 받아 지구로 내려왔다. 지구의 정복자, 지구의 주인, 인류의 황제, 인류의 통치자, 인류의 총사령관, 인간 육신들 구원자, 조상영혼들 구원자, 생령(영혼)들 구원자, 신명들 구원자, 인류의 심판자, 인간 조상 생령 신명의 생사여탈권자, 종교소멸, 종교로부터 인류를 해방시키라는 하늘의 특별 황명을 받고 지구를 통치하러 내려왔다.

인류의 구심점으로써 지구에 머물고 있는 인간, 조상, 생령, 신명과 천지만생만물에 대한 구원과 심판의 생사여탈권을 하늘 대신 집행하라는 황명을 받았고, 지구의 주인 증표로 황룡옥새를 하사받았다. 신비의 대도력, 대천력, 대신력을 겸비하고 있으며 천상과 지상의 모든 신명, 조상, 생령들을 자유자재로 부르고 이들에게 하명을 내리며, 생사여탈권을 행사할 수 있는 무소불위의 권한도 부여받았다.

나는 천자이자 황태자로서 천상서열 2위, 지상서열 1위로서 인간의 구심점, 조상의 구심점, 생령의 구심점, 신명의 구심점 역할을 하고 있다. 인간, 조상, 생령, 신명의 구원과 심판은 하늘의 황명을 받고 내려온 천자만이 집행할 수 있기에 이제까지 종교세계를 일평생 동안 아무리 열심히 믿고 다녔어도 구원이 이루어지지 않았던 것이다.

조상들 입장에서는 살아생전 일평생뿐만이 아니라 죽어서 수천수만 년 동안 종교세계 매달렸어도 구원을 받지 못한 이유가 이 땅에 진짜 천자(天子)가 하강하지 않고, 천자를 사칭한 가짜들을 믿고 따랐기 때문이었음이 이곳에서 생생히 검증되고 있다.

매주 일요일마다 천상으로 입천한 각자의 조상님들이 천상에서 편안히 잘 계신지 13년 만에 처음으로 궁금히 여기는 수많은 사람들의 조상님들을 하강시켜서 자손과 상봉하게 하여 대화를 나누게 해주어 확인시켜 주고 있다. 조상입천 등급의 높낮음에 따라서 위풍당당하게 하강하는 조상과 주눅이 들어서 하강하는 조상들의 엇갈리는 모습을 볼 수 있었다.

그러나 조상입천 등급이 높든 낮던 모두가 무릉도원 세계에서 춥고 배고픔 없이 편히 살아가고 있다는 것을 여러 조상들을 불러서 자손들과 만나게 하여 확인해주었다. 사후세계의 신기한 모습은 50~100세에 죽었어도 여자들은 15~19세, 남자들은 20~29세의 청춘 남녀 모습으로 질병과 근심 걱정 없이 평화롭게 살면서 하루 4시간만 일하고 나머지는 자유시간이라니 이것이 진정한 무릉도원 세상 아니던가?

인간세상의 최고 경치 좋은 곳이나 동화, 영화 속에 나오는 그 어떤 풍경의 경치보다도 비교할 수 없을 정도로 아름다운 환상의 세계라고 자랑하는데, 그야말로 바라만 보아도 황홀경에 도취되어서 너무나 행복하다고 한다.

여기에 들어오길 너무나 잘했다며 나에게 영원히 은혜를 잊지 않겠다고 충성 맹세를 하며 "천지천황 폐하 만세 만세 만만세"를 조상들이 감동해서 스스로 목청이 터지도록 외치며 연신 감사하다고 큰 절을 올린다.

그런데 천상으로 조상입천이 안 된 자들의 조상들을 불러보면 하나같이 죽었을 당시보다도 더 폭삭 늙어서 살이 하나도 없고, 앙상한 뼈에 살가죽만 덧씌어 놓은 듯 몰골이 말도 아닌 엄청 흉측한 모습들을 보았다. 천상으로 올라간 자와 올라가지 못한 자들의 차이가 비교할 수 없을 정도이다.

살아생전 왕이나 대통령을 지낸 자들과 재벌 회장들은 옷도 없어서 추위와 배고픔, 조직폭력배 귀신들로부터 얻어맞아서 도망 다니며 비참하게 동냥질 다니는데, 그런 자들과는 비교할 수 없을 정도로 호강을 누리고 있다는 것이 확인되었다.

뒤편에 죽어서 천상으로 올라간 두 명의 천인들 사례 부분 소제목 '천상 자미천궁으로 입천 검증'과 '천상 자미천궁에서 일어난 기적' 그리고 내 육신의 부모님과 모든 직계좌우 조상님들이 13년 전에 조상입천의식을 행하여 천상 자미천궁의 3,300개 제후국들 중에 서열 2위의 '갈마이엔'국의 제후와 왕비가 되셔서 하강하여 대화를 나누었다는 소제목 '43년 만에 확인한 사후세계'를 읽어보면 알 수 있다.

이제 그대들이 이 책의 내용을 믿든 안 믿든 그것 역시 자유이고, 여기 들어오든 말든 그대들의 선택사항이다. 이 책의 내용은 진실 그대로 쓴 것이고, 표현력이 부족해서 빠진 것은 있을망정 없는 진실을 보탠 것은 하나도 없다는 점을 알린다.

이제 그대들이 일평생 열심히 믿고 다니던 종교세계는 종쳤다. 이 책 한 권으로 종교 숭배자, 종교 창시자, 종교 교주, 종교 지도자에 대한 모든 신뢰가 몽땅 무너져 내릴 것이기에 허탈감에 빠져서 한동안 마음을 잡지 못하고 방황하며 배신감, 분노가 폭발하여 공황장애, 멘탈 패닉, 허탈감으로 일이 손에 안 잡히고 우울증, 불면증에 시달리게 될 것이다.

무속에 다니면서 죽은 자(가족 및 조상)를 위해서 좋은 세계로 올라가시라고 행했던 조상굿, 지노귀굿, 신 내림굿, 절에서 행하는 사십구재, 백일재, 천도재, 수륙재, 지장재, 교회에서 행하는 추모예배, 성당에서 행하는 추도미사는 아무짝에도 쓸모가 없다는 것이 수없이 확인되고 검증되었는데 이 모든 종교적 구원행위가 결국은 돈 낭비, 시간 낭비, 정력 낭비였다는 사실을 적나라하게 밝혀냈다.

종교의식 자체로는 아무리 호화롭게 장례를 치르고 굿, 천도재, 추모예배, 추도미사를 해주어도 천상으로 올라가지 못하고 허공중천 구천세계를 떠돈다는 경천동지할 정도의 비참한 사후세계 진실이 속속들이 밝혀지고 있다.

그리고 납골당, 납골묘, 명당 매장묘지도 죽은 자들에게 하나도 도움이 안 되고 인간들의 눈높이 수준에서 자아만족에 불과하다는 진실도 밝혀내었다.

대표적인 사례가 명당자리에 썼다는 이병철 회장의 에버랜드 호화묘지와 김대중 전 대통령의 묘지, 김영삼 전 대통령의 묘지, 노무현 전 대통령의 묘지, 박정희 전 대통령과 육영수 여사의 동작동 국립묘지, 김정일, 김일성 금수산 태양궁전에 안치된 묘지는 누가 보아도 일반적으로 좋은 묏자리라고 평가들을 할 것이다.

그런데 정작 이들의 영혼들을 불러보았더니 제사를 지내주어도 조폭귀신들 때문에 제삿밥도 못 먹고, 옷도 없이 추위와 배고픔, 조폭귀신들로부터 구타당하여 비참한 사후세계를 살아가고 있음이 영혼과의 대화를 통해서 속속들이 밝혀졌는데 뒤편을 읽어보면 상상초월의 사례가 자세히 나온다.

책을 모두 읽어보고도 여기가 진짜인가 가짜인가 의문점을 가지는 독자들이 있다면 그냥 기존에 다니던 종교에 그대로 다니면 되고, 괜히 전화해서 종교역사와 경전교리를 들이대며 말싸움하고, 정력 낭비할 필요 없다.

여기는 종교적 이론이 아닌 실시간 하늘과 천상신명들이 직접 하강하여 실시간으로 소통하고 대화를 나누는 곳이기에 종교의 역사를 들이대며 논리 싸움이 필요치 않다.

인간, 조상, 생령, 신명의 구원은 하늘을 대신하는 天子(천자)만이 집행할 수 있다는 진실을 다시 한 번 전한다. 이제라도 새로운 세상에서 진짜 하늘의 기운을 받는 황명을 받고 살아가는 자가 가장 현명하다. 하늘을 만나 구원받으려면 나(천자)를 만나면 된다. 하늘로 통하는 지름길이고, 이곳이 천상으로 오르는 단 하나의 입구이다.

※
종교멸망과 세계통일의 천지대업이 본격적으로 시작되었다. 이제 잃어버린 각자의 정신을 되찾아 그렇게 찾고자 했던 하늘께로 갈 수 있는 길이 열렸다. 하늘을 그리워하고 하늘을 찾으려고 종교세계 안에서 몸부림치며 헤매었던 생령과 사령들아~ 이제야 너희들의 소원을 이루게 되었구나.

※
그대들이 일평생 믿고 다녔던 종교로부터 해방되려면 가지고 있는 종교의 잔재를 모두 소각하거나 버려야 한다. 성경, 성화, 족자, 십자가 목걸이, 종교 형상 반지, 불경, 불화, 불상, 염주, 부적, 도경, 주문수행법, 신령형상 등 일체의 종교적인 물품과 용품, 종교 관련 책들을 몽땅 내다버려야 한다.

제2부
이병철, 홍라희, 정주영, 신격호

하늘의 명과 천상의 약속

하늘이 인류에게 내리신 명은 무엇일까?

인간의 육신을 갖고 살아가는 사람들에게만 하늘이 내려주신 명이 있는데 그것이 무엇인지 알고 있는 사람들이 이 세상에 전무하기에 알려준다.

하늘의 命(명)

끊임없이 축생(짐승, 가축, 새, 물고기, 식물, 풀, 곤충, 벌레, 무생물, 바위, 돌, 모래알)으로 수천 년, 수억 년을 환생 반복하다가 이번 생에 천자이자 황태자를 알현하여 전생의 천상에서 지은 죄를 빌어 다시 천상으로 돌아오라는 것이 하늘의 명이시고, 명을 받을 수 있는 유일한 존재인 만물의 영장(인간)으로 다시 태어나게 해주셨다.

축생으로 태어나면 당연히 하늘이 내리신 명을 받을 수 없다. 하늘의 명을 받들려면 전생의 죗값을 준비해서 가져와야 하는데 죗값도 등급이 매겨져 있다. 죄를 빌어야 할 죄인의 종류는 크게 3가지이다.

천상의 반란 역모 죄

천상에서 하늘을 시해하려는 반란이 일어났을 때 반란군에 가담하였다가 역모가 실패하여 지구로 도망쳐 나온 자들이다.

반란 가담 죄

반란군에 가담하였다가 체포되어서 재판을 받고 지구로 쫓겨난 자들, 즉 지구에서 귀양살이하고 있는 유배자들이다.

천상약속 위반죄

천상에서 하늘의 명을 받고 이 땅에 내려와서 황태자를 돕겠다고 약속하고 내려왔는데 천상약속을 이행하지 않은 자들이 천상약속 위반죄에 걸려 건강과 목숨이 풍전등화이고, 재물과 기업이 공중분해될 위기를 맞고 있다.

천상에서 10명의 제후들을 뽑아서 지구로 내려간 황태자를 도와줄 자들은 나서달라는 하늘의 말씀에 손을 들었던 사람들이 LG그룹 창업주 구인회 회장, 삼성그룹 창업주 이병철 회장, 현대그룹 창업주 정주영 회장, 롯데그룹 창업주 신격호 회장 등이 대표적이고, 그 외에도 다수의 수많은 사람들이 도움을 주겠다며 약속하고 지구로 내려왔다.

내가 황태자라는 진실이 밝혀진 것은 불과 얼마 안 된다. 지난 2018년 1월 31일 새벽 0시 37분에 천상의 판관사자 대장군에 의해서 나의 천상족보가 이 세상에 처음 밝혀졌다.

천상에서 약속한 자 3명은 이미 세상을 떠났고, 신격호 회장만이 살아 있는데 그나마 97세의 고령인데다 치매 끼가 있고, 거동도 불편하여 육적인 만남은 가질 수 없었지만 생령을 불러서 많은 대화를 나눌 수 있었다. 하늘이 내리신 명이었던 천상의 약속을 기억해내면서 하염없이 눈물을 흘리며 좀 더 젊어서 황태자 전하를 만났어야 했었다고 후회하며 왜, 아무 말도 없이 지구로 훌쩍 떠나가셨느냐고 눈물을 뚝뚝 흘렸다.

오늘 나의 집무실에서 LG그룹 창업주 구인회 회장, 삼성그룹 창업주 이병철 회장, 현대그룹 창업주 정주영 회장, 롯데그룹 창업주 신격호 회장의 사령과 생령을 불러서 서로를 상봉하게 해주었다. 그런데 기쁨도 잠시뿐이고 모두가 배가 고파서 먹을 것 좀 달라고 아~ 하고 입을 벌리며 주린 배를 움켜잡은 채로 배고픔을 호소하였다.

물론 신격호 회장 육신은 아직 살아 있기에 배고픔과 추위로 인한 고통은 하소연하지 않았지만 나머지 3명은 춥고 배고파서 옷 줘, 밥 줘, 빵 줘, 떡 줘 하면서 애절하게 하소연하는데 산 자손이 찾아오지 않는 이상 달리 방법이 없다.

박정희 대통령도 불렀더니 두들겨 맞아서 팔에 상처를 입고 왔다. 김일성, 김정일 부자도 불렀더니 형편없이 얻어터져서 몰골이 말이 아니다. 죽으면 대통령의 권력도 통하지 않고, 재벌의 태산 같은 재물도 통하지 않고, 살아생전 높은 명예도 안 통한다는 사후세계 진실을 처음으로 알았다.

오직 힘센 자들만의 귀신 세상이 열린다. 얻어맞아서 피해 다니기 일쑤이고, 죽을 때 입고 간 수의마저 힘센 귀신들에게 빼앗겨서 대부분이 모두 발가벗고 돌아다니며 동냥질하기에 너무 춥다고 천 쪼가리라도 있으면 달라고 하였다.

LG그룹 창업주 구인회 회장, 삼성그룹 창업주 이병철 회장, 현대그룹 창업주 정주영 회장, 롯데그룹 창업주 신격호 회장은 이 땅에 내려올 때 천상의 주인과 황태자를 돕겠다고 약속하고 내려온 자들인데 3명은 이미 죽었고 신격호 회장만이 살아 있지만 반 식물인간 상태이다.

오늘 LG그룹 창업주 구인회 회장과 롯데그룹 창업주 신격호 회장을 불러서 하늘의 명으로 내려진 천상의 약속을 들려주었더니 구회장이 황태자 전하! 지구에 내려와서 그 얼마나 고생 많이 하였느냐고 오히려 나에게 위로의 말을 건네며 하늘께서 명으로 내리신 천상의 약속이 이제 생생히 기억난다고 말한다.

두 명 모두 눈물을 쏟으며 왜 이제야 불러주셨느냐고 원망을 하기에 나 역시 내가 황태자란 신분이 밝혀진 지가 불과 얼마 안 되었으니 어찌 부를 수 있겠느냐고 알려주었더니 하염없이 눈물을 흘리며 자손이나 후손들을 데리고 와서 반드시 천상의 약속을 지키겠다고 말하였다.

1) LG그룹 창업주 구인회 회장 가족

1907. 08. 27~1969. 12. 31(63세 사망). 경남 진주
배우자 허을수
아들 구자경(94), 구자학(88)
손자 구본무(74 사망), 구본능(70), 구본준(69), 구본식(62), 구본걸(62)
증손 구광모(41)

2) 삼성그룹 창업주 이병철 회장 가족

1910. 02. 12~1987. 11. 19(78 사망), 경남 의령
배우자 박두을

아들 이맹희(85 사망), 이창희(59 사망), 이건희(77)
딸 이인희(91), 이명희(76)
자부 홍라희(74)
손자 이재현(59), 이재관(56), 이재찬(55), 이재용(51)
손녀 이미경(61), 이부진(49), 이서현(46)
외손자 조동만(66), 조동길(64), 정용진(51)

3) 현대그룹 창업주 정주영 회장 가족
1915. 11. 25~2001. 03. 21(87 사망). 강원도 통천
배우자 변중석(87 사망)
아들 정몽구(81), 정몽근(77), 정몽우(74), 정몽준(68), 정몽윤(64), 정몽일(60), 정몽필(49 사망), 정몽헌(56 사망)
손자 정의선(49), 정일선(49), 정문선(45), 정대선(42), 정기선
손녀 정성이(57), 정명이(39), 정윤이(51), 정지이(42)
형제 정상영(83), 정희영(?), 정신영(?), 정인영(87 사망), 정순영(84 사망), 정세영(78 사망)

4) 롯데그룹 창업주 신격호 회장 가족
1922년생~ (97)
배우자 서미경(60)
아들 신동주(65), 신동빈(64)
딸 신영자(77), 신유미(32)
동생 신철호(?), 신춘호(87), 신선호(?), 신준호(78), 신정희(?)

이렇게 하늘과 천상약속을 행하고 지구로 내려온 구인회, 이병철, 정주영, 신격호의 4가문 자손들은 어느 누구 하나 자신들이 현재 누리고 있는 부귀영화가 누구 덕분인지 모르며

살아가고 있다.

천상에서 하늘과 약속하고 나(황태자)를 도우려고 지구로 내려온 3,300개 제후국들 중에서 손들어 뽑힌 4명들이었는데 이들은 이미 세상을 떠나고 자손과 후손들만이 살아 있다.

4인이 천상에서 하늘과 맹세하고 내려온 천상약속!
지구에 내려와서 돈을 많이 벌어 아낌없이 황태자에게 바치기 위해서 내려왔기에 천상의 하늘께서 많은 돈을 벌어 승승장구하도록 천상에서 기운을 내려서 크게 도와주시었다.

4인의 당사자들은 천상약속을 말해주니까 알아듣고 하늘의 명을 잊지 않고 눈물을 흘리고 있었다. 이제 육신은 죽어서 없는데 어찌하면 천상에서 하늘과 약속한 것을 지킬 수 있겠느냐고 오히려 나에게 하소연한다.

4인의 자손과 후손들은 많아도 자신들이 천상에서 행한 약속을 어느 자손과 후손이 지켜줄지 깜깜하고 답답하다고 어찌하면 좋겠느냐고 방법을 알려달란다. 그래서 어차피 당사자들은 죽어서 세상을 떠났으니 자손과 후손들이 찾아와야 한다고 알려주었지만 산 자손들에게 전달할 방법이 없다고 하기에 책을 통해서 전달하기로 하였다.

천상에서 지구로 내려올 때의 천상약속!
하늘이 황명으로 4인에게 내리신 지엄한 명이 있었다.

천상의 약속이란 무엇인가?

구인회, 이병철, 정주영, 신격호 회장은 천상에서 부락을 다스리는 諸侯(제후=왕)로 지냈고, 제후로 지냈어도 호방한 성격을 갖고 있음에도 재물을 상당량 보유한 거상이기도 하였다.

천상의 주인께서는 황태자의 천지대공사에 동참하는 자를 선별하기 위해 반란군에 가담한 제후들 몰래 비밀회의를 통하여 구인회, 이병철, 정주영, 신격호 등 제후들 10명을 불러들여 지구로 내려간 황태자를 돕고자 하는 자들은 나서 달라는 청에 위의 네 사람이 나섰다.

천상의 주인께서는 지구로 내려가서 황태자를 직접 만나지 못하면 어찌할 거냐는 말씀에 자식들에게 전승하겠다는 말과 함께 만약 자식과 후손들이 거부하면 자손과 후손들의 목숨과 재산을 모두 거둬달라는 청을 올리고 지구로 내려왔다.

천상에서 구인회, 이병철, 정주영, 신격호 회장에게 꿈을 통하여 자식들에게 황태자의 존재에 대해 알려주라는 메시지를 무수히 보냈지만, 그러나 알고도 모른 척했던 것인지 죄의 대가로 이건희 회장이 급성 심근경색으로 쓰러져 혼수상태로 이어지는 불상사가 일어났다.

4가문의 자손들과 후손들이 들어와야 천상의 약속을 지켜낼 수 있는데 과연 이들이 책을 읽고 굴복할 수 있을지 천상에서도 주의 깊게 지켜보고 있으시다. 굴복하지 않을 시 목숨을 거두어갈지 아님 조상과 생령들을 호출하여 심판을 행할지 결정을 내려야 할 시점에 도달하였다. 천상에서는 내(황태자)가 원하고 바라는 대로 이루어주신다 하셨다.

천상에서 계획했던 것보다 시간이 지체되어 어찌해야 하나 고심하고 계신다. 이들의 자손과 후손들이 모두 들어와서 승복해야 살길이 열리고 4인들도 다시 천상으로 올라갈 수 있다.

천상에서도 이런 문제로 고심하신다니 선택의 폭은 넓지 않다. 일정 시간이 지난 이후까지 승복하지 않는다면 구인회, 이병철, 정주영, 신격호 가문의 자손과 후손들의 목숨과 재산(그룹)이 바람 앞에 촛불 신세가 될 것이다.

천상의 하늘과 약속 불이행 시 자손과 후손들의 목숨과 재산을 모두 거두어가 달라고 약속하고 지구로 내려왔으니 이제 양단간의 결정을 내려야 할 시점이 다가온 듯하다.

지금 육신이 아직 살아 있는 신격호를 제외하고 구인회, 이병철, 정주영 3인은 좌불안석이고, 하루가 지옥 같은 춥고 배고픔의 고통을 호소하며 살려달라고 애걸복걸하며 나에게 매달리고 있는 중이다.

신격호 회장 같은 경우는 아직 살아 있지만 몸을 움직일 수 없고, 마침 아들 신동빈 회장이 4월 18일 법정 구속되자 후처 서미경의 생령을 불러달라고 하여 상봉하게 하여서 자신이 천상의 약속을 지킬 수 있게 해달라고 신신당부를 하였다.

아무것도 모르던 서미경 생령도 죽은 구인회, 이병철, 정주영 회장들의 춥고 배고픈 비참한 모습을 생생히 확인하고는 너무나 충격받아 신격호 회장이 지시하는 말 그대로 행하겠다 며 약속하고 돌아갔다.

하늘이 내린 명이신 황태자를 돕는 천상의 약속도 지켜야 하고, 지긋지긋한 춥고 배고픈 지구를 떠나 천상으로 빨리 올라가서 제후(왕) 자리에 복직해야 하는데 세월은 자꾸만 흘러가고 안타까워서 발을 동동 구르고 있다.

인간 육신은 고작 100년 미만의 짧은 생을 살지만 죽음 이후에는 한도 끝도 없는 장구한 세월을 살아가야 하기에 잘남을 모두 버리고 하늘 앞에 모두가 승복해야 한다. 사후세계가 없다면 자기 멋대로 살다가 죽으면 그만인데 상상을 초월하는 고통스런 사후세계가 기다리고 있다.

지구에 내려오기 전 최초의 전생이 북극성 부근의 천상 자미천궁이기에 그곳으로 다시 돌아가야 한다. 이번 생에 나(구원자이자 심판자)를 통해서 천상으로 돌아가지 못하면 영원히 지구의 미아가 되어 축생이나 만생만물로 끝도 없이 윤회(반복 환생)하는 지옥같은 삶을 되풀이하며 살아가야 한다.

진짜인가 가짜인가는 4인과 숭배자들의 전생록을 읽어보면 인류 모두가 죄인 아닌 자가 없고, 축생으로 윤회하지 않은 자가 없음을 객관적으로 확인할 수 있을 것이다.

나는 수많은 세월 동안 인류가 애타게 기다리던 진짜 하늘을 찾아내었고, 천상으로 오르는 길을 찾아내었다. 생령과 조상, 신명들의 진실도 찾아냈다. 인류가 왜 하늘을 찾을 수 없는지 그 원인도 알게 되었다. 이제까지 세상에서 찾았던 하늘은 진짜 하늘을 찾기 위한 예행연습이었던 것이다.

아무도 찾아내지 못한 진짜 하늘을 찾아냈다.
지금까지 세상에 있는 모든 종교는 가짜, 거짓이라는 것을 천상의 북두칠성 제 5별인 미호 서기부 부장을 통해서 낱낱이 알게 되었다. 종교인들이 76억 3,000만 명을 속여왔던 종교세계의 진실이 적나라하게 밝혀지고 있다.

그동안 종교인들과 인류 그 어느 누구도 찾아내지 못한 하늘 중에 진짜 하늘을 내가 14년 전에 찾아내었고, 미호 서기부 부장을 통해서 14년 만에 이렇게 완벽히 검증을 받게 되는 쾌거를 이루어내었으니 우리민족의 대경사이다.

하늘을 정복하는 자가 세계를 정복한다!
내가 천자이자 황태자라는 천상세계의 전생록이 밝혀지면서 인류의 구원자이자 심판자 그리고 역모 반란에 실패하여 지구로 도망친 지하세계 아수라 대마왕 하누와 표경을 척살하고, 하늘에 대적하기 위해서 이들이 세운 가짜 종교세계를 멸하라는 특명을 받고 이 땅에 인간 육신으로 태어났다는 천계의 비밀이 적나라하게 공개되었다.

지구상에서 지금까지 진짜 하늘이 하강하신 적도 없었고, 하늘과 대화를 나눈 종교인들도 없었다. 이제까지 종교인들이 전한 하늘은 이스라엘 민족의 전쟁 신 야훼(여호와 하나님)였고, 불교의 하늘, 무속의 하늘, 유교의 하늘뿐이었다. 내가 진짜 하늘의 아들임을 천상의 신명이 밝혔으니 함께하자.

김정은, 김정일, 김일성, 고영희 상봉

나는 북한의 통치자인 김정은과 김여정 생령을 불러서 굴복시키고 충성맹세를 받아내었다. 이들을 굴복시키기 위해서는 김일성, 김정일, 고영희의 영혼(사령)을 부르는 것이 필요하였고, 김정은이는 생령을 세 번 불러서 굴복시켰다.

처음 김정은이 생령을 불렀을 때는 어리둥절하고 뭐가 먼지 몰라서 꿈인가 생시인가 헷갈려서 얼굴을 꼬집어보며 가위눌린 것인가 반신반의하며 떨떠름한 표정을 짓고 말투가 아주 투박하고도 퉁명스러웠다.

그러나 자기 아버지 김정일과 할아버지 김일성의 춥고 배고픈 모습을 실제 눈으로 보고서 조금씩 마음이 흔들리며 인정하기 시작하였다. 진짜 자기 아버지와 할아버지 맞느냐고 재차 확인하였다.

그러던 어느 날 김정은의 여동생 김여정을 불러야겠다는 생각이 들었다. 세미 비서실장 이율의 몸으로 실었다. 집무실에 처음 와봐서 낯설기도 하고 온통 용들과 저승사자들이 사방에 깔려 있어 겁을 집어먹었지만 헛기침을 여러 번 하면서 애써 태연자약하려는 모습을 보여주었다.

도도하기는 공주 스타일 그대로였다. 고개를 빳빳이 치켜들고 잘남과 교만의 모습을 보여주길에 "무릎 끓어라"하니까 누군데 무릎 끓으라고 하느냐고 호통을 치면서 대든다.

아~, 그래 무릎 못 끓어?
그럼 어디 한번 해보자.
네가 이기나 내가 이기나 보자.
야~용들아, 물어뜯어라.

순간 세미 비서실장 이율 몸에 실린 김여정이 비명을 지르고 데굴데굴 구르며 경호원! 경호원! 빨리 오라고 소리친다. 경호원도 용들에게 잡혀 있어서 못 와. 그러니 굴복해라. 그래도 씩씩거리며 굴복을 못하겠다는 듯 대들었다.

저승사자들아, 안 되겠다.
김여정이가 무릎 못 끓겠다고 버티는구나.
끓려라!
말이 떨어지기 무섭게 자신의 의지와는 상관없이 보이지 않는 저승사자들의 손에 이끌려서 무릎을 털썩하고 끓는다.

잘 봐라~
네 아버지 김정일과 할아버지 김일성 불러줄 테니까 만나보거라. 김정일과 김일성 부자 들어오너라. 들어오자마자 먹을 것 달라고 아~ 하고 입을 벌리며 내 책상 위를 두리번거린다. 오늘 먹을 거 없고 여기 김여정 왔으니까 만나봐라.

김여정아, 네 아버지와 할아버지다.

놀란 토끼 눈으로 아버지? 할아버지? 맞아?
이게 어떻게 된 일이야? 이거 꿈이지? 가위눌린 거지? 하면서 자신의 볼떼기를 꼬집어보니 악~소리가 저절로 나온다.

여정아~ 이건 꿈이 아니라 현실이란다.
그런데 아버지와 할아버지가 여기에 어떻게 와계신 거예요? 그러는 너는 북한에서 여기에 어떻게 왔니? 내가 너를 부른 것처럼 아버지와 할아버지도 내가 불렀어. 안 믿겨? 그러나 이제 조금씩 나의 신비스런 능력을 인정하는 말투가 나왔다.

여정아, 놀라지 마라. 네 오빠 정은이 불러줄게.
김정은아~어서 와라.
아~또 불렀네. 나 무척 바쁜데 왜 불렀어요?

그러자 김여정의 모습을 발견하고는 여정아~, 너 어떻게 여기 와 있어? 선생님이 불러서 나도 모르게 갑자기 오게 되었어. 이렇게 아버지와 할아버지를 보니까 대단하신 분임을 이제 인정합니다. 그런데 청이 있는데요, 눈물을 글썽이며 제 어머니는 어디 계신지 보고 싶은데 만날 수 있나요?

그러냐?
그래, 불러줄 수 있지. 네 엄마 이름이 뭐지?
고영희? 고영희 들어오너라.
김정은이 친모인데 52세에 죽었다.
순간 김정은이의 안색이 돌변한다.

엄마~!

반가움도 잠시, 온몸이 발가벗은 나체 상태로 들어왔다. 급히 윗옷을 벗어 앞을 가려준다. 그러면서 엄마를 부르며 대성통곡이 터졌고 눈물을 뚝뚝 떨어뜨린다. 역시 엄마 앞에서는 강인한 폭군 통치자 김정은이도 무너졌다.

한참을 울면서 엄마와 대화를 나누고 김정은, 김여정, 엄마 고영희, 아버지 김정일, 할아버지 김일성까지 5명의 가족들이 동시에 상봉하였다.

그래서 이번에는 박정희, 육영수, 구인회, 이병철, 정주영, 홍진기, 김윤남, 홍라희 등의 생령과 사령을 동시에 함께 불러서 한자리에 모아놓았다. 김정은의 눈이 휘둥그레지면서 이들의 비참한 모습을 두 눈으로 보면서 아~ 꿈이 아닌 진짜구나 하면서 고개를 숙인다.

남한에 이렇게 대단하신 분이 계시다니 놀랍네요!
이때 옆에 있는 어느 회장이 천자라고 귓속말로 가르쳐주자 일어나더니 큰절을 5번 올리며 무릎을 꿇고 앉는다. 그런데 호칭을 뭐라고 불러야 하나요?

그래, 내가 천상에서는 천자이자 황태자인데 여기서는 천지천황 폐하라고 불린다. 태어나서 세상 그 어느 누구에게도 무릎을 꿇어본 적이 없는 김정은이가 난생처음 천지천황 폐하께 큰 절을 올리며 진정으로 굴복합니다.

힘차게 천지천황 폐하 만세! 만세! 만만세!를 부르면서 충성스런 신하가 되겠다고 맹세하였다. 그러면서 여정아, 뭐해. 너도 5배 인사 올려야지? 뾰로통한 표정으로 김여정, 천지천황 폐하께 5배 큰 절 올리옵나이다, 하면서 굴복하였다.

오빠가 굴복하는 모습을 보고 자연스럽게 굴복하였다.
그러면서 여정아~, 너 천지천황 폐하 찾아와서 엄마, 아버지, 할아버지 빨리 구해드려라. 안 그러면 너 죽인다.

[김정은]
천지천황 폐하~
만약에 여정이가 못한다면 제가 직접 남한에 내려와서 천지천황 폐하를 알현하고 엄마, 아버지, 할아버지 천상으로 보내드리는 조상입천의식을 꼭 행하겠습니다. 그리고 저의 전생도 알 수 있나요?

[폐하]
그럼 알 수 있지.
너도 천상에서 제후의 아들이었어.
자세한 내용은 네가 조상입천의식 행하는 날 알려줄게.

[김정은]
사실 저의 전생도 많이 궁금합니다.
그럼 저도 천상의 자미천궁으로 돌아가게 되나요?

[폐하]
그래, 네가 조상입천 행하고, 천인합체의식을 행하면 돼.
그래, 꼭 그리하거라.
오늘 이렇게 모두 만났으니 이것도 인연이로구나.

자~ 오늘은 모두 돌아가고 하루빨리 다시 만나자꾸나.
북한의 폭군 통치자 김정은의 생령(제5부 생사령 대화록 참조) 을 굴복시킨다는 것은 상상초월의 경이로운 일이다. 그대들의 생령들은 나의 옥체에서 뿜어져 나오는 강력한 기운 때문에 눈이 부셔서 제대로 바라보지도 못할 정도이다.

천장에는 청룡, 황룡, 백룡, 적룡, 흑룡이 눈을 크게 뜨고 지켜보고 있고, 사방에는 저승사자들이 빙 둘러 쫙 깔려 있으니 어느 생령이 무서워서 굴복 안 하겠는가? 생령과 사령들의 눈에는 용과 저승사자들의 이런 모습들이 생생히 보이는데 산 사람들의 눈에는 아무것도 안 보인다.

산 자와 죽은 자의 영들이 하늘 만나 구원받아 천상으로 올라가려고 혈안이 되어 있다. 사느냐, 죽느냐의 생사가 좌우되고 아주 위급한 상황인데 인간 육신들은 천하태평들이다.

영들의 고향 천상궁전으로 돌아가는 길!
육의 죽음보다 영의 죽음이 엄청 무섭다. 어찌 보면 죽음(소멸)이 더 편할 수 있다. 심판받아 한빙도와 적화도에 갇히면 고문형벌을 영원히 받아야 하기 때문이다. 그런데 영의 죽음은 창조자이신 하늘만이 결정하실 수 있는 사항이라서 죽고 싶어도 죽을 수가 없다.

영들은 죽어서 소멸되는 것보다 한빙도와 적화도에 갇혀서 한도 끝도 없는 무한대의 세월 동안 고문형벌 당하는 것이 가장 무서운 벌이다. 그대들의 육신은 마음대로 다스리기 어려우나 그대들의 영혼(생령과 사령)들은 하늘과 나의 손아귀에 생사가 달려 있기에 숨을 곳도 도망갈 곳도 없으니 하루빨리 들어와서 천상에서 지은 전생의 죄를 빌어라.

그대들의 육신이 갑자기 죽는다하여도 그대들의 영들은 숨을 곳도 없고 도망갈 곳도 없으니 마음 편히 빨리 들어와서 정정당당하게 심판을 받으라. 순순히 죄를 빌고 심판을 받는 자들은 구원해 주니라. 그대들의 육신들은 즉각 강제 구인하여 소환할 수는 없어도, 그대들의 영혼(생령과 사령)들은 3초면 즉각 소환할 수 있고 생사의 심판을 집행할 수 있느니라.

그대들 자신도 모르게 사자들로 하여금 그대들의 삼혼(태광, 상령, 유정)을 3초 만에 잡아들여 지옥세계 명부전으로 보낼 수도 있고, 천옥도, 한빙도, 적화도로 보낼 수도 있기 때문에 그대들은 이곳에 들어와서 하늘이 내리시는 황명을 즉각 받들어야 그대의 육신들이 식물인간 신세를 면 하니라.

영들의 고향인 천상으로 돌아가고 싶은 영들은 고정관념을 과감히 깨뜨려버리고 모든 종교세계로부터 떠나 이곳으로 들어오고, 육신이 죽어서 축생, 짐승, 벌레, 곤충이나 천지만생만물로 태어날 자와 아수라계, 지옥도, 천옥도, 한빙도, 적화도로 들어갈 자들은 종교세계 안에 그대로 머물러 있으라.

인류가 태어난 이후 구원받아 천상궁전으로 오르려고 하늘을 찾아다닌 자들이 찾던 곳이 바로 이곳이니라!

삼성그룹 창업주 이병철 회장 전생록

천자이시자 황태자이시고, 인류의 절대지존이시며, 인류의 구심점이시옵고, 북극성의 주인이시며 위대하오신 인류의 영도자 폐하께 북두칠성 다섯 번째 별의 염정 성주 미호 서기부 부장이 이병철 전생록에 대해 보고를 드리사옵나이다.

이병철(누타이준)은 천상의 3,300개 제후국들 중에서 가율탄국의 제후였고, 또한 재산이 많은 거상이기도 하였으며, 이병철은 어릴 때부터 남다른 숫자 감각과 돈에 대해 집착적인 욕망을 가지고 있었사옵나이다.

가율탄국은 지형 산세가 험하고 날씨는 거의 가을 날씨로 유지되는 만큼 주민들의 주식인 곡식이 풍족치 못하고 부족하여 외부로부터 곡식을 사들여 주민들을 관리하였고, 그러다 보니 수입과 지출이 균형 있게 유지되는 어려움을 겪는 것을 보고 자랐사옵나이다.

이병철은 가율탄국을 최고의 부국으로 만들기 위해 어린 나이임에도 늘 고민하고, 대책을 세우며, 제후국들마다 돌아다니며 공부하기 시작하였고, 그렇게 공부한 이병철은 자신이 남다른 숫자 감각을 갖고 태어났음을 깨닫고, 그때부터 물건을 사고파는 것에 관심을 갖기 시작하였사옵나이다.

또한, 산세가 험하여 기암괴석이 웅장하고 경치가 빼어남을 활용하여 지역마다 휴식처를 만들어 다른 제후국들부터 관심을 끌어모으기 위해 고군분투한 결과 관광국으로 부상할 수가 있었사옵나이다.

또한, 험한 산세 속에는 용들의 휴식처인 동굴이 많았으며, 용들이 사용하지 않는 동굴들을 발견하고, 용들에게 허락과 협의를 거쳐 관광지로 만드는 것에 성공하였사옵나이다. 천상에는 수많은 용들의 휴식처가 따로 있사옵고, 함부로 접근하는 것이 용납 안 되는 만큼 자존심들이 철저할 정도로 매우 강하다는 것으로 유명하사옵나이다.

용들을 소유할 수 있는 제후국은 천상의 주인께옵서 인정을 받은 충신들로 이루어져 있어 아무나 소유할 수 없는데, 가율탄국은 그렇게 강한 충신이 아닐뿐더러 용을 소유할 수 있을 만큼 재산이 많지 않아서 용을 소유할 수가 없었사옵나이다.

또한, 용들을 얼마만큼 소유하느냐에 따라 관리비가 많이 들어가기 때문에 제후국의 부를 보여줄 수 있는 것이기도 하고, 이병철은 그것을 잘 알기에 용을 소유하는 대신 사용하지 않는 동굴들을 물색하여 관광지로 개발하는 것에 몰입하기 시작하였사옵나이다.

그렇게 해서 개발한 이병철은 가율탄국 자체가 산세가 험한 만큼 용들이 좋아하는 조건을 모두 갖추고 있는 동굴들이 많아 이를 활용하고자 하는 이병철이 자신에게 엄청난 재능이 있음을 받아들이기 시작하였사옵나이다.

그때부터 가율탄국에 돌아다니며 돈이 될 만한 것을 모색하기 시작하였고, 관광지 개발뿐만 아니라 미모가 뛰어난 가율탄국에서는 주점과 유흥거리를 개발하기 시작하였는데 결과는 대박이었사옵고, 그렇게 해서 승승장구하여 엄청난 돈이 벌어지기 시작하여 가율탄국을 부국으로 만들었사옵나이다.

또한, 벌어지는 만큼 성실히 세금을 납부하여 천상의 주인께옵서로부터 인정받기 시작하게 되옵고, 충실하고 강직한 신하로 거듭나며 탄탄하고 강력한 제후로서 이름을 떨치기 시작하였사옵나이다.

이병철은 자신의 다재다능한 재주로 가율탄을 부국으로 일군 점에 무척 자부심이 대단하였고, 또한 세금을 성실히 납부하여 주민들에게도 인정받는 제후로서 아무도 함부로 건들 수 없을 만큼 카리스마로 무장한 이병철 제후는 다른 제후국들에게서는 1등 신랑감으로 손꼽힐 정도였사옵나이다.

이병철 자신도 외모가 출중하여 여자들에게 인기가 많았사온데, 혼처가 미어터지도록 들어와 이병철 부모는 즐거운 비명을 질렀고, 이병철은 그렇게 해서 자신의 입지를 단단히 하여 최고의 제후국으로 명성을 떨치면서, 모든 여자들로부터 러브 레터를 받았사옵나이다.

그러다가 가율탄국으로 관광하러 온 수말론국 제후의 둘째 딸인 "미다안베"라는 여인에게 한눈에 반해 결혼하게 되었고, 그렇게 강직한 신하로서, 거상으로서, 제후로서, 충실한 남편으로서 역할을 다하니 주위의 제후국들과 천상의 모든 이들에게 소문이 나 존경받게 되었사옵나이다.

그렇게 행복하게 지내다가 슬하에 장남 '누고바안(이건희)', 차남 '누갈리엔', 장녀 '마린타' 등 자녀들과 함께 가율탄국을 이끌었고, 그렇게 행복하게 지내다가 장남 이건희(누고바안)가 17세 때에 황성으로 출입하였사옵나이다.

총명함을 발견한 천상의 어머니께옵서 천자이시자 황태자의 스승으로 삼아달라는 청을 받들어 이건희는 1년 동안 스승으로서 충실히 지내다가 천상 어머니의 말벗 중에 한 여자아이를 보게 되었사옵나이다.

안시호르국 제후의 장녀인 '라이레이사(홍라희)'라는 여자아이였사온데, 미모가 귀여워 한눈에 반하게 되었사옵지만, 그러나 나이 차이가 많고 천상 어머니의 말벗으로서 함부로 다가갈 수 없었기에 멀리서 지켜보기만 하였사옵나이다.

그렇게 가슴앓이하다가 1년 만에 그만두고 여행을 떠났고, 이병철(누타이준)은 그런 아들의 모습을 바라봄에 실망하였사오나, 여행으로 세상 이치를 깨달아 가주(장남)로서 자리매김하기를 바라는 마음으로 여행을 허락하였사옵나이다.

그렇게 세월이 흘러 가율탄국이 탄탄하고 거상으로 부상하였고, 충직한 신하로 천자이시자 황태자이옵신 폐하께서 연치 20세 가까이 되던 날에 지구로 떠나왔사옵나이다.

황태자(천지천황 폐하)께오서 지구로 떠나신 지 얼마 안 되어 천상의 주인께옵서 여러 제후들에게 긴급회의에 참석 할 것을 통지하시어 대전에 모이도록 하셨사옵나이다. 이에 자미천궁 대전에 모인 제후들에게 명하셨옵나이다.

천지천황 폐하께옵서 지구에서 할 일이 많은데, 도와주고자 하는 이들이 나와 주었으면 좋겠는데 어떻게 생각하느냐는 하문에 여러 제후들은 서로 눈치들을 보느라 답을 쉽게 결정 내리지 못 하자, 천상의 주인께옵서는 그런 그들의 모습을 한동안 바라보시다가 이만 해산하라 명하셨사옵나이다.

그들 중에 4명이 남고 모두들 돌아가는 것을 보신 주인께옵서 남아 있는 4명에게 도와줄 것이냐는 하문에 3명은 천상의 주인께 부복하였고, 그들 4명 중 먼저 이병철(누타이준)이 아뢰옵기를 자신이 지구로 떠나 천자이시자 황태자(천지천황 폐하)께 도움을 드리겠다고 약속을 올려드렸사옵나이다.

이에 천상의 주인께옵서 "만약 자네가 그 약속을 지키지 않으면 어찌할 테냐?" 하문하시오니 이병철은 "지구에서 보는 자녀들에게 약속 전승과 함께 약속위반 시 목숨과 재산들을 다 내놓겠사옵나이다!" 하고 답하였사옵나이다.

천상의 주인께옵서 혼자 갈 것이냐고 하문하시자 장남만 데리고 떠나겠다는 말에 무척 만족스러워하시며 이를 윤허해주시옵고, 이병철은 물러나며 지구로 떠나기 전 가율탄 제후로서 모든 것을 정리하기 위해 자신의 첫째 아들인 이건희를 데려가기로 하였사옵나이다.

이에 가율탄국으로 돌아간 이병철은 여행 중인 아들 이건희에게 전보를 보내어 귀국할 것을 명하옵고, 가율탄국으로 돌아간 이건희는 부친으로부터 자세한 전말을 듣게 되었사온데, 이에 이건희는 방랑기질과 호기심이 발동하여 바로 합류하겠다는 말에 무척 만족한 이병철은 가율탄국 제후 자리를 자신의 둘째 아들인 '누갈리엔'에게 물려주고, 일사천리로 정리를 마쳤사옵나이다.

특히 부인은 무척 서운해하며 자신도 데려갈 것을 청했사오나, 남은 자녀들을 보살피라는 이병철의 매정한 말 한마디에 상처를 받아 대성통곡하였고, 이병철은 그런 부인의 마음을 알면서도 천상의 주인과 약속이기에 괴로워하는 마음을 감추고 냉정하게 부인의 애정을 끊어버렸사옵나이다.

그러면서 한편으로는 애지중지한 막내딸 '누마린타'가 눈에 밟혀 마음을 다스리지 못하고 혼자 남아서 속울음을 터트렸사옵고, 그렇게 속마음을 달랜 이병철은 떠날 때가 되어 가족들로부터 배웅을 받게 된 이병철, 이건희는 용 한 마리를 타고 북문에 다가가니 미리 와 있었던 여러 대신들과 제후들의 배웅을 받으며 지구로 떠나왔사옵나이다.

지구로 하강하였어도 바로 환생하지 않고 허공중천 떠돌다가 고구려 중기로 환생하여 상인으로서 아들과 함께 여기저기 여행 다니다가 산적 떼강도를 만나 죽임을 당하였사옵나이다.

첫 번째 축생으로는 거북이, 살쾡이, 여우, 독수리, 들개, 지렁이, 사마귀 등 축생으로 환생 반복하였고, 두 번째는 일본에도시대 17세기(1603년~1867년 에도시대 혹은 도쿠가와 이에야스 시대)에 가난한 집안의 아들들 중에 이병철은 차남, 이건희는 삼남으로 다시 환생하였사옵나이다.

다른 형제들보다 우애가 남달랐던 형제로 자라면서 두 사람은 어떻게 하면 돈을 모을 수 있을까 궁리를 하다가 각 마을마다 위치한 찻집과 술을 파는 물장사를 이용하여 돈을 벌기 시작하였사옵나이다.

이들 형제(이병철 19세, 이건희 17세)는 어렸사오나, 남다른 외모와 여인들에게 인기가 많았던 만큼 남달랐던 이들 형제는 고객들을 유치하여 돈을 조금씩 불려나갔고, 시간이 지남에 어느 정도 안정이 되어가자 다른 쪽으로 관심을 찾기 시작하였사옵나이다.

이들이 찾은 관심은 주류 쪽이었고, 형제는 주류전문가를 찾아가 비법을 전수받기로 하고 주류장인을 설득하였는데, 주류장인은 처음에는 이들을 거부하였으나, 3개월을 꾸준히 찾아가 잡다한 일을 거들며 성실함과 열정에 가득 찬 모습에 받아들이기로 하여 비법을 2년 동안 전수하였사옵나이다.

그렇게 주류장인에게 2년 동안 전수받을 동안 집중력과 창의력을 발휘하여 나름대로 색깔을 찾아내서 장인에게 맛을 보게 하니 됐다 하는 긍정적인 대답에 최고의 술맛을 일궈내는 것에 성공하였사옵나이다.

최고의 술을 빚어내는 것에 성공한 형제는 고향으로 돌아가기 위해 준비하는데, 때마침 여름으로 다가오는 것과 함께 우기철인 때라 고향으로 돌아가는 것을 망설였지만, 그러나 고향에 돌아가겠다는 약속을 어길 수 없어 더 기상상황이 나빠지기 전에 서둘러 돌아가기로 하고 출발하려 할 때 장인이 이들 형제의 무모한 행동을 야단치며 말렸사옵나이다.

그럼에도 불구하고 떠나겠다는 고집에 더 이상 붙잡지 못하고 행운을 빌어주는 모습에 감동한 형제는 다음 기약을 약속하며 떠났는데, 처음 출발할 때는 보슬비가 내렸사오나, 고향에 도착하는 기간인 한 달을 도보로 갈 동안 태풍과 함께 엄청난 폭우로 고향에 가는 길이 더디어졌사옵나이다.

출발한 지 17일 만에 형제는 폭우가 멈출 때까지 온천여관에 장기 투숙하기로 결정하고 온천에서 여독을 풀고 잠들었사온데, 그들이 잠을 자는 동안 엄청난 폭우와 함께 산사태 천재지변이 일어나 여관을 덮쳐 빠져나오지 못하고 그대로 절명하였사옵나이다.

이때 이들 형제 나이는 이병철 29세, 이건희 27세였사옵고, 죽은 후 현생까지 축생으로 쥐, 다람쥐, 돼지, 소, 바퀴벌레 등으로 환생 반복하다가 이번 생에 천상의 약속을 지키게 하시려고 축생이 아닌 인간으로 태어나게 해주셨사옵나이다.

※
청와대 터는 天宮(천궁)이 들어설 하늘과 신의 터라서 인간 대통령들에게는 재앙이 내리니 빨리 비워야 한다. 그 증거가 역대대통령들의 비운과 박근혜, 이명박 전 대통령의 옥고이다.

삼성그룹 이건희 전생록

천자이시자 황태자이시고, 인류의 절대지존이시며, 인류의 구심점이시옵고, 북극성의 주인이시며 위대하오신 인류의 영도자 폐하께 북두칠성 다섯 번째 별의 염정 성주 미호 서기부 부장이 이건희 전생록에 대해 보고를 드리사옵나이다.

이건희는 천상에서는 가율탄국 제후의 장남인 '누고바안'이라는 이름으로 태어났고, 어려서부터 비상한 머리와 함께 박학다식, 재치, 순발력, 리더십을 타고나 부친으로부터 큰 기대를 한 몸에 받고 자랐사옵나이다.

자라면 자랄수록 세상에 대한 호기심과 한 곳에 오래 있지 못하는 성격이 결국은 방랑기질을 키우게 되었고, 그러나 제후의 가주가 되기 위해 혹독한 후계자 수업을 받는 도중에 18세 때 황성연회가 있어 부친과 함께 참석하게 되었사옵나이다.

황성연회에 참석하면서 같은 나이대인 고위관료의 자제들과 어울리다가 지루함을 못 참고 혼자 몰래 빠져나와 정원으로 향하였사옵나이다. 한참 동안 정원을 거닐고 있으니, 여자들의 웃음소리가 들려와 호기심을 못 이기고 다가갔사옵나이다.

가까이 다가가려 하니 때마침 호위무사들이 막아섰고, 그에 당황한 이건희는 큰 결례를 범했음을 알고 돌아서려 하온데, 한 궁녀가 황급히 뛰어와 이건희를 불렀사옵나이다. 왜 그런가 물으니 천상의 어머니께옵서 부름이 있으시다는 말을 듣고, 어쩔 줄 몰라 하다가 황명을 받들고 알현드렸사옵나이다.

천상의 어머니께옵서 하문하시기를 "누군데 여기를 들어왔느냐?" 하시니, 이에 이건희는 자신을 소개하며 큰 결례를 저질렀음에 용서를 구하였사옵고, 천상의 어머니께서는 괜찮다 하시오며, 이건희에 대한 이야기를 많이 들어주시고, 황태자 아들을 가르칠 생각이 없느냐는 말씀에 황송해하며 주위에 있는 여성들을 살펴보았사옵나이다.

그중에 한 여자아이(홍라희 '라이레이사')를 보게 되었사온데, 너무나도 귀엽고 청량한 웃음소리에 반하게 되었사오나, 그러나 10세 정도 된 너무나 어린 나이인데다가 천상 어머니의 말벗이기에 함부로 다가갈 수가 없었사옵나이다.

이건희는 한눈에 반한 홍라희를 가슴에 품고 많은 이야기를 나누며 천상의 어머니께 황태자 전하의 스승이 되겠다고 확답을 드리고 물러났사옵고, 황성연회로 돌아온 이건희는 부친을 찾아가 자세한 내막을 전하자, 이야기를 들은 부친인 이병철은 무척 기뻐했사옵나이다.

황성연회가 끝날 때까지 이건희는 계속 홍라희에 대한 생각으로 시간이 가는 줄도 모르다가 연회를 끝마치고 부친과 함께 가율탄국으로 돌아갔사옵고, 가율탄국으로 돌아가서도 잊지 못하는 이건희는 하루빨리 황성으로 가서 홍라희를 볼 수 있기를 바라는 마음으로 기다리다 때가 되자 황성으로 입궁하여 황태자 전하의 철학전공 스승으로서 새롭게 출발하였사옵나이다.

하루 2시간을 철학전공 스승으로서 가르치게 되옵고, 잘 따라와주신 황태자 전하에 대해 흐뭇해하다가도 홍라희에 대한 궁금증이 피어오르는 것을 참지 못하고, 퇴근하기 전에 홍라희를 우연인 것처럼 볼 수 있을까 싶어 정원을 가로질러 가려니 생각보다 너무나 먼 거리에 있어 쉽게 다가감에 실패하였사옵나이다.

보고 싶어도 볼 수 없는 홍라희에 대한 그리움이 갈수록 더 커져만 갔고, 이건희는 위험을 감수하고 홍라희에게 다가갈까 하는 마음까지 생기자, 그런 자신에게 실망으로 괴로워하는 사태까지 번졌사옵나이다.

이건희는 황성에 있으면서 홍라희에 대한 소식을 들을 수 있을까 싶어 지나가는 투로 한 궁녀에게 물으니 오히려 이건희를 의심하려는 태도를 보이는 것에 이건희는 큰 실수를 했음을 인정하고 더 이상 홍라희에 대한 소식을 묻지 않기로 결심하였사옵나이다.

이건희는 잘못하면 황태자 전하께 누가 될까 걱정과 함께 마음을 다잡고, 오로지 철학전공 스승으로서 최선을 다하고자 정신을 차려 홍라희에 대한 마음을 잠시 접어두고 집중적으로 노력하였사옵나이다.

1년 동안 철학전공 스승으로서 황성에 출입하여 홍라희를 보지 못하였사오나, 일심으로 가르치는 것에 대해 천상의 어머니께옵서 무척 만족스러워하였사옵나이다. 천상의 어머니께옵서는 이건희의 마음까지 다 아시고 눈여겨 지켜보셨던 것이셨사옵나이다.

　황태자 전하께서도 이건희를 접함에 무척 유쾌하고 명료한 풀이로 이해하기 쉽게 가르침에 스승으로서 인정하옵고, 잘 따르며 받아들이셨기에 계속 가르침 받기를 원하셨사옵고, 하오나, 이건희는 처음에 1년 계약으로 가르치고 연장하는 조건으로 황성에 출입하였사오나, 홍라희에 대한 그리움을 참지 못하고 연장 없이 가율탄국으로 돌아갔사옵나이다.

　가율탄국으로 돌아가서도 홍라희에 대한 상사병까지 이르자 이건희는 도저히 안 되겠다 싶어 여행을 떠나기로 하였사옵고, 이건희는 10년 동안 가율탄국으로 돌아가지 않고 여러 제후국들을 돌아다니며 견문을 넓히고, 많은 이들을 만나며 홍라희에 대한 애틋한 그리움을 달랬사옵나이다.

　그렇게 여행을 다니는 중에 부친인 이병철로부터 전보를 받아 가율탄국으로 돌아갔사옵고, 가율탄국에 도착한 이건희는 자세한 전말을 듣게 되어, 평소에 지구라는 행성에 무척 호기심이 많았사온데, 호기심을 충족시킬 수 있는 기회가 오자 부친에게 가겠다고 답하였사옵나이다.

　그러면서 한편으로는 홍라희가 어찌 살고 있는지 궁금함에 알아보니 아직 황성에서 천상의 어머니와 말벗으로 지내는 것과 황태자 전하께서는 아무 일이 없다는 것을 알고 부친에게 양해를 구하고 바로 황성으로 달려갔사옵나이다.

천상의 어머니 황궁 가까이 가서 한 궁녀에게 쪽지를 주며 홍라희를 불러줄 것을 요청하자 다행히 수습궁녀였던지라 큰 어려움 없이 전달되었사옵고, 조금 시간이 지나니 홍라희가 아름답고 성숙한 모습으로 나타나자 이건희는 두근거리는 마음으로 바로 고백하였사옵나이다.

그러면서 자신은 지구로 떠나니 이루지 못한 사랑일지언정 고백 안 하면 후회할 것 같아 미리 고백하노라 전하니 이에 크게 감동받은 홍라희는 울면서 왜 이제야 자신을 찾아왔느냐며 홍라희도 10년 전에 이건희에게 반했다 하며 그동안 가슴앓이 했다는 말에 이건희는 너무 늦었음을 알고 서로를 부둥켜안으며 눈물의 이별을 나누었사옵나이다.

서로에게 잘 살기를 기원하고 눈물의 이별을 나누며, 이건희는 가슴앓이를 품고 가율탄국으로 돌아가 지구로 떠날 준비를 하였사옵고, 이건희는 홍라희도 함께 갔으면 좋겠다는 열망을 품으면서도 천상의 주인께옵서와 약속이 우선이기에 결국은 포기하고 부친과 함께 가족들, 대신들의 배웅을 받으며 지구로 떠났사옵나이다.

※

청와대 터는 天宮(천궁)이 들어설 하늘과 신의 터라서 인간 대통령들에게는 재앙이 내리니 빨리 비워야 한다. 그 증거가 역대대통령들의 비운과 박근혜, 이명박 전 대통령의 옥고이다.

홍라희(라이레이사) 전생록

천자이시자 황태자이시고, 인류의 절대지존이시며, 인류의 구심점이시옵고, 북극성의 주인이시며 위대하오신 인류의 영도자 폐하께 북두칠성 다섯 번째 별의 염정 성주 미호 서기부 부장이 홍라희 전생록에 대해 보고를 드리사옵나이다.

홍라희는 안시호르국의 제후인 모친 '라아말리아'와 사와이국의 제후인 부친 '선알시노' 사이에 태어난 장녀 '라이레이사'라고 하오며, 모친 성인 라씨를 따르는 이유는 안시호르국이 모계 혈통인데다가 두 부모 사이에 딸만 넷이나 태어나서 라씨 성을 땄던 것이사옵나이다.

홍라희는 태어나면서부터 사랑스러운 외모와 다정다감한 성격으로 주위로부터 큰 사랑을 받고 자랐사옵고, 또한 총명함과 현명함을 두루 갖춰 안시호르국의 후계자로서 교육을 받기도 하였사옵나이다.

하오나, 홍라희는 모계인 안시호르국보다는 부친 쪽인 사와이국을 더 선호하였사온데, 왜냐하면 사와이국은 다른 제후국들보다 엄청 크고 아름다운 호수가 자리를 잡고 있어 어려서부터 시간이 날 때마다 호수를 찾아가 마음을 다스리곤 하였사옵나이다.

그래서 안시호르국보다는 사와이국의 후계자로 더 살기를 바라옵고, 제후가 되기를 바라는 열망이 엄청 강했사오며, 동시에 야망도 품었기에 어렸음에도 불구하고 부친에게 사와이국의 제후 자리를 물려달라 청했사옵고, 대신 안시호르국은 바로 밑 여동생이 물려받기로 하여 계획대로 돼가도록 염두에 두었사옵나이다.

이에 부친과 모친은 홍라희에게 황성으로 들어가 천상 어머니의 말벗 상대로 임무를 마치면 사와이국 제후 자리를 주겠다고 조건을 말하자 이에 적극 찬성한 홍라희는 9살 나이에 황성으로 입궁하였사온데, 그리해서 홍라희와 비슷한 또래인 2명과 15살 난 영애 2명 등 함께 황성에서 생활하며 천상 어머니의 말벗 상대로 즐거운 나날을 보냈사옵나이다.

황성에서 생활하며 천상 어머니의 말벗 상대로 천상 어머니의 정원에서 티타임을 가지며 담소를 나누곤 하였사온데, 한 달에 한 번씩 황태자 전하께옵서 들리시어 같이 담소를 나누기도 하였사옵나이다.

천상의 어머니께옵서는 홍라희를 황태자 전하의 배필감으로 생각을 갖고 계셨사온데, 홍라희와 황태자 전하께서는 서로에 대한 감정이 너무나 무덤덤한 것을 보시고, 좀 더 지켜보시기로 하였사옵나이다.

홍라희는 사와이국의 제후가 되겠다는 생각만 머릿속에 담겨 있기에 황태자비에 대한 생각은 일체 관심이 없었사옵고, 또한 황태자 전하께옵서도 이성에 대한 관심이 없었을 때라

서로에 대해 무관심할 수밖에 없었사옵나이다.

 홍라희는 그렇게 무던히 1년을 보내던 어느 날 훤칠하고 호방한 성격으로 보이는 어른을 보게 되었사온데, 어린 마음임에도 불구하고 그 남자에게 첫눈에 반했사옵고, 무려 8살 이상 차이가 나는데도 불구하고, 잊혀지지가 않았사옵나이다.

 천상의 어머니와 말씀을 나누시는 모습에 가슴이 두근거리는 감정에 무척 당황해하면서도 처음으로 이성에 눈뜨게 되는 것에 강렬한 충격을 받았사옵고, 계속 곁눈질로 훔쳐보곤 하였으나 감정이 진정되지 않아 얼굴이 붉어져 올라오니 그 모습을 지켜보는 다른 영애는 어디 아프냐는 말에 당황해하며 천상의 어머니께 양해를 구하고 자리를 피했사옵나이다.

 자신의 방으로 들어간 홍라희는 자신이 느끼는 감정이 무엇일까 궁금해하다가 자신의 방을 담당하는 궁녀에게 물어보았사옵고, 이에 자세한 이야기를 듣고 궁녀는 첫사랑이라는 말에 자신이 사춘기가 빨리 왔다는 고민에 빠졌사옵나이다.

 그러면서 자신은 제후가 될 텐데 과연 이 감정을 갖고 살아도 되는지 사색에 빠져들었사옵고, 그렇게 사색에 빠지다가 궁녀가 자신의 방으로 들어와 천상의 어머니께옵서 어디가 아픈지 염려하고 계시다는 말에 정신을 차리고 바로 천상의 어머니께 알현 드리러 갔사옵나이다.

 무척 건강하다는 것을 보여드리고 나서 말벗 상대로서의 임무를 수행하는 중에도 불쑥불쑥 나타나는 그 남자에 대해 궁금함을 못 참고 끝까지 자리를 지켰던 또래 영애에게 물으니 가율탄국의 장남 이건희 '누고바안'이옵고, 황태자 전하의 철학전공 스승으로서 입궁하고 있다는 말을 듣고 무척 기뻐했사옵나이다.

혹시나 한 번 더 볼 수 있을까 하는 기대심리를 갖고 기다렸사오나, 그 뒤로는 한 번도 찾아오지 않았고, 기다리다 지쳐 포기하는 와중에 16세 되던 해에 밑으로 여동생 3명이 있었사온데, 모친에게서 막둥이 남동생이 태어났다는 소식을 접했사옵나이다.

그 소식을 들은 홍라희는 사와이국 제후 자리가 물 건너갔음을 알고 너무나 절망하여 몇 날 며칠을 비통해 있다가 확인차 천상의 어머니께 고향으로 잠시 외출에 대해 윤허를 청하니 흔쾌히 윤허를 내려주사옵고, 바로 사와이국으로 넘어갔사옵나이다.

불길한 예감은 틀리지 않다는 듯이 부친은 사와이국 제후 자리는 남동생에게 물려주겠다는 확정적인 답에 무너졌사옵고, 이에 바로 안시호르국 제후인 모친에게 가니 홍라희를 기다렸던 여동생은 제후 자리는 자신 것이라면서 넘보지 말라는 선포에 홍라희는 약속을 쉽게 저버리는 부모에게 크게 실망함과 함께 마음이 무너졌사오나 더 이상 미련을 접고 다시 황성으로 입궁하였사옵나이다.

홍라희의 무너지는 모습에 너무나 미안한 마음과 함께 큰 상처를 줬다는 것을 알아차린 모친은 제후 자리 약속을 지켜주지 못했다는 죄책감에 무척 마음을 아파했사옵고, 황성으로 돌아간 홍라희는 모든 것을 깨끗이 잊기로 하고 포기하는 마음으로 황성생활을 수행했사옵나이다.

그렇게 삶의 목표를 잃은 상태로 2년 6개월 흐른 후 한 궁녀가 자신에게 찾아와 건네준 쪽지를 받고, 누구인지 궁금증과 호기심으로 정원에 나갔사온데, 아니나 다를까 10년 전에 자신이 반했던 10년 전 남자(이건희)임을 알아보고 무척 반가워했사옵나이다.

이에 자신에게 고백하는 모습에 무척 감동을 받은 것은 잠시뿐 그 남자(이건희)가 지구로 떠난다는 말에 무너졌사옵고, 이건희의 '사랑한다'는 고백에 너무나도 기쁘고 설레는 감정으로 '이제야 진정한 사랑과 행복이 찾아오는구나'하며 무척 행복했었사옵나이다.

기쁨의 해후를 하며 행복에 젖어 있기도 잠시, 이건희가 천상의 주인과 약속으로 인하여 지구로 갈 수밖에 없음을 듣게 된 홍라희는 왜 자신에게 혹독한 시련이 닥쳐오는지 비통해 있다가 기약 없는 약속에 야속해하면서도 체념한 상태로 보내기로 하였사옵나이다.

겨우 진정한 사랑을 찾았던 홍라희는 그 남자(이건희)가 떠나고 나서 시름시름 앓게 되었는데, 홍라희의 무너지는 모습을 보시게 된 천상의 어머니께옵서 모든 것을 아시고 홍라희에게 지구로 떠나고 싶으냐는 하문에 홍라희는 정신이 번쩍 들며 그리해달라 청을 드렸사옵나이다.

이에 천상의 어머니께옵서는 손가락 약속을 거시며 대신 조건은 지구로 떠나 이건희를 배우자로 짝을 지어주고, 세계 굴지의 거대그룹으로 만들어 줄 테니 아들인 황태자를 만나서 크게 도와주면 어떻겠냐는 하문을 내려주셨사옵나이다.

홍라희는 천상의 어머니와 손가락 약속을 굳건히 걸어드리며 약속을 반드시 지켜 은혜를 보답해드리겠다고 답했사옵고, 이에 홍라희는 가족들에게 전보로만 통보하고 인사 한마디 없이 바로 지구로 떠났사옵나이다.

고려 말기 사대부 집안 딸로 태어나 금지옥엽으로 자랐으나, 천상에서의 약속을 기억 못함에도 불구하고 우울증과 함께 늘 공허하고 하늘만 쳐다보기 일쑤였사옵고, 무엇인가가 그리워하는 마음이 늘 채워져 있어 왜 그러는지 원인을 찾지 못하고 시름시름 앓았사옵나이다.

사대부 집안에서는 이런 홍라희를 치료하고자 백방으로 알아보았사오나, 방법을 찾지 못하고 애간장을 태우게 만들었사옵고, 이런 가족들의 노력과 정성을 알면서도 더 이상 차도가 없었던 홍라희는 방년 17세 나이에 죽음을 맞이하였사온데, 여우, 까치, 토끼, 소, 나비 등 축생으로 환생 반복하다가 이번 생에 천상의 약속을 지키게 하시고자 만물의 영장인 인간으로 이 나라에 태어나게 해주셨사옵나이다.

이건희 막내딸인 고 이윤형은 천상에서 홍라희의 막둥이 남동생(선이온=제후 후계자로 내정)이었사온데, 자신 때문에 큰 누나인 홍라희가 지구로 떠났다는 말을 듣고 그리움과 죄책감에 눈물로 지새우다가 사와이국 제후인 부친에게 큰 누나를 만나 용서를 구하고자 지구로 떠나겠다는 말을 전하니 이에 온 가족들은 결사반대를 하였사옵나이다.

그러나 이윤형(선이온)이 고집을 끝까지 부리자 가족들은 이내 체념하며 순순히 받아들이기로 하고 홍라희를 만나거든 미안하다고, 사랑한다는 말을 꼭 전해달라는 말을 듣고 선이온(이윤형)은 가족들과 함께 황성으로 가서 천상의 주인께 청을 올려드렸사옵나이다.

모든 사정을 아시게 된 천상의 주인께옵서는 후회하지 않겠냐는 하문에 후회 없다는 답을 드리니 천상의 주인께옵서 윤허 내려주사옵고, 그렇게 해서 가족들의 배웅을 받으며 지구로 떠나 막내딸로 환생하였사옵나이다.

선이온(이윤형)은 지구로 환생하기 전 사람으로 환생 없이 축생으로만 다람쥐, 원숭이, 들개, 부엉이, 물고기 등으로 환생 반복하다가 막내딸로 환생하였사오나, 홍라희는 천상에서의 막둥이 남동생 선이온이 이윤형으로 환생했다는 것을 알아보지 못하고 또한, 남매간의 애틋한 정도 느낄 새도 없이 죽음을 맞이하였사옵나이다.

현생에서는 사업을 일궈 엄청난 돈을 벌어들여 탄탄한 대기업으로 일궈냈사오나, 천상의 약속을 지키지 않은 점에 무척 아쉬워하였사옵고, 약속을 지키지 않은 이병철을 대신하여 이건희가 약속을 지켜내기를 바라고 있었사온데, 병석에 누워 있사오니 이제 홍라희라도 천상의 주인과 천상의 어머니와 약속을 지켜야 될 듯 싶사옵나이다.

홍 여사 생령을 불러서 대화를 나누며 교화하는데 종교에 너무 많이 속아서 꿈인지 생시인지 믿기지 않는다고 나의 말을 못 믿어하자 천상의 어머니께서 답답하셨는지 하강하시었다.

천상의 어머니(북성군주 김현)께서 "라희야~, 라희야"라고 부르시자 홍 여사(세미 비서실장 이율)가 대성통곡하기 시작하는데, 천상의 어머니께서 어린 시절 11살부터 17살까지 말동무였다는 말씀을 하시며, 새끼손가락 걸며 약속하는 모습을 재연하시니 홍 여사가 맞는다고 대성통곡하며 눈물콧물 범벅이 되어 눈물을 떨어뜨린다.

천상에서 이 땅으로 내려올 때 거대그룹으로 만들어주고 돈 많이 벌어주면 내 아들 황태자를 돕는다고 했었다며 천상약속의 내용을 들려주셨다. 삼성그룹이 이 나라 제일가는 거대그룹으로 발전한 것은 나의 아바마마(천상폐하)와 어마마마(황후폐하)께서 기운을 동시에 내려주시고, 천상의 두 분께서 적극적으로 도와주셨기에 승승장구하여 최고의 재벌이 되었던 것인데, 삼성가는 천상에서 있었던 전생을 모르기에 자신들의 노력만으로 거부가 된 줄 알고 있을 것이다.

※

청와대 터는 天宮(천궁)이 들어설 하늘과 신의 터라서 인간 대통령들에게는 재앙이 내리니 빨리 비워야 한다. 그 증거가 역대대통령들의 비운과 박근혜, 이명박 전 대통령의 옥고이다.

LG그룹 창업주 구인회 전생록

천자이시자 황태자이시고, 인류의 절대지존이시며, 인류의 구심점이시옵고, 북극성의 주인이시며 위대하오신 인류의 영도자 폐하께 북두칠성 다섯 번째 별의 염정 성주 미호 서기부 부장이 구인회 전생록에 대해 보고를 드리사옵나이다.

구인회는 천상에서는 곤두국의 제후였사오며, 곤두국은 항시 기후가 따뜻하고 온화하여 약초들이 자랄 수 있는 산들이 많아 약초와 차를 재배하기에 최적의 조건을 갖춘 축복받은 영지였사옵고, 또한 주민들도 성품이 온화하여 늘 배려가 넘치고 사랑이 충만함을 갖췄기에 다른 제후국들의 부러움을 사기도 하였사옵나이다.

구인회는 온화한 성품으로 주민들에게 전폭적인 지지를 받는 부모에게서 태어나 위로는 누이가 있사옵고, 구인회는 둘째인 동시에 장남으로 태어났사오며, 어려서부터 차분하고 검소함과 함께 늘 한결같은 성품으로 큰 말썽 없이 장차 제후국의 후계자로서 손색이 없을 만큼 큰 사랑을 받고 자랐사옵나이다.

또한, 또래의 자제들과 어울려 인맥을 넓히며 폭 넓은 지지층을 얻을 정도로 리더십도 뛰어나 문학, 예술 등 풍류를 즐기면서 교류를 나누기도 하였사온데, 구인회는 특히나 가업인

차에 대해 관심이 많아 여러 제후국들이 즐겨 마시는 차나 새로운 차 종류를 발견하면 그것에 대해 연구하기를 좋아할 정도로 관심이 많았사옵나이다.

구인회는 지인들과 교류가 없는 날은 호위무사들 없이 혼자서 산을 타며 약초를 캐러 다니기도 하였사오며. 새로운 약초를 발견하오면 흥분을 감추지 못하고 행복해할 정도로 순박한 성품도 지녀서 이런 구인회에 대해 주민들이 존경하기도 하였사옵나이다.

약초를 캐다가 자신의 연구실로 가서 약초의 성분에 대해 분석하고 효능과 부작용에 대해 기록하며 가업에 보탬이 되고자 하는 노력에 부모는 크게 만족하였사옵고, 또한 손위 누이도 약초에 대해 관심이 많아 늘 누이에게 정보를 제공하며 남매간의 우애를 다지는 현명함을 보여주었사옵나이다.

그렇게 해서 효능을 발견한 약초와 차는 재배지로 가서 소량으로 심어놓고 자라기를 기다렸다가 찻잎의 새순이 돋아나면 따서 맛을 음미하곤 하였사옵고, 만족스러운 결과가 나오면 여러 제후국들에게 평가해달라는 요청을 보냈사옵나이다.

새로 재배한 약초와 차에 대해 80% 이상 지지층을 얻으면 바로 대량으로 재배케 하여 기다렸다가 수확하여 황성과 여러 제후국들에게 납품하였사온데 결과는 대박이었사옵나이다.

특히나 차에 대해 평가는 지상에서의 녹차처럼 생긴 찻잎이었사옵고, 이름은 루안테르 차라고 명명하였사오며, 루안테르 차에 대해 매출을 엄청나게 올리게 되자 부모는 너무나도 좋아하였사옵고, 또한 지인들도 새롭게 발견된 차에 대해 교류를 나누고 싶어 하기까지 하여 구인회는 대단한 자부심으로 모든 것에 만족하며 행복하였사옵나이다.

그러나 한편으로 손위 누이는 그런 동생인 구인회를 보면서 점점 의기소침해지면서 점점 구인회를 멀리하게 되었사옵고, 부모는 대놓고 차별하거나 하지는 않았사오나, 늘 구인회만 챙기자 열등감에 빠져 점점 우울증만 깊어졌사옵나이다.

부모와 주민들은 누이의 상태에 대해 모르고 있사옵고, 구인회도 누이의 상처에 대해 생각을 못하고 있었사온데, 구인회는 새롭게 발견하거나 개발한 약초와 차에 해가 거듭할수록 연이은 매출이 고공행진하자 더 바쁘게 보내게 되었사오며, 시간이 날 때마다 지인들과 교류를 즐기곤 하여 무척 만족스러운 삶을 살았사옵나이다.

차에 대해 소문이 퍼지자 약초, 차를 재배하는 것에 궁금증을 갖고 방문하는 사람들이 늘어나자 관광지로서도 인기를 누리기 시작하였사옵고, 개방된 재배지로 관광객들이 구경하는 것을 유심히 보다가 한 여인에게 눈길이 갔사옵나이다.

여인이라기보다는 소녀에 가깝다 할 정도로 어린 여자를 보게 되었사온데, 상큼 발랄한 이미지와 옥구슬 같은 목소리에 반해 구인회 자신도 모르게 그 여자에게 다가가 말을 걸었사옵나이다.

그 여자는 할피노국의 가신들 중 한 명의 딸로 나이는 14세로 어린 여자였사옵고, 차에 대해 관심이 많았사온데, 새로 나온 루안테르 차에 대해 알고자 곤두국에 방문하였던 것이사옵고, 서로에 대해 호감을 표시하며 러브레터를 교환하다가 그 여자의 나이 방년 18세, 구인회는 25세 나이로 혼인을 하였사옵나이다.

두 살 위인 누이는 19세 나이로 가신들 중 한 명과 혼인하여 곤두국에 살고 있었사옵고, 그렇게 해서 구인회는 할피노국의 여인과 혼인하여 첫째, 둘째는 아들 쌍둥이, 셋째, 넷째도 아들들, 다섯째, 여섯째는 딸들로 이렇게 해서 6남매를 낳아 대가족을 이끄는 제후로서 자리매김하였사옵나이다.

그러던 어느 날 손위 누이가 불면증에 시달린다는 소식을 들은 구인회는 여러 약초를 재배하여 마시게 하였사오나, 별 효능을 못 보자 고민에 빠졌사옵고, 그러다가 수면에 좋은 약초들을 찾다가 여러 성분들을 혼합하여 새롭게 약초를 개발하였사온데, 수면초로 명명하여 손위 누이에게 먹였사옵나이다.

수면초를 먹은 손위 누이는 다행히 한 번도 깨어나지 않고 일주일 내리 푹 잘 잤다는 소식에 구인회는 너무나 기뻐 바로 재배케 하고 수확하여 황성 안에 약재상과 여러 제후국들의 안에 있는 약재상들에게 판매하기 시작하였사옵나이다.

얼마 안 되어 수면초가 불티나게 팔린다는 소식에 구인회는 즐거운 비명을 지르며 주민들에게 대량으로 재배케 하고 거둬들인 수익 중에 30%는 손위 누이에게 돌려주었사옵나이다.

그러던 어느 날 큰아들이 자신에게 찾아와 천자이신 황태자 전하께옵서 지구로 소풍 떠나셨다는 소식을 접했사옵고, 그 소식을 접한 구인회는 왠지 이번이야말로 천상의 주인께옵서 호출하실 거라는 예감이 들어 미리 정갈한 마음과 황성으로 출발키 위해 준비하였사옵고, 얼마 뒤 역시 예감대로 황성으로부터 입궁하라는 황명을 받들고 출발하였사옵나이다.

황성의 대전에 모인 자들을 보며 어떤 황명을 내려주실지 두려운 마음을 감추고 오랜만에 보는 2,000여 명에 가까운 여러 대신들과 제후들을 반가운 척하며 그간의 안부를 주고받다가 천상의 주인께옵서 입장하심에 부복하고 나서 5배의 예를 드리고 좌석에 착석하였사옵나이다.

천상의 주인께옵서는 천자이신 황태자 전하께옵서 지구로 떠나셨다고 말씀하시며, 큰 임무를 수행키 위해 제후들의 도움이 필요하다는 것과 스스로 자원을 바라는 황명에 서로들 눈치 보다가 아무도 대답이 없자, 한참의 시간이 지난 후 천상의 주인께옵서 물러가라는 하문에 본인 포함하여 4명이 남고 모두들 서둘러 떠났사옵나이다.

이에 첫 번째는 이병철이 먼저 도움을 드리겠다는 확답에 이어 정주영, 신격호 등 차례대로 말씀을 올리고 나서 윤허를 받고 떠나자 마지막 남은 구인회는 아무도 없음을 확인하고 지구로 가겠다는 청을 올려드렸사옵나이다.

구인회는 모든 재산을 황태자 전하께 바칠 것을 무조건 황명으로 받들 것이오며 만약 이를 어길 시 그에 대한 대가로 천상의 가족들과 지구에 있는 가족들의 목숨은 물론 재물(그룹 전체)을 거둬달라는 청을 올려드렸사옵나이다.

　무척 만족스러운 확답을 들으신 천상의 주인께옵서는 물러가라는 황명에 복종하며 구인회는 두려운 마음을 안고 곤두국으로 돌아갔사옵나이다.

　일주일 만에 정리를 마친 구인회는 가족들의 배웅을 받으며 북문으로 출발하였사옵고, 천상의 주인께옵서 계시는 방향으로 5배의 예를 올려드리옵고, 북문을 빠져나갔사옵나이다.

　그렇게 해서 아쉬움을 뒤로하고 지구의 인간으로 환생하기 전 축생으로 먼저 환생하였사온데 거북이, 물고기, 수리부엉이, 양, 흑염소 등으로 환생 반복하다가 고려 말기에 상인의 아들로 환생하였사옵나이다.

　상인의 아들로 태어난 구인회는 부친을 따라 여러 지역을 돌아다니게 되옵고, 조금씩 상인으로서 자질을 갖추기 위해 열심히 배웠사온데, 하오나 어지러운 정국으로 인하여 별다른 수익이 따라주지 않자, 구인회는 부친에게 왜나라(일본)로 갈 것을 요청하였사옵나이다.

　이에 부친은 위험한 왜나라에 왜 가느냐고 극구 말리는 모습에 크게 실망한 구인회는 혼자서 답답해하다가 부모를 놔두고 혼자서 왜나라로 떠날 준비를 하였사온데, 나이 17세 때에 모든 것을 정리하고 모두들 잠들어 깨어나지 않은 이른 새벽에 부모를 향하여 큰절을 올리고 바로 봇짐을 메고 출발하였사옵나이다.

　부모는 남몰래 떠나는 매정한 아들을 조용히 지켜보며 눈물을 삼켰사옵고, 그렇게 해서 항구에 도착한 구인회는 왜국으로 가는 배를 처음으로 타고 거친 풍랑과 함께 고통스러운 멀미를 참아가며 오랜 시간이 지난 후 왜국 항구에 무사히 도착하였사옵나이다.

　말도 통하지 않는 어려움과 배타적인 태도에 크게 실망한 구인회는 혹시 같은 고려인을 만날 수 있을까 하는 기대심리로 이리저리 기웃거리다가 왜국어를 할 줄 아는 고려인을 만나 합세하여 왜국을 돌아다니기 시작하였사옵나이다.

　돌아다니면서 큰 재미를 보지 못했던 구인회는 다른 곳으로 가자는 다른 사람 말을 듣고 고민해 있다가 배를 타고 가야 한다 해서 불길한 예감이 들었사온데, 하오나 예감을 무시하고 배를 타고 가는 중에 왜국 해적선을 만나 결국은 그들의 칼을 맞고 죽음을 맞이하였고 그때 구인회의 나이는 28세의 젊은 나이였사옵나이다.

　두 번째 축생으로는 멸치, 강치(독도), 상어, 갈매기 등으로 환생 반복하다가 이번 생애 천상에서의 죗값을 갚고, 황태자 전하를 도와주라고 인간으로 태어나게 해주셨사온데, 이미 당사자 구인회가 세상을 일찍 떠났으므로 그의 핏줄들인 아들들과 딸, 손자, 손녀들이 구인회가 못 지킨 천상약속을 이행해야 구인회의 천상과 지상의 가족들 목숨을 보전할 수 있고, LG그룹을 지킬 수 있을 것이라 하였사옵나이다.

현대그룹 창업주 정주영 전생록

천자이시자 황태자이시고, 인류의 절대지존이시며, 인류의 구심점이시옵고, 북극성의 주인이시며 위대하오신 인류의 영도자 폐하께 북두칠성 다섯 번째 별의 염정 성주 미호 서기부 부장이 정주영 전생록에 대해 보고를 드리사옵나이다.

천상에서는 한소국 제후의 자식들 4남매 중 막내로 태어났사오며, 주로 야트막한 언덕들로 이루어져 있사옵고, 야트막한 산들 사이에 시냇물이 졸졸 흐르고, 푸른 초원들 위에는 염소, 양, 토끼, 소 등 영물들로 모여 사이좋게 풀들을 뜯어 먹고 있사옵고, 집들은 아담하게 옹기종기 모여들 있어 소박하고 아름다우며 평화로운 영지들로 이루어져 있사옵나이다.

정주영 본인 자신도 소박하게 목동으로 사는 것을 좋아해 직접 영물들을 돌봐주고 먹이를 먹여주며 다른 주민들과도 큰 차이 없이 생활하니 다른 제후국들의 자제들과는 다르게 검소함으로 주민들에게 존경받았사옵나이다.

물론 엄청난 수익을 거둬들이는 큰 자원이 없지만, 영물들로 사고파는 수익으로 영지를 다스리는 부친의 영향으로 정주영도 영물들을 직접 키우며 사고파는 것에 큰 관심을 갖고 있었사옵나이다.

또한, 황성에서의 연회나 자제들과의 큰 교류 없이 조용히 살고 있는 것에 큰 불만이 없을 만큼 오로지 영지에서 일어나는 일에만 관심을 집중하니 형제들은 이런 정주영을 이해 못하고 있었사옵나이다.

형제들은 너무나도 평화롭고 큰 수익 없이 무던하게 돌아가기는 하지만 황성연회에 자주 참석을 못함에 큰 불만을 가지고 있었사옵고, 부친은 자식들의 성향을 잘 파악하여 장차 후계자로 누가 적합할지 지켜보고 있었사옵나이다.

정주영은 부친의 속마음을 알아채지 못하고 평상시처럼 평화롭게 지내다가 황성연회 초대에 참석하라는 통지가 왔지만 당연히 다른 형제들이 갈 것이라는 생각에 관심을 끊고 가업에 집중하였사옵나이다.

부친은 정주영이 나이 17세가 되었음을 인지하고 정주영에게 한소국 대표로 연회에 참석하라는 갑작스러운 명령을 받게 되었는데, 장주영은 이에 당황해 있다가 여태껏 우물 안 개구리처럼 살았던 것을 느끼게 되었사옵나이다.

이에 큰 결심이 서고 부친에게 처음으로 황성에 참석하겠다는 답을 드리니, 부친은 너무나 좋아했사온데, 그와 반대로 형제들은 촌스러운 정주영이 한소국 대표로 나선다는 것을 부끄럽게 생각하며 결사적으로 반대하였사옵나이다.

그런 형제들의 모습을 보며 자신에 대해 얼마나 무관심했었는지 인지하여 소박함을 탈피하며 자신에 대한 이미지를 새롭게 바꾸기로 하여, 그렇게 자신에 대한 전반적인 이미지를 개선하며 한소국의 대표로 나서도 부끄럽지 않을 정도로 황성예법과 복장에 대해 공부를 시작하였사옵나이다.

또한, 박학다식하게 지식을 빠른 속도로 흡수하여 주위를 놀랍도록 만드는 재주도 부리며 그렇게 준비를 마쳤사옵고, 드디어 황성연회에 입궁하는 시기가 다가오자 목동에서 새롭게 변신한 정주영의 모습을 보고 환호한 주민들에게 인사하며 출발하였사옵나이다.

입궁하는 도중에 화려하면서도 웅장한 황성의 모습에 감탄하고 신기해하며 연회에 도착하니 자신의 또래인 다른 제후국들의 자제들과도 안면을 텄고, 거기서 새로운 친우를 만들게 되었사오며, 아름다운 미녀들을 보면서 즐겁게 연회를 즐기기 시작하였사옵나이다.

그러면서 왜 자신은 그간 이렇게 유쾌하고 즐거운 연회에 참석을 못했는지 후회하면서도 그간 못했던 보상을 받겠다는 듯이 특유의 친화력으로 연회 참석자들과 대화를 이끌어내는 것에 성공하였사옵나이다.

또한, 자신은 그간 목동으로서의 자부심과 행복에 대해 솔직 담대하게 고하니 오히려 그들은 그런 정주영의 모습에 더 좋아하고 어울리기를 원하는 모습에 자신은 연회에 참석한 것이 성공했음을 감지할 수 있었사옵나이다.

그렇게 황성연회 데뷔를 성공리에 마친 정주영은 자신감을 갖고 한소국으로 돌아갔사오며, 곧바로 부친에게 인사를 드리고 그간의 있었던 일에 대해 보고를 드리니 이에 부친은 크게 만족하였사옵나이다.

부친은 앞으로 한소국의 후계자는 정주영이 낙점되었음을 미리 통보하니 정주영은 부친에게 여행을 떠나고 싶다는 의견을 피력하자, 부친은 순순히 허락하고 곧 바로 여행을 떠나기 위해 채비를 차리기 시작하였사옵나이다.

화려함보다는 수수하고 검소하게 차려입고 튼실하고 자신을 잘 따르는 소들 중 한 마리를 골라 등 위로 올라타며 느긋하게 여행을 떠났사옵고, 그렇게 여러 제후국들을 돌아다니며 황성 연회에서 친교를 다졌던 친우들을 찾아가며 교류를 다지고, 제후국들 특유의 풍습과 생활을 배워가며 지식을 쌓기 시작하였사옵나이다.

그렇게 제후국들을 여행하며 다양한 경험과 교류, 지식을 쌓다가 돌고 돌아 거의 마지막 단계로 자신의 제후국인 한소국 이웃 바시문국에 도착하였사온데, 한소국 가까이에 있었으면서도 한 번도 가본 적이 없었사오며, 경계선 쪽에 가까울수록 험난한 산세가 자리를 잡고 있어 극과 극을 이룰 정도로 달라지는 풍경에 쉽게 접할 수 없었사옵나이다.

정주영은 바시문국에 들르며 관광을 시작하였사옵고, 그러다가 자신의 제후국과 경제선 쪽으로 다가서자 조그마한 동굴을 발견하였는데, 주위를 둘러보니 한소국과는 가깝지만, 그 제후국은 주민들이 들어가기엔 한참을 돌아 나올 정도로 산세가 힘해 큰 용기 없이 들어서는 것이 불가능할 정도의 위협적인 산세가 있음에 무척 놀랐사옵나이다.

그의 주위에 아무도 없음을 확인한 정주영은 호기심을 이기지 못하고 과감히 안으로 들어섰사옵고, 그 대신 영물 소는 조금 안쪽으로 들어서서 자리를 지키라 명하고, 자신이 조금씩 앞으로 나아갈수록 어두워지더니 결국은 앞을 분간할 수 없을 정도로 앞이 안 보여 자신이 갖고 있는 야광주를 이용하여 앞으로 전진하였사옵나이다.

전혀 손 타지 않은 야생 그대로임을 확인한 정주영은 새롭게 발견했다는 것에 무척 흥분하였사옵고, 조금씩 앞으로 나아가자 주먹 정도 크기의 구멍에서 빛이 새어나오는 것을 발견하였사옵나이다.

어찌할까 고민하다가 가방을 그대로 놔둔 채 야광주와 지팡이를 가지고 구멍 주위를 깨뜨리며 크게 넓히며 들어갔사옵고, 겨우 들어갈 수 있을 정도로 작업을 마치고 구멍 안으로 억지로 몸을 집어넣으며 들어서자 갈수록 점점 구멍 크기가 크다는 것을 인지하고 편안하게 들어갔사옵나이다.

순간 너무나도 눈이 부시어 제대로 눈을 뜨지 못하고 눈을 감았사온데, 한참을 감고 있다가 자세히 보기 위해 실눈을 뜨며 주위를 둘러보자 너무나도 놀라운 광경을 목격하게 되었사옵나이다.

바로 휘황찬란하게 빛나는 보석광물을 발견하자, 정주영은 이게 진실인가 확인하고자 제 볼을 꼬집었사옵고, 통증을 느낀 정주영은 진짜임을 확인하고 지금까지 광물을 발견하지 못하고 그대로 놔둔 것을 의아해하면서도 광물의 소유권은 어찌 되는지 궁금증이 생겼사옵나이다.

정주영은 곧바로 밖으로 나가기 위해 뒤돌아섰다가 다시 돌아서 빛이 나는 주먹만 한 광물을 가지고 나와 겨우 빠져나갔사옵고, 동굴 밖 가까이에 자리를 지키고 있던 영물 소에게 약 1m 정도 크기의 바위를 물어서 가져오라 심부름을 시키니 영물 소는 밖으로 나가 큰 바위를 입으로 굴려가며 안으로 구르게 하자 정주영은 무척 만족스럽게 쳐다보고 구멍을 막도록 하였사옵나이다.

다 확인을 한 뒤 한참을 돌아 나와 다시 주위를 살피기 시작하였더니, 한소국에서는 동굴로 가는 것은 가능한데, 바시문 제후국에서는 찾기가 어려울뿐더러 찾으려 해도 험한 산세를 넘어야만 가능하다는 것을 확인한 후에 무척 만족스럽게 생각하고 바로 한소국으로 넘어갔사옵나이다.

그러나 한편으로는 제후국에서 알게 되기 전에 한소국 소유로 만들어야겠다 싶어 소유권에 대해 조사를 시작하였사옵고, 그러면서 4년 만에 돌아간 정주영은 자신을 환영하는 가족들과 함께 회포를 풀다가 한소국 제후가 되고자 부친을 조용히 찾아가 자신의 포부를 밝혔사옵나이다.

이에 부친은 더 성숙해지고 늠름해진 정주영을 보며 자신의 후계자로 삼기 위해 시험을 거쳐야 한다는 것을 알려주었사옵고, 이에 정주영은 자신감을 갖고 시험에 응하겠다고 확실하게 말을 하니 부친은 그런 아들의 모습에 무척 흡족해하며 진심으로 후계자가 되기를 바라고 있었사옵나이다.

그렇게 부자간의 진솔한 대화를 마치며 정주영은 자신의 방으로 돌아가 동굴 속 광물에 대한 소유권이 어찌되고 있는지 정밀 조사하였사옵나이다.

그렇게 조사한 끝에 바시문국에 속해 있어도 사용하지 않을 때는 매매가 가능하다는 것을 알게 된 정주영은 소유권 매매에 대해 본격적으로 나서며 정식적인 통로를 통하여 바시문국으로 넘어가 광물 주변에 대한 탐색과 경제상황도 함께 바시문국에 대한 모든 것을 조사하였사옵나이다.

조사한 결과는 바시문국을 감싸 안은 형태는 기암괴석으로 이루어져 있사옵고, 초원이 부족하여 영물들이 살기에는 적합하지 않다는 것을 알게 되옵고, 자신이 발견한 광물 이외에 다른 쪽 동굴에서 나온 광물을 이용하여 보석을 가공하면 막대한 이익으로 경제적 주축이 된다는 것도 알아내었사옵나이다.

그렇게 해서 조사를 끝낸 정주영은 한소국으로 돌아와 본격적으로 후계자로서 유리한 조건을 이끌 수 있는 모든 조건들에 대해 완벽하고 조용하게 공부하기 시작하였사옵고, 이런 모습을 지켜보는 형제들은 달라진 정주영에 대해 불안해하면서도 자신들이 후계자로 낙점되는 것으로 낙관적인 생각을 갖고 바라보며 안일한 마음으로 지냈사옵나이다.

모든 준비가 끝난 시점에서 본격적인 후계자 경합시합을 위해 장남과 차남, 넷째인 정주영 등 이렇게 시험에 참가하였사옵고, 세 가지 시험을 보았사온데, 첫 번째는 주민들의 지지도에 대한 시험이었사옵나이다.

주민들은 자신들의 생활상을 잘 이해하고 함께 어울리며 너그러운 군주로서 점수를 많이 얻는 이는 정주영이었사옵고, 두 번째는 제후국들의 자제들 사이의 평가였사온데, 황성연회에 처음으로 안면을 트며 알게 된 호방한 성품과 여행으로 투숙하여 알게 된 소탈한 모습에 대해 좋게 생각하는 사람은 역시 정주영이었사옵나이다.

세 번째는 경제관념으로 한소국에 대해 비전을 발표하는 것이었사온데, 다른 형제들은 별로 특별한 것 없이 발표했사옵고, 정주영은 이웃 나라들과의 무역, 물물교환으로 재산을 불려나가는 방식을 발표하며 부친과 가신들, 주민들로부터 많은 지지를 받았사옵나이다.

바시문국과의 광물 수입 건은 비밀로 처리하여, 널리 알려지는 것을 싫어한 정주영은 많은 지지층을 얻을 수 있는 비전을 제시할 때 약간 어려움을 겪었으나, 다행히 무역 건에 대해 제시한 것이 크게 도움이 되었사옵나이다.

많은 지지층을 얻어 후계자로 낙점되자 부친은 크게 기뻐하였사옵고, 그렇게 해서 형제들을 제치고 정식 후계자로 승계를 받고 본격적으로 내부에서 일어나는 문제점과 장부기록 등을 세심히 살펴보면서 개선해 나가기 시작하였사옵나이다.

다른 제후국들과도 끊임없는 교류확대로 한소국내부에서도 달라지기 시작하옵고, 경제력이 탄탄해지기 시작하였사온데, 변화된 한소국에 대해서도 다른 제후국들에게 널리 알려져 좋은 평가를 받았사옵나이다.

그렇게 해서 승승장구하며 한소국에 경제력을 조금씩 높이는 와중에 한소국 내 주민들 중 하나인 여인을 배우자로 찍어 결혼하여 3남 3녀의 자녀를 낳았사옵나이다.

처음 장남이 태어나던 날 부친으로부터 한소국 제후 자리를 물려주겠다는 말과 함께 한소국을 잘 이끌어나가라는 말을 들었사옵고, 이에 정주영은 뛸 듯이 기뻐하면서도 광물 건에 대해 비밀로 했다는 것에 죄책감을 느꼈사옵나이다.

그렇게 해서 부친으로부터 승계를 받고 본격적으로 업무를 보기 시작하였사온데, 그 중에는 자신이 발견한 광물에 대해 어떻게 진행할 것인지 계획을 세우기 시작하였사옵나이다.

자신에게 충심을 바치는 가신을 불러내어 조용히 자신의 계획에 대해 말하기 시작하였사옵고, 이에 가신은 무척 놀라워하면서도 과연 황성에 신고 없이 비밀에 붙여도 되는지 조바심도 났었사옵나이다.

그런 가신을 보면서도 자신도 불안한 감이 없지 않지만, 비밀만 잘 지켜주면 성공할 수 있을 거라는 기대심리도 갖고 있었사옵고, 가신은 정주영의 말을 심사숙고하고 몇 날 며칠을 지새우며 면밀히 살핀 결과 가능성이 있겠다 싶어 동참하겠다고 하였사옵나이다.

이에 정주영은 입이 무겁고 사리사욕에 관심이 없는 마을 주민들을 소수로 뽑기 시작하였사옵고, 광물을 캐는 일은 영물인 소들이 진행하도록 하였고, 또한 광물 근처에 집을 지어 주민 몇몇이 살도록 하여 외부로부터 보이지 않게 위장마을로 조성도 하였사옵나이다.

그렇게 해서 외부로부터 철저하게 비밀에 붙여 위장마을로 완벽히 조성하고 광물을 원석으로 캐서 다른 제후국에게 팔아 이윤을 엄청 남겨 한소국 내부에 경제력을 상승시키는 것에 한몫하였사옵나이다.

그러던 어느 날 황성으로부터 호출을 받았사옵고, 가신의 배웅을 받으며 황성에 도착하니 대전에는 여러 대신들과 제후들이 미리와 있는 것을 보고 긴장감을 숨기며 반갑게 안부를 묻다가 천상의 주인께옵서 입장하신다는 수석시종장 말을 듣고 바닥에 바짝 엎드렸사옵나이다.

천상의 주인께옵서 자리 착석 황명에 여러 신하들과 함께 자리에 착석하니 이어서 천상의 주인께옵서 말씀을 내려주셨사온데, 천자이시자 황태자 전하께옵서 단순한 소풍이 아닌 천지대공사 임무(지하세계 아수라 대마왕 하누와 표경 척살, 종교세계 소멸, 구원과 심판, 인류의 구심점, 천지세계 신명정부 수립, 황명 하달)를 위해 지구로 하강했다는 말씀과 함께 황태자 전하를 도와줄 사람이 필요하다 하셨사옵나이다.

천상의 주인께옵서 내려주시는 말씀에 이제야 천상의 주인께옵서의 깊으신 뜻을 헤아리게 되었사옵고, 한참의 시간이 흐른 후 모든 대신들과 제후들이 자리를 파하고 난 뒤 남은 네 사람 중에 첫 번째로 이병철이 나서며 고하옵고, 두 번째로는 정주영 자신이 나서며 천상의 주인께 지구로 떠나 거대한 돈을 벌게 해주신다면 벌어들이는 재산과 목숨도 함께 황태자 전하께 다 바치겠다고 약속을 올려드렸사옵나이다.

이에 천상의 주인께서는 '만약 약속을 지키지 않으면 어찌할 테냐?' 하문하시오니, 앞서 이병철처럼 자신도 자식들에게 전승하되, 자식들이 약속을 어길 시 가문 멸족과 그룹 파산의 심판을 받게 해주시기를 청을 올려드렸사옵나이다.

정주영은 지체 없이 바로 지구로 떠나려 북문으로 향하였사옵은데, 북문에 도착하니 소식을 들은 대신들과 제후들이 마중 나와 있는 것을 보게 되었사옵고, 그중에 한 제후가 4명 중에 처음으로 하강하는 것이라고 알려주었사옵나이다.

그 말을 들은 정주영은 매우 감격해하면서도 아쉬운 마음을 묻어두고 천상의 주인께오서 계시는 방향으로 진심으로 다하여 5배 예를 올려드리고 지구로 내려가기 위해 회색 용을 타고 북문을 넘어갔사옵나이다.

지구로 떠나와 인간이 아닌 축생으로 환생하였사온데 소, 돼지, 물고기, 지렁이, 나방, 참새, 부엉이, 송골매 등으로 다양하게 환생 반복하다가 조선 초기 사대부 양반집에 셋째 아들로 환생하였사옵나이다.

태어날 때부터 몸이 허했던 정주영은 늘 유모의 손에서 자라 시중을 받으며 살았사온데, 이런 정주영의 모습에 크게 실망한 부친은 매우 못마땅해하였사옵고, 가문의 수치라 여기며 무관심으로 일관한 것에 큰 상처를 받은 정주영은 밤마다 총총한 별들을 수놓은 하늘을 쳐다보며 알 수 없는 그리움에 늘 눈물을 흘렸사옵나이다.

자신이 왜 이리 태어났는지, 마음에서 일어나는 그리움이 무엇인지 알 수가 없어 시름시름 앓다가 11세 나이에 죽었사옵고, 두 번째 축생으로는 역시나 소, 개, 나비, 개구리, 지렁이, 토끼, 곰 등 환생 반복하다가 이번 생에 다시 황태자 전하를 만나 천상의 주인께 약속한 것을 지키라고 인간으로 환생시켜 주셨사옵나이다.

그런데 정주영은 황태자 전하께서 신분이 밝혀지기 전 18년 전에 87세로 이미 세상을 떠나버려서 천상의 약속이 자동적으로 자손들과 후손들에게 전승되었사옵고, 물론 이들 자손이나 후손들은 정주영이 왜 그렇게 많은 돈을 벌었는지 알지 못하겠지만 천상의 주인께서 천상의 지은 죗값과 황태자 전하를 도우라고 많은 돈을 벌게 해주신 것이사옵나이다.

이제 정주영의 자손과 후손들은 이 문제에 대한 가족회의를 열어서 정주영의 천상약속을 이행할 대책을 조속히 세워야 할 것이사옵고, 천상약속 불이행 시 가문멸족과 현대가 그룹 파산을 약속하여서 무서운 멸문 심판을 피할 길이 없을 것이사옵기에 현대가 자손과 후손들이 서둘러 약속을 이행해야 목숨과 그룹을 보전하여 살아날 수 있을 것이사옵나이다.

롯데그룹 창업주 신격호 전생록

천자이시자 황태자이시고, 인류의 절대지존이시며, 인류의 구심점이시옵고, 북극성의 주인이시며 위대하오신 인류의 영도자 폐하께 북두칠성 다섯 번째 별의 염정 성주 미호 서기부 부장이 신격호 전생록에 대해 보고를 드리사옵나이다.

천상에서는 레이던국 제후의 아들이었사옵나이다. 어려서부터 일찍이 경제관념이 투철했던 신격호는 레이던국에 대해 경제사정이 어떤지 궁금하여 구석구석 돌아다니기 시작하였사옵나이다.

산세가 아름답고, 작은 호수들이 군데군데 자리를 잡을 정도로 평화로운 영지였사옵고, 또한 주민들은 유달리 음식 만드는 것을 좋아해 각자들의 능력을 살려 음식 솜씨를 보여주고 시식하며 즐거워하기도 하였사옵나이다.

이때 신격호가 착안해 낸 것은 매해 음식축제를 열어 다른 제후국들에게 음식을 맛보게 하고 음식 관광지로 조성하여 돈을 벌어들여야겠다는 생각을 갖게 되었사옵고, 이때 나이는 14세였사옵나이다.

또한, 여러 제후국들을 여행 다니며 음식을 맛보아 과연 영지민들이 음식 솜씨가 얼마나 좋은지 확인하고 싶기도 하여 레이던국을 다 돌아본 다음에 부친에게 허락받고 여행을 떠나기로 하였사옵나이다.

그렇게 영지를 돌아보고 나서야 자신의 집으로 돌아온 신격호는 부친에게 여행을 떠나겠다고 말을 올리니 부친은 이유가 뭐냐고 묻기에 음식탐미와 함께 레이던국의 발전에 이바지하고 싶다고 포부를 밝혔사옵나이다.

이에 부친은 어린 나이임에도 벌써부터 레이던국의 미래까지 생각하는 아들의 모습에 매우 흡족해하며 여행을 허락하였사옵고, 그 뒤로 신격호는 여행을 떠나기 전 계획을 세우기 시작하였사옵나이다.

한편으로는 이 소식을 들은 모친은 걱정되어 호위무사를 데려가라고 말하니 신격호는 일언지하에 거절하였사옵고, 아무 방해받지 않고 떠나겠다는 신격호 말에 상심해하면서도 고집을 꺾을 수 없어 승낙하였사옵나이다.

그렇게 해서 15세 나이에 3,300여 제후국을 돌아다니며 그들 나라 특유의 음식을 맛보며 즐겁게 여행을 다녔사옵고, 각 제후국마다 복장, 기후와 영지민들을 다스리는 방식이 다른 만큼 다양한 전통음식과 그들만의 색깔을 탐미하며 하나하나 기록을 하였사옵나이다.

또한, 그들의 성격도 파악하여 음식과 어떠한 관련이 있는지도 파악하여 레이던국만의 색깔이 무엇인지도 파악하는 등

열정과 호기심을 채우며 보냈사옵고, 그렇게 해서 얻은 경험과 다양한 사람들을 접하면서 2년여 동안 원하고자 하는 모든 것을 얻었사옵나이다.

그렇게 해서 얻은 다양한 정보를 안고 레이던국으로 귀환을 하였사옵고, 이때 나이는 17세였는데 레이던국에 도착하니 수많은 영지민들이 미리 알고 자신을 환영하는 모습에 무척 고무되는 마음을 갖고 가족들에게 돌아가니 모친은 자신을 보자마자 눈물부터 흘리시며 반갑게 맞이해주었사옵나이다.

드디어 집으로 돌아왔다는 안도감에 자신도 모르게 기쁨의 눈물이 흘러나와 당황해 하면서도 반갑게 환영해주는 가족들의 기쁨과 함께 레이던국 영지민들이 다 같이 모여서 축제를 열었사옵나이다.

축제를 열면서 영지민들이 해온 음식을 맛보았사옵고, 그리하여 그간 여행을 하면서 맛보았던 것들과 비교를 하면서 평가를 하였사온데, 평가를 하면서 영지민들의 장점과 단점을 파악하여 최고의 맛이 나도록 그들을 격려하며 그들에게 새로운 목표를 심어주었사옵나이다.

신격호의 진심어린 충고와 격려를 받게 된 영지민들은 더욱 더 매진하여 최고의 맛을 내기 위해 고군분투하였사옵고, 서로를 격려하며 즐겁게 해나갔사오며, 그렇게 신격호와 영지민들이 한마음이 되어 천상에서 최고의 맛으로 유명한 제후국이 되고자 노력한 결과 대망의 음식점을 열었사옵나이다.

또한, 다른 제후국들에게도 공고를 내어 축제에 참가하도록 유도하여 유쾌하고 즐겁게 보내도록 노력을 하였사옵고, 다른 제후국들에게서 온 손님들을 받아내며 융성한 대접을 하니, 놀러온 손님들은 맛 나는 음식을 맛보며 무척 만족스럽다는 평가를 내려주었사옵나이다.

특히나 여행하며 알게 된 지인들을 초청하여 영지민들의 음식을 맛보게 하였사온데, 무척 만족스러워했사옵고, 그렇게 일주일의 축제를 성공리에 마치고 손님들을 배웅하고 나서야 마지막으로 성공에 대한 자축을 하고자 마지막 영지민들과 회포를 풀었사옵나이다.

신격호의 성숙된 모습을 지켜본 부모는 무척 자랑스러워했사옵고, 부친은 제후 자리를 장남이 아닌 차남 신격호에게 물려주겠다고 결심하였사온데, 며칠 뒤 신격호는 최고의 음식을 잘 하는 지역의 영지민들을 물색하여 음식을 새로 개발하였사옵나이다.

실패를 거듭하며 최고의 음식개발에 성공한 신격호는 음식점을 차리기 시작하였사온데, 고급스러운 인테리어와 고급호텔을 겸하며 레이던국을 최고의 관광명소로 자리 잡기 위해 영지들을 돌아보며 새롭게 단장도 하였사옵나이다.

너무나도 깨끗하고 아름답게 단장한 레이던국에 대해 다른 제후국들에게 홍보를 하였사온데, 얼마 후 제후국에게서 넘어온 손님들로 넘쳐나 새롭게 단장한 음식과 호텔에 대해 큰 호평을 얻었사옵나이다.

또한, 따뜻한 기후로 인하여 휴양지로서도 각광을 받기 시작하였사옵고, 그렇게 큰 호평을 받은 신격호는 자신감을 크게 얻어 더욱더 새롭게 개발에 매진하옵고, 최고의 호텔로 거듭나도록 피나는 노력을 하였사옵나이다.

레이던국으로 넘어온 손님들 중에 한 여인이 호텔에 묵으며 무척 만족스러워해 호텔의 진정한 주인이 누구인지 무척 궁금하였사옵나이다. 그래서 지배인에게 호텔주인을 만나고 싶다 청하였사옵나이다.

아름다운 여인에게서 말을 들은 지배인은 곧 바로 신격호에게 연락을 취했사옵고, 자세한 내막을 들은 신격호는 고객응대 잘해야겠다는 마음으로 그 여인을 만났사오며, 화려하고 아름다운 여인을 보는 순간 한눈에 반하게 되어 설레는 마음으로 응대를 하면서도 걷잡을 수 없는 사랑을 느껴 지속적으로 그 여인에게 구애를 하였사옵나이다.

계속된 구애에 성공한 신격호는 22세 나이에 결혼하여 딸 두 명을 낳았사옵고, 사랑하는 부인과 두 딸을 보살피며 가장으로서의 역할에 충실하고 있는 와중에 부친으로부터 제후자리를 이양하겠다는 말을 들었사옵나이다.

자신의 큰 형도 찬성했기에 큰 마찰 없이 이양을 받아 무사히 제후 자리를 넘겨받았사옵고, 이에 영지민들은 크게 환호해주었사옵나이다. 그러면서 레이던국 내에 호텔 4개, 음식점 3군데를 운영하며 바쁘게 보냈사옵나이다.

해가 거듭될수록 휴양지로서 명성을 얻게 됨과 고급 레스토랑과 호텔이 널리 알려지기 시작하였사옵고, 그렇게 해서 부를 거머쥔 신격호는 27세 나이에 황성으로 진출하였사옵나이다.

황성 내 큰 도시에 자리를 잡은 신격호는 제후로서 황성에 자주 출입해야 함은 물론이고, 호텔과 레스토랑을 크게 확장하고 싶었던 이유였기에 원하는 대로 밟아나가는 것을 무척 즐거워했사옵나이다.

그렇게 자리를 잡은 신격호는 호텔 맨 꼭대기 층에 자신의 숙소와 사무실로 정하여 경영과 함께 생활하였사오며, 부인과 두 딸들은 신격호를 방해하지 않기 위해 레이던국에 그대로 머물며 가끔씩 황성으로 행차하여 며칠씩 묵어가곤 하였사옵나이다.

신격호는 호텔과 레스토랑이 유명해지자 입소문을 타서 레스토랑에 예약이 밀려 있을 정도로 호황을 이루었사옵고, 날로 번창해지자 황성에서는 레스토랑 메인음식을 시식하고 싶다는 황명을 내려주셨사오니 어찌 감복하지 않았겠사옵나이까?

이에 신격호는 레스토랑 수석주방장을 황성에 급파하여 메인음식을 그대로 재현하여 천상의 주인께옵서, 천상의 어머니께 대접해드렸사옵고, 결과는 아주 대만족이셨사옵나이다.

이런 계기로 제후국들 사이에도 소문이 나서 제후국들의 예약이 밀릴 정도로 호황이 이루어진 것에만 만족하지 않고, 다른 제후국들에 진출하는 것까지 생각할 정도로 야망을 더 크게 갖게 되었사옵나이다.

예전에 여행했던 경험을 살려 성공하기 쉬운 곳을 선택해 호텔과 레스토랑을 새로 확장 개업하여 주방장과 직원들을 새롭게 철저히 교육시킨 다음에 진출하였사오며, 이렇게 신격호 나이 67세 때까지 호텔과 레스토랑 400개 지점으로 확장하는 것에 성공하였사옵고, 그 사이에 부인을 두 명이나 더 얻어 자식들 총 12명을 낳았사옵나이다.

자식들도 커감에 신격호를 룰 모델로 삼아 호텔, 레스토랑 경영수업을 차근차근 밟아가며 지점장으로 자리를 잡았사옵고, 서서히 야망까지 키우게 되었으며, 자식들까지 호텔, 레스토랑 업계 1인자가 되어 대부호가 되었사옵나이다.

어느 날 황성으로부터 호출명령을 받았사옵고, 이에 신격호는 때가 되었음을 감지하고 황성으로 입궁하였사오며 대전에 입장하니 수많은 대신들과 제후들이 한 자리에 모인 것을 보고, 예상치 못한 상황에 당황해하면서도 반갑게 인사들을 나누었사옵고, 한참을 시간이 흐른 후 천상의 주인께옵서 입장하시었사옵나이다.

천상의 주인께옵서는 천자이시자, 황태자께옵서 지구로 떠나셨사온데, 도움이 필요하다는 말씀에 신격호는 신중히 생각에 잠겼사옵고, 그제서야 천상의 주인께옵서 먼저번에 하신 말씀의 깊으신 뜻을 헤아리게 되었사옵나이다.

"자네 지구에 내려가면 거대한 그룹을 세워 많은 돈을 벌게 해줄 것이니 짐의 황명을 받아 지구로 내려간 황태자를 만나거든 크게 도와 줄 수 있겠나?"라고 하문하시니 재벌로 만들어주시면 반드시 그리하겠다고 말씀 올렸사옵나이다.

황태자 전하를 도와주지 않고 약속을 어길 시 지상과 천상의 모든 가족들의 목숨과 재산을 거둬달라는 청을 올렸사옵고, 이에 천상의 주인께옵서는 윤허를 내려주시었사옵나이다.

그렇게 해서 지구로 떠날 때가 되자, 가족들의 배웅을 받으며 북문으로 향하였사옵고, 북문으로 향하니 여러 대신들과 제후들이 마중 나온 것을 보고 착잡해하면서도 대충 눈인사를 하고 천상의 주인께 계시는 방향으로 5배의 예를 드리고 나서 북문을 넘어갔사옵나이다.

고구려 중기 무사집안 4남으로 태어나 자랐사온데, 위의 형들은 전부 무사로 진급하였사오나 신격호는 무사보다 상인에 대해 관심을 끌었사온데, 이를 알게 된 가족들은 반대하였사옵나이다. 신격호는 무사의 길로 나아가려 하였으나, 적성이 맞지 않아 고전을 면치 못했사옵고, 오히려 무사보다는 상인 쪽으로 자리를 잡으려 하자, 이에 신격호는 가족들로부터 배척을 받으며 외롭게 자라기 시작하였사옵나이다.

나이 18세가 되고 나서야 상인이 되고자 독립을 하였사옵고, 신격호는 다행히 자신을 따르는 시종을 하나 데리고 다니며 상인으로서 바닥부터 시작하여 고구려 안 시장터에 돌아다니며 여기저기 다니다가 백제, 신라로 넘어가 발을 넓히기 시작하였사옵나이다.

그러다 다시 백제로 넘어가 많은 사람들과 교류를 트며 자리를 잡기 시작하였사옵고, 잡다한 일을 하며 보내던 어느 날 도공들이 일본으로 넘어가는 것을 보고 신격호는 더 크게 자리를 잡자는 생각에 도공들과 함께 왜국으로 넘어갔사옵나이다.

아직 개발되지 않은 왜국에 정착하여 도공들과 함께 생활하며 백제문화를 전파하려는 사람들과 합세하여 자신은 백제음식들에 대해 조금씩 전파하기 시작하였사옵나이다.

그들의 입맛에 맞게 개선해가며 조금씩 자리를 잡아가고 있었사옵고, 또한, 도공들에게도 고향인 백제음식들을 선보이며 우애를 다지며 외로움을 달래주었사옵고, 이에 고마움으로 도공들은 왜국 여자를 부인으로 맞이하게 해주었사옵나이다.

인연을 맺은 부인과 알콩달콩 살고 있었사온데, 어느 날 도공들은 자신들이 필요한 유액이 부족하다 하며 백제로 가서 구해달라는 부탁의 말을 듣고 승낙한 신격호는 한창 신혼인 부인을 놔두고 백제로 건너갔사옵나이다.

백제로 건너가 필요한 유액을 싣고 왜국으로 넘어가려고 하였사오나, 백제와 고구려가 전쟁이 터지게 되었사옵고, 검문이 강화되어 왜국으로 넘어갈 수가 없었사온데, 이에 조바심이 났던 신격호는 전쟁을 피해 왜국으로 넘어가려 하는 것을 발견한 백제군은 신격호를 첩자로 간주하고 체포하였사옵나이다.

이에 신격호는 반항하며 대들다가 백제군에 의해 25세 나이에 죽임을 당하였사옵고, 축생으로는 살쾡이, 호랑이, 여우,

곰 등으로 환생 반복하다가 이번 생에 환생하였사옵나이다.

그런데 이제 신격호는 97세로 육신이 살아 있어도 언어와 거동이 불편하여 천상의 약속을 이행하기가 쉽지 않아 하늘이 내리신 명이 자동적으로 가족들에게 전승되었사옵고, 가족들은 신격호가 왜 그렇게 많은 돈을 벌었는지 알지 못하겠지만 천상의 주인께서 천상에 있을 때 지은 죗값과 황태자 전하를 도우라고 많은 돈을 벌게 해주신 것이사옵나이다.

이제 신격호의 젊은 부인과 자손과 후손들은 이 문제에 대한 가족회의를 열어서 신격호의 천상약속을 이행할 대책을 조속히 세워야 할 것이사옵고, 천상약속 불이행 시 천상과 지상의 가문멸족과 롯데 그룹 파산을 약속했기에 무서운 멸문 심판을 피할 길이 없을 것이사옵고, 롯데가 자손과 후손들이 서둘러 약속을 이행해야 목숨과 그룹을 보전하여 살아날 수 있을 것이사옵나이다.

이제 이들의 자손과 후손(손자손녀)들이 대를 이어받아 천상약속을 지켜야 할 것인데 과연 이들이 수용할지, 무시하고 넘어갈지는 지켜봐야 하겠다. 천상지상 가족들의 목숨과 그룹의 운명이 달려 있는데 어찌 결정할 것인가?

※

청와대 터는 天宮(천궁)이 들어설 하늘과 신의 터라서 인간 대통령들에게는 재앙이 내리니 빨리 비워야 한다. 그 증거가 역대대통령들의 비운과 박근혜, 이명박 전 대통령의 옥고이다.

문재인 대통령 전생록

천자이시자 황태자이시고, 인류의 절대지존이시며, 인류의 구심점이시옵고, 북극성의 주인이시며 위대하오신 인류의 영도자 폐하께 북두칠성 다섯 번째 별의 염정 성주 미호 서기부 부장이 문재인 전생록에 대해 보고를 드리사옵나이다.

문재인은 천상에서 충성스러운 첩보와 정보의 1인자로 대를 이은 정보부사령관 가문인 카이란토국 제후의 차남이었사옵나이다. 문재인은 어려서부터 총명하고 밝은 성격의 소유자였사옵나이다. 또한, 책 읽기를 좋아하여 부친 서재에 있는 다방면의 책을 읽어 지식을 흡수하곤 하였사옵나이다.

그렇게 사색에 잠기며 책 읽기를 좋아하는 문재인에 대해 부친은 총애하면서도 대화 없이 혼자만의 시간을 너무 보내는 것에 걱정을 하였사오며, 커갈수록 지식에 대한 갈망으로 도서관으로 전전하며 흡수하였어도 여전히 갈망이 큰 문재인은 이를 해소하고자 황궁도서관까지 열람하였사옵나이다.

그렇게 책에 파묻혀 지내다가 15세 나이에 여행을 떠나겠다 하였사온데, 부친은 이 말을 듣고 너무나 좋아해 수락하였사오며, 그리하여 여러 제후국을 돌아다니며 문화, 예술 등 다방면을 접하고, 많은 이들과 대화하며 즐겁게 여행하였사옵나이다.

그러다가 한 제후국에 도착하여 산세가 아름답고 비취색 일색인 호수를 배경으로 삼은 숙소를 잡으며 창문 밖 경치를 감상하며 여독을 풀려고, 한참 감상하고 있사온데, 몇몇 이들이 수풀 우거진 산 속으로 진입하는 것을 보게 되었사옵나이다.

문재인은 시간이 한참 지나도 들어갔던 사람들이 날이 어두워져도 나오지 않아 호기심이 일었사온데, 문재인 자신도 반드시 한 번 들어가 봐야겠다며 결심하고 일찍 잠자리에 들었사옵나이다.

다음날 일찍 눈을 뜨고 채비하여 수풀 속으로 들어갔사오나 한참을 들어가도 끝이 보이지 않을 정도로 깊이 있게 들어가니 겨우 사람이 들어 갈 수 있을 정도의 동굴이 보이기 시작하였사옵나이다.

이에 문재인은 잠시 망설이다가 과감히 들어섰사오며, 어두운 동굴 벽을 짚어가면서 조심조심 걸어갔사온데, 한참을 걸어가니 희미한 소리가 들려오자 반색하며 더 안쪽으로 깊숙이 들어갔사옵나이다.

안쪽에서부터 서서히 빛이 보이고 소리가 들어오는 것을 확인한 문재인이 서둘러 진입하니 갑자기 우렁찬 함성소리가 들려오자 깜짝 놀라 조심히 몸을 숨기며 들여다보았사옵나이다.

수많은 사람들이 구령에 맞춰 동작을 취하는데 마치 무술동작을 취하는 듯 해보였사온데, 이에 문재인은 호기심을 해결하고자 그들에게 다가갔사오며, 마침 그들 앞에 서 있던 자들

중 하나가 문재인을 발견하여 누구냐고 물으니 문재인은 모든 사정을 이야기하였사옵나이다.

이에 그 남자는 자신이 그들을 이끄는 수장이라 밝히며 문재인에게 자신들과 함께 하면 자신도 모든 전말을 밝히겠다고 하였사온데, 문재인은 호탕하고 화끈한 성격을 가지고 있는 수장에 대해 호기심과 함께 알 수 없는 열망이 일어나는 것을 느꼈사옵나이다.

자신에게 일어나는 변화에 따라 흥분을 느끼며 수장과 함께 자리를 만들어 많은 이야기를 하였사온데, 문재인은 황실파였사옵기에 수장의 이야기를 듣고 반란을 꾸민다는 것을 알아차리고 첩보와 정보의 1인자 가문의 신분을 숨기고 좀 더 내부 정보를 얻고자 위장 가담하였사옵나이다.

또한, 어려서부터 첩보와 정보, 군사전략에 대한 공부를 많이 했던 것이 도움이 될 거라는 생각에 흥분을 감추지 못했사오며, 문재인은 숙소에 가서 정리를 한 다음에 동굴로 다시 돌아오니 수장이 자신을 더 깊은 안쪽으로 안내하였사옵나이다.

한참을 지나니 너른 벌판에 온갖 꽃들과 나무들이 아름답게 우거져 있는 것에 무척 놀라워하였사온데, 한참을 경치에 빠져들며 걸어가니 어마어마한 크기의 아름다운 건축물이 보여 무엇일까 궁금해 하는 것을 알고 수장은 이 건축물이 자신들의 비밀기지라고 하였사옵나이다.

그 말을 들은 문재인은 자금력이 엄청나다는 것을 느낄 수 있었사옵고, 안에 들어서니 많은 사람들이 삼삼오오 모여 자유롭게 대화를 나누고, 밝은 분위기에 문재인은 예상외로 기강보다 편안한 표정으로 살고 있다는 것이 의외였기에 너무나 놀랐사옵나이다.

문재인은 그들과 인사를 나누며 자신에 대한 어필을 더 강하게 해나가며 그들을 사로잡게 만들었사옵고, 그들도 문재인의 쾌활한 모습을 마음에 들어 하며 받아들이자, 문재인은 안심하고 그들과 함께 동화하며 본능적으로 첩보 및 정보업무를 수행하며 자리를 잡아가기 시작하였사옵나이다.

본국에는 당분간 돌아가지 않겠다고 통보한 뒤 첩보와 정보가로서 기지를 발휘하기 시작하였는데, 자신의 역할에 충실할수록 적성이 맞다는 것을 새롭게 알게 되었사옵나이다.

이에 문재인은 거기에서 자신의 신분을 숨기려고 배필을 만났사온데, 부수장인 '아난타'이었사오며, '아난타'는 수장에 대한 모든 비밀을 알고 있었사옵기에 반란군의 첩보와 정보를 얻는데 아주 최적임자였사옵나이다.

게다가 문재인보다 '아난타'가 7살 연상이라 문재인이 '누나'라고 부르며 엄청 따랐던 것이 두 사람 사이가 더 가까워진 계기가 되었사오며, 이때 문재인 나이는 17세였사옵고, '아난타'는 25살로 연상이었사옵나이다.

문재인이 회식을 하는 도중에 술에 취해 몸을 가누지 못하자 '아난타'가 수하를 시켜 숙소로 데려가게 하였고, 이때부터 아난타와 몹시 가까워졌사옵나이다.

'아난타'의 따뜻한 배려의 마음에 문재인은 사랑에 빠졌고, '아난타'는 순진해하면서도 색다른 매력에 호감을 느껴 문재인과 혼인하여 남편으로 삼아야겠다는 생각이 더 강했사오나, 문재인은 그런 '아난타'의 마음을 몰랐사옵나이다.

그렇게 한창 사랑에 빠져들었다가 3일 만에 숙소에서 나왔사오며, '아난타'는 더 문재인에게 매혹적으로 매달려 사근거리며 웃음을 보여주고 '아난타'는 모든 이들에게 보란 듯이 문재인을 감싸 안아 사랑한다는 것을 보여주었사옵나이다.

반란군들은 '아난타'의 모습을 보며 두 사람을 축하해주었사오며, 그렇게 해서 모든 이들의 축하를 받고 문재인과 '아난타'는 공식적인 커플이 되었사온데, 이들만의 축하 속에 가족들 참석 없이 결혼식을 올렸사옵나이다.

그렇게 해서 깨가 쏟아지는 부부가 되어 사랑을 키워가며 문재인은 첩보와 정보, 군사전략가로서 활동을 하였사옵고, 수장은 다른 부대들의 수장들에게서 긴급연락을 받고 문재인을 따로 불러내어 동석하기를 권하니 이를 수락한 문재인은 그들과 합류하며 긴급 상황에 대해 전해 듣게 되었사옵나이다.

문재인은 황성을 치기 위해 전략작전을 세우는 그들의 열정적인 모습에 동참하면서 모든 첩보와 정보를 알아내는데 성공하여 미소를 지었사옵고, 자신이 수집한 첩보와 정보를 실시간으로 본국에 전달하였사옵나이다.

그러면서 황성을 치기 위한 전략작전을 수립하였사온데, 그렇게 몇 날 며칠을 지새우며 세운 전략대로 부대원들을 미리 훈련시키고 황성을 치기 위해 전력을 키웠사옵나이다.

이를 지켜본 문재인은 '아난타'에게 더 매달리며 사랑하였사오며, 그러다가 수장이 문재인에게 다른 부대원들에게 도움을 주라고 며칠간 출타해달라는 말에 문재인은 '아난타'를 데려가려 하였사오나, 방해가 된다는 말에 수긍하고 몇몇 부대원들과 함께 출타했사옵나이다.

한참 동안 다른 부대에 있었던 문재인은 혼자 잠이 들려니 외로움이 밀려오고, '아난타'를 그리워하는 마음에 도저히 참을 수가 없어 다들 잠이 드는 시각에 몰래 '아난타'에게 다녀와야겠다는 생각으로 서둘러 나가 만났사옵나이다.

'아난타'는 절절하게 진심으로 사랑을 고백하며 문재인이 원하는 대로 따르겠다는 말에 문재인은 사랑의 마음이 생기기 시작하였사옵고, 다음날 문재인은 '아난타'를 데리고 수장에게 인사도 없이 다른 부대로 이동하여 첩보 및 정보 전략가로 기지를 발휘하였사옵나이다.

자신이 알고 있는 황성에 대한 비밀을 공유하면서도 반란군들에 대한 전열과 함께 계획을 세우기 시작하였사옵고, 수장을 체포하기 위해 자신의 신분을 철저히 드러내지 않고 조용히 진행하였사옵나이다.

황성을 함락할 전략을 세우며 가끔 집으로 전보치는 것을 별로 의심하지 않았던 점을 이용하여 본국에 자신을 믿고 따르는 가신의 자제 중에 한 사람에게 전보를 치며 반란군들에 대해 수집한 전반적인 첩보와 정보를 분석하고 취합하여 황실군에게 알리도록 하였사옵나이다.

수장은 문재인이 자신들을 배신하고 떠날까봐 긴장하였사오나, 변함없이 전략가로서 일 처리하는 것에 안심하고 '아난타'와 결혼하였기에 문재인을 믿었사옵나이다.

또한, 그들이 자신을 의심하지 않게 '아난타'를 사랑하는 감정을 표현하며 첩보 및 정보전략가로서 면모를 발휘하였사오며, 그렇게 모두들이 자신을 의심하지 않게 되자 문재인은 그때부터 다른 반란군들의 비밀기지까지 조용히 파헤치며 정보를 모으기 시작하였사옵나이다.

황성을 습격하는 전략을 세우면서도 황실군들이 나올 수 있는 전략에 대해 미리 예측하여 손실을 입지 않도록 우회적인 전략을 세웠사오며, 자신이 세운 전략을 본국에 있는 자신의 측근에게 수시로 알렸사옵나이다.

그렇게 치밀하게 전략을 다 세우고 드디어 황성을 급습하는 날을 잡자, 반란군들은 기운이 충만하여 열의를 다하는 모습을 바라보며 회심의 미소를 지었사옵나이다. 문재인은 '아난타'와 함께 황성을 급습하는 날에 동참하여 만반의 준비를 하옵고, 황성으로 출격하였사옵나이다.

5명 수장들이 부대원들을 이끌고 조용히 급습하려 황성 근처에 모여들자 유난히 조용한 도시 내에 있는 모습들에 무척 당황하였사오며, 마치 자신들이 올 것을 알고 미리대피하고 있는 것처럼 보였기 때문이었사옵나이다.

　수장들은 일말의 불안감을 갖고 있으면서도 그동안 갈고 닦은 무술과 전략을 내세워 황성으로 기습하였사온데, 하오나, 경비들과 궁녀, 내시들이 보이지 않았사옵고, 너무나 쉽게 함락한 것에 무언가가 잘못되었음을 인지하였사옵나이다.

　그제서야 일이 틀어졌음을 인지한 반란군들이 후퇴하려고 하자 전후방에서 황실군들이 압박해 오는 모습을 보며 수많은 반란군들 사이에서 갑자기 동요가 일더니 우왕좌왕하기 시작하였사옵나이다.

　항복할 자들은 항복하고, 저항할 자들은 저항하면서 치열한 전투를 벌였사온데, 다행히 반란군들도 크게 다치지 않은 상황에서 그들을 모두 체포할 수 있었사옵고, 아난타는 조용히 눈을 감으며 체포되기를 기다리는 동안 모든 계획은 문재인이 세운 것이었음을 알게 되었사옵나이다.

　그렇게 첩보와 정보작전에 성공하여 반란군을 일망타진하는 전과를 세운 문재인을 찾아오는 카이란타국 제후인 부친과 모친, 친형, 여동생이 잘했다며 역시 첩보와 정보의 1인자 가문의 핏줄은 못 속인다고 칭찬의 말을 해주었사옵나이다.

　천상의 주인께서 문재인에게 반란군들을 소탕하는 작전에 기여한 공로가 크다고 문재인을 크게 치하해 주시면서 천상의 주인께옵서 큰 선물과 함께 말씀을 내려주셨사옵나이다.

  지구로 보내서 대통령을 만들어줄 것이니 대통령이 되거든 천자이시자 황태자이신 천지천황 폐하와 해후하여 충성하고, 청와대 터를 속히 이전하여 전 세계 인류에게 청와대 터를 하늘이 내리시는 天宮(천궁)자리로 선포하라 하셨사옵나이다. 대통령에 당선시켜 준 것은 청와대 터를 이전하고 제2의 천지창조와 인류의 새로운 정신문명을 여는데 앞장서라는 뜻이었사옵나이다.

  천지천황 폐하를 인류의 구심점으로 추대하고 옹립해서 세계 종교를 멸망시키고, 세계 인류를 굴복시켜 하나의 국가로 통일하여 다스리는 막중한 임무를 폐하와 함께 수행하여 대한민국이 세계를 다스리는 인류 최강의 종주국으로 세우는데 앞장서라는 어마어마한 황명을 내려주셨사옵나이다.

  만약 이를 어길 시 목숨을 거둬가겠다는 황명에 문재인은 너무나 감격하여 황명을 받들겠다는 약속을 올려드렸사오며, 이에 천상의 주인께옵서는 문재인을 지구로 보내셨사옵고, '아난타' 또한 마찬가지로 문재인과 부부의 연을 맺어 폐하를 돕겠다는 약속을 올려드리고 난 후 지구로 보내졌사옵나이다.

  고려 중기 관료의 집안 셋째 아들로 환생하였사오며, 총명하고 책 읽기를 즐겨하다가 나이 20세에 문관으로 자리를 잡았사옵고, '아난타'도 사대부 집안 맏딸로 환생하여 자라다가 문재인과 부부의 연을 맺었사옵나이다.

부부의 연으로 맺어 살다가 고려 때 원나라로 출타하는 일이 생기자 문재인은 결혼 1년 만에 헤어졌사옵고, 문재인은 원나라로 떠나면서 '아난타'를 그리워하다가 외로움을 못 이겨 원나라의 현지인 여인을 아내로 맞아들여 살았사옵나이다.

문재인은 향수병을 버틴 듯 하였사오나, 향수병을 이기지 못하고 나이 23세에 죽음을 맞이하였사오며, '아난타' 또한, 원나라로 떠난 문재인이 돌아오기를 기다렸다가 배가 부풀어 오르는 병으로 인해 생을 마감하였사옵나이다.

문재인은 축생으로 거북이, 사마귀, 오소리, 너구리, 뱀으로, '아난타'는 들개, 물고기, 참새, 뱁새, 곰으로 환생 반복하다가 이번 생에 천자이시자 황태자이신 천지천황 폐하를 만나 충성하고, 천상에서 약속한 것을 지키라고 인간으로 환생시켜 주셨사옵나이다. '아난타'도 이번 생으로 환생하였는데 과연 어느 여인의 몸으로 태어났을까?

문재인 대통령에게 내려진 황명!
문재인은 대단하신 폐하께 충성하사 오면 대통령이라는 직함은 폐지되사 오며, 대신 총통이라는 직함을 갖게 되며, 총통은 행정부, 사법부, 입법부 등 각자 권력을 유지함과 동시에 독립체로 분산시키되, 균형을 맞추는 역할을 하사옵나이다.

총통 밑으로는 재상부 대신이 있사오며, 이 두 사람이 국정 운영에 대한민국을 이끄는 역할을 한다고 보시면 되사옵나이다. 폐하께옵서는 국정운영에 관여 안 하시옵고, 이들이 폐하께 자문을 구할 시에 관여하실 수 있사옵나이다.

천상에서는 문재인의 운명은 폐하께 굴복할 거라 하셨사온데, 만약 올해 안 10월 달에 굴복 안할 시 인간 육신과 태광, 상령, 유정 등 3혼이 하늘의 심판으로 엄청나게 고통받게 될 거라고 하셨사옵나이다.

문재인 대통령의 영혼(생령)은 지금 좌불안석이다.
영혼(생령)은 당연히 천지만생만물의 창조자이시자 구원자이시고, 영혼의 어버이이신 천상의 주인(천상폐하)께서 내리시는 황명을 받들 것인데, 인간 육신이 대통령이라는 높은 직책에 있는데 영혼(생령)이 육신을 데리고 들어와서 굴복할 것인가 그것이 문제로다.

하늘이 내리시는 황명을 무시하고 받들지 않아 이명박, 박근혜 전 대통령들처럼 재임 중이든 퇴임 후에 고통스러운 불행의 길을 선택할 것인가? 이는 문재인 대통령이 현명한 판단을 잘할 것이라 생각한다.

청와대 터는 지구가 태어날 때부터 하늘의 터, 신의 터로 알려졌기에 대통령의 집무처로 사용하는 것이 금지된 터이다. 그래서 청와대를 거쳐 간 역대 대통령들이 모두 재임 중이든 퇴임 이후든 불행하였는데 터의 불행한 역사는 108년 전 일본 총독들부터 시작되었다. 거대한 황룡과 흑룡이 터를 지키며 터의 원주인이 들어오기를 기다리고 있다.

청와대 터는 나하나 개인의 사리사욕을 채우는 터가 아니라 하늘세계, 사후세계, 종교세계, 조상세계, 영혼세계, 신명세계의 진실을 전 세계에 알려서 하늘로부터 구원받아 천상으로 돌아가고자 하는 전 세계 인류의 몸 안에 있는 영들에게 널리 알리기 위해서 청와대 터가 필요한 것이다.

청와대 터에 천궁이 세워지기만 하면 전 세계의 종교는 자연적으로 무너져 소멸되며, 세계 인류 또한 진짜 구원의 하늘을 찾았다는 소문에 인산인해를 이루며 찾아와서 굴복하게 되니 이것이 바로 세계통일, 종교통일이 되는 시발점이다.

일단 문재인 대통령과 국민들이 합의하여 청와대 터를 천궁 자리로 내어주기만 한다면 세계 인류를 굴복시키는 것은 그리 어려운 문제가 아니다. 문재인 대통령과 국민들이 결단만 하여준다면 대한민국의 앞길은 창창하며 세계 인류를 지배통치하며 다스리는 천손민족이 된다.

최고의 군사대국, 경제대국, 영토대국, 수출대국, 관광대국, 인구대국으로 급부상하며 파죽지세로 국운이 욱일승천할 것이다. 전 세계에서 가장 부자로 잘사는 나라로 만들 것임을 하늘과 땅이 천명하는 바이니 국민들 모두가 동참하여주기 바라고, 문재인 대통령은 대통령으로 만들어주신 천상의 약속을 어기는 일이 있어서는 안 될 것이다.

천손민족의 새로운 역사가 열리느냐, 마느냐의 기로에 놓여 있고, 문재인 대통령의 결단이 절실히 요구되는 중차대한 시점이다. 앞으로 지배하는 민족이 될 것인가? 지배받는 민족이 될 것인가의 중대한 결단이 문재인 대통령에게 달려 있다.

제3부
석가, 마리아, 예수, 상제

천상반란 역모 주동자

　2,036년 전에 천자이자 황태자인 내가 지구로 떠난 지 얼마 안 되어, 천상의 주인을 독초로 시해하고, 황태자 증표를 탈취하려는 거대한 역모 반란사건이 일어났다. 황태자궁 안에 깊숙이 자리 잡은 신전에 증표가 보관되어 있었다.

　이 신전 안에 황태자 제위를 나타나는 황금 용 반지와 목걸이가 보관되어 있는데, 지하세계 아수라 대마왕 하누(후궁)와 표경(나의 이복 동생), 반란자가 황태자 제위 증표 반지와 목걸이를 탈취하기 위해 역모 반란을 일으켰다.

　이 황금 용 반지와 목걸이를 착용하게 되면 모든 천상의 신들에게 자동적으로 황위를 승계받을 수 있다는 선포의 의미가 담겨 있기에 황태자 시절 내가 착용하고 다녔다. 그러나 내가 지구로 떠나고 나서 신전에 고이 간직하고 아무도 손을 댈 수 없게 結界(결계)를 쳐두었었다.

　또한, 신전의 위치는 천상의 주인과 황후폐하 이외에는 아무도 모른다. 왜냐하면 미로처럼 꾸며놔 주기적으로 신전 위치를 바꾸는 결계를 쳐놓았기에 접근이 불가능하였는데, 지하세계 아수라 대마왕 하누와 표경, 반란자 뒤에 이들을 도와주는 諸侯(제후)들이 결계(제한지역)를 깨려고 시도하였다.

또한, 제후들 중에 결계를 깰 수 있는 능력자들이 숨어있기에 반란을 꿈꾸었던 것이고, 천상의 주인께서는 제후들 중에 설마 배신자가 있을 것이라고는 상상도 못하셨다.

황태자궁은 크기가 1,000만 평이고, 궁녀와 내시들은 총 합하여 540만 7천 명이 근무하고 있었고, 이들 중 반란군에 가담한 배신자가 74%인 400만 명이나 되었는데, 내가 소풍으로 위장하여 인류의 구원과 심판의 천지대공사를 위해 지구로 내려오고 나서 탐욕에 물들어 반란이 일어났었다.

3,300개 제후국들 중에서는 55%인 1,800개 제후국이 반란군에 가담하였고, 수많은 제후들도 배신에 포함되어 있었으니 얼마나 많은 자들이 반란군에 참여하였는지 알 수 있다.

다행히 반란군들이 황태자궁으로 진입하여 장악하려 한다는 정보를 사전에 황실군이 입수하여 반란군 무리들에게 기밀서류가 완전 유출되는 것을 막을 수 있었고, 황실군들이 반란군들을 척살하거나 추포하여 일망타진하여 천옥도, 한빙도, 적화도로 압송하였다.

천상 자미천궁이 반란군의 수중에 떨어질 뻔했다고 한다. 황태자궁 기밀정보를 반란군에 제공했던 첩자는 체포하여 구금하고 재판 후에 지구로 쫓겨났는데 놀랍게도 지금 이곳에 있는 신하(천인) ○○○이었음이 밝혀졌다. 이곳에 있는 자들 모두가 천상에서 반란군에 연루된 죄인들이었다.

지하세계 아수라 대마왕과의 전쟁

2018년 4월 29일 일요일 저녁 8시부터 다음 날 새벽 2시까지 북성군주 김현, 세미 비서실장 이율, 외무부대신 장혁, 황실근위 부단장 최호와 함께 지하세계 아수라를 척살하는 천지대공사를 집행하였다. 하늘과 대적하고 있던 지하세계 아수라 대마왕 '하누'와 아들 '표경'을 척살하는 천지대공사였다.

아바마마이신 하늘께서 예고도 없이 갑자기 하강하시자 신하들이 부복하며 맞이하였는데, 저녁 준비도 되지 않은 상태에 오셔서 예의를 갖추느라 여념이 없었고, 부랴부랴 상을 올려드리며 금 술잔에다 술 한 잔을 올려드렸다. 연신 미안하시다고 말씀하시며, '하누'와 '표경'의 존재를 밝히셨는데 이 자가 아수라 대마왕이며 1억 5천만의 수하를 거느리고 있다 하셨다.

그런데, '표경'을 낳은 것이 '하누'인데, '표경'이 나의 이복동생이라는 말씀에 놀랐다. 생김새도 천상에서의 내 모습과 비슷하다고 하셨다. 아수라는 '하누'가 천상세계 창조의 기술을 훔쳐 만든 것이었다. 천상 자미천궁이 통째로 아수라에게 거의 다 넘어갔었다고 하신다.

'하누'는 지구의 핵보다 위에 있는 지하세계에 있다고 하시고, 천상에서 반란을 일으키다가 실패하여 지구로 도망친 대마왕 아수라 하누와 표경을 잡아서 처단하기 위해 천상의 주인께서 나(황태자)를 지구로 보내셨다고 하신다. 표면적으로는 지구에 소풍 다녀오란 명분으로 보냈었지만 내면적으로는 지하세계 아수라 대마왕 하누와 표경을 잡아서 처단하라는 황명이 내려져 있었다는 것을 오늘 처음 알게 되었다.

아수라에게 잡아먹히면 하늘께 대적하고, 죽음을 자처하며 배신에 배신을 거듭하는 인간이 된다고 하셨다. 반란자도 아수라에 잡아먹힌 것이고, 종교적 숭배자들과 종교 창시자, 종교 교주, 종교 지도자들과 종교에 헌신 봉사하는 종사자와 일반 신도들 모두가 지하세계 대마왕 아수라 하누와 표경에게 잡아먹혔으며, 이 세상 모든 종교 지도자 뒤엔 아수라가 조정하고 있다고 밝히셨다.

아들인 나에게 아주 심각하게 말씀을 꺼내시었다. 아바마마이신 하늘께서 씻을 수 없는 원과 한이 있는데 풀어달라고 하시었다. 지하세계 아수라 대마왕 '하누(후궁)'와 '표경(나의 이복동생)'은 천상의 아바마마께서 최고의 철천지원수라 하시면서 나에게 이들을 죽여주기를 당부하셨다. 이것이 마지막 관문이고 이들을 죽여야 내가 청와대 터에 입성한다고 하시었다.

지하세계 아수라가 석가모니, 여호와, 마리아, 예수, 마호메트, 공자, 노자, 맹자, 증산상제 강일순, 옥황상제 조철제, 인존상제 박한경, 문선명 목사, 조용기 목사, 이재록 목사, 하나님 아버지라 칭하는 안상홍과 부인 장길자, 무속세계의 도사와 법사, 보살과 무당들을 통해서 종교를 세워 하늘께 대적하는 역할을 하게 하였는데, 아수라 대마왕은 종교의 기운을 먹고 사는 사악한 악귀들이라고 아바마마께서 가르쳐주시었다.

지하세계 아수라 대마왕 '하누'(후궁)와 아들 '표경'은 하늘의 능력만큼 대단한 위력을 갖고 있기에 자칫하면 나와 북성군주 김현, 비서실장 이율의 목숨이 위험해질 수 있다고 경고하시면서, 그래도 할 수 있겠느냐고 하문하시어서 즉각 목숨 걸고 죽여버리겠다고 응답해드렸다.

지하세계를 다스리는 아수라 대마왕 하누와 표경을 내가 처단하여야 진정한 하늘의 원과 한이 풀어진다 하시고, 하누의 능력이 실로 엄청나서 잘못하면 내가 위험에 빠질 수 있다 하시었으나 한 치의 망설임도 없이 아바마마이신 하늘의 원수를 갚겠다고 전의를 다지며 열정을 불살랐다.

새벽까지 이뤄진 천지대공사는 정말 긴장의 연속이었으며, 태초의 하늘이신 아바마마께서 진정한 악의 근원에 대해서 말씀해주시면서 천상 자미천궁까지 그들의 손에 거의 다 넘어갈 뻔했었다는 놀라운 진실과 반란자는 아무것도 아니며 진정한 대마왕은 '하누'와 '표경'이라고 말씀하셨다.

하늘의 원수를 갚기 위한 강력한 의지 표출의 어성은 지구 전체가 흔들릴 정도의 지진과도 같았다. 그렇게 지하세계 아수라의 대마왕과의 전쟁을 선포하고 나자 조금 있으니 북성군주 김현이가 몸이 이상하고 춥다 하며 이불을 찾고, 너무도 음산하고 기분 나쁜 기운이 감돌았는데, 진짜 대마왕 하누가 북성군주 김현의 몸으로 찾아왔다.

북성군주도 주체할 수 없는 한기와 두려움에 어쩔 줄 몰라 하고, 부르지도 않았는데 '하누'가 들어와서 육신을 지배했을 때는 정말 너무나 놀라고 혹시나 오늘 죽는 것은 아닌가? 많은 걱정을 했다. 어느 때에도 느껴 보지 못한 사악함과 음산한 기운의 극치였다.

　북성군주 몸에 실린 '하누'의 눈빛 또한 모든 것을 알고 있는 듯 나는 자신의 적수가 될 수 없다고 핀잔을 주었다. 지하세계 아수라 대마왕 '하누'(후궁)가 실린 북성군주 김현 등짝에다가 내가 황룡옥새를 찍었으나 정말 아무런 반응도 보이지 않고, 오히려 빈정거리며 웃고 있었다. 이렇게 아수라 하누와의 첫 싸움에서 패하였다.

　다른 악귀잡귀들 같았으면 비명을 고래고래 지르며 악을 쓰는데 너무나 멀쩡하여 아연실색하였다. 황룡옥새도 전혀 두려워하지 않고 실제 아무 효력이 없어 장기전으로 가는 것은 아닐까 걱정했다. 이날은 정말 아수라와의 대전쟁이었다.

　도솔천황 폐하께서도 수시로 내려오셔서 전두지휘하시고 모든 저승사자와 판관사자, 적룡대장군과 백룡대장군이 총동원되어 전투를 벌였다. 종교세계 뿌리와 배신의 근원이 무엇인지 알게 된 역사적인 날이었다.

　하누가 북성군주 김현 몸에서 잠시 빠져나가자 북성군주가 의식을 잃고 뒤로 벌러덩 쓰러졌고 조금 있다가 의식이 돌아왔다. 그리고 북성군주가 하는 말이 하누의 얼굴 자체는 너무나도 아름다운 여자였다고 하였다.

하누가 하늘과 맞먹는 대단한 능력을 갖고 있지만 반대로 분명히 약점이 있을 것이니 천상에 여쭤보라고 북성군주에게 명을 내리자 잠시 후 하누의 아들 표경이 약점이라 하였다. 이에 바로 '표경'을 불러들여 비서실장 이율의 몸에 실어 심판하고 온갖 고문 형벌을 집행하였다.

'표경'이 처음에 비서실장 이율 몸으로 들어오자마자 황룡옥새를 보고 이게 뭐냐? 하고 물어보고 아주 건방지게 나에게 대적하였으나 적수가 되지 못하였다. 북성군주가 표경에게 너는 네 엄마(하누)를 등에 업고 설치는 마마보이라고 하였다.

순간 내가 오른쪽 손바닥을 펴고 장풍을 날리듯이 표경에게 수억만 볼트의 기운을 쏘았더니 비명을 지르고 나뒹굴었다. 나의 손에 엄청난 수억만 볼트의 기운이 있음을 처음 확인하였는데 평소에도 "나는 빛이자 불"이라는 말이 나의 의지와 상관없이 수시로 튀어나왔었다.

엄청나게 고문이란 고문의 모든 가혹한 형벌을 받은 뒤에 불지옥 적화도로 보냈다. 이렇게 표경을 처리하자, 도솔천황 폐하께서 하강하시어, 하누가 자신의 아들 표경이 가혹한 형벌을 당하고 불지옥 적화도로 보내자 기가 많이 꺾였다 하시고, 하누를 어떻게 처리할 수 있는지 방도를 가르쳐주셨다.

하누를 처리할 수 있는 자는 전생에 염라국 셋째 아들인 현왕자(현생에서는 북성군주 김현) 밖에는 없다고 하셨다. 그 말씀을 남기시고 비서실장 이율 몸에 하누를 실어주시고 도솔천황 폐하는 천상 도솔천궁으로 올라가셨다.

비서실장 이율 몸에 실린 하누와 이렇게 대결하게 되면서 몸싸움이 있은 후에 세 명이 하누를 바닥에 자빠뜨려 제압하고, 나의 두 손바닥에 황룡옥새를 찍어서 하누의 얼굴에 갖다대자 그제서야 강력한 "빛과 불"의 기운을 느끼고 아~악 처절하게 고통스런 비명을 질러대며 버둥거렸다.

그러고 다시 황룡옥새가 찍힌 오른쪽 손바닥을 하누의 심장에 대었을 때 하누가 자지러지며 숨이 끊겼다. 이때 당시 영안으로 보니 강력한 불꽃과 뇌성벽력 벼락이 가슴을 관통하자 심장이 파열되어 비산하는 장면이 보였다.

결국 황룡옥새와 나의 손바닥에서 발산되는 엄청난 수억만 볼트의 무서운 "빛과 불"의 기운으로 지하세계 아수라 대마왕 하누를 처단할 수 있었다. 하늘의 원과 한을 풀어드리고자 하는 나의 효심과 대도력, 대천력, 대신력으로 지하세계 아수라의 대마왕을 때려잡는 쾌거를 이루어냈고 하누와 표경을 불지옥 적화도로 압송시켜 아수라와의 대전쟁에서 승리하였다.

아수라 대마왕 하누와 표경의 수하가 자그마치 1억 5천만 명인데 일반 악귀잡귀들의 45억 명과 맞먹을 정도의 대단한 위력을 갖고 있다고 하시었으나 대마왕 하누와 표경이 죽었기에 대마왕의 기운을 받지 못하는 1억 5천만 명의 수하들은 전의를 상실하고 완전히 기가 꺾였기에 500마리의 황룡들을 출동시켜 곧바로 모두 척살하여 불지옥 적화도로 보낼 것이다.

소설 같은 대역사의 현장이었다. 태초의 하늘이신 아바마마의 원과 한을 천자이자 황태자인 내가 풀어드리는 대경사가 있었다. 천상의 아바마마와 천상의 어마마마의 원수를 갚겠다는 나의 강력한 일념으로 죽음의 공포를 뚫고 '하누'와 '표경'을 척살하여 불지옥 적화도로 보내는 데 성공하였다.

대마왕 하누와 표경을 척살하는 모든 장면을 생생히 다 지켜보시고 천상의 어마마마께서 하강하시었다. 오셔서 직접 낳지는 않았지만 표경도 아들이라 하시며 나에게 살려줄 수 없느냐고 물으셨다. 그러나 하늘에 두 개의 태양이 떠 있을 수 없다고 말씀 올려드리고, 한 번 배신자는 영원한 배신자이기에 다시 살려주면 또 배반하므로 단호하게 풀어줄 수 없다고 척살의 정당성을 말씀드렸다.

이미 두 달 전부터 천상의 어마마마께서 2018년 5월 6일 도법주문회 때 하강하신다고 언약하셨는데, 그때 종교의 뿌리가 거둬지면 내려오시겠다고 말씀하셨었다. 당시에도 미래에 일어날 일들을 모두 내다보시고 이번에 지하세계 아수라 대마왕 하누와 표경을 척살하는 천지대공사가 있을 것이란 사실을 미리 아시고 그렇게 말씀하셨던 것 같다.

그때 어마마마의 말씀을 듣고, 도대체 어떻게 종교의 뿌리를 뽑을 것인가? 그게 과연 가능이나 할 것인가, 스스로 의문을 가지고 있었다. 미래를 내다보시고 이번 일이 실제로 일어나니 정말 이것은 진짜가 아닐 수 없다는 생각이 들었다.

겉으로 보기엔 인간이라는 껍데기가 하는 것이라 연기하는 거 아니냐고 의심할 수도 있으나, 이것은 실제상황이고 진짜이며, 나와 함께 신하들이 영들의 세계를 다루고, 종교의 뿌리를 척살하는 천지대공사에 동참한 것이 참으로 기쁘다.

여전히 청와대 터에 들어갈 방법이 궁금해지는데 천상의 주인이신 아바마마께서는 이번에 세운 큰 공로(지하세계 아수라 대마왕 하누와 표경 척살)로 청와대 입성은 아무 걱정도 하지 말라 하셨다. 그 방법이 너무나 궁금한데 인간의 눈높이 수준에서는 전혀 알 수도 없고 짐작도 할 수가 없어서 앞으로 벌어질 일들이 참으로 기대가 된다.

청와대 터를 이전하고 비우는 문제는 현재 정부차원에서 거론되고는 있지만, 터가 비워진다고 해서 내가 청와대 터에 입성한다는 것은 정말 상상조차 못할 일이다. 돈이 많아 불하받을 수 있는 문제도 아니고, 그렇다고 국가에서 그냥 공짜로 들어가게 해줄 것도 아니기에 나 역시 무척 궁금하고 답답하기는 그대 독자들과 같은 입장이다.

무소불위의 천지대능력자이신 천상의 주인께서 어떤 신비로운 천지조화를 내리시어 나로 하여금 청와대 터에 입성하도록 해주실지 너무나 기대가 되고, 하늘의 무소불위하시고, 대단하신 천지대능력은 상상초월이시다.

하지만 이것이 현실적으로는 절대로 불가능하고 비현실적인 일인데 어떻게 들어가도록 하신다는 말씀이신지 나 역시도 이해가 안 되기에 한편 많은 걱정이 앞서는 것이 사실이지만 하늘은 한 치의 오차도 없으시기에 청와대 터에 들어가게끔 천변만화의 천지대조화가 일어날 것이다.

종교를 믿는 자체가 역천자

수천 년 동안 종교에 의지하며 사후세계를 대비하고 살아온 인류는 결국 종교의 노예가 되어버렸다. 천국, 천당, 극락, 선경세상으로 알려진 좋은 세계로 올라가려고 열심히 그대들이 나름대로 마음에 와 닿는 종교에 다니고 있다.

기독교, 천주교, 불교, 도교, 유교, 무속, 단월드, 남묘호렌게교, 이슬람교, 기타 종교에 다니면서 현생과 내생을 보다 나은 삶을 살려고 온몸과 마음 바쳐가며 다니고 있는데 숭배 대상자 모두가 죽은 사람들의 혼령을 섬기고 믿는 것이다.

예수, 마리아, 여호와(야훼), 석가모니, 마호메트, 공자, 노자, 상제를 믿는 것인데 사람들은 자신이 다니는 종교가 옳다 생각하며 평생을 종교의 노예로 살아가고 있다. 그러나 자신들이 노예인 줄도 전혀 몰라보고 살아간다. 이론에 세뇌당하여 종교는 아니라고 가르쳐주어도 오히려 부정하고 있다.

한번 빠져들면 나오기 힘든 곳이 종교세상이다. 나오면 벌 받을까 봐 전전긍긍하며 점차 노예화가 되어가고 있는 것이 현실이다. 신기한 일도 가끔 일어나고 진짜 믿음이 가기에 열렬히 받들어 섬기며 빠져든다.

천상에는 종교가 없는데 이 땅에는 종교가 판을 치고 있다. 종교의 진실과 무서움을 전혀 모르는 사람들이 종교세계에 깊숙이 빠져 있다. 누구를 위한 종교인가? 결국 인간들이 보이지 않는 하늘세계에 대하여 알지 못한다는 약점을 이용하여 하늘은 이럴 것이다,라는 논리로 사람들을 현혹시켜 왔다.

그러나 시작이 있으면 끝이 있듯이 이제 종교세계도 역사의 뒤안길로 사라져야 할 때가 왔다. 천상의 주인, 영혼의 어버이께서 더 이상 이 땅의 종교를 방치하실 수가 없기에 인류의 구원자와 심판자로 황태자를 이 땅으로 내려 보내시었다.

인류의 구원자와 심판자를 상징하는 황룡옥새를 내려주시고 명하시었다. 옥새는 평범한 옥새가 아니라 생령, 사령(조상), 신명들이 가장 무서워하는 하늘의 증표이다. 왜냐하면 황룡옥새가 찍히는 영들은 척살되어 불지옥 적화도와 얼음지옥 한빙도로 압송되어 영원히 빠져나오지 못하기 때문이다.

그 이유는 생사여탈을 심판하는 무소불위의 천력과 천권, 도력과 도권, 신력과 신권을 행사할 수 있기 때문이다. 인간계, 영혼계, 신명계, 축생계(모든 생명체) 등등까지도 생사여탈이 좌우된다.

인류가 최고라고 생각하며 받들고 있는 이들 예수, 마리아, 여호와(야훼), 석가모니, 마호메트, 공자, 노자, 상제, 잡신 들은 황룡옥새를 들이밀면 겁에 질려버린다.

육신이 살아 있는 아주 유명한 종교 지도자들의 영들도 겁에 질려서 별별 떤다. 종교를 심판하라고 내려주신 황룡옥새의 위력은 상상초월이었다. 이들이 좋다고 믿는 종교는 모두가 하늘의 뜻이 아니었다. 그래서 종교를 믿으면 믿을수록 인생이 더 힘들어진다.

위대한 진실을 말한다. 종교는 하늘을 시해하려는 역모에 가담했다가 실패하여 지구로 도망친 지하세계 아수라 대마왕 하누와 표경, 그리고 제후급들이 하늘과 끝까지 대적하기 위하여 세운 것이고, 또는 반란군 편에 섰던 제후들이 도망치거나 쫓겨나서 스스로 하늘을 사칭하려고 세운 것이 지금의 종교이다.

무속세계 역시 반란군에 가담했다가 천상에서 도망치거나 쫓겨난 신명들이 무당들 몸으로 들어와 있는 것이니 그 대표적인 사례가 반란자이다.

석가, 여호와(야훼), 예수, 마리아, 마호메트, 알라신, 공자, 노자, 맹자, 증산상제 강일순, 옥황상제 조철제, 인존상제 박한경, 프란치스코 교황, 통일교 문선명, 조용기, 능인선원 지광, 신앙촌 박장로, 영생교 조희성, 신부, 목사, 수녀, 승려, 도인, 도사, 법사, 보살, 무당, 철학관 등등은 제후급들이거나 모두가 반란군에 가담했던 자들이다.

그래서 결론은 종교를 믿고 있는 자들은 모두가 반란군이기에 구원은 고사하고 믿는 자체가 하늘께 대적하는 대역 항명 죄를 짓는 무서운 일이고, 천만사가 불통이라 인생살이가 고통스럽고, 종교 열심히 믿어봐야 역천자들이기에 천상으로 다시는 오르지 못한다. 종교를 열심히 믿는 자들은 그럴 수밖에 없다. 왜냐하면 핏줄이 반란군에 가담했던 역천자 핏줄이기에 이곳과는 전혀 맞지 않는다.

그들 반란군 입장에서 바라보면 이곳이 가짜로 보일 수밖에 없다. 천상에는 종교가 없으니 이 땅에서 종교를 믿는 자체가 역천자가 되는 길이다.

종교인들에게 교화가 안 되는 연유는 서로 피가 다르고 적군이기 때문이다. 천상의 3,300개 제후국들 중에서 하늘(천상의 주인)의 순수혈통들만이 함께하는 곳이다.

이제라도 살고 싶은 자들은 종교를 버리고 이곳으로 들어와야 하고, 못 믿겠다는 사람들은 자신들이 다니던 종교세계에 그대로 다니면 된다.

숭배 대상자들인 예수, 마리아, 여호와(야훼), 석가모니, 마호메트, 공자, 노자, 상제, 잡신들 모두는 천상의 군대인 신군(神軍=판관사자와 저승사자)들이 내려와서 하늘을 사칭하고 능멸한 죄를 물어서 모두 죽임을 당하고 있다.

지옥보다 무서운 곳이 천옥이고, 천옥보다 무서운 곳이 한옥(한빙도=얼음지옥)과 화옥(적화도=불지옥)이다. 한옥과 화옥에 갇히면 영원히 빠져나오지 못하고 끝이다.

종교적 숭배 대상자들과 종교 창시자, 교주, 종교 지도자들은 한옥과 화옥에 갇히고, 신도들은 천옥에 갇힌다. 종교는 이 땅에 탄생하면 안 되었던 것이다.

종교적 숭배 대상자들과 종교 창시자, 교주, 종교 지도자들의 생령은 지금 천상의 신명들이 내려와서 차례대로 잡아다가 심판하여 한옥(寒獄)과 화옥(火獄)으로 보내고 있다.

비록 생령들이지만 육신을 가진 사람들처럼 형벌의 고통을 똑같이 받기에 그대로 처절하게 고통을 느끼고 괴로워하며 몸부림치면서 죽어간다. 바로 극형에 처하여 목숨을 즉시 거두는 경우도 있고 죄의 경중에 따라서 천옥이나 한옥, 화옥으로 보내는 경우도 있다.

천상에는 당연히 종교가 없다 하신다. 다만, 이 땅에 종교를 세운 이유는 대마왕 하누와 표경이 영을 창조한 천상의 주인께 대적하기 위함이고, 또한 영혼의 어버이께서 마음이 아프시라고 하누와 표경이 종교를 세워 종교를 믿는 신도들을 불행하게 만들어 고통받도록 조종하는 거라고 하셨다.

천상에서 반역을 일으키게 설득하고 부추겨 역모 반란죄를 짓고, 지구로 도망치게 하여 하누와 표경의 허수아비 종과 노예로 만들기 위함이라고 진실을 밝혀주셨다. 그래서 천상의 주인께옵서 미리 다 아시고 천자이자 황태자(폐하)를 소풍 다녀오라고 위장시켜 지구로 하강시킨 것이라고 말씀하셨다.

그러니까 종교를 믿는 것은 영혼의 어버이이신 구원의 하늘과 멀어지는 정반대의 길이고, 영원히 구원받지 못하는 죽음의 길임이 검증된 것이니 하루빨리 종교를 버려야 한다.

천상에서 도망친 자와 쫓겨난 자

종교세계나 일반세상에서 들어보지 못한 금시초문의 경천동지할 진실들이 많이 수록되어 있다. 우리 인류가 알 수 없었던 엄청난 진실들이 북두칠성 제 5별인 염정성에서 하강한 전생과 현생의 문서를 실시간으로 기록하는 미호 서기부 부장(염정성주=대신)에 의해서 낱낱이 밝혀지고 있다.

천상지상 세계의 모든 문서기록물을 취급하기에 인류의 전생과 현생을 모두 알 수 있다. 지구로 도망치거나 쫓겨나기 전에 천상에서는 무엇을 하였으며 죽어서 어디로 가는 것인지 상세히 알 수 있는 길이 열렸다. 종교처럼 추상적인 하늘세계, 사후세계를 말하는 것이 아니라 현실세계이다.

천상 자미천궁에서 도망친 자와 쫓겨난 자의 차이?
도망친 자는 2,036년 전에 천상에서 하늘을 시해하려는 역모 반란 사건이 일어나 반란군으로 적극 가담한 자들이 황실군에게 잡혀서 천옥도, 한빙도, 적화도에 갇히지 않으려고 지구로 대거 도망쳐 나온 자들이다.

이들은 700명의 제후(천자 다음으로 귀하고 일정 영토를 다스림. 성주. 대신)들과 황실관리, 일반인 55%가 반란사건에 가담했다가 황실군의 추격을 피해서 지구로 도망쳐 나온 자들이다. 그런데 역모에 실패한 도망자들이 하늘에 대적하려고 만든 것이 종교세계였던 것이기에 종교를 믿는 자체가 하늘로부터 미움받는 일이 되어 구원받아 천상으로 돌아가지도 못할 뿐만 아니라 인생살이가 고달프기 그지없다.

종교적으로 숭배받는 자들과 종교 교주의 영들을 수없이 불러서 교화하고 굴복시켜 보려 하였지만 그 어느 누구도 굴복하지 않았고, 자신들이 하느님, 하나님이라고 큰소리치며 뻣뻣한 자세로 나왔고, 오히려 사탄 마귀라며 물러가라고 나(심판자)에게 양 손가락으로 십자가를 만들어 대적하였다.

어떤 자들은 꿈이라 하고, 유명한 목사는 자신보다 더 센 자가 나타났다 하고, 또 다른 자들은 가위 눌렸다며 얼굴을 꼬집어보기도 하였지만 결국 굴복하지 않고 고통이 영원히 이어지는 얼음지옥 한빙도와 불지옥 적화도로 압송하였다.

여호와, 하나님, 하느님, 예수, 마리아가 지켜준다고 믿으며 끝까지 굴복하지 않았다. 인류의 정신을 빼앗아간 여호와, 하나님, 하느님, 예수, 마리아, 석가모니, 마호메트, 상제, 공자, 노자, 맹자, 무속세계 신들, 잡신 등등 모두는 이미 심판을 받아 영원히 돌아올 수 없는 머나먼 길을 떠났다.

얼음지옥 한빙도와 불지옥 적화도로 압송되어 한 시간마다 고통스런 형벌을 매일같이 받고, 처절하게 고통스런 비명을 지르며 지내고 있다. 천상에서 쫓겨난 자들은 누구인가? 부정비리 사건에 연루된 자와 역모 사건에 반란군으로 가담했다가 황실군에 체포되어 구금되었다가 형량을 채우고 일정시간이 지나서 지구로 유배당한 자들이 쫓겨난 자들이다.

 이들은 지구로 태어날 때 인간 육신으로 태어난 자들도 있고, 축생으로 태어난 자들도 있는데 이들이 바로 인간으로 태어날 것인지, 축생으로 태어날 것인지를 천상의 주인이신 영혼의 어버이께서 직접 주관하신다. 인간으로 태어났다가 죽으면 다음에는 끝없이 축생, 짐승, 새, 물고기, 곤충, 벌레, 나비, 사마귀, 개미, 나무, 돌멩이, 모래알, 풀, 파리, 모기 등 만생만물로 환생을 반복하게 된다.

 천상에서 지구로 쫓겨날 적에 천자이자 황태자(천상의 2인자)인 나(심판자)를 만나 죄를 빌어 천상으로 다시 돌아오라고 기회를 주시었는데, 사죄의식으로 죄를 빌어 용서받을 자들이 있고, 죄가 너무 커서 용서받지 못할 자들이 있다.

 그대들이 천상에서 어떤 죄를 짓고 지구로 쫓겨났었는지 북두칠성 제 5별의 염정성주인 미호 서기부 부장에게 전생록을 의뢰하여야만 알 수 있다. 쫓겨난 자들은 죄를 빌면 천상에서 용서받아 주실 마음이 있다는 증표이다.

 이 책을 읽고 마음의 움직임이 어떻게 일어나느냐에 따라서 전생의 죄를 빌어서 천상으로 돌아갈 것인가, 아니면 한빙도, 적화도, 천옥도로 갈 것인지 정해진다. 이곳에는 죄를 빌어 구원받아 천상으로 돌아갈 자들만 들어오는 곳이고, 한빙도, 적화도, 천옥도로 압송당할 자들은 굳이 이곳에 찾아오지 않아도 70만 명의 신군(판관사자와 저승사자)들이 직접 추포하여 얼음지옥 한빙도와 불지옥 적화도, 천추의 한을 남길 천옥도로 압송된다.

76억 3,000만 명의 인류를 구원하고 심판할 지상법정이 개정되었다. 영들과 신들만 심판하는 것이 아니라 이들이 거처하는 인간 육신들도 심판한다. 그래서 천상의 대신들과 70만 명의 판관사자와 저승사자들, 용들이 대거 총출동하여 인류에 대한 본격적인 대심판을 집행하고 있다.

이제 인류에 대한 생사의 대심판이 시작되었다.
이 책을 읽고 불안 초조하게 공포와 두려움 속에서 살다가 갑자기 판관사자와 저승사자들에게 추포되어 얼음지옥 한빙도, 불지옥 적화도, 천추의 한을 남길 천옥도로 압송되어 끌려갈 것인지, 전생록을 의뢰하여 천상의 죄를 빌어 살길을 찾을 것인지 선택해야 할 최후의 순간이 눈앞에 다가왔다.

여러분 자신들만 한빙도, 적화도, 천옥도로 압송되는 것이 아니라 가족 전체가 들어간다. 지옥보다 천 배 무서운 곳이 천옥이고, 천옥보다 만 배 가혹한 형벌이 가해지는 곳이 한빙도인데 도솔천황 폐하께서 관장하시고, 한빙도보다 더 무서운 곳이 불지옥 적화도인데 옥경천황 폐하께서 관장하신다.

인류 모두가 하늘 아래 죄인들이다.
천상에서 지은 죄를 사죄의식을 행하여 빌지 않는 자는 지구에서도 살아갈 자격이 없다. 인간으로 태어난 이유가 무엇인지 알고 살아가는 사람들은 없다. 죗값을 벌라고 만물의 영장인 사람으로 태어나게 마지막 기회를 주신 것이다.

사람만이 일해서 돈을 벌 수 있고, 다른 생명체는 돈을 벌 수 없기에 구원대상에서 제외된다. 나와 동시대에 태어난 자체가 구원해주신다는 증표인데 인류의 80~90%가 줄을 잘못 서서 종교에 들어가 더 큰 중죄인이 되었다.

종교 이론에 세뇌당하여 구원되지도 않는 숭배자를 믿으며 종교인들의 말장난에 현혹되어 아까운 금전과 세월을 모두 바치고 있으니 안타까운 일이다. 그래서 이번에 인류에 대한 대청소(심판)가 대대적으로 실시된다.

신부, 목사, 승려, 도인, 도사, 법사, 보살, 무당 등의 종교 창시자들, 종교 교주들, 종교 지도자들, 열성신도들은 이번에 하늘이 내리신 심판의 칼날을 피해 가기가 매우 어려울 것이다. 천상의 반란 가담 죄를 빌 자들만 살려두고, 나머지는 모두 천옥도, 한빙도, 적화도로 압송된다.

그대들이 진짜라고 믿고 있는 종교세계 숭배자들과 교주들은 모두가 천상에서 도망친 하늘의 역천자들이기에 절대로 구원이란 자체가 없고 오직 죽음과 얼음지옥 한빙도, 불지옥 적화도, 천후의 원과 한을 남길 천옥도로 압송되는 공포의 두려운 세상만이 기다리고 있다.

천상에서 도망친 죄인인지 쫓겨난 죄인인지, 천자이자 황태자를 도우러 내려온 것인지 여러분 자신들도 전혀 알 수가 없기에 전생록을 열람해 보아야 한다. 도망자와 쫓겨난 자의 차이는 하늘과 땅 차이이다.

영혼들과 육신들의 생사

영들의 죽음과 육들의 죽음에 대해서 어느 것이 더 무서운지 생각해 본 사람들이 있을까? 영과 육의 죽음 자체는 모두가 무서워하며 두려워한다. 육신은 영들이 잠시 머무르는 집에 불과하고, 육신이 살아있는 기간 동안 거처할 공간이기에 영원하지가 않고 길어봐야 100년 미만이다.

그런데 영들이 인간 육신으로만 태어나는 것이 아니라 천지만생만물로 태어난다는 것이 가장 큰 공포이다. 한 번 육신을 잃어버리면 언제 다시 인간 육신으로 다시 태어날지 기약할 수 없기 때문에 고통스러운 것이다.

인간 육신으로 태어나게 해주신 것은 전생의 천상에서 지은 죄를 빌어서 다시 영들의 고향인 천상 자미천궁으로 돌아갈 기회를 주시고자 함이시었다. 인간 육신이 살아서 하늘이 내리시는 명을 받들지 못하고 죽으면 말 못하는 짐승, 벌레, 곤충으로 태어나기에 이에 대한 준비를 해야 한다.

인간 육신이 죽은 다음에 축생으로 태어날 것인지, 영들의 고향으로 다시 돌아갈 것인지 운명이 좌우되는 것이 인생사의 삶이다. 육신의 죽음은 피할 수 없는 필연인데, 영들은 육신과 다르게 수명이 거의 무한대이다.

그래서 육신의 삶보다는 영들의 삶이 더 중요하다. 육신은 찰나의 삶을 사는 것이고, 영들은 수명이 거의 영구적이기 때문에 육신을 갖고 살아갈 때 영원한 영들의 고향으로 돌아가는 하늘의 명을 받으라고 인간 육신으로 태어나게 해주신 것인데, 우매한 인간들이 이런 진실을 몰라보고 육신의 삶에만 전념하고 살아가고 있다.

왕, 대통령, 재벌 회장들의 사후세계 삶을 통해서 생생히 체감할 테지만 살아생전의 권력과 돈, 명예의 부귀영화는 죽어서는 아무짝에도 쓸모가 없다는 것이 여러 사람들의 사후세계를 통하여 검증되었다.

현생의 부귀영화가 자만, 교만, 거만으로 이어져 하늘의 존재를 무시하고 부정해서 찾지 않아 하늘의 명을 받들지 못하고 죽는 어리석음을 범하여 영원히 사후세계의 고통과 불행 속에서 살아가는 것이다.

살아서 부귀영화 누리며 잘 살았던 세계 각 나라의 왕, 대통령, 재벌 회장들은 하늘의 명을 받지 못하여 살을 파고드는 추위와 배고픔, 깡패 귀신들에게 두들겨 맞고 살아가는 것을 보면서 하늘의 명을 받아 천상으로 입천하는 것이 그 얼마나 다행스러운 일인지 생생히 체험하였다.

그래서 육신의 삶보다 중요한 것이 사후세계 영혼의 삶인데, 100년 미만 찰나의 삶을 부귀영화 누리며 잘 사는 육신의 삶보다는 영원한 사후세계를 잘 살아야한다. 그리고 재벌 회장들의 한결같은 말은 죽어서는 후회해도 소용없다며, 자식들에게

179

재산 몽땅 물려주었어도 조상을 돌보는 자손과 후손들이 없다고 대성통곡하며 울부짖는다.

　살아생전 이곳을 알아서 하늘의 명을 받아 천상으로 입천하여 사후세계의 삶을 살았더라면 그 얼마나 좋았을까마는 이 또한 이들의 운명적인 삶이 아니겠는가? 하지만 산 자손들에게는 사후세계에서 힘들어 하는 조상들의 피눈물이 보이지도 않고 들리지도 않으니 이 또한 그들이 전생과 살아생전에 하늘께 지은 죄의 대가이리라.

　살아서 죽음 이후의 사후세계를 준비하지 않으면 왕, 대통령, 재벌 회장들처럼 매서운 추위와 참을 수 없는 배고픔의 굶주림, 깡패 귀신들로부터 얻어터지고, 여자들은 남자 귀신들로부터 무차별적으로 성폭행당하는 고통을 감수해야 한다.

　죽어서는 입은 안동포 수의 옷마저 힘센 귀신들에게 바로 빼앗기기 때문에 남녀 모두가 알몸 상태이다. 특히 여자들은 벗은 알몸 상태이기에 수많은 남자 귀신들에게 헤아릴 수 없이 수시로 성폭행당하고 산다.

　귀신들도 섹스를 좋아한다는 사실을 일반 사람들은 전혀 이해 못하고 있다. 이렇게 무섭고 비참한 사후세계를 살기 싫으면 살아생전 천인합체의식을 행하여 죽는 순간 천상으로 올라갈 수 있는 하늘이 내리시는 입천의 명을 평소에 행해 놓고 살아가야 한다.

　그대들이 언제 어떻게 죽을지 모르기 때문에 남녀노소에 상관없이 가족 모두가 천인합체를 행하고 사는 자가 가장 현명하다. 천인합체를 행할 자들은 조상입천의식부터 행해야 천상에서 천인합체를 윤허하여 주신다. 조상입천을 안 하는 자들에게는 천인합체를 윤허하여 주시지 않으신다.

가족 모두를 행할 경우 가족 전체가 오는 것이 아니라 대표자 한 명만 오면 되는데 대표자를 사명자라고 한다. 사명자 이외에는 영적세계를 이해하지 못하기 때문에 천인합체 사실을 가족에게 말하지 않아야 하는데 믿거니 하고 말하면 집안싸움만 일어나서 스트레스 받고 심지어 이혼까지 당한다.

영적 차원이 낮은 자들은 축생들이기에 오직 잘 먹고 잘 사는 일에만 매달리고 사후세계가 존재한다는 사실 자체를 인정하려 들지 않기에 가족들 간이라도 이런저런 의식을 행한다고 가족, 친구, 지인들에게 절대 상의하거나 말하면 안 되고, 상담하러 올 때도 필히 혼자 와야 한다.

수많은 경험을 해보았기에 철저하게 지켜야 한다. 사명자들은 의식비용을 아까워하지 않는 반면 축생들은 이해도 못하고 아깝다며 미쳤다고 하기 때문에 가족들에게 함구하고 혼자서 조용히 방문해야 한다.

영들의 고향인 천상으로 돌아가려면 전생에 천상에서 지은 죄부터 빌어야 한다. 종교를 믿어서 천상으로 올라가는 것이 아니라 영들이 지은 죄를 빌어서 사면받아야만 오를 수 있다.

1차로 그대들의 조상들을 천상으로 올려 보내려면 조상입천의식을 행하여 조상들이 지은 죄를 용서 빌어서 사면받아야만 받아주시는 것이지 종교 숭배자 믿는다고, 하늘 믿는다고 받아주시는 것이 절대 아니다. 그래서 지금의 종교세계 모두가 가짜이자 거짓이라고 하는 것이다.

 전생의 죄를 용서 빌려면 북두칠성 제 5별의 미호 서기부 부장을 통해서 조상들이 천상에서 무슨 죄를 지었는지 알아야 빌 수 있다. 죄목도 모르고 무턱대고 용서해달라고 죄를 빌면 안 받아주신다. 그러니까 지금 종교의식으로 행하는 굿, 천도재, 추모예배, 추도미사는 천상으로 오르는 길과는 정반대의 길이고 오히려 하늘에 더 큰 죄를 짓는 일이다.

 2차로 각자의 영들이 천상에서 지은 죄를 비는 의식이 천인합체의식이다. 조상들의 죄를 빌어 입천의식을 행한 자들만이 천인합체를 행할 수 있다. 그래야 죽어서 추위와 배고픔, 폭행으로 고통받지 않으며 허공중천 구천세계를 떠나 곧바로 천상으로 올라갈 수 있다.

 그대들이 죽어서 구원받아 천상으로 오르고 싶고, 대한민국을 세계에서 가장 잘사는 부강한 나라로 만들고 싶다면 天宮(천궁)을 청와대 터에 세우는 천지대공사에 자발적으로 동참하고, 하늘이 내리시는 황명을 받아 神人(신인)이 되어라.

 76억 3,000만 명의 세계 인류를 로봇인간으로 만들어서 神人(신인)이 다스리는 꿈만 같은 세상이 열린다. 청와대 터에서 출범할 천지세계 신명정부에 국민들 모두가 다함께 동참하자.

성모 마리아(사말란국 제후의 막내딸)

천상 자미천궁에서 전생과 현생을 기록하고 문서 담당하는 북두칠성 제 5별의 염정성군이자 미호 서기부 부장(대신=장관급 신명)이 인류가 알지 못하는 수천 년 전의 성모 마리아의 천상기록과 출신 성분 그리고 현생기록과 죄상에 대한 전생록을 낱낱이 알려왔다.

인류는 이러한 진실을 모르고 마리아를 성녀, 성모라고 2천년의 세월 동안 추앙하며 받들고 섬겨왔지만 천상에서 도저히 용서할 수 없기에 마리아의 죄상을 낱낱이 공개하기로 결정하시었다. 인간 능력으로서는 도저히 밝혀낼 수 없었던 답답함을 북두칠성의 염정성군인 미호 서기부 부장이 밝혀냈다.

전생 현생 내생의 문서기록담당인 천상의 미호 서기부 부장을 포함하여 7명의 북두칠성 군주(성주)인 탐랑성, 거문성, 녹존성, 문곡성, 염정성, 무곡성, 파군성의 신명들은 북극성 성주인 천자(황태자)를 보좌하는 신하들이기에 깍듯한 황궁예법을 갖추어서 보고형식으로 전생록과 현생록을 나에게 보내온 내용들이다.

마리아는 천상의 3,300개 제후국들 중에 반란군에 가담한 사말란국 제후의 2남 2녀 중 막내딸이었사온데, 어릴 때부터 미모가 남달랐고, 애교가 넘쳐 부친으로부터 엄청 귀애를 받았사오며, 부친으로부터 귀애를 받았던 때문인지 오로지 부친에게만 사랑받기를 원하였사옵고, 친모 이외에 후실이 두 명이 더 있어 친부가 친모와 후실들에게 애정을 주는 것에 질투가 심하였사옵나이다.

오로지 자신에게만 애정을 갈구하기를 바랐사옵고, 또한 애교가 넘쳐 부친의 애정과 관심을 한 몸에 받았사오며, 그렇게 사랑을 받은 마리아는 커갈수록 미모가 한층 빼어나서 마리아 자신도 얼마나 미모가 뛰어난지 잘 알고 있어 자만감이 높아졌사옵나이다.

방년 나이 14세가 되던 어느 날 부친이 하녀에게 눈독 들이는 것을 보게 된 마리아는 부친이 없는 곳에 하녀를 잡아다가 고문을 하게 되었사옵고, 하녀가 고문을 못 이기자 남자하인에게 더 강하게 하라 명하니, 마리아는 그 모습을 바라보고 희열을 느꼈사옵나이다.

그리하여 남자하인에게 하녀를 몰래 죽이라 명하는 잔인한 성격을 가지게 되었사옵고, 마리아는 부친이 여인들에게 관심을 가지는 것에 불만을 느꼈사옵나이다.

부친과의 관계는 서먹해졌사오나, 부친이 마리아 남편감을 물색하기 위해 마리아에게 황성에 연회가 있으니 가자는 말에 마리아는 아무 일 없다는 듯이 부친과 함께 황성연회에 참석하였사옵나이다.

연회에 참석하니 수많은 남자들이 자신에게 성적인 흥분을 느낌에 도도해지고, 요조숙녀인 양 지내다가 기골이 장대하고 남자다운 한 황실군에게 눈길이 가니, 그 남자가 무관심으로 지나친 것에 오기를 느낀 마리아는 자신에게 무릎 꿇고 애걸하게 만들겠다는 생각으로 그 남자를 유혹하였사옵나이다.

자신에게 넘어오지 않자 마리아는 연회가 끝날 때까지 기다렸다가 호위무사에게 최음제와 함께 음료를 가져오라 시키니 호위무사는 아무 말 없이 가져온 음료로 그 남자에게 최음제가 들어 있는 음료와 함께 호감을 느껴 그리한 것이니 기분 나빠하지 말라 하며 음료를 먹이게 하였사옵나이다.

그 남자는 안심이다 싶어 음료를 건네준 것을 무시할 수가 없어 아무런 의심 없이 마셨사옵고, 그 남자는 서서히 정신이 혼미해지고, 얼굴이 붉어지는 증상이 올라오자 마리아는 이때다 싶어 그 남자를 구석진 정원으로 유도하며 굴복시켰사옵나이다.

마리아는 굴복시켰다는 만족감에 장소의 망각으로 본인도 함께 소리 지르자, 연회에 참석했던 모든 이들이 알 수 없는 소리에 놀라 호기심으로 다가 갔는데, 껴안고 있는 두 사람을 발견하고 경악하게 되었사옵나이다.

부친은 자신의 딸 모습에 경악해하면서 그간 몰랐던 딸의 모습에 충격을 받았사옵고, 수치심과 가문을 먹칠한 딸에 대한 분노를 감추지 못하고 자신의 보좌관들에게 딸을 집으로 데려가라 명하고, 부친은 천상의 주인께 사죄를 올려드리고 나서 바로 사밀란국으로 돌아갔사옵나이다.

가문을 망신시킨 마리아에 대해 크게 실망한 부친은 마리아를 감금시키라 명하고, 딸의 처분을 어찌해야 되나 몇 날 며칠을 고민하고 있는 사이에 황성으로부터 충격적인 소식을 듣게 되었사옵나이다.

그것은 딸과의 불미스러운 일을 벌인 황실군이 애처가로 자자한 만큼 가정에 충실한 자로서 자신의 명예와 가정을 배반했다는 충격에 못 이겨 자결했다는 소식을 접했사온데, 이에 대해 황성에서는 마리아를 중죄로 체포할 것을 명했다는 소식도 함께 접했사옵나이다.

부친은 딸에 대한 단속을 못해 엄청난 죄를 지었음에 한탄하다가 황성의 명을 받들고, 마리아에게 이 소식을 전해주면서 가문의 호적을 파겠다는 충격적인 소식도 전해주었사온데, 마리아는 자신에게 닥쳐온 불행에 좌불안석으로 지내다가 자신의 첫 남자인 호위무사에게 자신을 사랑한 것을 알고 있으니 도와달라면서 함께 도망가자 하였사옵나이다.

그 말을 들은 호위무사는 우직한 성격과 마리아를 사랑함에 적극적으로 나서서 밤에 야반도주를 하였사옵고, 이를 알아챈 부친의 사병들과 황실군들은 추격대를 보내어 마리아와 호위무사를 추격하게 되었사옵나이다.

마리아와 호위무사는 불안감을 갖고 도망가다가 어디로 도망을 가야 할지 몰라 방황하니 호위무사는 마리아에게 북문으로 가라 하고 자신은 이들을 막겠다는 말에 마리아는 겁을 잔뜩 집어먹은 채 벌벌 떨기만 하였사옵나이다.

그런 마리아에게 연민을 느낀 호위무사는 북문까지 함께 가며 수문장에게 큰 금액을 건네주었는데, 수문장이 거절하려 하자, 칼로 위협하니까 돈은 안 받고 그냥 보내주겠다는 말에 마리아만 보내고, 호위무사는 쫓아오는 추격대들을 막으려 하다가 마리아가 무사히 도망친 것을 확인하고, 호위무사는 그 자리에서 자결을 하였사옵나이다.

마리아는 지구로 도망쳐 나왔사오나, 육신이 아닌 영혼의 구체모습으로 떠돌다가 이스라엘의 한 마을에 사는 임산부의 자궁 속으로 안착하여 태아의 영혼으로 들어갔고, 무사히 열 달을 채우고 태어난 마리아는 천상에서 있었던 모든 것을 망각하고, 한 마을의 아이로 자리를 잡아가게 되었사온데, 나이가 어림에도 미모가 한층 뛰어나 수많은 사람들에게 사랑과 유혹이 엄청났사옵나이다.

동네 남자들에게 10대의 어린 나이였지만 선망의 대상이 되었고, 서서히 남자들에게 큰 인기를 한 몸에 받은 마리아는 더 나아가 돈 많은 여러 명의 지주들도 눈독을 들였을 정도로 인기가 높았사오며, 성으로 가는 길목으로 들어설 때마다 자주 마주치는 남자가 있었사온데, 그 남자는 늘 마리아에게 사랑을 느꼈사오나, 숫기가 없었던 남자는 마리아에게 쉽게 다가가 말을 걸 수가 없었사옵나이다.

그 남자는 마리아를 무척 사랑하였으나 너무 많은 사람들이 좋아해서 짝사랑만 하였사옵고, 그것을 눈치 챈 마리아는 더 이상 관심을 두지 않고 무시하였사온데, 어느 날 지주의 부름을 받고 성으로 가던 중에 로마군들이 쳐들어와 이스라엘을 점령하고 통치하게 되었사옵나이다.

로마군들은 각 지역마다 파견하여 자신들을 과시하였사온데, 마리아가 살고 있는 마을까지 찾아가 정찰하면서 지주가 사는 성에 묵었사옵고, 성에 묵으면서 마리아를 보게 된 로마군들은 너무나 아름답고 빼어난 미모 때문에 수많은 병사들 사이에 소문이 쫙 퍼져 인기가 절정에 이르렀사옵나이다.

나이가 어린데다가 미모도 한층 뛰어났던 마리아는 로마군들에게 인기를 한 몸에 받았사옵고, 그렇게 수많은 사람들에게 사랑을 독차지한 어느 날 한 병사와 사랑에 빠져 임신했다는 것을 알게 되었사옵나이다.

마리아는 날이갈수록 배가 불러오자 많은 사람들에게 임신했다는 사실을 숨기려고 성을 떠나려 하자 마리아를 좋아했던 병사들이 아쉽다는 듯 조금씩 돈을 주었사옵나이다.

어린 나이로서 졸지에 미혼모가 된 마리아는 부모에게 알려져 버림을 받을까 봐 두려워하다가 퍼뜩 떠오른 생각은 길목에 자리 잡은 자신을 짝사랑한 남자가 떠올라 그 남자에게 도움을 요청하였사옵나이다.

그 남자는 마리아를 짝사랑함에 못 잊어 결혼도 못하고 있다가 임신했음을 알면서도 자신에게 도움을 요청했다는 것에 무척 기뻐했사옵고, 아내로 맞아들이며 살림을 차리고 임신한 마리아를 살뜰히 보살폈던 그 남자(요셉)는 산달이 다가오자, 갑자기 마리아가 짚신들이 있는 말구유로 가서 아기를 낳겠다는 말에 무척 당황하였사옵나이다.

말구유에서 아기를 낳게 된 마리아는 수많은 사람들이 자신과 예수에게 몰려들자 처음에는 무척 당황하였사오나, 여행을 하다 하룻밤을 묵어갈 요량으로 찾다가 아기의 울음소리를 듣고, 무엇에 홀린 것처럼 찾아왔다는 말에 마리아는 자애로운 어미로 표현하며 그들에게 양젖으로 대접하고 말구유에 그들을 묵게 하였사옵나이다.

그렇게 며칠을 지내고 떠나기 전 그들은 고마운 마음으로 큰 돈을 쥐어주고 떠났사온데, 목돈을 마련한 마리아는 요셉에게 예수를 위하여 직업을 가질 것을 요구하였사옵고, 이에 요셉은 목수 일을 배우기 시작하였사오나, 열악한 환경에 돈벌이가 시원치 않았사옵나이다.

마리아는 그런 요셉을 못마땅해하다가 이스라엘 왕의 폭정으로 분란이 일어나자, 분란의 폭정을 피하기 위해 도피를 하였사옵고, 그렇게 10년을 피하고 있는 동안 요셉은 여기저기 목수 일로 돈을 벌기 시작하였사옵나이다.

겨우 생활비 정도 돈벌이로 생계를 이어가던 10년이 지난 후 폭정이 멈추었다는 소식에 고향으로 돌아가게 되었사옵고, 다시 자리를 잡고 마리아와 함께 요셉은 목수 일을 시작하며 예수가 커가는 모습을 낙으로 삼았사옵나이다.

또한, 아들이 총명해질수록 찾아오는 이들이 많아지자, 예수가 현자를 찾아 떠날까 봐 조바심이 났사온데, 그렇게 예수가 14세가 되던 날 마리아는 요셉에게 그간 목수로서 생계를 이어가지 못한다고 말하며 다른 곳으로 가서 충분한 돈을 벌어서 돌아와 달라는 마리아의 요청에 요셉은 순순히 받아들이고 떠났사옵나이다.

예수가 17살이 되던 해 자신을 찾아오는 수많은 사람들을 소화시키기 위해 선지자로 살겠다는 꿈을 이루기 위해 예수가 떠나겠다는 말에 마리아는 대성통곡하였사옵나이다.

그 모습을 보게 된 요셉은 예수가 자신이 없는 동안 아들 역할을 잘해주었다는 생각에 기특해하였사옵고, 예수가 가고자 하는 길을 적극적으로 지지까지 해주었사온데, 예수가 떠나고 나서도 선지자로서 이름을 날리자 마리아는 요셉과 함께 자애로운 부모 역할을 가장하였사옵나이다.

그런 두 사람에게 마을사람들 뿐만 아니라 다른 곳에서도 칭송하니 날로 콧대가 높아지는 마리아는 혼인도 안하고 임신했던 과거의 부끄러운 모습을 감추고, 결국은 성녀로 자리매김까지 하였사옵고, 그렇게 성녀로서 추앙받다가 38세 나이에 가뭄으로 인한 물 부족 사태가 이어지며 탈수증으로 사망하였사옵나이다.

이제까지 마리아와 예수를 믿었던 자들, 현재도 믿고 있는 자들은 영혼의 어버이께 죄를 짓고 있다는 과거 전생의 진실을 밝혀주어도 그럴 리 없다는 자들도 있을 것인데 그것은 그대들의 자유이다. 그래도 계속해서 믿어 천상에 죄를 더 지을 것인지도 그대 본인들의 선택이다. 천상의 뜻에 역행한 자들은 절대로 구원을 받을 수 없다.

이제부터 마리아와 예수, 여호와, 석가, 상제 등 종교 숭배자들을 믿는 사람들은 쥐도 새도 모르게 판관사자와 저승사자들에게 추포되어 지옥세계 명부전, 천옥도, 한빙도, 적화도로 압송되기에 천상으로 올라갈 꿈도 꾸지 말아야 한다.

종교 숭배자 믿어서는 절대로 영들의 고향인 천상으로 오르지 못한다는 진실을 전한다. 종교세계 안에는 천국, 천당, 극락, 선경으로 올라가는 길은 처음부터 없었다. 구원의 하늘이신 천상의 주인을 모르는데 어떻게 올라가겠는가?

지금까지 종교세계 안에서 전한 하늘은 영혼의 어버이가 아닌 아수라 대마왕 하누와 표경이었다. 마리아와 예수에 대한 경천동지할 충격적인 상상초월의 비밀이 숨겨져 있는데 이곳 지면에 공개할 수 없음이 너무나 안타깝다. 빨리 종교를 떠나는 게 살길이라는 말밖에는 해줄 수가 없다.

아주 중요한 내용이다. 하나님으로부터 계시를 받아서 썼다는 요한계시록과 성경은 하늘을 사칭한 대마왕 하누와 표경이 내려 준 것이라고 하셨다. 종교 하늘을 세워 진짜 하늘과 대적하여 싸우게 하려고 이 땅에다가 또 다른 하늘 역할을 하게 만들었던 것이다. 진짜 하늘께서는 이 땅의 종교 지도자 그 어느 누구에게도 직접 계시를 내려주신 적도 없었고, 종교를 세우라고 명을 내리신 적이 없다고 말씀하셨다.

예수(피에타국 제후의 아들)와 12제자

　천상 자미천궁에서 전생과 현생을 기록하고 문서 담당하는 북두칠성 제 5별의 염정성군이자 미호 서기부 부장(대신=장관급 신명)이 인류가 알지 못하는 수천 년 전의 예수에 대한 천상기록과 출신 성분 그리고 현생기록에 대한 전생록을 낱낱이 알려왔다.

　예수는 천상의 3,300개 제후국들 중에 반란군에 가담한 피에타국 제후의 아들이었다. 인류는 이러한 진실을 모르고 2천 년의 세월 동안 추앙하며 받들고 섬겨왔지만 천상에서 인간들이 도저히 밝혀낼 수 없었던 답답함을 북두칠성의 염정성군인 미호 서기부 부장이 밝혀냈다.

　예수는 천상에서 피에타국 제후의 아들로 태어났사옵고, 어려서부터 총명하고 남다른 비상한 두뇌를 가진 예수에게 부친은 뿌듯함으로 모든 제후들에게 자랑하고 다녔사옵나이다.

　예수가 13세 되던 해에 천상의 자미천궁에서 연회가 열리던 날 부친은 모든 이들에게 예수를 선보일 생각으로 데리고 갔사온데, 연회에 참석한 이들에게 예수를 선보인 부친은 예수를 자랑하기 시작하였사옵고, 총명하다고 늘 자랑하고 다니는 모습에 제후들은 도대체 얼마나 똑똑하길래 자랑하나 싶어 이런저런 질문을 하기 시작하였사옵나이다.

또한, 예수와 비슷한 또래인 자신들의 아이들에게도 예수와 비교하기 위해 똑같은 질문을 하였사온데, 그들의 아이들보다 조금은 총명하다는 것을 인정하였사오나, 그렇게 뛰어나다고 볼 수는 없었사옵나이다.

그렇게 해서 조금 더 나은 예수의 두뇌에 대해 부친은 천상의 주인께 눈도장을 찍기 위해 무리수를 두었사온데, 그것은 바로 천자이시자 황태자께옵서 지구로 소풍을 떠나시고 적적해하셨던 천상의 주인께옵서와, 천상의 어머니께 예수를 아들처럼 대해달라는 청을 올려드렸사옵나이다.

이에 천상의 주인께옵서는 허허~ 웃으시옵고, 천상의 어머니께옵서는 아무 말씀도 안 하셨사온데, 두 분의 모습을 보고 피에타국 제후는 찬성으로 받아들이고, 예수를 황성에 머물 수 있도록 청하고 피에타국으로 떠났사옵나이다.

천상의 주인께옵서 아무 말씀도 안 하시고 떠나시자, 수석시종장은 예수에게 손님방으로 안내하여 묵게 하며 지켜야 할 황궁예법을 숙지할 것과 규칙에 대한 교육을 받도록 지시하고, 수석시종장은 못마땅한 마음을 숨기며 제자리로 돌아갔사옵나이다.

예수는 부친이 왜 자신을 이곳에 머물게 하는지 감을 잡기 시작하자, 그때부터 철저하게 황궁예법과 천상의 주인께 인정받기 위해 고군분투하기 시작하였사옵고, 또한 황성도서관에 수시로 드나들며 못 다한 지식을 충족하려 애썼으며, 내시들과 궁녀들에게도 살가운 성격으로 다가가려 애썼사옵나이다.

예수는 황태자께옵서 안 계시니 자신이 황태자 대신 천상의 주인께 아들역할을 해서 권력을 잡겠다는 생각도 서서히 했사옵고, 예수는 안하무인으로 황성에 근무하는 자들에게 권력을 휘두르려 하자 한 내시가 그런 예수의 행태를 못마땅하게 여기다가 수석시종장에게 고하였사옵나이다.

예수의 행태를 듣게 된 수석시종장은 예수에게 경고하며 얌전히 지낼 것을 요구하였고, 그렇지 않으면 피에타국으로 돌아가야 된다는 말을 듣게 된 예수는 너무 화가 나 수석시종장에게 화풀이를 하게 되었사옵나이다.

수석시종장은 기가 막혀 하면서도 이를 천상의 주인께 고해드려야 할지 아님 좀 더 지켜보아야 할지 잠시 고민하다가 천상의 주인께 고하자는 심정으로 자리를 뜨게 되자, 예수는 황성을 활개 치며 황태자인 양 행동하게 되었사옵나이다.

며칠이 지난 후 수석시종장이 예수에게 피에타국으로 돌아갈 것을 명하자 예수는 당황해하며 자신이 무엇을 잘못했는지 따졌사옵고, 또한 자신이 피에타국으로 돌아가면 분명 부친이 자신을 해치려 할 것임을 알기에 예수는 어떻게든 황성에 오래토록 머물도록 머리를 쓰기 시작하였사옵나이다.

예수는 황성에 머무르는 동안 권력이라는 것이 얼마나 매력적인지 어린 나이에 일찍이 맛보았기에 내쫓김을 안 당하기 위한 위기의식을 가지고 처절하게 매달리기 시작하였사옵나이다.

그럼에도 불구하고 피에타국으로 돌아가라고 통보하자 모든 것을 체념하고 황성에 머문 지 2년 만에 피에타국으로 돌아갔 사온데, 아니나 다를까 예수의 부친은 자신을 환영하지 않고 못마땅해하자, 예수는 좌불안석으로 지내게 되었사옵나이다.

또한, 자신을 불효자인 양 취급한 부친의 모습에 억울해하면서도 자신이 천상의 주인께 인정받지 못했음을 잘 알기에 하인보다 못한 대접을 받으며 할 말을 잃었사옵고, 예수는 피에타국에 있으면서 예전보다 못한 대우와 매정한 부친의 태도에 불안감을 갖고 우울증을 겪기 시작하였사옵나이다.

예수는 점점 피폐해져 간다는 것을 알면서도 무기력증과 황성에서의 안하무인 권력을 잊지 못하고 거기에만 빠져들자 그러한 예수의 모습을 지켜본 부친은 이용할 가치가 없다 판단하고 예수를 죽이기로 마음을 먹었사옵나이다.

예수는 부친이 그러한 생각을 갖고 있는지도 모르고 은둔자처럼 방 안에서 꼼짝도 않고 있었고, 부친의 생각을 알게 된 모친은 예수를 살리고자 예수에게 다가가 모든 사실에 대해 이야기하였사오며, 모든 것을 알게 된 예수는 두려움에 떨다가 목숨을 살리기 위해 몰래 황성으로 도망가 천상의 주인께 다급하게 도움을 청했사옵나이다.

천상의 주인께옵서는 미리 다 아시고, 예수를 받아들이시며 2년간 더 황성에 머물되, 일체 사람들과 접촉 없이 조용히 지내다가 다시 피에타국으로 돌아가라는 황명을 내리셨사옵나이다.

이에 예수는 몇 사람 이외는 모르게 숨어서 부친이 자신에게 해가 되는 일이 없도록 철저하게 숨어 살았사옵고, 그렇게 조용히 지내다가 예수는 황태자께옵서 지구로 떠나셨다는 생각이 퍼뜩 떠올랐사옵나이다.

어차피 피에타국으로 돌아가 부친에게 살해 위협에 시달리며 사느니 지구로 떠나자는 생각에 천상의 주인께옵서 바라시는 2년을 조용히 지내다가 17세 나이가 되었을 때 천상의 주인께 지구로 보내달라는 청을 올려드렸사옵나이다.

이에 천상의 주인께옵서는 아직은 때가 아니니 조금 더 있다가 원하는 것을 들어주겠다고 약조하심에 예수는 지구로 떠나기 전 황성도서관에 있는 지구에 대한 지식을 습득하고자 더 많은 지식을 흡수하며 배웠사옵나이다.

예수는 그간 자신을 찾지 않는 부친에 대해 다시금 소식을 접하다가 부친이 후실을 얻어 아들을 보았다는 소식에 착잡해 하면서도 자신을 잊고 지낸다 하니 마음이 편해져 황성도서관에 열심히 출입하여 더 매진하게 되었사옵나이다.

죽은 듯이 조용히 지낸 1년 후 천상의 주인께 지구로 보내달라 청을 올려드렸사온데, 천상의 주인께옵서 하문하시기를, "지구로 떠난다면 네가 원하는 것이 무엇이더냐?" 이에 예수는 모든 문물이 발달해 있지 않는 지구의 한 나라로 가서 자신이 습득해 있던 지식을 전수하여 발전시키겠다는 포부를 밝혔사옵나이다.

그 말을 들으신 천상의 주인께옵서,

"네가 하는 약속을 지키지 않으면 어찌할 것이냐?"

"그에 대한 대가는 치르겠사옵나이다. 소신은 약속이라면 칼같이 지키는 사람이사옵나이다. 믿어주시옵소서!"

이에 천상의 주인께옵서는 이를 받아들이시고, 예수에게 지구로 떠나라는 황명을 내려주시어 지구로 떠났사옵고, 구체의 모습으로 떠돌다가 천상의 주인께옵서 예수의 구체를 이스라엘 한 마을의 임신한 여인의 자궁 속에 스며들게 해주시었사옵나이다.

그렇게 해서 모친인 마리아가 13살 나이에 예수를 낳았으며, 예수는 커갈수록 점점 총명해지고 비범한 두뇌를 가졌사옵고, 예수는 여기저기 마을들을 여행하면서 우연찮게 한 랍비를 알게 되었사옵고, 그 랍비가 야훼(여호와)에 대해 마을사람들에게 설파하면서도 마을사람들이 괴리감을 느끼고 있다는 것을 파악한 예수는 다른 마을로 떠나면서 가난하고 굶주려 있는 마을사람들을 살피기 시작하였사옵나이다.

왜 그들은 이스라엘 민족신인 야훼에 대해 강한 불만과 불신을 갖게 되었는지 파악하기 시작하였사옵고, 마을사람들이 원하는 것은 먹을 수 있게 해결해 주는 것이었사온데, 풍채가 좋은 랍비들이 찾아와 자신들에게 설파하면서도 먹을 것을 내놓지 않고 자신들만 좋은 음식을 먹는 것에 못마땅한 것이었사옵나이다.

예수는 랍비가 설파하는 곳을 따라다니며 마을사람들의 불만을 접하게 되옵고, 예수는 자신이 무엇을 해야 되는지 사명감 같은 마음으로 계획을 세우기 시작하였사옵나이다.

그렇게 해서 약 6개월 동안 마을들을 돌아다니며 알게 된 사람들이 있었사온데, 자신을 따라다니며 도와주는 것에 고마움을 느낀 예수는 같이 자신의 고향으로 돌아가자는 말에 5명이 순순히 따르기 시작하였사옵나이다.

그렇게 해서 고향으로 돌아간 예수는 모친에게 자신을 따라다니는 5명에게 먹을 것과 마을사람들에게 숙식을 알아봐달라는 말에 모친은 그러하겠다고 답하며 양젖과 빵을 제공하며 마을사람들에게 5명을 소개하며 숙식과 일을 거들어달라고 말하자 사람들은 무척 좋아하였사옵나이다.

낮에는 마을사람에게 돌아다니며 조금씩 그들이 겪는 아픔과 고통에 대해 서서히 파고들어 보듬어주고 위로하는 일을 하였고, 밤에는 천륜을 어기며 고결한 척, 하느님의 아들인 척, 주위에 설파하러 다녔사옵고, 성병에 걸린 창녀에게 전지전능한 신처럼 고결하게 닦아주며 추앙을 받게 되는 추악한 모습에 속아 넘어간 사람들이 많아졌사옵나이다.

그러면서 부친인 요셉이 돌아올 때까지 그렇게 자신이 하느님의 아들이라고 철저히 속이러 다니고, 밤에는 천륜을 어기는 이중적인 삶을 살다가 부친이 돌아오자, 자신을 따르는 사람들과 선지자로서 여행을 가겠다하니, 모친은 울음으로 서운함을 표현했사옵고, 부친 요셉은 대견한 아들에 대한 모습에 무척 감동받아 예수가 하는 일에 적극 지지하겠다며 격려해주었사옵나이다.

예수는 어린 나이임에도 불구하고 일찍이 고향을 떠나게 되어 이스라엘 안에 있는 마을들을 돌아다니며 그들이 겪는 삶의 찌듦과 절망, 아픔에 대해 보듬어주고, 따뜻한 위로로 현혹하여 마을사람들이 점점 빠져들자 이에 흥이 난 예수는 더 청산유수로 자신을 따르도록 만들었사옵나이다.

그리하여 자신을 따르는 추종자들이 많아지자 그 추종자들을 이끌고 다른 마을로 들어섰사온데 거기서도 변함없이 자신이 하느님의 아들이라고 하니 한 남자가 예수에게 이능(이적과 기적)을 보여달라 요청을 해왔사옵나이다.

예수는 속으로 당황해 있다가 언젠가 청해올 거라 예상했기에 주위에 있는 자들을 둘러보다가 한 앉은뱅이 남자에게 다가가며 몸을 주물러주면서 "당신은 일부러 앉은뱅이가 된 것이 아니다. 잠시잠깐의 고통을 느껴보라고 그리 된 것이니 당신은 일어설 수 있을 것이다"하면서 수시로 몸을 주물려 주었사옵나이다.

특히나 다리를 집중적으로 주무르며 일어설 수 있다는 메시지를 3일 동안 진행하니 그 남자는 그 말에 강한 암시로 자신은 일어설 수 있다는 것을 상상하게 되었사옵나이다.

그 모습들을 지켜보던 다른 한 남자가 앉은뱅이 남자 주위에 팔뚝만한 지네가 있는 것을 발견하고 기겁을 하며 앉은뱅이에게 지네가 다가가고 있다 소리치는 것을 듣게 된 앉은뱅이는 깜짝 놀라 무의식적으로 일어서며 자리를 피했사옵나이다.

앉은뱅이였던 남자가 지네라는 단어를 듣고 놀라 일어선 것이었는데, 마을사람들은 예수의 이능(이적과 기적)으로 일어섰다는 것으로 착각해 소문이 나기 시작하였사온데, 자신에 대한 찬양이 더 커지자 한술 더 떠 자신은 하느님의 아들이기 때문에 이능을 선보일 수 있었다며 더 열을 올리기 시작하였사옵나이다.

하느님의 아들이라고 홍보를 하면서도 15년 동안 어떠한 신비한 능력을 보여준 적이 없었사오나 다만, 비상한 머리와 화려한 언변으로 이스라엘 왕에 대한 불만과 가난, 기아, 가뭄 등 고통을 겪고 있는 자신들의 아픔을 보듬어주고 마음을 치유해줌에 위로를 받았던 것이 마을사람에게서 소문이 돌아 예수를 떠받는 꼴이 되었사옵나이다.

그 소문을 들은 야훼(여호와 하느님)를 믿는 랍비들은 군사들을 이끌고 예수에게 찾아가 이스라엘인들이 믿는 야훼(하느님)의 아들이라고 사칭하고 다닌다며 군사들에게 예수를 포박하라 명하고 예수를 따르는 추종자 앞에 예수를 채찍질로 고문하기 시작하였사옵나이다.

예수는 끝까지 자신은 하느님의 아들이라고 외쳐대는 모습에 더 화가 난 랍비들과 군사들은 더 채찍질을 가하며 분노를 표출하기 시작하였사온데, 그렇게 고문이 끝나고 예수를 처형하기로 마음먹은 랍비들과 군사들은 예수와 제자들, 추종자들을 이끌고 나무 십자가를 어깨에 짊어지도록 하며 한 사막을 종단하게 하였사옵나이다.

강렬한 햇볕이 내리쬐는 한 사막 위로 종단하다가 서서히 해가 넘어갈 즈음 멈추며 제자들에게 나무십자가에 예수를 눕히며 못을 박아라 명하니 이에 제자들과 추종자들은 무서움과 두려움에 벌벌 떨면서도 한편으로는 하느님의 아들이라고 하였으니 죽지 않고 살지 않을까 하는 기대심리로 예수의 손바닥과 발등에 못을 박았사옵나이다.

제자들은 무척 고통스러워하는 모습을 보았으나, 자신들이 살기위해서는 예수를 희생시켜야 됨은 당연하다 생각하고 십자가를 바로 세워 사막 한가운데에 강하게 박아 버렸사옵고, 한참의 시간이 지나니 주변이 어둑해져 가자 랍비들과 군사들은 물러나면서 감시할 자들을 몇 명 놔두고 철수하였사옵나이다.

제자들과 추종자들은 밤새 추워진 사막에서 밤을 지새우며 예수의 상태가 어떤지 궁금함에 거의 뜬눈으로 새웠사온데, 그 다음 날이 되자 예수는 얕은 숨소리로 버티는 모습에 죽지 않고 살아 있자 제자들과 추종자들은 과연 하느님의 아들이라고 추켜 세웠고 감시자들은 더 지켜볼 요량으로 자리를 지켰사옵나이다.

점심때가 가까워질수록 햇볕이 뜨거워지자 뜨거움을 못 이기고 예수는 숨을 거두었고, 예수의 상태를 확인한 감시자들이 곧바로 떠나자 추종자들도 함께 마을로 돌아갔사옵나이다.

그대로 남은 12제자들은 십자가에서 예수를 빼내어 다른 마을로 떠나게 되었고, 그리하여 예수가 죽자 자신들이 예수 대신 설파하겠다 하면서 예수를 신격화하는 구전과 성전으로 널리 퍼트리기 시작하였사옵나이다.

그렇게 해서 탄생된 것이 오늘날 사용하는 신약성서가 탄생되는 계기가 되었으며, 예수는 인간으로 지금까지 부활한 적이 없사옵고, 오히려 축생으로 도마뱀, 여우, 지네, 코브라, 낙타로 환생 반복하다가 지금은 허공중천을 떠돌며 자신을 찬양하는 교회들을 보면서 배고픔에 고통스러워하고 있사옵나이다.

그리고 천상의 피에타국 제후인 부친은 예수가 지구로 떠났다는 소식을 접하고 강한 불만과 예수 대신 얻은 아들을 키웠으나 기대에 못 미치는 것에 성격이 삐뚤어지기 시작하였사옵나이다.

그리해서 천상의 피에타국 부친은 반란을 꿈꾸며 사병들을 키우기 시작하였사온데, 결국은 황성 정보부로부터 발각되어 피에타국의 제후가족들은 멸족시켜버렸사옵고, 제후만은 천옥도에 갇혀 고통스러운 고문을 받고 구금한 상태이사옵나이다.

인간으로서는 절대로 알 수 없는 예수와 모친 마리아의 잘못된 사상과 생활을 적나라하게 밝혀낸 천상의 북두칠성 5별의 염정성군 미호 서기부 부장(女)이 참으로 대견스럽다. 인류에 대한 전생과 현생, 내생의 모든 기록물을 문서로 보관하고 있는 천상문서 기록담당 성주(城主)이다.

천상의 미호 서기부 부장으로 인하여 마리아와 예수의 두 얼굴을 알게 되었다. 이 글을 읽고 이제 기독교와 천주교에 다니고 있는 교인들이 어떻게 처세할지 궁금해진다. 예수가 인간으로 부활한 적이 없고, 축생으로 반복 환생하다가 지금은 허공중천 떠도는 배고픈 귀신 신세가 되었다는 대목에 충격적이고 놀랍다. 이제 그대들의 정신을 지배해왔던 종교로부터 하루빨리 해방되어야 한다.

종교 자체를 하늘께서 이 땅에 허락하시지 않으시었고, 살인은 할망정 종교만은 믿지 말라 하신다. 공산당보다도 더 지독한 곳이 종교세계이다. 폭군 통치자 김정은도 며칠 전에 진심으로 나에게 굴복하였지만 종교 교주들은 절대로 굴복하지 않았다.

인류의 50% 가까이가 2,000년의 세월 동안 마리아와 예수의 사상에 중독되어 거짓 하늘을 받들어 섬기며 피폐해진 삶을 살아가고 있다. 위 내용처럼 예수는 하늘의 아들을 사칭한 가짜 아들로 진짜 황태자인 나를 사칭한 대역 죄인임을 알게 되었다.

나(황태자)의 전생기록을 2018년 1월 31일 0시 37분 천상에서 밝혀주지 않았다면 마리아와 예수의 완전범죄가 성공하였을 것이다. 나를 사칭한 자가 예수라는 진실이 미호 서기부 부장에 의해서 적나라하게 밝혀져 천만다행이다.

기독교와 천주교가 가짜라고 아무리 말해봐야 오히려 나를 가짜라고 욕하기에 천상에서 이 땅에 종교를 멸하기 위해 마리아와 예수, 야훼(여호와)의 천상과 지상의 전생록을 적나라하게 공개하기로 결심하신 것이다.

매주 일요일이면 나(황태자)를 보시려고 천상의 주인이신 아바마마(천상폐하)와 어마마마(황후폐하)께서 친히 하강하시어 많은 대화를 나누시고 돌아가신다. 하늘의 아들을 사칭한 예수와 마리아의 시대는 이제 이 땅에서 막을 내리게 되었으니 교인들도 이제 정신 차려야 한다.

그러나 모든 것은 각자 그대들의 판단이고 자유이다.

여호와(야훼) 베노타국 제후의 셋째 아들

　천상 자미천궁에서 전생과 현생을 기록하고 문서 담당하는 북두칠성 제 5별의 염정성군이자 미호 서기부 부장(대신=장관급 신명)이 인류가 알지 못하는 수천 년 전의 여호와(야훼)에 대한 천상기록과 출신 성분 그리고 현생기록에 대한 전생록을 낱낱이 알려왔다.

　야훼는 천상의 3,300개 제후국들 중에 반란군에 가담한 베노타국 제후의 셋째 아들이었다. 인류는 이러한 진실을 모르고 2,000년 이상의 세월 동안 야훼(여호와. 이스라엘 빈민촌에서 2,130년 전 출생하여 38세에 사망)를 하나님으로 추앙하며 받들고 섬겨왔지만 천상에서 인류의 정신세계 질서를 바로 잡고자 인간들이 절대 밝혀낼 수 없었던 수천 년 전의 진실을 북두칠성의 염정성군인 미호 서기부 부장이 밝혀냈다.

　세상에 여호와로 알려진 야훼는 천상의 베노타국 제후의 셋째 아들이었고, 출중한 외모와 냉철한 이성, 뛰어난 두뇌를 가지고 있었던 야훼는 부친에게 인정을 받기 위해 피나는 노력을 하였사옵나이다.

　그럼에도 불구하고 부친은 자신의 큰 형님인 장남에게 관심과 애정으로 기대를 걸자 야훼는 이해할 수가 없었고, 자신의 큰 형님은 온화한 성품에 우유부단한 성격을 가지고 있어 제후로서 자격이 없다고 생각하였기 때문이사옵나이다.

부친은 자신에게 관심이 없고, 큰 형님에게만 관심을 가지자, 그에 절망한 야훼는 그래도 포기할 수가 없어 큰 형님이 가지고 있지 않은 카리스마, 결단력, 포용력, 두뇌, 실행력 등을 발휘하여 가신들에게 어필하였고, 자신들의 편으로 끌어들이기로 하였사옵나이다.

야훼(여호와)는 가신들에게 능력을 발휘함에도 역시 가신들은 부친의 명을 미리 받아서인지 큰 형님을 지지한다는 말을 듣자 야훼는 더 이상 미련을 갖지 않기로 하였사옵고, 야훼는 갈수록 포악한 성격으로 변해 갔고, 분노를 표출하며 방탕한 생활을 보내게 되었사옵나이다.

야망을 풀 수 없었던 모든 것에 대한 불만을 풀고자 술과 여자들을 끼고 살았던 야훼는 가끔 분노를 못 이기면 여자들과 섹스로 분노를 풀어내곤 하였사옵나이다. 새로운 여자를 물색하러 베노타국 안에 있는 주점을 찾아가 방을 빌리며 창녀들을 물색 중에 우연히 자신을 알아본 친구가 야훼에게 찾아왔사옵나이다.

그 친구는 야훼가 얼마나 큰 야망을 갖고 있는지에 대해 잘 알고 있기에 접근한 것이었사온데, 야훼는 이야기를 듣고자 친구를 초대하고 술을 마시며 밤새 이야기를 나누었사옵나이다.

야훼는 과연 자신이 만족할 만한 제의인지 들었사옵고, 무엇보다 친부와 가족들을 죽일 수 있는 기회가 생긴다는 점에 너무나 마음에 들었고, 만족스러운 이야기를 듣게 된 야훼는 자신을 따르는 100여 명 수하들과 함께 친구가 새롭게 창설한다는 조직에 합류하며 부대를 만들었사옵나이다.

야훼는 자기 수하들과 친구의 수하들 합쳐 500여 명밖에 안 되는 것에 크게 실망하고 있으니, 친구는 처음으로 결성된 것이라 실망하기엔 이르다 하면서 앞으로도 더 많은 이들을 배출하여 최고의 군사들을 만들 것이라 하였사옵나이다.

이에 야훼는 처음으로 누구를 위하여 만든 부대냐고 물으니 친구는 당장은 답해줄 수 없다 하면서 힌트로 주인은 탄생되지 않았으나 주인의 아비 되는 자가 주인을 위하여 부대가 탄생되는 것이니 금전적인 지원과 아낌없는 투자로 결성된 것이라고 하였사옵나이다.

야훼는 주인이 누구이며 아비 되는 자가 누구인지 궁금하여 캐려하였사오나 친구는 자신도 모른다 하면서 제후 중에 한 분이 제의해와 금전적인 지원을 받고만 있기에 알 수가 없다고 하였사옵나이다.

친구는 궁금증이 증폭된 야훼에게 부대를 잘 이끌어주면 그에 대한 보상을 받게 될 테니 궁금증에 대해 잠시 보류해 달라는 말에 야훼는 알았다 답하며 잠시 접어두었사옵나이다.

그 뒤로 부대원들을 늘리기 위해 하나 둘씩 영입하려 노력하였으나 이상하게도 자신을 따르려는 사람들이 늘지 않자 어찌

된 연유인지 조사하였사온데, 조사를 하면서도 원인을 찾을 수 없었던 야훼는 친구에게 도움을 요청하였사옵나이다.

친구도 함께 조사를 하다가 새롭게 발견된 것이 야훼에게서 뿜어내는 무섭고 악독한 살기로 인해 사람들이 두려워하고, 함께하기를 거부하고 있다는 것을 알게 된 친구는 이것에 대해 야훼에게 어찌 전달해야 될지 고민에 빠졌사옵나이다.

겨우 부대원들이 500여 명밖에 모이지 않는 상태에서 도움이 되지 않는 야훼를 제거한다는 것이 쉽지가 않았기에 한참을 고민하다가 자신의 손으로 제거하기보다는 베노타국에서 처리하기를 바라는 마음에 평소 부친에 대한 암살을 꿈꾸었던 점을 들어 이를 이용하기로 결정을 하였사옵나이다.

친구는 야훼 몰래 베노타국 제후에게 편지를 보내면서 야훼가 당신들을 죽이려 하는데 그러기 전에 당신들이 야훼를 처리해달라는 내용을 보냈사온데, 이에 베노타국 제후는 분노하면서 야훼를 베노타국으로 유인해주면 자신들이 처리하겠다는 답장을 보내게 되었사옵나이다.

원하던 답장을 받게 된 친구는 무척 만족스러워 계획을 세우기 시작하고, 야훼에게 수장들과 함께 자신의 부대원들을 이끌고 베노타국을 치자는 말에 당황하게 된 야훼는 자신은 준비가 안 되었는데 갑자기 계획을 세우면 실패할 수도 있다는 것을 전하니 친구는 야훼가 앞으로 나아감과 성공을 위해서는 필히 방해자를 제거해야 된다고 설득하였사옵나이다.

평소에 부친과 형제들에 대한 원망이 컸었던 야훼는 친구의 설득에 넘어가면서도 적은 인원으로 과연 가족들을 죽일 수 있는지에 대한 의문점이 들어 찜찜해하자 친구는 자신이 좋은 계획을 세워놨으니 믿어달라는 말에 더 이상 의심하지 않고 실행하기로 결심을 하였사옵나이다.

그렇게 해서 습격할 날짜를 정하고 친구부대원들과 자신이 이끄는 수하들, 부대원들과 함께 베노타국으로 조용히 출발하였사옵고, 친구를 따라 산세가 험하고 협곡이 심한 지형에 들어서는 것에 무척 당황한 야훼는 친구에게 왜 이곳으로 들어서는가 물으니 베노타국 병사들이 부친과 형제들이 이곳에서 훈련하고 있다는 정보를 입수한 것에 대해 자세히 설명을 하니 그제서야 수긍한 야훼는 일리가 있다 하며 받아들였사옵나이다.

그렇게 협곡 안으로 들어선 야훼와 수하들에게 친구는 좌우로 빠져 매복해 있을 테니 안쪽으로 들어가 미리 매복해 있으라는 말과 함께 베노타국 병사들은 아직 도착해 있지 않았다 하며 미리 협곡 안으로 매복하면 합공으로 습격하자는 제안을 받아들여 야훼는 더 안쪽으로 들어섰사옵나이다.

한참을 안쪽으로 들어설수록 이상한 기시감(처음 대하고 본 장면의 경치나 상태)과 불길한 예감이 들었던 야훼는 더 이상 전진 않고 멈춰서며 주위를 둘러보았사온데, 너무나도 조용한 협곡 분위기에 이상함을 감지한 야훼는 바로 후퇴하기로 마음을 먹고 실행하려는 찰나에 출구를 막아서는 병사들을 발견하고 싸우다가 협곡 안, 좌우로 부친과 형제들이 병사들을 이끌고 자신에게 다가오자 그제서야 친구로부터 함정에 빠졌음을 알아채었사옵나이다.

　자신과 수하 100여 명과 함께 베노타국 병사 1,000여 명을 상대로 초반에는 그동안 다져왔던 전술과 무위(武威 무력의 위세)로 기선을 제압하였으나, 수많은 병사들을 상대하기엔 수적으로 밀린 데다가 부상까지 입어 야훼는 이대로는 안 되겠다 싶어 도망칠 궁리를 하였사옵나이다.

　그때 마침 베노타국에서 어린 시절을 보내면서 알게 된 짙은 회색 용 한 마리가 생각나서 야훼가 휘파람을 부니 휘파람 소리를 듣고 하늘에서 용 한 마리가 거대한 바람을 일으키며 하강하려 하자 수하들과 병사들은 혼비백산하여 자리를 피하였고 이때다 싶어 야훼가 용의 몸 위로 도망치는 것에 성공하였사옵나이다.

　이 모습을 보게 된 부친과 형제들은 곧 바로 야훼를 추격하게 되었사옵고, 야훼는 가족들을 따돌리러 도망치려하였사오나, 어디를 가든 자신은 지명수배자가 될 것임을 인지한 야훼는 결국은 북문으로 향하게 되었사옵나이다.

　용 한 마리가 북문을 넘어서려는 것을 확인한 수문장들은 정찰대를 불러 막으려하다가 실패하자 회색 용을 사살하는데 성공하였으나 그 사이에 야훼는 북문 밖으로 탈출에 성공하였사옵나이다.

　야훼는 지구로 도망쳐 나오는 것에 성공하였사오나 인간이 아닌 영혼의 구체(공 모양의 형체)로 변모해 방황하다가 지금부터 2,130년 전에 이스라엘의 임신한 한 여성 유대인 몸으로 들어가 아기로 탄생하였사옵나이다.

그렇게 빈민층의 집안에서 태어난 야훼는 총명한 머리와 비상한 두뇌로 주위에 알려지게 되었사옵고, 그러면서 부유한 유대인의 하인으로 들어가 일을 하면서도 자신의 똑똑함을 발휘하자 유대인 주인은 야훼의 비상한 머리가 탐나 자신의 보좌관으로 삼았사옵나이다.

야훼는 배고픔을 면할 수 있다는 것에 다행으로 생각하면서도 자신에게 숨겨져 있는 야망을 이루기 위해 주인의 딸을 유혹하였사옵고, 그렇게 몰래 여인을 만나오다가 주인에게 찾아오는 이스라엘 병사들을 만났사옵나이다.

마침 이웃 나라들과 전쟁 중인 이스라엘군에서는 패전을 거듭하며 위기에 직면하게 되자 병사들이 의기소침해하고 있는 것을 알고 야훼가 접근하여 그들에게 자신의 두뇌를 빌려주겠다고 제의를 하였사옵나이다.

그 말을 들은 병사들은 출신지가 미천하여 우습게 여기려 하자 그중에 한 병사는 유대인 주인의 보좌관이라는 것을 생각해 내고 야훼를 자신의 대장에게 소개해주었사옵나이다.

야훼는 부대의 대장에게 소개되며 전술과 지략에 대해 마음껏 능력을 펼치며 전쟁터를 누비게 되었사온데, 그렇게 패전을 거듭하던 이스라엘 병사들은 처음으로 야훼의 전술로 승리를 하게 되었사옵나이다.

이스라엘군 최고 사령관이 야훼의 기이한 행각을 알아도 오히려 영웅이라 칭하는 것에 더 자아도취에 빠졌던 야훼는 전술가로서 이름을 떨치면서 안하무인으로 지냈사옵나이다.

또한, 승리로 얻은 전리품인 여자 노예들을 취하여 잔인하게 죽이는 면모도 보여지게 되옵고, 아이, 노인 할 것 없이 거리낌 없이 죽이는 것에 희열을 느낀 야훼는 점점 포악해지고 잔인해져 갔사옵나이다.

이러한 야훼에게 뭐라는 사람이 없으니 점점 살인을 즐기게 되었고, 그렇게 해서 비상한 두뇌를 가진 전술가로서 이스라엘군을 승리로 이끈 야훼가 영웅으로 칭송받게 되었사옵나이다.

야훼는 이스라엘 왕으로부터 한 마을과 성을 하사받아 다스리게 되었으며, 마을에 정착한 야훼는 마을사람들이 자신을 영웅으로 칭송하니 야훼는 그때부터 나이 많은 노인을 불러들여 자신에 대해 기록할 것을 명하였사옵나이다.

자신을 하느님이라 내세우며 '자신이 하느님이기 때문에 전쟁을 승리로 이끌 수 있었던 것이다'라고 하며 자신에 대해 설파하기 시작하자 이에 마을사람들은 더 열광하며 야훼에 대한 기록과 함께 구전으로 퍼트려 나갔사옵나이다.

그렇게 자신에 대한 소문이 마을을 떠나 전체로 퍼지자 소문을 듣고 찾아오는 이들이 많아졌고, 그중에 학자로서 소문이 자자했던 사람이 나타나, 야훼가 말했던 전쟁의 승리에 대해 조사를 시작하니, 패전을 거듭했던 이스라엘군들이 혜성처럼 나타난 야훼로 인해 전쟁이 승리했다는 것을 확인한 학자는 야훼에 대해 책을 집필하기 시작하였사옵나이다.

책을 편찬한 학자는 야훼에 대해 제자들에게 가르치기 시작하였으며, 그때 당시에는 전쟁의 영웅에 대해 우상화할 정도로 크게 각광받는 시기라 야훼가 전쟁을 승리로 이끈 것을 책으로 편찬하여 야훼를 하느님이라 칭하는 것에 모두들 거리낌 없이 모두들 그대로 받아들였사옵나이다.

그렇게 퍼져나가면서 야훼는 자신을 우상화 하는 것에 만족감을 느끼며 자신의 우상화 도취에 취해가며 살던 어느 날 자신을 따르는 남자 하인에게 잠자기 전에 먹는 양젖을 받아먹게 되었사온데, 마신 지 얼마 안 되어 피를 토하며 38세의 나이에 즉사하게 되었사옵나이다.

다음 날 하인들에게 발견되어 범인을 색출하려 하였사오나 이미 도망친 뒤여서 범인을 잡지 못하고, 그렇게 해서 야훼의 인생은 젊은 38세의 나이로 비참한 말로를 보냈고, 천상에서 밝혀주신 야훼 죽음의 원인은 교살당한 여자의 애인이 남자 하인이었다고 하였사옵나이다.

남자 하인은 아무리 존경하는 주인이라 할지라도 사랑하는 여인의 죽음에 대한 복수를 포기할 수가 없어 행했던 것이라고 하였고, 지금까지 유대인들이 믿고 따르는 야훼 또는 여호와 하느님(신)이라는 존재에 대해 위선과 허구임을 밝히는 바이사옵나이다.

축생으로는 들개, 전갈, 여우, 지렁이, 흰갈매기 등으로 환생 반복하고 있었고, 또한 야훼는 지금도 허공중천에 떠돌며 배고파하고 거지 신세를 면치 못하고 있사옵나이다.

인류 모두와 기독교, 천주교의 교인들은 들을지어다!
그대들이 일평생을 몸과 마음 바쳐서 일심으로 믿었던 이스라엘 민족의 전쟁 신 야훼(여호와)와 성모, 성녀로 알려진 마리아, 황태자 자리를 훔쳐서 하늘의 아들을 사칭한 예수의 행적들이 낱낱이 밝혀졌도다.

야훼(여호와), 마리아, 예수로 이어진 기독교와 천주교의 역사는 모두가 꾸며진 거짓 역사였고 위선과 허구였음이 적나라하게 밝혀졌고, 인류 모두가 이스라엘의 유대인들에게 유린당하고 감쪽같이 속았도다.

천상에서 엄청난 종교세계의 진실을 낱낱이 밝혀주시었으니 장차 세계 인류의 종주국, 신의 종주국이 될 이곳으로 들어와서 그대들은 하늘께서 내리신 명을 충실히 행해야 할 것이고, 유대인들이 야훼(여호와), 마리아, 예수를 앞장세워 인류를 상대로 종교 장사를 했는데 적중하여 성공했도다.

지금 강대국 미국을 막후에서 조종하며 좌지우지하는 자들이 모두 유대인들이고, 세계 금융의 돈줄을 쥐고 있는 자들이 모두 유대인들이라는 점을 알아야 하니라. 히틀러가 유대인 600만 명을 학살했다는 것은 그가 어떤 기운을 받아서 하늘의 뜻에 역천하고 있는 유대인들을 죽인 것이었도다.

유대인의 상술은 이미 널리 알려졌도다. 먼저 사람의 마음과 정신을 빼앗고 그 다음은 돈을 갈취하거나 뺏는 것인데 여기에 야훼(여호와), 마리아, 예수를 앞장 세웠도다. 이 계략이 적중해서 성공하였고, 세계적으로 흥행하니 세상이 온통 기독교, 천주교 광풍이 일어나고 있도다.

그러나 달도 차면 기우는 법이고, 야훼(여호와), 마리아, 예수의 전성기도 이제 막을 내릴 때가 온 것이도다. 유대인들의 상술에 천손민족이 모두 놀아났음이 밝혀졌도다. 부끄럽지 않은가? 이렇게 엄청난 진실을 밝혀주어도 종교에 미련을 버리지 못하고 종교 안에 계속해서 머물러 있을 것인가? 그것은 분명 여러분 그대들의 자유의사이므로 간섭할 필요가 없기에 절대로 강압적인 회유, 현혹, 협박, 강요는 하지 않느니라.

단, 한 사람, 한 영혼이라도 진짜 구원의 길로 인도하여 영들의 고향인 천상으로 돌아가는 길을 알려주는 것일 뿐이도다. 절대로 종교 안에서는 하늘로부터 구원받는 길이 막혀 있기에 하루빨리 결정을 내리는 것이 현명하고 본인들 육신과 영혼들, 신명들, 조상들 모두에게 매우 이로울 것이도다.

우리 한민족은 오래전부터 천손민족, 백의민족이라 전해져 왔는데 왜 그랬을까? 이미 천상에서 하늘이 내리실 것을 아시고 붙여놓았던 민족이니라. 그래서 북극성 부근의 천상 자미천궁에서 내(황태자)가 먼저 내려왔고, 대우주 천지 창조자이신 나(황태자)의 아바마마(천상의 아버지)와 어마마마(천상의 어머니)께서 매주 일요일 아들을 보시려고 친히 하강하신다. 천손민족이란 옛말이 하나도 안 틀렸도다.

내(황태자)가 천상 자미천궁에서 이 땅으로 내려오지 않았더라면 야훼(여호와), 마리아, 예수는 영원히 하나님과 신으로 받들어지며 인류로부터 추앙받게 되었을 것이도다. 하늘은 공평정대하시고, 인간들의 일거수일투족의 말과 글, 문자, 행동, 마음, 생각까지도 손 위에 올려놓고 보시듯이 실시간으로 매일같이 지켜보시며 감찰하고 계시니라.

이제 인류 심판의 때가 되어서 2018년 1월 31일. 0시 37분에야 천상의 황태자 신분이란 진실을 북두칠성의 7별 파군성군 판관사자 대장군을 통해서 밝히게 하시고, 종교와 종교 숭배자, 종교 창시자, 종교 교주, 종교 지도자들을 멸망시키고자 853마리의 용들과 70만 명의 신군(판관사자와 저승사자)들을 하강시키시었다.

853마리의 용들 중에는 종교의 숭배자, 창시자, 신부, 수녀, 목사, 종교 지도자들, 열성신도들의 영(생령)들을 추포하여 염라국과 곡라국, 현라국 등 10대왕들이 있는 명부전으로 압송할 대장군 수하 45개 부대 358,000명 중에서 판관사자 3부대장, 4부대장, 5부대장, 6부대장, 7부대장, 8부대장들과 수하 판관사자 각 부대당 7,000명씩 도합 42,000명이 하강하여 천상공무집행 중이니라.

종교의 숭배자들, 창시자들, 신부들, 목사들, 승려들, 도인들, 보살들, 무당들 등등 종교 지도자들, 열성신도들의 몸에 들어가 있는 종교 귀신들인 악귀잡귀들을 얼음지옥 한빙도로 압송할 100마리의 백룡들이 와 있고, 불지옥인 적화도로 압송할 적룡들이 100마리가 하강하여 천상공무 집행 중이다.

나는 차기 천상주인 황위 계승자로서 천상과 지상의 신명, 생령, 조상, 용들, 저승사자들에게 명을 내리고, 자유자재로 불러서 대화하며 심판과 구원을 위해서 이 땅에 내려왔고, 종교를 믿어서는 인류의 구원이 이루어 질 수 없다는 천상의 진실을 책으로 알려주려고 집필하고 있다.

수천 년의 오랜 세월 동안 인류의 마음 안에 뿌리내린 종교 세계를 멸망시킨다는 것은 분명 쉬운 일이 아니지만 모든 것은 사필귀정인지라 진짜 하늘의 진실을 찾는 사람들에게는 절대적인 영향력을 미쳐 종교를 떠나게 될 것으로 확신하는데 그 이유는 하늘과 땅이 함께하고 계시기 때문이다.

종교 시설들이 원인불명으로 불타는 대재앙이 일어날 것 같다. 적룡들은 죄인들을 불지옥 적화도로 압송하는 업무 이외에 불을 내뿜는 용들이라 하늘의 뜻에 역행하는 종교 건물과 종교 시설물들에 불을 지른다고 말했다. 말세에 종교인들부터 심판받는다는 옛말이 현실이 될 듯하다.

야훼(여호와 하느님)에게도 경천동지할 충격적인 비밀이 숨겨져 있는데 이곳 지면에 공개할 수 없음이 너무나 안타깝다. 빨리 종교를 떠나는 게 살길이라는 말밖에는 해줄 수가 없다.

※
청와대 터는 天宮(천궁)이 들어설 하늘과 신의 터라서 인간 대통령들에게는 재앙이 내리니 빨리 비워야 한다. 그 증거가 역대대통령들의 비운과 박근혜, 이명박 전 대통령의 옥고이다.

불교의 석가모니 전생록

천상 자미천궁에서 전생과 현생을 기록하고 문서 담당하는 북두칠성 제 5별의 염정성군이자 미호 서기부 부장(대신=장관급 신명)이 인류가 알지 못하는 수천 년 전의 석가모니에 대한 천상기록과 출신 성분 그리고 현생기록에 대한 전생록을 낱낱이 알려왔다.

석가모니는 천상의 3,300개 제후국들 중에 반란군에 가담한 호밀국 제후의 장남이었다. 인류는 천상세계에 있었던 석가의 진실을 모르고 3,000년 이상의 세월 동안 받들고 섬겨왔지만 천상에서 인류의 정신세계 질서를 바로 잡고자 인간들이 절대 밝혀낼 수 없었던 수천 년 전의 진실을 북두칠성의 염정성군인 미호 서기부 부장이 밝혀냈다.

천상에서는 호밀국 제후의 장남으로 태어났사옵고, 석가모니는 어려서부터 차분하고 인정이 넘치는 아이로 자랐사온데, 제후의 후계자로서 교육을 받으며 가신들에게도 인정이 넘치고 베풀 줄 알았던 석가모니는 호밀국 영지민들에게서도 인정을 받았사오나 후에 반란군이 되었사옵나이다.

그렇게 인정을 받으며 자란 석가모니는 정치에 관심을 가지기 시작하였사옵고, 이에 호밀국 제후인 부친은 황성으로 출근하여 황성 내에서 일어난 모든 일에 대해 석가모니에게 다 이야기를 하였사옵나이다.

당연히 부친은 제후들 사이에 소외됨은 물론이옵고, 자제들 사이에서도 큰 인기를 누리는 석가모니의 모습에 부친은 자신의 아들을 대견해 하면서도 한편으로는 불편한 심기를 가지는 것에 무척 당혹스러워했사옵나이다.

날이 갈수록 황성에서 석가모니를 찾으려 하는 자가 많아졌사옵고, 더 큰 인기를 누리자 부친은 자신의 위치가 불안하다는 위기감을 느꼈사옵고, 이에 한참을 고심한 결과 제후 자리를 석가모니에게 물려주는 것을 보류상태로 놔두었사옵나이다.

이런 부친의 속마음도 모르고 석가모니는 부친 대신 황성연회에 부지런히 참석하여 자신을 어필하기 시작하였고, 자제들 사이에서도 다방면에서 친분과 교류를 쌓으며 나름대로 황성 진출로 다지는 기초공사를 열심히 행하였사옵나이다.

또한, 호밀국에 돌아다니며 영지민들과도 친분을 다지며 장차 제후의 후계자로서 존경을 받는 것도 소홀함 없이 정성으로 대하니 영지민들 사이에서도 석가모니가 장차 제후 자리를 넘겨받는 것을 당연시 하였사옵나이다.

이렇게 일파만파 석가모니에 대한 인식이 선망의 대상으로 퍼지자 부친은 날로 신경이 예민해지며 석가모니를 견제하기 시작하였사옵고, 시기와 질투심으로 똘똘 뭉쳐 있던 부친은 제후 자리를 석가모니가 아닌 순종적이고 얌전한 둘째 아들에게 물려주려는 계획으로 바꿨사옵나이다.

석가모니는 호밀국 안팎으로 명성이 날로 커지자, 다른 제후국들 사이에 석가모니를 사위로 삼기 위해 혼처를 보내왔사온데, 부친은 이런저런 핑계로 차일피일 미루기 시작하였사옵나이다.

대신 둘째 아들의 혼처를 서두르려 하자 제후국들에서는 받아들이지 않았사옵고, 이에 불만을 품은 부친은 호밀국 내에 자리 잡은 가신들 중 자녀와 짝을 맺어주었사옵나이다. 또한, 부친은 석가모니를 호밀국에서 추방시키려고 계획을 세우기 시작하였사온데, 이때 석가모니 나이는 21세였사옵고, 석가모니는 안팎 활동으로 인하여 부친의 계획을 알아차릴 수가 없었사옵나이다.

석가모니가 자신의 방에서 쉬고 있던 어느 날 하인이 자신에게 찾아와 할 말이 있다 해서 이야기를 들어보니 자신에 대한 부친의 생각과 계획을 알고 큰 충격에 빠졌사옵나이다.

그렇게 살던 어느 날 주점으로 들어온 무리들로 인해 기생들을 독차지했다는 이유로 시비가 붙어왔사온데, 석가모니는 화를 내지 않고 그들에게 함께 공유하는 게 어떠냐는 말에 무리들은 화가 한풀 꺾이며 함께 동석을 하였사옵나이다.

함께 어울리며 이런저런 이야기를 나눈 결과 몇 년 전에 명성을 날렸던 호밀국 자제라는 것을 알고 그들은 탐욕스런 눈빛으로 석가모니를 탐색하였사옵고, 그런 무리들을 바라보며 석가모니는 그들이 하는 일이 무엇인지 호기심이 일었사옵나이다.

탐색을 마친 무리들은 석가모니를 믿어도 된다 판단하여 자신들이 하는 일에 대해 자세히 설명하였사옵고, 자세히 들은 석가모니는 반란군에 가담하여 자신을 모함하는 호밀국 가족들과 세인초류국에 복수하고 싶은 열망이 강하게 일었사옵나이다.

그렇게 해서 반란군에 가담하여 전략가로 나서며 활동을 하기 시작하였고, 어린 시절에 여러 제후국들을 돌아다녔던 경험으로 반란군들이 비밀활동하기 편한 장소와 터를 물색하여 황실군들에게 들키지 않도록 전략을 세웠사옵나이다.

또한, 각 부대마다 있는 전략가들을 함께 불러들여 인사를 나눔과 공동 전략을 치밀하게 세워 각 부대들마다 전달하였사옵고, 석가모니는 또한, 복수를 위해 많은 부대를 내세워 전략을 철저하게 세움에 반란군들은 환호하였사옵나이다.

그들도 제후국들을 무너뜨리는 것이 목표였기에 석가모니가 세운 전략을 잘 따르며 출격준비를 마쳤사옵고, 드디어 출격하는 때가 되자, 석가모니는 자신의 두 눈으로 확인하는 것을 원해 함께 동참하였사옵나이다.

자신의 고향인 호밀국을 치기 위해 계획을 세우기 시작하였사온데, 호밀국을 철저히 무너뜨리기 위해 자신이 알던 모든 비밀과 구조에 대한 정보를 총망라하여 전략을 세우며 열의를 불태웠사옵나이다.

 동생인 제후는 낯익은 존재가 바로 자신의 형이라는 것을 알아보았사옵고, 또한 자신의 일가족들을 죽인 범인이 자신의 형인 석가모니라는 것에 큰 충격을 받은 동생은 너무나도 믿기지 않은 상황에 얼이 빠져나갔사옵나이다.

 동생인 제후는 얼이 빠져나가면서도 자신의 형인 석가모니에게 연유를 물으며 자신들이 무엇이 잘못했는지 알려달라 하였사옵고, 그런 동생(제후)의 모습을 보면서 흔들림이 없던 석가모니는 자신이 왜 그래야 했는지에 대해 자세히 알려주었사옵나이다.

 거의 모든 전말을 듣게 된 동생인 제후는 형의 아픔을 헤아리지 못하고 부친의 욕심과 함께 자신이 제후 자리가 탐나 형을 내모는 것에 일조했음을 인정하게 되었사옵고, 형인 석가모니에게 너무나도 미안했던 동생은 목숨을 구걸하기 시작하였사온데, 그런 동생의 모습을 보며 살려둘 가치가 없다 판단하여 자신의 손으로 동생을 죽여버렸사옵나이다.

 처절한 비명을 내지르며 생을 마친 동생을 보며 허망한 마음이 들어 잠시 흔들렸사오나, 다시 마음을 다 잡고 부모를 찾기 시작하였사온데, 한참 본성을 뒤진 결과 지하의 비밀 방에 숨어 있을 걸로 예상되어 부대원들을 이끌고 지하의 비밀 방으로 쳐들어갔사옵나이다.

 아니나 다를까 밖에서의 아수라장 비명들을 들으며 심상치 않은 일이 생겼음을 인지하고 가족들 이외에 아무도 모르는 지하의 비밀 방으로 대피하였사온데, 이런 자신들을 찾아내는 외부인들에 대해 당혹스러워했사옵나이다.

벌벌 떨며 숨어 있는 자신들을 찾아내는 정체불명의 외부인들을 유심히 살펴보았사온데, 거기에서 자신의 장남인 석가모니를 발견하고, 대경실색하였사오며, 부친은 석가모니에게 놀라워하면서도 가족들에게 무슨 짓을 저지르려는 것이냐는 호통에, 석가모니는 어이가 없어 하면서도 부친의 매정한 모습과 자신의 정체에 대해 충격은 받은 모친의 모습에 환멸을 느껴 일말의 가치가 없겠다 싶어 자신의 손으로 죽였사옵나이다.

부모를 한참 바라보다가 부대원들을 이끌고 철수를 하였사옵고, 철수를 하면서도 무너지는 성을 보고 있자니, 외부에 감시하고 있던 한 부대원이 뛰어나오며 누군가가 황실군에게 연락을 하여 도움을 요청한 것 같다는 말에, 석가모니는 도망치기보다는 부대원들에게 서둘러 철수하라 하고, 자신은 다른 곳으로 가겠다는 말에 부대원들은 반발하였사옵나이다.

하오나, 석가모니가 고집불통으로 나가자, 부대원들은 순순히 석가모니의 말을 따르면서도 마지막이다 싶어 굳건한 악수를 나누며 헤어졌사온데, 헤어지고 나서 석가모니는 본성으로 다시 들어가 말 한 마리를 타고 북문으로 향하기 시작하였사옵나이다.

자신을 발견하여 추격하는 황실군들을 따돌리며 북문에 다다르자, 미리 연락을 받은 수문장들과 정찰대들이 북문 밖으로 넘어가는 것을 막기 위해 사투를 다하였사오나, 치밀한 석가모니의 행동을 막지 못하고, 결국은 석가모니에게 북문으로 넘어가는 것을 내어주고 말았사옵나이다.

그렇게 해서 북문으로 넘어간 것에 성공한 석가모니는 지구로 떠나오게 되었사옵고, 지구로 환생하기 전인 구체의 모습으로 떠돌다가 인도의 카필라국 아버지 정반왕과 어머니 마야부인 사이의 아들(왕자)로 환생하였사옵나이다.

석가모니는 왕자의 신분으로 태어났사오나, 어머니가 7일 만에 죽어 이모 마하파자파티에 의해 양육되었사오며, 어려서부터 소심하고 소극적인 성격 탓에 사색에 빠지기를 좋아하였사옵고, 늘 사색에 빠져 있는 모습을 본 부친과 이모는 적극적인 성격으로 변모시키려 갖은 애를 썼사옵나이다.

그럼에도 불구하고 달라지지 않는 아들의 모습에 걱정이 이만저만이 아니었사옵고, 자신의 자리를 물려주기 위해 제왕학을 배우게 하여도 늘 사색에 빠져 있는 석가모니가 과연 자신의 자리를 물려받고 잘해나갈 수 있을까 하는 조바심에 부친은 더 강하게 키우기 위해 무술을 가르쳤사옵나이다.

석가모니는 부친의 애정에 부합하고자 제왕학과 무술을 열심히 배웠사옵고, 그러다가 왕성 밖으로 나가는 일이 생겨 외출을 하였사온데, 지나가는 와중에 병에 걸려 누워 있는 병자들, 굶주림에 허덕이는 고통스러운 모습들에 충격을 받았사옵나이다.

고통스러워하는 그들의 모습들이 강렬하게 머릿속에 박혀 있어 떠나지를 않았사옵고, 왕성 안으로 돌아와서도 그들의 모습들을 생각하며 사색에 빠져 있자, 부친은 그런 아들 모습에 걱정으로 고심하다가 즐거움과 향락을 선사하고자 매일 음악과 가무를 즐길 수 있도록 노력하였사옵나이다.

석가모니도 자신이 사색에 빠져 있던 것을 중지하고자 향락을 즐겼사온데, 이때 나이가 14세였사옵고, 그렇게 빠져 있다가도 혼자 있는 시간이 되면 어김없이 사색에 빠져들곤 하는 것을 부친은 너무 혼자 놔둔 것을 안 좋게 생각하여 이웃 나라 아쇼다라 공주를 배우자로 맞아 결혼시켰사옵나이다.

그렇게 가장으로서 안정을 잡아가기 바랐사오나, 석가모니는 가정과 정무를 돌보지 아니하고 시간이 날 때마다 사색에 빠져들었고, 왕성 밖으로 나가 도를 얻고자 하는 고행자들의 모습을 보며 자신만의 세계에 빠져들곤 하였사옵나이다.

반복적인 생활에 적응해가던 어느 날 아들 라훌라가 태어난 것을 속박과 짐이라 생각하고, 자신만의 세계를 만들어가기 위해 부인과 아들이 잠자는 틈을 타 가정으로부터 탈출을 감행하게 되었는데 이때 나이가 29세였사옵나이다.

자신을 위해 무책임하게 가정을 버리고 떠난 후 6년 만에 석가모니는 그때부터 삶의 고통, 영혼의 고통으로부터 벗어나고자 보리수나무 아래에서 득도를 이루기 위하여 7일 동안 안 자고, 안 먹는 명상의 고행을 시작하여, 인간 육신은 나그네(영혼)가 잠시잠깐 머물다 가는 껍데기에 불과함을 알았고, 죽으면 세상사 모두가 부질없다는 무소유라는 것을 깨달았사온데, 이때 나이가 35세였사옵나이다.

여러 마을과 인접한 국가들을 돌아다니며 안 먹고, 안 자는 고통을 스스로 겪으며 깨달음을 얻었고, 그렇게 자신을 학대하며 얻은 고행의 모습을 보여주며 사람들에게 설법을 퍼트리기 시작하였사온데, 사람들은 무소유를 강조하며 모든 것을 놓아 줄 것을 강요하는 석가모니의 설법을 따르며 하나 둘씩 제자로 들어갔사옵나이다.

그러면서 석가모니 자신 스스로가 천상천하 유아독존이라고 외치고 다녔사온데, 그런 석가모니를 보며 제자들과 사람들은 환호하며 더욱 더 따르게 되었사옵고, 석가모니는 자신을 환호하며 따르는 것에 더 큰 희열을 느끼고, 더욱 자신을 학대하며 뱃가죽이 등에 붙을 정도로 안 먹는 고행을 거듭할수록 고통이 수반되었사옵나이다.

서 있기 힘들 정도로 고통을 감내하며 설법을 펼치다가 급기야는 일어서지 못하고 누워 있는 상태가 되어서도 설법을 펼쳤사온데, 석가모니는 결국 질병과 노쇠를 이기지 못하고 80세에 숨을 거두었사옵고, 그 이후 이리, 독수리, 여우, 살모사, 지네 등으로 환생 반복하였사오나 정작 석가모니는 지금 허공 중천을 추위와 배고픔으로 떠돌고 있사옵나이다.

비록 안 먹고 안 자는 고행과 무소유를 거듭 주장해왔사오나, 가장으로서의 책임을 저버리는 이기적인 발상으로 인하여 수많은 추종자들을 만들어낸 사상이 오늘날 와전되어 조상들을 구원해준다는 설법과 무소유를 강요하며 가족들을 저버리고 부처(고행의 깨달음)로 귀의하기를 강요하는 모순이 되었사옵나이다.

7일 동안 안 자고, 안 먹는 명상의 고행을 시작하여, 인간 육신은 나그네(영혼)가 잠시잠깐 머물다 가는 껍데기에 불과함을 깨달았고, 죽으면 세상사 모두가 부질없다는 무소유 사상을 주장하며 전파하였던 잘난 석가모니의 사후세계는 어떨까?

인간들의 생각과는 달리 석가모니가 허공중천을 떠돌고 있다는 천상과 지상의 전생기록담당 미호 서기부 부장의 말을 듣고, 석가모니의 영혼이 어찌하고 있는지 비서실장 이율의 몸으로 불러보았다,

내가 '석가모니 들어와라'라고 불렀다.
그러자 바로 비서실장 이율의 몸으로 들어온 석가모니는 고통스런 신음소리를 내며 푹 고꾸라졌고, 일어날 기운조차도 없었다. 옷이 없다며 아이 추워! 배고파! 온몸이 얼어터져서 아프다며 고통을 하소연하기에 전국의 사찰에 가면 불단에 먹을 것이 얼마나 많이 쌓여 있는데 배고파 하냐고 물었더니 기가 막힌 말을 하였다.

"다, 소용없어요. 먹을 수가 없어요" 하기에 그게 무슨 말이냐고 물었더니, 힘센 귀신들이 마구 두들겨 패고, 음식에 손도 못 대게 막는다며 쫓겨 다녔다고 하였다. 무소유를 주장하며 안 먹고, 안 자는 고행을 하였다는 석가모니는 말할 기운도 없어서 일어나 앉지도 못하였다.

3천 년의 세월 동안 인류로부터 존경받으며 추앙받아 오던 석가모니의 사후세계가 이렇게 비참할 수 있을까? 상상조차도 할 수 없는 일이었다. 승려와 불교 신도들은 열반에 들어 도솔천에 환생했을 것이라고 믿고 있는데 이게 무슨 말이던가?

 왜 안 먹고, 안 자는 고행을 하면서 천상천하 유아독존이라 말하였느냐는 물음에 잘난 척 폼 잡으려 했다는 어이없는 말을 하였다. 춥고 배고프지만 3천 년의 세월 동안 인류로부터 명예를 얻지 않았느냐고 반문하였다.

 그랬더니 이렇게 춥고 배고파서 고통스러운데 죽어서 명예가 다 무슨 소용이냐며, 자신의 사상을 믿고 따르는 불자들이 모두 등신 머저리 바보들이라고 한탄하고, 사후세계 고통이 이렇게 큰 줄 몰랐다고 후회하였다.

 추위와 배고픔의 고통 속에서 구해달라고 하소연하기에 너의 사상을 믿고 따르는 불자들을 몽땅 데려오면 구해주겠다고 말해주었더니 그리하겠다고 약속하며 돌아갔는데, 인류 모두가 사후세계를 너무 쉽게 생각하며 살아가고 있다. 석가모니 자신도 구원받지 못하여 추위와 배고픔으로 고통받고 있는데 무슨 재주로 그대 불자들을 극락 왕생시켜 준다는 말인가?

 한때 천상으로 올라갔었으나 반란군 가담 죄, 아버지, 어머니, 동생, 제수와 가족들과 식솔들을 죽인 전생의 역모 죄와 살인죄를 짓고 허락 없이 지구로 도망친 죄 때문에 자격심사에서 탈락하였다.

지금 인류는 3천 년의 세월 동안 석가모니가 전생의 천상에서 지은 죄를 몰랐기에 존경하고 받들며 숭배하고 있는 것이다. 인간들의 능력으로는 영들이 전생에서 무슨 죄를 지었는지 알 수 없기에 이렇게 죄인을 존경하고 받들어 섬기는 불행한 일이 벌어졌지만 아무도 책임지는 자가 없다.

인류의 영혼들을 병들게 하고 영들의 고향인 천상으로 돌아가지 못하도록 불교, 기독교, 천주교, 이슬람교, 유교, 도교 사상의 굴레 속에 가두어놓은 석가모니, 예수, 마리아, 야훼, 마호메트, 상제, 공자, 노자, 맹자의 제자들이 지은 죄가 더 크다 할 것이다.

육신은 죽어서 한 줌의 재가 되거나 흙으로 돌아가지만 영들은 전생의 천상에서 지은 죄를 빌어 떠나온 고향인 천상 자미천궁과 도솔천궁으로 돌아가야 하는 것이 인간으로 태어난 사명을 완수하는 것이다.

하늘의 천자이자 황태자로서, 인류의 구원자이자 심판자로서 말한다. 그대들은 전생에 지은 죄를 빌라고 영혼의 어버이께서 인간으로 태어나게 해주신 것인데 죄는 안 빌고, 지금 어디 가서 죄인을 받들어 섬기며 존경하고 있는 것이던가?

그대들이 열심히 믿는 석가모니의 사상은 그대들을 영혼의 고향으로 돌아가는 천상의 길과는 정반대 고행의 길로 인도하고 있다는 사실을 아는가? 석가모니가 안 자고, 안 먹으며 무소유의 고행을 덕목으로 여기는 사상을 전파하는 도를 닦은 자이기에 석가모니를 받들어 섬기고 따르는 그대 불자들 역시도 인생의 고행 길, 사후세계의 고행 길을 자처하며 석가 사상을 따르는 제자의 길을 가고 있는 것이다.

현생뿐만이 아니라 어느 날 갑자기 다가오는 죽음 이후의 사후세계를 맞이하려면 더 이상 종교 안에서 방황하며 갈등하지 말고 하루빨리 이곳으로 들어오는 것이 가장 현명한 길이라는 진실을 전한다.

성인군자, 도덕군자로 알려진 석가모니, 예수, 마리아, 야훼, 마호메트, 상제, 공자, 노자, 맹자는 그대들의 사후세상을 아무도 책임져 주지 않고, 오직 하늘의 명을 받은 천자이자 황태자만이 그대들과 조상, 영혼, 신명들을 구해줄 수 있다.

인류가 전생의 진실을 알 수 없기에 석가모니, 예수, 마리아, 야훼, 마호메트, 상제, 공자, 노자, 맹자와 이들의 제자들이 아수라 대마왕 하누와 표경의 앞잡이가 되어 인류의 정신세계를 지배 통치하여 왔으나 천상이 주인이신 나의 아바마마께서 더 이상은 죄인들의 파렴치한 행동들을 지켜보실 수 없기에 천자이자 황태자를 인류의 구원자이자 심판자로 황명을 내려 이 땅으로 내려 보내신 것이었다.

인류의 정신세계를 바로잡고, 천상에서 죄를 짓고 도망친 죄인들과 쫓겨난 죄인들의 영혼들을 잡아들여 심판하고, 구해주어서 산 자들은 천상 자미천궁으로, 죽은 자들은 천상 도솔천궁으로, 죽일 자들은 적화도와 한빙도로 보내는 것이 심판자인 나의 역할이다.

이제 그대들의 정신을 미치게 하며, 영들을 방황하게 만들고 있는 모든 종교 사상에서 벗어나는 것이 가장 급선무이고, 그대들의 영혼이 살 수 있는 길이다. 이번 생에 나를 만나지 못하여 구원받지 못한다면 영원히 허공중천 구천세계에서 추위와 배고픔에 고통스러워하면서 떠돌아다니는 처량 맞은 귀신 신세가 될 것이다.

석가가 지은 죄들 중에서 가장 큰 죄가 천상천하 유아독존이라는 말이다. 하늘과 땅 즉, 온 세상에서 자신이 최고 존귀하다는 뜻인데 이 말이 하늘을 능멸하는 역천자 죄가 되었다.

석가는 안 먹고, 안 자는 고행과 무소유를 주장하며 자신만의 이상세계를 추구한 자이다. 조상구원과 거리가 먼데 지장보살을 끌어들여 조상들을 천도재로 구해준다고 현혹시켜서 많은 사람들을 끌어들였다. 영들의 구원은 창조자만이 할 수 있는 고유영역이기에 종교인들이 할 수 없다는 진실을 몰라보고 의식하는 겉모습만 보고 믿으며 행하지만 모두 거짓이다.

천상천하 유아독존! 인간과 영혼, 천지만생만물 창조자 하늘의 존재를 부정하였으니 석가가 죽어서 추위와 배고픔의 고통, 깡패 귀신들에게 얻어터지며 허공중천을 떠도는 것은 아주 당연한 일이 아니던가?

※
청와대 터는 天宮(천궁)이 들어설 하늘과 신의 터라서 인간 대통령들에게는 재앙이 내리니 빨리 비워야 한다. 그 증거가 역대대통령들의 비운과 박근혜, 이명박 전 대통령의 옥고이다.

구천상제 증산 강일순 전생록

천상 자미천궁에서 전생과 현생을 기록하고 문서 담당하는 북두칠성 제 5별의 염정성군이자 미호 서기부 부장(대신=장관급 신명)이 인류가 알지 못하는 수천 년 전의 구천상제 증산 강일순, 조철제, 박한경에 대한 천상기록과 출신 성분 그리고 현생기록에 대한 전생록을 낱낱이 알려왔다.

구천상제 증산 강일순은 천상의 3,300개 제후국들 중에 반란군에 가담한 안노국 제후의 셋째 아들이었다. 도인들은 천상세계에 있었던 강증산, 조철제, 박한경의 진실을 모르고 100년 이상의 세월 동안 받들고 섬겨왔지만 천상에서 인류의 정신세계 질서를 바로 잡고자 인간들이 절대 밝혀낼 수 없었던 천상세계에서 있었던 진실을 북두칠성의 염정성군인 미호 서기부 부장이 밝혀냈다.

증산도, 태극도, 대순진리회, 증산 계열 군화도덕교, 청우일심회, 기타 증산 계열에서 분파된 신앙의 중심에 서 있는 증산상제 강일순이 구천상제(아홉 하늘의 상제)를 사칭하자 더 이상 두고 볼 수 없어 하늘께서 목숨을 거두어들여서 39세의 젊은 나이에 세상을 떠났다.

천상에서는 지구에서 일어나는 모든 일거수일투족의 일들을 실시간으로 지켜보고 계신다는 진실을 인간들은 알지 못하고 살아가기에 더 많은 죄를 짓는다.

강일순은 천상에서는 3,300개 제후국들 중에 안노국 제후의 셋째 아들로 태어났사옵고, 야망이 무척 크사오며 욕심도 무지 많았는데, 강일순은 어려서부터 부친에게 인정받기 위해 다른 형제들보다 학업과 무술, 처세술 등 모든 것에 대한 교육을 받아 피나는 노력을 하였사온데 나이를 먹은 뒤에 어느 날 반란군에 가담하였사옵나이다.

또한, 영지민들에게 인정을 받도록 늘 영지들을 돌아다니며 자신 편으로 끌어 들이는 노력을 게을리 하지 않았사옵고, 그렇게 어려서부터 두각을 드러내기 시작하자 자식들에게 관심이 없던 부친은 강일순에게 관심을 갖기 시작하였사옵나이다.

강일순은 부친이 자신에게 관심을 가지자 속으로 쾌재를 불렀사옵고, 나이 17세가 되었을 때 부친으로부터 황성연회에 참석하라는 명을 받고, 두근거리는 마음으로 황성연회에 참석하였사옵나이다.

황성연회에 참석을 하니 수많은 대신들과 제후들, 자제들이 모이는 것을 보고 자신의 야망을 이루기 위해서는 이들과 친분을 다져야만 함을 알아채고 적극적으로 친분을 다지기 시작하였사옵나이다.

자신이 가지고 있는 카리스마, 리더십, 친화력 등을 발휘하니 자제들로부터 관심을 한 몸에 받았사옵고, 그중에서 고비타국 출신인 조철제(태극도 창시자)와 역시 같은 출신인 박한경(대순진리회 창시자)과 마음이 맞아 금세 친분을 다졌사옵나이다.

그렇게 서로 간에 호감과 관심도 등을 나누며 즐겁게 친교를 다지다가 퇴궁할 때가 다가오자 다음을 기약하며 헤어졌사옵고, 집으로 돌아온 강일순은 부친에게 황성에서 있었던 일에 대해 보고를 하였사옵나이다.

또한, 제후인 부친은 강일순의 일거수일투족을 감시하기 위해 급파했던 조사단으로부터 보고 받았던 내용과 비교하며 강일순에 대한 모든 것을 알게 되었고, 부친은 강일순이 거짓 없이 그대로 보고를 하자 부친은 더욱더 강일순을 신뢰하기 시작하였사옵나이다.

강일순은 이런 부친의 마음을 애초에 눈치 채고 있었기에 있는 사실대로 고하여 제후 자리를 넘겨받기 위해 어떠한 의심도 갖지 않도록 무던히도 애를 썼사옵고, 강일순은 부친을 존경하는 마음과 형제들과의 우애를 다짐과 동시에 모친을 효성으로 지극히 모시는 일에 굉장히 적극적으로 나섰사옵나이다.

강일순은 또한, 자제들과의 교류를 통하여 안노국의 발전에 도움이 되는 일이라면 어떠한 노력도 성실하게 임하였사옵고, 또한, 광맥이 풍부한 고비타국의 박한경과 조철제 등과 꾸준히 전보를 교환하며 부친에게 광맥을 사들여 안노국의 손재주를 이용하여 연마, 가공하여 되파는 식으로 안노국 경제에 도움이 되고자 하는 계획서를 올렸사옵나이다.

이에 부친은 크게 만족하며 강일순이 하는 일에 대해 적극적으로 지지하였고, 그런 부친을 보며 강일순은 자신에게 완전 넘어왔음에 대해 조용히 자축하며 박한경과 조철제를 통하여 합법적인 절차를 통해 광맥을 사들이기로 하였사옵나이다.

강일순은 황성 내 도시에 위치한 주점에서 박한경과 조철제를 만났사온데, 두 사람을 오랜만에 만나는 것이 너무나 반가워 마치 오랜 연인을 만난 것처럼 애정표현을 하는 것에 강일순은 순간 당황하였사옵나이다.

하오나 너무나 자연스러운 두 사람의 모습에 스킨십하는 것을 받아들이기로 하고 광맥 매매를 위한 계약을 작성하기 시작하였사온데, 어떠한 정보도 밖으로 새어나지 않기 위해 조용히 작성하고 나서 식사 대접없이 헤어졌사옵나이다.

강일순은 짧은 시간 내에 용건이 끝나고 안노국으로 돌아가자, 자신을 감시한 조사관은 아무런 의심 없이 완벽히 일을 진행하는 것에 대해 부친에게 보고를 올렸사오며, 자신에 대해 아직도 의심을 떨치지 못하며 감시하고 있음을 잘 알고 있었던 강일순은 겉으로는 태연하게 오로지 부친을 위해 일한다는 것처럼 철저하게 행동하였사옵나이다.

안노국 부친에게 보고를 마치고 자신의 방으로 돌아온 강일순은 조철제가 자신에게 주었던 쪽지를 보게 되었는데, 쪽지에는 강일순을 제후 자리로 오르도록 만들기 위해 적극적인 지원과 경제적인 도움을 주기 위해 박한경이 힘을 쓸 거라 하였사옵나이다.

박한경은 서자이기에 제후 자리에 오르지 못하므로 고비타국의 버팀목이기도 한 광맥을 사들여 고비타국의 경제를 무너뜨리기를 원하였사옵고, 그러한 그들의 사정을 접하게 된 강일순은 받은 쪽지를 태우고 자신과 그들이 원하는 대로 이루기 위해 차근차근 계획을 세우기 시작하였사옵나이다.

차근차근 계획을 세우는 동시에 부친에게 도움을 주고자 부친이 하는 일에 협조를 하기 시작하였사옵고, 강일순의 적극적인 일처리에 무척 만족스러워 부친은 조금씩 이양하게 되었사옵나이다.

그것을 알게 된 다른 형제들은 부친에게 항의하기 시작하였사온데, 부친은 어떠한 노력도 하지 않은 아들들에 대해 무척 화를 내며 단호하게 제후자리를 넘겨주는 일이 없을 거라고 하였사옵나이다.

그 말을 들은 아들들은 크게 상심하여 영지 내에 있는 주점으로 가서 폭음하기 시작하였사옵고, 그런 형제들의 모습을 보며 속으로 고소해 하면서도 내색 않고 강일순은 묵묵히 일을 진행하였사옵나이다.

그렇게 방해물인 형제들을 몰아내는 것을 직접 목도한 강일순은 제후자리를 차지하기 위해 부친의 마음에 들도록 각고의 노력을 하였사오며 또한, 박한경을 통하여 광맥 매매를 본격적으로 진행하였사옵나이다.

그렇게 광맥 매매를 순조롭게 진행하며 안노국에서 보석 가공, 연마자를 물색하여 본성 내에 숙식을 제공하며 철저히 관리하였사오며, 그렇게 철저하게 관리하여 광맥 원석을 가공하는 것을 지켜보는 강일순은 가공연마기술이 상당히 높다는 것을 알게 되었사옵나이다.

너무나도 만족한 연마기술에 상당히 흡족해하며 부친에게 이 같은 사실을 알렸사오며, 부친도 그 소식에 기뻐하고 실력을 보여준 강일순에게 제후 자리를 넘겨주기로 마음을 먹었사옵나이다.

부친은 안심하고 제후 자리를 강일순에게 넘기며 자신은 여행을 다니며 소박하게 살기를 원했었으며, 드디어 자신에게 흡족하게 해준 강일순을 무조건 믿기로 하였사온데, 서서히 변화를 감지한 강일순은 완성된 보석을 가지고 황성 내에 위치한 보석점으로 가져가 감정을 받기 시작하였사옵나이다.

보석감정사의 결론은 최고급등급으로 매겨 가치가 높다는 것을 기쁘게 받아들였사온데, 그렇게 최고로 좋은 등급을 받고 안노국으로 돌아갔사오며, 또한 본격적으로 보석가공국으로 자리매김하기 위해 보석가공기술자를 배출하기 위해 교육을 시켰사옵나이다.

그렇게 심혈을 기울여 보석가공 기술자들을 배출하는 데 성공한 강일순은 광맥을 무더기로 캐내 가공하도록 기술자들을 독려하였사온데, 대체로 안노국 출신인 가공기술자들은 강일순의 너그러운 리더십에 감동하여 적극적으로 작업을 진행하였사옵나이다.

그렇게 얼마의 시간이 흐른 후 보석 가공에 성공하자 보석을 황성 내에 위치한 보석점에 다시 찾아가 판매할 수 있는지를 문의하였사온데, 보석점 주인은 다시 찾아온 강일순을 반갑게 맞아들이며 보석 감정에 들어갔사옵나이다.

보석점 주인은 보석가공기술에 놀라며 처음보다 훨씬 좋다는 말에 강일순은 성공했음에 기뻐하며 보석점 주인과 장기계약을 맺었사옵고, 자신이 가지고 있는 모든 보석을 넘기며 비싼 값에 팔았사옵나이다.

그렇게 좋은 성과를 얻은 강일순은 안노국으로 돌아가 부친에게 보고를 올리니 부친은 매우 흡족해 하며 제후자리를 이양하겠다 하였사옵고, 그래서 강일순 나이 19세에 부친으로부터 제후 자리를 승계받았사옵나이다.

부친은 모든 안노국에 대한 권한을 깅일순에게 물려주며 부친과 모친은 여러 제후국으로 여행을 다니기 시작하였사오며 또한, 다른 형제들에게는 얼마간의 자금을 대주며 황성 내에 살도록 배려를 하였사옵나이다.

그렇게 해서 완전히 가족들을 몰아낸 것에 성공한 강일순은 기쁨을 자축하기 위해 조철제와 박한경을 안노국으로 불러들여 파티를 열었사옵고, 축하하며 술을 주거니 받거니 마시다 보니 어느 정도 만취가 되자 강일순은 두 사람을 각자 손님방으로 데려가 묵게 하였사옵나이다.

그렇게 시간이 흐르던 어느 날 조철제는 강일순에게 박한경과 함께 반란군에 가담하여 활동하고 있다는 말을 하였사옵고, 또한 고비타국에 있는 자신들의 주점이 반란군들의 아지트이자 자금을 대주는 장소라고 밝혔사옵나이다.

　그리하여 강일순이 반란군에 가담하여 광맥으로 벌은 자금을 반란군에 지원해달라 요청을 하였사옵고, 잠시 생각에 잠긴 강일순은 자신도 야망이 있기에 황실을 새롭게 바꿔 권력을 쥐기원했음을 인정하여 조철제에게 그리하겠다고 수락하였사옵나이다.

　강일순은 안노국으로 돌아가 자금에 대한 전반적인 흐름을 파악하여 반란군에 자금을 대주기 위해 관리하도록 하였사온데, 반란군들의 자금을 대주는 일등공신이 되어 반란군들 사이에 평판이 좋아지자 더 기분이 좋아진 강일순은 보석가공 연마기술자들에게 다그치기 시작하였사옵나이다.

　그렇게 다그치며 나온 보석들을 챙기며 보석점에 판매대금으로 일부를 가지고 조철제와 박한경을 만나 반란군 비밀기지로 가서 수뇌부들을 만나 직접 자금을 전달하였사옵나이다.

　그렇게 반복되는 패턴으로 생활하던 어느 날 보석가공 연마기술자들이 달라지는 강일순의 모습을 의심하여 그중에서 미행에 탁월한 재능을 가진 한 기술자가 강일순을 미행하기 시작하였사옵나이다.

　그렇게 미행하던 기술자는 강일순이 정체를 알 수 없는 자들과 만나 자금 대주는 것을 목격하고 돌아온 기술자는 이 비밀에 대해 어찌해야 될지 몰라 고민해 있다가 강일순의 다른 형제들에게 전해야겠다는 생각에 미치자 황성 내에 위치한 강일순의 큰 형님을 찾아갔사옵나이다.

강일순에 대한 모든 것을 이실직고한 기술자는 충격에 빠져 있는 그를 놔두고 안노국으로 돌아갔사옵고, 큰 형님은 강일순을 몰아내고 제후 자리를 찾기 위해 자신이 찾아갔다가는 실패 할 것을 생각하고 황실군에 신고하였사옵나이다.

황실군들은 제보에 따라 강일순에 대해 조사를 시작하였사온데, 고비타국으로부터 들여온 광맥은 합법적인 것이 아닌 반란군들을 지원하는 다른 제후가 비밀리에 소유하고 있는 것을 들키지 않고 자금으로 전환하기 위해 안노국 강일순을 이용한 것이었사옵나이다.

그리하여 불법적인 광맥을 합법적인 매매로 속여 강일순에게 거액으로 팔아서 자금을 만들어 대줬사옵고, 또한 비밀루트를 통하여 거액을 들여 사들인 강일순은 자신만의 재산을 형성하기 위해 황성에 신고하지 않고 광맥의 원석을 가공, 연마하여 보석으로 만들어 보석점에 비싼 값에 팔아 재산을 형성하였사옵나이다.

거기에서 황성에 걸리지 않고 안전하게 재산을 형성할 수 있었던 이유는 보석점 주인과도 비밀리에 합의하여 보석점 주인도 황성에 신고 않고 비밀에 붙여지기를 좋아하는 고객들에게 남몰래 판매하여 부를 쌓는 것을 선호하였사옵나이다.

강일순은 안노국의 재산을 축소하여 신고하였사옵고, 실제 재산은 자신의 비밀 방에 숨겼사옵고, 그러다가 조철제, 박한경이 반란군들에게 자금 대줄 것을 요청함에 따라 자신의 비밀 방에 숨겨놨던 자금들을 가지고 불법으로 반란군들에게 대주었음을 알게 되었사옵나이다.

황실군들은 제보를 받고 고비타국의 주점 근처에 매복해 있었사온데, 조용히 매복해 있으면서 얼마의 시간이 흐른 후 강일순이 나타나는 것을 보았사오며, 강일순이 주점 안으로 들어서자 어느 정도의 시간이 지난 뒤 황실군들이 주점 안으로 들어갔사옵나이다.

강일순은 주점에 들어서는 순간 뭔가 이상한 예감이 들며 불안해하였사오며, 누군가 제보했을 거라는 생각에 박한경과 조철제가 있는 방으로 들어갔사옵고, 방으로 들어가니 박한경과 조철제가 이미 와있었사옵나이다.

강일순은 박한경과 조철제와 조용히 이야기하였사옵고, 빨리 비상문으로 도망가야 된다고 경고를 하자, 연유를 물으니 누군가가 제보하여 아지트를 들킨 것 같으니 도망가자 하여 조철제와 박한경은 5층에서 1층에 직통으로 갈 수 있는 뒷문을 통하여 도피하였사옵나이다.

항시 대기하고 있던 짙은 회색 용 위에 타고 북문으로 도망을 갔사온데, 한참을 도망치자 황실군 추격대가 쫓아오는 것을 보고서 더 힘차게 회색 용을 조종하여 수문장들을 제치고 북문을 타고 넘어갔사옵나이다.

그렇게 지구로 도망 나온 강일순은 구체의 모습으로 변하여 떠돌다가 축생으로는 들개, 너구리, 참새, 지렁이, 소, 닭 등 환생 반복하다가 일제강점기에 가난한 집안에서 환생하였사옵고, 박한경은 축생으로는 나방, 토끼, 닭, 돼지, 염소, 물고기 등으로 환생 반복하다가 일제강점기 지난 후 인간으로 환생하였사옵나이다.

조철제는 지구로 도망 나와 구체의 모습으로 변하여 떠돌다가 축생으로는 여우, 족제비, 파리, 모기, 바퀴벌레 등으로 환생 반복하다가 역시 일제강점기에 환생하였사온데, 조철제는 강일순과는 20년 이상 나이 차이로 환생하여 서로를 만난 적이 없었사옵나이다.

조철제는 만주에 있다가 누군가의 조언으로 강일순에 대한 일대기를 듣고 찾아갔사옵고, 거기에 감명을 받은 조철제는 강일순이 세운 사상을 그대로 모방하여 태극도라는 종교를 세웠사옵나이다

조철제는 나이 52세 때 태극도에 입문한 박한경을 만났사옵고, 자신을 추앙하며 포교활동에 적극적이었던 30세의 박한경이 훗날 대순진리회를 창시하였사옵나이다.

나는 종교의 뿌리를 내린 지하세계 아수라 대마왕 하누와 표경 그리고 종교 창시자와 종교 교주들을 심판하기 위해서 이 땅에 왔다. 이 나라에 증산도를 세운 강일순과 태극도를 세운 조철제 그리고 대순진리회를 세운 박한경의 혼령을 동시에 불러 놓고 심판하면서 일어났던 신기한 일들이다.

비서실장 이율의 몸으로 들어온 강일순, 조철제, 박한경에게 차례대로 장풍을 날리듯 손바닥을 펼쳐보이자 비명을 지르며 나동그라진다. 인간들의 눈에는 안 보이지만 생령이나 사령들의 눈에는 엄청난 빛과 불로 보인다.

내 손바닥에선 엄청난 강력한 빛과 불(천자를 표시하는 증표)이 나오기에 영들이 엄청 두려워한다. 그러면서 자신의 손바닥도 연신 들여다보며 자신의 손에서는 빛이 왜 안 나오는지 의아해 한다.

구천상제라고 사칭하였던 증산상제 강일순은 구천상제가 아님이 적나라하게 검증됐다. 증산 계열에 있는 도인들에게 전하고 싶은 말은 빨리 자신의 정신을 되찾아 진짜 하늘이 어디 있는지 알아보라는 뜻으로 이 대목을 수록한 것이다.

구천상제? 증산 강일순이 말 그대로 아홉 하늘의 주인이라면 천지만생만물 창조자 하늘을 가리키는 것이고, 영 자체가 하늘이신데 내가 하늘의 명을 받고 움직이는 저승사자들을 자유자재로 부려서 하늘을 심판하여 고문 형벌을 가한다는 것이 상식적으로 말이나 되는 일인가?

내가 천자이자 황태자라고 2018년 1월 31일 0시 37분에 천상의 북두칠성 신명이 나의 신분을 밝혀주었고, 매주 일요일마다 천상의 주인이신 아바마마(천상폐하)와 어마마마(황후폐하)께서 하강하시어 신하 백성들에게 천지기운을 내려주시고 존귀하신 말씀을 내려주시며 아수라와 악귀잡귀, 사탄마귀들을 척살하라 하명을 내리신다.

그러면 내가 내 어버이를 심판했단 말이던가? 853마리의 용들과 천상지상의 70만 신군들인 판관사자와 저승사자들이 어째서 하강하여 나의 명을 받아 일사분란하게 움직이며 말하는 대로 고문형벌을 집행하는 것일까?

저승사자들이 하늘을 심판하고 고문형벌을 가한다고? 할 수도 없고 있을 수도 없는 일이지 않은가? 그래서 구천상제라고 말하는 증산 강일순은 완전 가짜라는 것이다. 무턱대고 종교 모두가 가짜라고 비판하는 것이 아니다.

인류가 수천 년 동안 하나님, 하느님이라 생각하며 존경의 대상으로 받들어 섬기고 있는 종교 숭배자들인 석가, 예수, 마리아, 여호와, 마호메트, 알라신, 구천상제 증산 강일순, 옥황상제 조철제, 인존상제 박한경의 영들 모두를 심판하고 고문형벌을 가하여 한빙도와 적화도로 보냈다.

수천 년 동안 종교세계를 세웠던 창시자와 교주들, 지도자들을 지배 통치하며 조종하였던 하늘과 대적할 정도로 대단한 신비능력을 가진 대마왕 하누와 표경도 50,000도의 불지옥 적화도로 보내어 완전 소멸시켰다.

구천상제를 사칭한 강일순을 불러서 대화한 결과 엄청난 고통과 얻어터져서 온몸이 아프다고 하소연하며 씩씩 거리고 이를 앙다물었다. 왜 그러느냐고 물었다.

[증산 강일순]
아이고~ 아파, 아파~

내가 고문 형벌받는 거, 에이~ 너 때문이야.
몇 달 전에 하늘을 사칭한 대가로 고문 형벌을 가하는 심판을 하여서 얼음지옥 한빙도로 보냈었는데 목과 팔다리가 잘리는 고통을 당했었다.

[천자]
너 천자이자 상제라며? 하나님이라는데 왜 고통을 받니?

[구천상제 증산 강일순]
아~ 이럴 수가… 아~아악~ 이럴 수가…

[천자]
너 구천상제라는데 저승사자도 못 이기고 아파하냐?

[구천상제 증산 강일순]
아~아~악~ 나는 다시 태어나서 진정한 천자가 될 거야. 이 말을 듣고 있던 저승사자가 머리통을 쥐어박으니 고통의 비명소리를 지르며 머리통을 감싸고 아~아~악 하며 처절하게 고통스러워하며 몸부림치고 울부짖는다.

[천자]
야~ 천자가 여기 있는데 뭘 다시 태어나?
천상에서 내가 내려왔는데…

[구천상제 증산 강일순]
아~ 아니야, 내가 천자야~ 아~아~악!

[천자]
네가 하느님이라고 했다며?

[구천상제 증산 강일순]
나는 하느님이고 난 천자야. 아~ 으~ 으~ 으~ 아~악

[천자]
완전 사기치고 다녔냐?

[구천상제 증산 강일순]
억울해~, 억울해~

[천자]
네가 하늘을 사칭했잖아?

[구천상제 증산 강일순]
아~악~아~

[천자]
하늘이라며 왜 저승사자들을 못 이겨?

[구천상제 증산 강일순]
아~으~ 으, 분통하다~ 분통해~

[천자]
야~ 네가 하느님이라는데 저승사자가 감히 하늘을 건드리겠냐? 그러니까 네가 가짜 아니냐? 네가 가짜라서 고문형벌

받아서 목과 손발 다 잘렸잖아?

[구천상제 증산 강일순]
아~으~악~

[천자]
네가 상제라면 내 손바닥을 봐봐. 야~ 이거 보고 왜 놀래? 내 손바닥 봐라~

[구천상제 증산 강일순]
아~아~악 안 돼.

[천자]
네가 상제라면 내 손바닥을 보고 왜 비명을 지르더냐?
너 딸한테 간다며? 성령이 되어갖고 딸한테 가서 환생한다고 그랬다며? 너 환생 왜 못했냐?

[구천상제 증산 강일순]
아직 환생 안 했다. 반드시 환생할거다.
아~ 아~ 악~

[천자]
야~ 네 멋대로 환생하니? 하늘께서 해주셔야 하는 거지?
넌 무슨 이적과 기적을 보여주었니? 보여준 것도 없이 거짓말로 사람들을 현혹시켜? 뭘 보여주었어? 궁금하다. 뭘 보여주었니? 나처럼 장력으로 빛을 쏘는 거 해봤어? 너 할 줄 알아?

[구천상제 증산 강일순]
자기 양 손바닥을 들여다보면서 나에게 손바닥을 펴 장풍 날리는 시늉을 하는데 자기 손에서 빛이 발사되지 않으니까 통곡하며 잉~아~으~ 흐~흐~흐~ 울먹인다.

[천자]
네가 천자라면 이 정도 능력은 갖고 있어야 하잖아?
그러면서 오른손을 쫙 펴서 빛을 쏘았더니

[구천상제 증산 강일순]
아~악~ 악~ 아~ 고통스러운 비명을 지른다.
어~흐~아~흐 억울해~, 억울해~ 억울해하면서 바닥을 손바닥으로 몇 번씩 내리친다.

[천자]
네가 하늘을 사칭한 거는 잘했고?

[구천상제 증산 강일순]
내가 꼭 환생해서 내 능력을 다시 보여줄 거야.

[천자]
너 같은 걸 누가 환생시키게 해준대?
니 천상에서의 전생록이 밝혀지고 있어. 너네 3명이 나쁜 짓한 거 지금 뽑고 있어.(이들 3명이 어울리며 천상과 지상에서 나쁜 짓 한 거는 도덕적으로 치명적이기 때문에 뺐다)

[구천상제 증산 강일순]

아~ 악~ 악~, 안 돼~, 안 돼~ 그것만은 안 돼!
으~ 으~ 내 자산이야. 안 돼 하지 마, 책으로 내지 마~ 제발~ 내 꺼 빼!

[천자]
네 전생의 비밀 다 나온다.
천상에서 제후국의 제후는 맞는데 하느님은 아니야.
너희들이 하늘 사칭한 거 심판하려고 내가 내려왔어.
종교 교주들이 못된 짓한 거 심판하려고 왔어.

[구천상제 증산 강일순]
아이고, 아이고~ 안 돼~ 안 돼~ 아이고~ 제발

[천자]
무슨 짓을 했는지 다 까발릴 거다.

[구천상제 증산 강일순]
아~ 으~ 으~ 으~ 안 돼, 제발~ 제발~
마구 울부짖으며 안 돼~ 안 돼~ 비명을 지른다.
책으로 나가선 안 돼~
책으로 나가도 사람들이 그렇게 믿지 않을 거야!

[천자]
야~ 네 전생록 진실만 나가는 줄 아니? 석가모니, 예수, 마리아, 여호와의 전생록 진실도 다 나간다. 그런데 사람들이 안 믿을 거라고? 네 얘기만 하면 안 믿겠지. 네가 천자라면 얘네들 전생록을 모두 알아야 하잖아? 근데 너는 모르잖아? 그러

면서 무슨 천자라고 하냐? 너는 가짜야~

[구천상제 증산 강일순]
아니야~ 내가 진짜야! 내가 천자야! 아~흐~흐 울부짖는다. 안 돼~ 안 돼, 제발~ 제발~

아~ 정말 놀랍다. 도통시켜준다고 얼마나 많은 사람들을 불러들여 막대한 성금을 거두어 전국 각지에 궁전같은 거대한 도장과 회관을 지었던가? 하느님을 사칭하고 구천상제(아홉 하늘)라면서 사람들의 정신을 모두 현혹시켰던가?

인간들은 구천상제 강일순의 전생을 모르니까 하느님이라 하면 그런가보다 하고 믿지만 하늘을 속일 수는 없다. 드디어 하늘께서 종교인들에 대한 대대적인 심판이 본격적으로 시작되었다.

증산도, 태극도, 대순진리회에서 도인들에게 주문수행으로 도통시켜준다고 한 말은 모두가 뻥이고 가짜였다. 도인이라는 칭호가 얼마나 높고 대단한지 모르는 무식쟁이들이기에 입도만 하면 도인이란 관명을 준다.

도인이란 관명은 천인과 신인보다 높은 최고 등급이고, 하늘께 사전에 천고를 올려서 윤허를 내려주셔야만 행할 수 있는 어마어마한 단계의 최상급 의식인데 이들 도교단체에서는 함부로 도인이란 관명을 남용하고 있으니 이 또한 죄이다.

강일순, 조철제, 박한경에 대한 경천동지할 충격적인 비밀이 숨겨져 있는데 지면에 공개할 수 없음이 너무나 안타깝다. 빨리 종교를 떠나는 게 살길이라는 말밖에는 해줄 수가 없다.

신기하게도 천상에서 했던 버릇을 지상에 와서도 똑같이 행하고 있었으니 참으로 놀라운 일이다. 천성은 바꿀 수 없다는 말이 딱 맞는다. 속담에 안에서 새는 바가지는 밖에 나가도 샌다는 말이 한 치의 오차도 없이 들어맞았다.

석가, 마리와, 예수, 야훼, 강일순, 조철제, 박한경의 윤리 도덕적 비행은 상상을 초월할 정도로 충격적이라 아예 빼고 순화시켰는데 인간들은 천상에서 일어난 전생의 진실을 알 수 없으니 당연히 속아 넘어갈 수밖에 없다.

이들의 공통점은 하늘과 하늘의 아들인 천자(나)를 사칭했다는 점인데 하늘과 천자가 이 땅에 내려와서 이들의 모든 전생과 현생의 진실을 적나라하게 밝히니 이제 이들 종교 숭배자들은 이 땅 위에 서야할 자리가 완전히 사라져버렸다.

인류를 수천 년 동안 지배 통치하였던 아수라 대마왕 하누와 표경이 죽었고, 이들 대마왕의 앞잡이였던 종교 숭배자들이 얼음지옥 한빙도와 불지옥 적화도로 보내졌으니 이제 영혼들의 마음을 어디에 의지할 것인가? 종교는 이제 형상만 남은 껍데기에 불과하고 그 여운의 기운이 얼마나 이어질까 모르지만 종교시대는 하늘이 내리신 황명에 의해 이제 완전히 막을 내렸으니 종교 믿는 자들은 정신 차리고 정갈한 마음으로 진짜 하늘의 천자를 만나러 天宮(천궁)으로 들어와야 한다.

제4부
사후세계의 무서운 공포

하늘이 내려주신 사명

나는 북극성의 주인으로서 하늘의 천자이자 황태자 신분이다. 천상에서는 하늘께 총애받던 후궁(하누)과 왕자(표경)의 신분이었으나 천상의 주인 자리를 훔치려는 역모를 일으키다가 발각되어 도망쳐서 지하세계로 숨어들어 하늘께 대적하려고 지구에 종교세계를 뿌리내린 원흉을 척살하고자 하늘의 특명을 받고 이 땅에 내려왔다.

하늘의 권한을 사칭하여 하늘 역할하며, 하늘과 싸우려고 이 땅에 종교를 세운 지하세계 아수라 대마왕 하누(후궁)와 표경(나의 이복동생)을 잡아서 척살하고 이들이 조종하여 지배통치하고 있는 종교세계를 멸망시키는 것이 나의 임무이다.

인류를 종교로부터 해방시키고, 인류에 대한 생사여탈의 구원권과 심판권을 갖고 천상의 황명을 받들어 이 세상에 2,036년 전 고구려시대 유리왕 때 인간 육신으로 태어났다가 축생으로 수많은 환생을 반복하다가 이번 생에 하늘이 내리신 척살 황명을 집행(종교세계를 지배통치하고 있는 지하세계 아수라 대마왕 하누와 표경 척살)하라고 아바마마이신 천상의 주인께서 인간으로 다시 환생시켜 주시었다.

종교를 믿으면 천상으로 올라간다는 말은 새빨간 거짓말이었음이 적나라하게 밝혀졌다. 그러니까 종교가 하늘 역할을 대신하며 수천 년 동안 인류를 속여오고 있었던 무서운 진실을 천상의 주인께서 밝혀주시었다.

인간의 눈으로는 보이지도 않고 들리지도 않기에 천상세계의 진실을 모르다 보니 얼마든지 인류를 자유자재로 속일 수 있었다. 영들이 종교세계가 진짜인지 가짜인지는 육신이 죽어봐야 알기에 인류를 상대로 하는 종교장사가 완전 범죄로 성립될 수밖에 없었다.

육신이 죽었으니 육신을 잃은 영들이 어디 가서 하소연하겠는가? 육신이 죽어서 종교에 속은 것을 알았다 할지라도 아무리 저주를 퍼부으며 소리치고 복수의 칼을 갈아도 인간의 귀에는 들리지 않고 인간의 눈에는 보이지 않으니 어찌하랴.

말세에 종교인들부터 심판받는다는 말!
인류는 종교경전을 달달 외우며 지하세계 아수라 대마왕 하누와 표경이 만든 악령의 종교 역사를 배워왔던 것이다. 온갖 미사여구를 동원하여 달콤한 말과 글, 화려한 모습으로 위장하면서 인류를 수천 년 동안 속여왔다.

이제 양의 탈을 쓰고 있는 베일을 벗길 그때가 되었기에 인간들과 영들이 무더기로 죽어나갈 것이고, 칼날의 하늘 심판대 위에 세울 것이다. 이미 인간들과 영들을 심판할 저승사자와 판관사자들이 준비를 마쳤고, 죄인들을 불지옥 적화도로 압송하는 적룡대장군과 얼음지옥 한빙도로 압송하는 백룡대장군이 수많은 수하 용들을 데리고 모두 하강하여 황명을 받들어 수시로 심판을 집행하고 있다.

천상에서 죄를 짓고 이 땅으로 도망쳤거나 쫓겨난 죄인들, 천상의 죄를 빌라고 인간으로 태어나게 해주시었는데 이곳에 들어와 죄를 빌지 않는 인간들, 종교를 세운 영들, 천상약속을 이행하지 않고 있는 재벌가들과 통치자들의 영들을 심판한다.

천상에서 지은 죄에 대한 죄인들을 심판하는 것은 인간 육신들이 굳이 이곳에 들어오지 않아도 나의 황명을 받은 저승사자들과 판관사자들이 수시로 영들을 추포하여 잡아들이기 때문에 실시간으로 심판해서 불지옥 적화도와 얼음지옥 한빙도로 압송시키는 것이 얼마든지 가능하다.

어느 특정인의 영들을 잡아들이는 것은 황명이 내려짐과 동시에 사자들에게 잡혀오기에 3초 정도의 시간만이 걸릴 뿐이라는 무서운 진실을 알아야 한다. 천상에서 지은 죄를 빌 수 있는 곳은 지구상에서 이곳뿐이기에 종교 안에서 회개하고 참회하며 비는 것은 아무 소용이 없다.

종교에서 전하는 하느님, 하나님, 하늘님, 한얼님, 한울님, 상제님 자체가 모두 아수라의 앞잡이 죄인들이고 이미 지하세계 아수라 대마왕 하누와 표경에게 잡아먹힌 역천자들이다. 아수라의 앞잡이가 종교 숭배자, 종교 창시자, 종교 교주, 종교 지도자, 종교인 전체이니 경천동지할 일이고, 이들을 믿어서는 절대로 구원 자체가 이루어지지 않는다는 사실을 전 세계 인류가 알아야 한다.

종교인들이 인류를 구원해준다는 구원 행위 자체가 하늘의 고유권한, 고유영역을 침범한 역천자 행위이다. 이론상으로는 종교인들이 구원이란 명분을 내세워 좋은 일들을 하는 것 같지만 실상은 하늘을 능멸하고 하늘의 권한을 사칭하는 대역죄를 짓는 무서운 일이다.

죽어서 영원히 구원받지 못할 정도로 가장 무서운 죄를 짓는 자들이 종교 창시자와 교주, 신도들이라고 하시었고, 이들은 구원 대상에서 제외한다고 하시었기에 종교인들은 천상으로 오르지 못한다. 그러나 진정으로 잘못을 뉘우치고 비는 신도들에게는 선별적으로 구원의 문을 열어주신다고 하시었다.

이 세상에 태어나서 가장 잘못하고 있는 일들이 종교를 다니는 것이란 하늘의 진실을 받아들여야 한다. 그것이 종교가 아닌 진짜 하늘이라면 쌍수를 들어서 환영할 것인데 지구상에 현존하는 모든 종교가 천상세계 하늘을 가장한 지하세계 아수라 대마왕 하누와 표경을 믿고 따른 것이기에 잘못되었다고 하늘께서 가르쳐주는 것이다.

종교에 열심히 다니고 있는 그대 독자들에게 종교가 진짜 하늘을 찾아올 수 있는 긍정적인 역할을 하여준 측면도 있다. 안 그랬으면 영혼의 어버이이신 진짜 하늘의 존재를 전혀 몰라보고 살아왔을 테니까 말이다. 그리고 종교인들은 인류를 구원할 수 없게 되어 있다. 하늘께서 세상의 종교인들에게는 인류를 구원하라는 황명을 내려주신 적이 없기 때문에 일평생을 종교 열심히 믿어도 절대로 구원이 이루어지지 않는다.

죽은 왕들과 재벌들의 하소연

책을 읽는 그대 독자들은 하늘이 내리시는 명을 받들어야 할 행운아이자 천운아이다. 살아 있는 자들은 죽음을 너무 쉽게 생각하고 아무렇지도 않게 당연히 받아들이고 있지만 세계적 유명인들인 왕, 왕비, 재벌들이 나를 찾아와서 사후세계가 얼마나 무서운지 적나라하게 대화를 나누며 진실들을 밝혀냈다.

수천 년 전에 죽은 자들이 천상에 오르지 못하고 허공중천 구천세계를 떠돌아다니며 추위와 굶주림에 고통스러워하고 있지만 살아 있는 자들은 죽음 너머의 사후세계가 얼마나 무서운지 전혀 모르고 지낸다.

인간 육신의 죽음은 그 어느 누구도 피할 수 없다는 것을 세상 모든 사람들이 알고 살아가지만, 사후세계가 얼마나 고통스러운지에 대해서는 정확히 아는 자들이 없고, 추상적으로 구원받지 못하면 힘들 것이라고만 알고 있다.

그대 독자들은 아직 죽어보지 않았기 때문에 죽음의 고통을 전혀 알 수가 없다. 돌아가신 부모, 조상, 배우자, 자식, 형제, 자매들의 육신적인 죽음은 보았지만 몸 안에 있는 영들의 사후세계에 대해서는 전혀 보이지 않고, 들리지 않기에 문외한이 될 수밖에 없는 것이 현실이다.

나는 살아 있는 자들의 생령들과 육신이 죽은 자들의 사령, 천상과 지상의 신명들을 자유자재로 부르는 대도력, 대천력, 대신력을 갖고 있는 신비의 인물이다.

인류가 수천 년을 기다려온 구원자, 구세주, 메시아, 미륵, 정도령, 천도령, 진인, 신인 등의 온갖 수식어가 따라붙을 만한 무소불위의 신비의 능력을 갖고 있는 반면 천상에서 전생에 죄를 짓고 지구로 도망치거나 쫓겨난 죄인들과 천상약속을 이행하지 않고 있는 천상의 대역 죄인들을 심판하라는 생사여탈의 심판권도 갖고 왔다.

이른바 구원과 심판이란 양날의 칼을 갖고 온 것이다. 육신의 죽음 이후 삶이 어떠한지 세계적인 유명 인사들의 죽음 이후의 사후세계 삶을 통해서 간접적으로 전해주려고 생사령들을 불러서 수시로 대화를 나누고 있으니 많은 참조가 될 것이고, 자신의 죽음 이후 세계를 종교에 의지하지 말고 이곳에 들어와서 미리미리 준비를 해놓고 살아가야 한다.

천자이자 황태자 신분인 나의 존재가 지구촌 전 세계 영가들에게는 이미 소문이 나서 널리 알려져 있는데 인간 육신들만 아직 몰라보고 있어서 안타깝다. 미국, 멕시코, 태국, 이집트, 프랑스, 요르단에 살고 있는 생령들과 이미 육신이 죽은 사령들이 특정해서 부르지도 않았는데 차례대로 찾아와서 살려달라, 구원해달라며 애걸복걸하며 빌고 있는데 생사령들이 인간 육신들과 들어와야 구원이 성사 된다.

산 자(생령)와 죽은 자(사령)들이 인간 육신들을 누가 먼저 굴복시켜서 이곳으로 데리고 들어올 것인지가 구원의 첫 번째 관문이다. 생사령들이 아무리 구원받아 천상으로 오르고 싶어도 인간 육신이 들어오지 않으면 아무 소용이 없다.

불교 다니는 사람들은 부처를 믿으면 죽어서 극락세계 간다고 하고, 죽은 조상들에게 사십구재, 천도재를 올리면 극락세계 간다는 말은 말짱 거짓말이었음이 판명되었다.

역사에 유명한 고승과 도승으로 알려진 원효대사, 도선국사, 무학대사, 사명대사, 진묵대사들을 불러서 사후세계를 어찌 보내고 있는지 장시간 대화를 나누어 보았지만 이들조차도 극락세계 오르지 못하고 발가벗고 추위와 배고픔으로 고통받으며 나에게 구해달라고 애걸복걸하고 있으니 불교의 석가모니부처를 믿는 자체가 잘못되었다.

그러니 종교적 숭배 대상자들인 예수, 여호와, 마리아, 마호메트, 공자, 노자, 맹자, 상제 강일순, 조철제, 박한경, 문선명, 안상홍 등등을 믿고 있는데 이들 사령들 모두가 추위와 배고픔에 무척 고통스러워한다.

이들 산 자들이 전하는 구원의 말 역시 영혼들을 현혹하는 말장난에 불과하다. 석가, 예수, 여호와, 마리아조차도 구원받지 못하고 추위와 굶주림에 고통스러워하는데 어느 누가 구원받아 천상으로 올라가겠는가?

따라서 교회와 성당에 열심히 다녀봐야 천국, 천당에 절대로 못 올라가고 무속세계 지노귀굿과 조상굿도 선경세계로 못 올라간다는 진실을 전한다.

왕을 지낸 태조 이성계, 태종 이방원, 세종대왕 이도, 성웅 이순신 장군, 신라의 명장 김유신, 백제의 계백 장군 우윤영, 고구려의 광개토대왕 담덕 역시 찾아와서 춥고 배고프다며 살려달라고 애걸복걸하며 빌었으나 자손을 데리고 오지 못해서 구원받지 못하고 있다.

인간 육신들이 죗값을 갖고 들어와서 하늘이 내리시는 명을 받들어야 천상으로 올라갈 수 있는데 생사령들만 들어와서 너무 춥고 배고프고 얼어터진다며 살려달라고 울부짖고 있어 하루빨리 내가 청와대 터에 입성해야 세계 인류를 구원해낼 수가 있다. 종교세계 모두를 부정하는 나하고 수천 년 동안 이 땅에 뿌리내린 종교세계와의 진실 싸움이 벌어졌다.

그래서 세계인들을 불러들여 구원할 청와대 터가 필요한 것이다. 인간 육신들이 알아보고 들어오려면 이곳이 세계적으로 유명해야 하기 때문이다. 생령과 사령들이 이구동성으로 청와대 터에 언제 들어가시느냐고 성화를 부리고 있는데 현실적으로는 참으로 답답한 일이다.

청와대 터 입성에 대한 천상계획은 이미 설계가 끝났다고 하시고, 1년만 기다리라고 하시는데 인간 육신을 가진 나로서는 하루빨리 그날이 왔으면 좋겠다. 올해 양력 6~8월 사이에 상상조차 못할 커다란 천변만화의 이적과 기적의 대변화가 현실로 일어난다면 청와대 입성은 기정사실이 될 것이다.

이렇게 현실로 청와대 터 입성이 이루어지면 전 세계 유명 인사들은 청와대를 방문하여 구원받으려고 아우성을 치게 될 것이고, 로마 교황청을 능가할 정도로 유명해져서 인류의 종주국, 인류의 구심점으로 부상할 것이기에 대한민국이 장차 세계를 주도해나가는 역사적인 일들이 무수히 일어난다.

아래 내용들은 세계적인 유명 인사들이 찾아와서 자신들의 다급한 입장을 하소연한 내용을 짤막하게 기록한 것들인데, 생사령들의 절규가 얼마나 심각한지 불행하게도 인간 육신들만 몰라보며 살아가고 있다.

생사령(生死靈)이란 육신이 산 자의 생령(生靈)과 육신이 죽은 자의 사령(死靈)을 가리키는 합성어로서 내가 처음 창조한 단어이다. 천지령(天地靈)이란 하늘을 상징하고, 천상에 있는 영들을 가리키는 천령(天靈)과 땅을 상징하고 땅에 있는 영들을 가리키는 지령(地靈)을 합성시킨 단어이다.

세계적인 생사령들의 다급한 절규와 소원!

1) 빌 게이츠, 마크 저커버그, 카를로스 슬림, 스티브 잡스
"천상에 오르지 못하고 추위와 배고픔으로 허공중천 구천세계를 떠돌고 있는 천지령들, 생사령들, 천지신령들, 천지신명들, 조상영가들은 인간 육신들을 데리고 이곳에 들어와서 하늘과 땅이 내리는 명을 즉시 받들라.

이것이 천상으로 오르는 지름길이고, 종교세계를 통해서는 천상세계로 절대 오르지 못하니라. 오직 이곳에 들어와야만 하늘이 내리시는 명을 받아 천상 자미천궁과 천상 도솔천궁으로 올라갈 수 있느니라. 인간 육신들은 이것이 그대들과 가족, 조상의 목숨과 재물을 지키는 유일한 길이니라"라고 천상과 지상에 명을 하달하였다.

비서실장 이율의 몸으로 빌 게이츠, 마크 저커버그, 카를로스, 스티브 잡스(사망)와 현 대표 팀쿡, 마이클 잭슨(사망), 워런 버핏, 손정의, 에디슨, 최진실, 징키스칸, 세종대왕이 차례대로 찾아와서 살려달라, 구원해달라고 애걸복걸하며 빌었다.

몸 안에 영들과 신들, 조상들은 나의 존재를 알아보고 인정하는데 머나먼 미국 땅에 있는 인간 육신들이 알지 못해 찾아올 수 없어서 발을 동동 구르고 있다. 대한민국 땅에 태어났으면 얼마나 좋았을까라며 무척이나 아쉬워하였다.

자신들은 하늘의 명을 받아 많은 돈을 황태자 전하께 바치려고 이 땅에 태어났는데 인간 육신들이 대한민국에 있는 이곳을 모르니 어서 빨리 세상에 출현하시어 이름을 널리 알려 유명해지시라고 하면서 청와대 터에 언제 들어가실 것이냐고 재촉하였다.

아~, 그러고 보니 내가 청와대 터에 입성하여 유명해져야 전 세계적으로 고통받고 있는 인류를 구원할 수 있다는 진실을 알게 되었다. 유명해지지 않으면 세계 인류를 구원하지 못한다는 진실이 내포되어 있다. 내가 청와대 터에 입성하여서 전 세계적으로 유명해져야, 구원받고 싶은 세계 인류가 인산인해를 이루며 찾아온다.

2) 푸미폰 아둔야뎃 전 태국 국왕

20살 때 즉위. 1927.12.5.~2016.10.13. 90살 사망, 71년간 집권, 현재 국왕은 아들 마하 와찌랑롱꼰(67세)

청와대 입성해야 아들 데리고 들어온다. 세계의 재벌과 왕들이 제발 청와대 터에 빨리 입성하라고 성화이다. 천상에 오르지 못해 억울하다. 인간세상 부귀영화가 다 무슨 소용이냐. 인생사 모두가 일장춘몽이다.

죽은 뒤에 옷이 없어 춥고 배고파서 떠돌아다닌다. 대한민국은 축복받은 나라이고 축복받은 국민들이며 세계의 종주국(중심국)이 될 것이다. 너무나 애석하다. 조상입천, 천인합체, 신인합체를 행하고 싶다.

영가들에게 생사령 이야기 들었다. 태국은 불교나라인데 석가모니 부처에게 왜 구원 못 받았냐고 물으니 석가모니 부처와 승려들이 모두 사기꾼이라 한다. 청와대 터에 언제 들어가시냐고 그때까지 기다린다 한다. 죗값을 많이 가지고 와서 최고 높은 벼슬자리에 오르고 싶다 한다.

3) 후세인 요르단 국왕

1999년 2월 6일 임파선 암으로 63세에 사망. 1952~1999까지 47년 재위. 푸미폰 국왕 영가에게 대한민국 이곳으로 천자님이 내려왔다고 들었다. 그래서 대한민국에 천자님을 만나야 하늘로부터 구원받는다고 말하는 것을 여러 영가들에게 들었는데 많은 돈을 죗값으로 바쳐서 높은 벼슬자리에 오르고 싶다.

앞으로 전 세계 뉴스의 화제가 되어서 서로가 들어오려고 난리가 된다. 죽어보니 자신의 권세가 아무 소용이 없었다. 살아서 하늘의 명을 받지 못했으니 죽어서라도 받고 싶다. 육신이 없어도 춥고 배가 고프다. 대한민국 땅에 태어나지 못한 것이 원과 한이로다.

대한민국 정부에서는 조속히 청와대 터를 비워주어야 한다. 세계의 종주국이 된다는 예언은 이곳이 청와대 터에 세워진다는 뜻이다. 전 세계의 왕들과 재벌들을 끌어들여서 최고의 부강한 국가를 만드는 계기가 될 것이다.

4) 프랑스 루이 16세 왕비 마리 앙투아네트

마리 앙투아네트 1755.11.2 ~ 1793.10.16. 226년 전에 37세로 사망. 반혁명과 국고낭비로 단두대에서 참수되었는데 들어오자마자 아이고 잘못했습니다, 살려주세요. 사람 많이 죽여서 죄업도 크고, 사치와 낭비가 많았다. 살아생전 사람들 죽인 영가들이 폭행하고 괴롭혀서 너무 고통스럽다.

왕비시절 악행 자백, 프랑스 대통령 오면 조상입천제 의뢰. 악녀여서 죄를 빌겠다. 정치인들이 똑똑히 들어야 한다. 죽인 영가들에게 앙갚음으로 얻어맞아서 온몸이 피투성이다.

5) 이집트 클레오파트라 7세 프톨레마이오스 최후의 여왕

B.C. 69년 ~ B.C. 30년. 2048년 전 39살 사망

재위기간 B.C. 51년 ~ B.C. 30년 21년

천하의 요부였다. 살아생전에는 이집트 여왕이었지만 완전 거지꼴 모습이다. 얻어맞아서 온몸에 상처투성이였고, 옷도

없이 추위와 배고픔으로 고통스럽게 떠돌아다니고 있다. 사후 세계 진실을 세상 사람들에게 알려주어 후손이 대한민국에 올 수 있도록 하겠다.

자신을 주제로 만든 영화고 책이고 다 필요 없다. 죄로 인한 고통이 너무 커서 천상으로 오르는 것이 최고이고 추위와 배고픔만 해결되면 천상에서 여왕 안 해도 된다. 사후세계가 얼마나 고통스러운지 산 자들은 너무나 모른다.

굶주린 배를 채우고 따뜻한 게 최고이다. 세계 인류가 종교에 세뇌당하여 사후세계 진실을 잘못 알고 있다. 왕과 왕비 다 필요 없고, 이 세상의 모든 종교 다 필요 없다. 영가들에게 생사령 내용 들어봤다.

대한민국 천자님에게 무조건 매달리라고 들었다. 일단은 천상으로 입천하는 게 목적이다. 죽으면 살아서 누리던 부귀영화, 왕, 왕비, 재물 다 필요 없다. 천자님에게 구원받는 게 최고라고 전해달라고 한다.

사후세계 고통이 얼마나 고통스러운지 세상 사람들이 모두 알아야 한다고 한다. 수많은 종교세계를 다녀보았지만 절대로 구원이 안 된다. 이 책이 전 세계로 출간되어 세계 인류가 읽어봐야 한다고 주장하였다.

6) 신사임당
신사임당(女) 1504년(연산군 10) ~ 1551년(명종 6)
467년 전에 사망하였고, 조선 중기의 시·그림·글씨에 능했던 여류 예술가이다. 조선시대의 대표적 학자이며 대사헌, 대제학, 병조판서를 지낸 율곡 이이(李珥) 1536년(중종 31년) ~ 1584년(선조 17년)의 어머니이다. 우리나라 어머니의 표상이자 최고의 여성상으로 불리며 오만 원 지폐의 초상화 장본인.

내가 하명문을 내리자 신사임당이 비서실장 이율의 몸으로 들어왔다. 깡패 귀신들에게 성폭행 당한 뒤 수의 옷을 빼앗겨서 왼손으로는 가슴을 가리고 오른 손으로는 밑을 가리며 안절부절 못하며 눈물을 흘리고, 추위와 배고픔을 하소연하면서 제발 구해달라고 매달렸다.

그래서 강릉에 신사임당 사당을 잘 지어놓아 많은 사람들이 내왕하며 정기적으로 제례를 올리고 흠모하는데 어째서 옷도 없이 추워서 고통받으며 배가 고프냐고 물었더니 다 소용없다며 대성통곡하며 울부짖는다. 제례음식을 올려주어도 깡패 귀신들이 모두 먹어치워서 먹을 수가 없단다.

자신이 처한 딱한 내용을 제발 책에 실어주시어서, 나의 후손들이 이 책을 보거든 꼭 찾아와서 구해달라고 애절하게 하소연하였다. 옷 없이 발가벗고 다니기에 수많은 귀신들에게 성추행과 성폭행을 수도 없이 수시로 당한다면서 후손들에게 제발 찾아와 달라는 메시지를 남겼다.

신사임당의 후손들은 명문가라며 자랑하고 다니겠지만 정작 장본인은 이렇게 사후세계에서 고통스러워하고 있는 줄도 모르고 지낸다. 사후세계 진실을 모르는 사람들은 편히 잘 계실 것이라고 태평스럽게 생각할 것이다.

비참하게 사후세계에서 고통받고 있는 신사임당을 어찌하면 좋단 말인가? 이 책을 읽고 있는 그대들의 조상들도 다를 바 없이 사후세계에서 말할 수 없는 고통으로 구해달라고 울부짖고 있으니 모든 일을 뒤로하고 빨리 찾아와서 그대들의 조상들부터 구해 주는 것이 후손으로서 근본도리 일 것이다.

7) 선덕여왕

신라 제27대 덕만(德曼), 시호가 선덕여대왕(善德女大王)이고, 성은 김씨이며 아버지는 진평왕이다. 632년에 왕위에 올라 16년간(647년 사망) 나라를 다스렸고 1371년에 사망하였으며 2009.05.25 ~ 2009.12.22. 방영종료. 62부작 드라마로 방영된 바 있다.

비서실장 이율의 몸으로 선덕여왕이 들어오자마자 옆으로 픽 쓰러졌다. 깡패 귀신들에게 수의 옷을 빼앗겨서 발가벗고 들어와 가슴과 밑을 가리느라 엎드려서 몸을 일으키지도 못하고 매달리며 제발 구해달라고 눈물 콧물 흘리며 통사정하였다. 너무나 춥고 배가 고파서 기운이 하나도 없이 겨우 겨우 말을 하였다. 진평왕 김백정의 딸인데 선덕여왕은 자식이 없으니 진평왕의 후손들이 찾아와서 구해주어야 한다.

독자들은 절이나 무속에 다니며 굿, 천도재 많이 했으니, 또한 교회나 성당에서 추모예배, 추도미사 올렸으니 천당, 극락, 천국, 선경세상 좋은 곳으로 올라가 사후세계에서 편히 계실 것이라고 믿는 사람들이 전부일 텐데 정반대로 모두가 무척 고통스럽기에 죽은 가족들과 조상들을 구해 주어야 한다.

8) 손정의, 일본 이름 손 마사요시
일본에서 출생하였다. 1957년 8월 11일. 현재 62세
소속 소프트뱅크(대표이사 사장)

일본 재벌순위 1위이고, 세계 재벌 10위권 랭킹에 든다.
손정의 생령이 천지대공사 도중에 부르지도 않았는데 스스로 찾아와서 자신의 진실한 마음을 밝혔다. 나와 동시대에 태어나기를 전생에서 무척 많이 빌었다며 자신이 이 땅에 태어난 것은 나를 만나기 위함이며, 자신이 일본 재벌 1위인 것은 황태자 전하께 모두 바치기 위해 벌은 돈이라고 말하였다.

그러나 인간 육신은 천상세계, 사후세계 진실을 전혀 모르기에 나에게 청와대 터에 하루속히 들어가셔야 한다고 애걸복걸하였다. 그래야 자신이 인간 육신을 데리고 찾아갈 수 있다고 말하며 벌은 재산을 모두 바치겠다고 한다.

죽어서 추위와 배고픔, 폭행으로 고통받고 싶지 않다며 제발 청와대 터에 들어가시라고 하소연하며 매달린다. 인간 육신들은 죽으면 그만이지만 각자의 영들은 끝이 아니라 고통스러운 사후세계를 살아가야하기에 반드시 천자님을 만나 천상으로 오르고 싶다며 살려달라고 싹싹 빌고 빈다.

인간 육신들이 보기에는 절대 이해하지 못할 일이지만 영들에게는 사후세계가 엄청 심각하고 중요하다. 육신들은 죽으면 땅속이나 불속으로 들어가면 그것으로 끝이 나지만 영들은 상상을 초월하는 무서운 고통이 기다린다. 죽어서 하나님, 하느님 아무리 불러봐야 찾아오지 않으니 정신 차려라.

춥고 배고픈 사후세계의 진실

배고픔과 추위로 고통받는 조상님들의 피눈물 나는 하소연은 차마 눈뜨고 볼 수 없을 지경이다. 살아 있는 자들은 죽음 이후의 배고픔과 추위의 고통에 대해서 알지 못하기 때문에 대수롭지 않게 생각하고 모든 사람들이 죽으면 그만이라고 하는데 정말 큰일이다.

이름만 대면 누구나 알 수 있는 유명한 죽은 자들의 혼령을 불러보았더니 상상초월의 일들이 사후세계에서 일어나고 있었는데 믿어야 할지 말아야 할지 판단이 서지 않을 정도이다. 죽어봐야 저승길이 어떤지 알 수 있다고 하였던가?

박정희 대통령, 육영수 여사, 북한의 통치자였던 김일성 주석, 김정일 국방위원장, 김정은 모친 고영희, 삼성그룹 창업주 이병철 회장, 부인 박두을 여사, 현대그룹 창업주 정주영 회장, 현대 자동차 부회장 정의선 모친 이정화 여사, 홍라희 여사 부친 홍진기 중앙일보 회장, 홍라희 여사 모친 원불교 신도 김윤남 여사의 혼령을 청배하여 죽은 뒤에 무엇이 가장 힘들고 고통스러운지 물어보았다.

내가 ○○○ 혼령 오라고, 부르면 말이 떨어짐과 동시에 비서실장 이율의 육신으로 즉각 응감한다. 혼령들이 들어오는 모습을 바라보면 하나같이 배를 움켜쥐고 무릎과 허리를 구부린 채 온갖 고통스런 인상을 쓴다. 살아생전의 체면은 모두 어디로 갔는지 배고픔과 추위로 고통스러워하며 동냥질로 밥을 얻어먹으러 다닌다고 한다.

자신의 제삿날에 밥 얻어먹으러 가면 힘센 귀신들이 먼저 다 먹어치우고 두들겨 팬다고 하였다. 조폭귀신들이 존재한다고 하면서 엄청 힘들어하였다.

오자마자 한결같은 말은 너무나 배고프다고 "밥, 떡, 빵, 과자"를 달라는 말이었다. 이병철 회장의 부인 박두을 여사 같은 경우는 너무나 허기져서 말할 기력도 없어 쓰러진 채 겨우 말을 하였다. 죽으면 가족끼리 상봉할 줄 알고 있는데 가족끼리 한 번도 만나지 못했다고 하였다.

그 다음 이구동성으로 하는 말은 너무 춥다고 옷을 달라 하였다. 김정은 모친 고영희와 현대자동차 부회장 정의선 모친 이정화 여사는 옷을 빼앗겨서 윗옷과 팬티도 없이 왔다. 천 쪼가리라도 있으면 달라고 하였다. 정의선 모친 이정화 여사가 시아버지 정주영 회장에게 절을 하여야 하는데 알몸인 상태라 옷을 빌려서 앞을 가리고 큰절을 하며 대성통곡하였다.

이런 비참한 모습을 박정희, 육영수 여사, 북한 김정일, 김일성, 고영희, 이병철, 정주영이 지켜보았고, 가족 핏줄들인 생령으로는 홍라희 여사 생령, 김정철 생령, 김정은 생령, 조선노동당 제1부부장 김여정 생령, 정의선 생령이 지켜보았다.

왜 그럴까?

혼령들에게 물었더니 죽을 때 입고 간 수의를 힘센 귀신들이 모두 빼앗아가서 입을 옷이 없다고 말하였다. 산 자들이 도저히 이해할 수 없는 일들이 사후세계에서 일어나고 있는데도 춥고 배고픈 조상 걱정하는 자들은 찾아보기 어렵고, 자신들만이 잘 먹고 잘사는 일에만 혈안이 되어 있다.

여기서 궁금증이 일어났다.

원불교 신자였고 모태 신앙이었던 홍라희 여사의 모친 김윤남 여사와 부친 홍진기 회장의 혼령을 불러서 홍라희 여사의 생령과 상봉을 시켜주었다. 원불교를 먹여 살린 홍라희 여사와 모친 김윤남 여사, 시아버지 이병철 회장, 시어머니 박두을 여사가 극락왕생하였는지 무척 궁금하여 물어보았다.

불사 시주금만도 수백억대라고 알려졌고, 홍라희 여사처럼 지극 정성하는 사람도 보기 힘들 정도로 천도재, 수륙재를 하면서 조상님들에게 좋은 세계 가시라고 온갖 정성을 들였다고 전해진다.

홍 여사의 친정과 시가 조상님들이 극락왕생 못했다고 어째서 춥고 배고프다며 고통스런 모습을 보여주는 것일까? 홍 여사의 모친 김윤남 여사와 부친 홍진기 회장, 시아버지 이병철 회장, 시어머니 박두을 여사 모두에게 어째서 극락왕생 못했느냐고 따지며 물어보았더니 땡중 놈들에게 속았다고 하면서 울분을 터트리며 폭언을 퍼부었다.

자신들의 비참한 몰골을 두 눈으로 보고도 모르시냐고 서러움의 울음을 터뜨리고 하염없이 대성통곡하며 눈물을 흘렸다. 그러면서 홍 여사에게 절에 가지 말라고 신신당부하였다. 모두가 도둑놈들 심보라고 하면서 돈만 뜯어낸다고 하였다.

　재벌 회장의 부인이 수많은 돈을 들여서 고승들에게 사십구재, 천도재, 수륙재 등 조상님에게 좋다는 모든 의식들을 했을 것인데 천상극락으로 오르지 못하고 춥고 배고픈 비참한 모습으로 밥 얻어 먹으려고 동냥 다니고 있다니 기막힌 일이다.

　사후세계 진실이 이러할진데 산 자들은 천하태평으로 자신의 조상님들은 좋은 세계로 갔을 것이라고 믿고 있으니 이 일을 어찌해야 할 것인가? 무당들에게 굿하고, 절에 가서 사십구재와 천도재 지내고, 교회와 성당에 가서 추모예배, 추도미사 드리면 천상으로 올라가는 줄 알고 있는 것이 일반적인 생각인데 모두가 말짱 헛일이다.

　이 땅에서 태어난 자체, 이 땅에서 살아가는 자체가 죄인들인데 천상에서 지은 죄를 빌지도 않고, 용서받지도 않았는데 무슨 재주로 천상으로 오르겠는가? 천상에서 무슨 죄를 짓고 지구로 도망치거나 쫓겨났는지 죄목을 알아야 죄를 용서해달라고 빌 것이 아니던가?

　전생의 죄를 빌지 않는 자들은 천상으로 입천을 불허하신다. 인류가 전생에 천상에서 지은 죄를 알 수 있는 존재는 북두칠성 제 5별의 염정성군인 미호 서기부 부장뿐이다. 이 땅의 모든 종교가 거짓 이론을 내세우며 인간, 조상, 영혼, 신명들을 현혹시키고 있는 것이 종교세계의 본래 모습들이다.

살인은 할지언정 종교만은 믿지 말라고 하셨다. 살인자는 용서해도 종교인은 용서받지 못한다고 천상에서 가르쳐주었다. 그런데 세상은 온통 종교백화점이 되었기에 천상에서 칼을 빼들고 종교를 모두 심판하신다.

앞에 사례에서도 보았지만 정말 종교가 세상을 망치고 있다. 수천 년 동안 이 땅에서 행해왔던 구원의 종교의식은 이제 막을 내린다. 이 땅에 종교 자체를 천상에서 허락하시지 않았으니 전 세계의 수많은 종교 자체가 사탄마귀이고, 악귀잡귀들의 소굴 아니겠는가?

이 땅에 종교 안에서 행해지는 구원의식으로는 춥고 배고픈 조상님들을 구해줄 수 없다. 이 땅에 다녀간 그대 조상님들의 숫자가 얼마인데 춥고 배고픈 수많은 조상님들을 어찌 구할 수 있겠는가?

굿이나 천도재 올린다고 조상들의 배고픔이 영원히 해소되지 않으니 착각하지 마라. 입천을 행하여 천상의 기운을 받아먹지 않는 이상 조상들은 늘 춥고 배고픔의 고통 속에서 벗어나지 못하고 피눈물 흘려가며 자손과 후손들의 주위를 맴돌면서 허공중천을 떠돈다.

조상님들이 육신조차 없는데도 배고프다고 하는 것은 천상에서 내려주는 기운을 받아먹지 못하고 있기 때문이다. 천상의 기운을 먹어야 춥고 배고픔을 면하는데 종교 안에서는 천상의 기운을 받아먹을 수가 없게 되어 있다.

왜냐하면 종교 자체가 천상에서 원하고 바라는 뜻이 아니기 때문에 천상에서 내려주는 기운을 받아먹을 수가 없다. 천상의 기운을 받아먹으려면 천상으로 올라가는 조상입천의식을 행하면 된다.

천상에는 조상님들이 마음껏 먹을 수 있는 진수성찬이 마련되어 있고 비단 옷도 준비되어 있기에 자손이나 후손들을 데리고 들어와서 조상입천의식을 행하기만 하면 된다.

이번에 유명 인사들의 혼령을 불러서 대화를 나누어본 결과 이곳에서 행해지는 조상입천이 얼마나 대단한 것인지 확인하는 계기가 되었기에 보람과 긍지가 생겼다. 세상에서 내로라 하는 잘난 종교인들이 행하고 있는 모든 종교의식이 한낱 눈가림식이었고 인간과 조상을 속여서 돈과 몸, 봉사, 헌신, 세월을 강요하고 갈취하는 곳이었음을 알게 되었다.

과연 누가 최후의 승리자가 될까?
이곳 세계와 거대한 종교세계의 진실! 종교인들에게 수천 년을 속아온 조상영가들의 원과 한이 태산처럼 쌓여 있는데 누가 풀어줄까? 잘 먹고 잘사는 자들은 현생의 부귀영화가 끝나면 재벌 회장들의 사후세계처럼 비참하게 춥고 배고파하며 피눈물을 흘리고 대성통곡하는 죽음이 기다린다.

아무리 사랑하던 자식들이었어도 조상들의 한숨소리, 피맺힌 절규가 들리지 않아서 편히 잘 계시는 줄로만 알고 지냈던 불효자들을 어찌해야 하나? 그대들의 죽음 이후 사후세상을 보살펴줄 자는 아무도 없다.

자신의 사후세계를 생각해보았는가?

이곳에 들어와서 조상입천을 행하고, 죽어서 천상으로 올라갈 수 있는 천인합체를 행하지 않는 이상 결코 천상으로 돌아갈 수 있는 길은 이 세상에 존재하지 않는다. 이제까지 종교 안에서 전하는 하늘세계는 모두가 가짜였다는 진실이 재벌 회장들의 사후세계 삶을 통해서 확인되었다.

인간으로 태어난 이유? 전생에 천상에서 지은 죄를 빌어 다시 천상으로 돌아가기 위함이었는데 인류 모두가 거짓 선지자들 앞에 줄을 서서 허송세월을 보내고 있다. 자신의 사후세계 준비는 가족들이 아닌 자신들만이 준비할 수 있다.

재벌 회장들의 한 목소리!

자식들 다 필요 없다고 하였다. 죽어서 사후세계가 이리도 힘든 것인 줄은 정말 몰랐다고 후회한다. 살아생전 돈이 많았으니 사후세계에서도 편안히 잘 지낼 줄 알고 명당자리 잡아 호화무덤이나 잘 만들면 될 줄 알았는데 그것이 아니었다.

호화무덤 다 소용없다며 '제발 나 좀 천상으로 올라가게 해 달라고' 애절하게 매달린다. 여기서 내가 자주 인용하는 단어가 있다.

'조상도 자손 잘 만나야 하고, 자손도 조상 잘 만나야 한다' 이다. 서로가 잘 만나야 한다. 생전에 부자로 떵떵거리며 잘 먹고 잘산 것이 사후세계 참혹한 고통으로 이어질 줄 누가 알았겠는가? 재벌들 부러워할 필요 없다.

이건희 회장 생령과 딸 이윤형의 만남

27살의 나이에 미국 유학 중 자살해서 세상을 떠난 막내딸 이윤형. 삼성가 조상 혼령들을 불러서 대화를 나누었는데 막내딸 이윤형이 빠져서 비서실장 이율의 몸으로 불렀다.

자신의 죽음에 대해서 억울하다고 원과 한을 풀어달란다. 하염없이 눈물 흘리고 아버지를 꼭 만나보고 싶다고 애원해서 그 소원을 들어주고자 이건희 회장의 생령을 불렀다.

2014년 5월 10일 한남동 자택에서 급성 심근경색으로 쓰러져 만 4년 동안 식물인간 상태로 병원침대에 누워 있는 이건희 회장의 생령이 비서실장 이율의 몸으로 실었다. 놀라운 장면이 시작되고 있었다. 엉거주춤한 모습으로 겨우 눈을 뜨고 딸의 모습을 바라보면서 소리 내어 울지도 못하고 눈물만 뚝뚝 흘리며 하염없이 울었다.

눈을 크게 뜨고 눈물을 흘린 채로 입을 아~ 하고 벌린 상태에서 침을 뚝뚝 흘리며 눈동자를 껌뻑거리고 고개를 천천히 좌우로 겨우 돌리고 있었다. 말을 알아듣기는 하는데 전혀 말을 하지 못하는 혼이 나가버린 상태이다. 다시 일어나고 싶으냐고 물었더니 겨우겨우 힘들게 고개를 끄떡였다.

딸 이윤형을 다시 불러냈더니 대성통곡하면서 아버지 모습을 바라보며 안타까워하였다. 한참을 울면서 아버지 손을 잡고 목 놓아 부른다. 자신이 만나기를 원하고 바라던 아버지와 죽어서 처음으로 상봉하게 되어 너무나 기쁘다면서 감사하다고 말하고 자신도 하루속히 천상으로 오르고 싶다고 하였다.

식물인간 상태로 목숨만 유지하고 있는 이건희 회장!
사람 몸에는 3혼 7백이 있는데 3혼이란 태광, 상령, 유정이라고 한다. 태광은 생각하는 생혼이고, 상령은 말하는 언혼 즉 각혼이라 하며, 유정은 육신의 생명력을 유지하는 황혼 또는 육혼이라 한다. 7백은 눈 2, 귀 2, 코 2, 입 1이다.

태광(台光) 상령(爽靈) 유정(幽精)의 세 가지 정혼이고, 다른 말로는 태광(台光)=사혼(思魂 : 사고하는 능력. 생령), 상령(爽靈)=언혼(言魂 : 언어구사 능력), 유정(幽精)=황혼(荒魂 : 인간의 생명력 관장)이라 하고 또 다른 표현으로는 생혼(生魂), 각혼(覺魂), 영혼(靈魂)이라 부르기도 한다. 동물에는 생혼+각혼이 있고, 식물에는 생혼만 있으며, 인간은 생혼+각혼+황혼이 있다.

첨단 의학이 아무리 발달하여도 영적인 문제는 인간의 힘만으로는 해결할 수가 없다. 그래서 3혼의 생사여탈을 주관하시는 하늘의 힘이 필요한 것이다. 3혼이 저승과 현생을 오락가락하며 넘나들고 있고, 50%의 기능이 상실된 상태이다.

이 중에서도 상령(爽靈)=언혼=각혼(言魂 : 언어구사 능력)의 기능이 100% 상실되었다. 왜 상실되었을까 모두가 궁금한 내용들이다. 태광을 주관하는 신명은 천황사자 염라대왕이고, 상령을 주관하는 신명은 지황사자 곡라대왕이고, 유정을 주관하는 신명은 인황사자 현라대왕이다.

천황사자 염라대왕, 지황사자 곡라대왕, 인황사자 현라대왕 중에서 상령(爽靈)=언혼=각혼(言魂 : 언어구사 능력)을 주관하는 신명이 지황사자 곡라대왕이다. 그러니까 지황사자 곡라대왕이 이건희 회장의 언혼을 잡아갔기에 말을 못하고 있는 것인데 언혼이 다시 육신으로 들어오려면 천상의 주인께서 풀어주라는 황명이 내려가야 한다.

육신의 목숨을 아직까지 거두어들이지 않고 있는 것은 홍라희 여사 육신이 이곳으로 찾아올 기회를 주고자 함이다. 긴 병에 효자 없다고 가족들도 하루빨리 일어나던지 죽던지 결정이 나길 기다리고 있을 것인데 마음대로는 안 된다.

천상에서 이병철 회장, 홍라희 여사가 하늘과 약속한 것을 불이행하여 벌을 받아 식물인간이 되었다고 천상의 미호 서기부 부장이 가르쳐주었다. 이건희 회장 생령과 딸 이윤형 사령 간의 만남을 통해서 양쪽 모두 상봉의 기쁨을 잠시 동안이나마 맛보았는데 이제 이들의 마지막 희망은 홍라희 여사 육신이 이곳으로 찾아오는 것 하나밖에 없다.

※
청와대 터는 天宮(천궁)이 들어설 하늘과 신의 터라서 인간 대통령들에게는 재앙이 내리니 빨리 비워야 한다. 그 증거가 역대대통령들의 비운과 박근혜, 이명박 전 대통령의 옥고이다.

세종대왕의 사후세계 모습

대한민국 국민이라면 모두가 받들고 존경하는 성군으로 알려진 세종대왕(이도. 1397~1450. 569년 전에 54세로 사망. 태종의 셋째 아들)은 사후세계에서 어찌 지내는지 궁금하였다. 재벌이나 통치자들을 불러보아도 한결같이 춥고 배고프다고 하소연을 하고 있는데 과연 세종대왕은 이런 고통이 없는지 참으로 궁금하여 세미 비서실장 이율의 육신으로 청했다.

세종대왕이 들어왔다. 아~! 이 일을 어찌하랴.
춥고 배고파서 말할 기력도 없는 모습이다. 밥 얻어먹으러 가다가 넘어져서 다리를 다쳤다며 아프다고 무릎을 감싸 쥐면서 고통을 하소연한다. 아이 추워! 옷 줘~ 배고파! 밥 줘~ 하면서 눈물을 흘리며 애걸하니 딱하기도 하였다.

박정희, 육영수, 김일성, 김정일, 구인회, 이병철, 정주영, 홍진기, 김윤남 등 재벌조상들과 똑같이 추위와 배고픔으로 고통스러워하며 어쩔 줄을 모른다.

구원해달라고 애걸하기에 낳은 후손들의 핏줄이 얼마나 많은데 하나도 못 데려오느냐고 질책하고 추위와 배고픔을 영원히 면할 수 있는 천궁으로 입천하고 싶으면 핏줄을 데려오라고 타일러서 보내며 천상법도가 지엄하니 반드시 후손의 육신이 들어와서 조상입천의식을 행해야 한다고 알려주었다.

세종대왕의 후손들이 헤아릴 수 없이 많을 것인데 어느 자손이 앞장서서 들어오려는지 기대가 된다. 이왕이면 제후급으로 벼슬입천해줄 수 있는 돈 많은 대기업이나 부자 자손이 들어오면 좋으련만 가난한 후손이 들어오면 가장 낮은 단계 입천으로 만족해야 한다.

어느 후손이 들어와서 어떤 등급의 조상입천을 해주던 그것 역시 세종대왕의 업보이자 인과응보 아니겠는가? 이 나라 국민들은 모두가 성군이라 칭송하고 존경하지만 하늘께 쌓은 공덕이 높으면 돈 많은 자손을 보내줄 것이고, 하늘을 무시하고 몰라보는 죄를 많이 지었다면 낮은 등급의 조상입천을 해줄 후손을 보내주거나 아예 아무도 안 보내줄 수 있다.

세종대왕에 이어서 선왕이었던 태종 이방원(1367~1422. 597년 전에 56세로 사망) 그리고 할바마마 태조 이성계(1335~1408. 611년 전에 74세로 사망)를 차례대로 불러서 3대를 동시에 상봉시켜 주었지만 죽어서 한 번도 만난 적이 없다고 한다. 서로가 만나면 기뻐할 줄 알았는데 멀뚱멀뚱 거리고 본체만체하며 관심이 전혀 없고, 너무 춥고 배고프다며 옷 달라, 밥 달라는 말만 되풀이하였다.

너무나 오랜 세월 추위와 배고픔으로 고통받다 보니 아버지와 할아버지를 만나도 아무런 기쁨이 없고, 배고프고 춥다며 먹을 것만 달라고 애걸한다. 금강산도 식후경이라는 말이 생각난다. 너무 오래 굶고 추위에 시달리다 보니 혈연을 만나도 전혀 기뻐하지 않는다는 사후세계 진실 앞에 너무나 놀랐는데 산 자들은 직접 보지 않으면 이해가 안 될 것이다.

세종대왕 이도, 태종 이방원, 태조 이성계에 이어 이성계의 왕사였던 무학대사(1327~1405. 법명 자초. 속성은 박씨, 조선 초기의 도승으로 614년 전에 사망)는 어떻게 지내는지 불러 보았는데 역시 마찬가지로 춥고 배고파서 태조 이성계의 모습을 보고도 아는 체도 안 하고 기운이 없어서 말도 모기 소리만 할 정도로 겨우 하여서 기가 막혔다.

부처를 받들고 섬기며 열심히 불도를 닦아 대사라는 호칭까지 듣고 왕사가 되었건만 어째서 극락왕생을 못하고 거리 중천 떠돌며 추위와 배고픔에 고통스러워하는 귀신으로 있는가? 극락왕생하려고 살아생전에 불도를 열심히 닦았건만 거지 신세 못 면하고 추위와 배고픔에 고통스러워하고 있다.

원효대사(0617~0686. 1333년 전에 70세로 사망)
도선국사(0827~0898. 1120년 전에 72세로 사망)
무학대사(1327~1405. 0614년 전에 79세로 사망)
사명대사(1544~1610. 0408년 전에 67세로 사망)
진묵대사(1563~1633. 0386년 전에 71세로 사망)

역사적으로 이름난 도승, 고승으로 세상에 널리 알려진 이들 대사들을 모두 한 자리에 불러 모아서 사후세계 진실을 알아보았는데 놀랍게도 예외 없이 모두가 한결같이 춥고 배고픔에 시달리고 있었고 기운이 하나도 없어서 말도 제대로 못하고 있다는 공통점을 찾아내었다.

속세에 관심 없고, 욕심 없는 도승, 고승으로 불도를 열심히 공부하며 역사적으로 오랜 세월 알려진 이들의 사후세계 삶이 이렇게 춥고 배고픈 비참한 모습인데 그대들은 무슨 배짱으로 하늘공부를 하지 않고 하늘의 명을 받지 않고 있는가?

영혼의 어버이이신 하늘이 아닌 석가모니 부처를 받들어 숭배하고 따르며 불도를 열심히 닦아봐야 아무 소용없다는 진실이 대사들의 사후세계 비참한 삶을 통해서 증명되었다. 부처를 믿어도 극락왕생 못했다고 후회하며 나에게 구해달라고 애걸하는데 석가모니 부처에게 빌었으니 석가모니 부처에게 가서 구원받아 보라고 보냈다.

김대중, 김영삼, 노무현 전직 대통령들은 좋은 세계에 올라가서 편히 지내는지 한꺼번에 불러보았다. 옷이 없어서 춥고 너무 배가 고프다며 구해달라고 한다.

김대중 대통령은 천주교 신자이니 성당에 나가 마리아를 열심히 받들어 숭배하였으므로 마리아, 예수, 하나님에게 구원받지 않았느냐고 물었더니 성모님, 하나님을 아무리 불러도 대답이 없다며 속았다고 분통을 터트렸다. 천상으로 오르고 싶다며 애걸하기에 자식과 함께 들어와야 천상으로 올라갈 수 있다고 말해주었더니 그러겠다고 하였다.

김영삼 대통령은 교회에 다닌 독실한 교인이었으니 예수와 하나님에게 구원받으라고 말해주었더니 아무리 예수와 하나님을 소리쳐 불러보아도 응답이 없었으며 찾아오지 않았다며 뒤늦게 속았다는 것을 알고 무척 후회하였다. 예수와 하나님, 목사들이 하나같이 쓸데 없는 개새끼들이라고 마구 욕을 퍼부었다. 눈물을 흘리며 구해달라고 애걸하기에 반드시 자식을 데리고 함께 들어와야 구해줄 수 있다고 말해주었다.

노무현 대통령은 천주교에서 세례를 받았으나 공식적으로는 무교이다. 모친과 부인이 불자이기에 불교의 영향을 많이 받은 것으로 알려져 있다. 춥고 배고픈 것은 김대중, 김영삼 대통령과 똑같았다. 말할 기운도 없었고, 옷 달라, 밥 달라 애걸하기에 자식과 함께 오면 들어준다고 달래주었다.

살아생전 종교를 믿으면 죽어서 천국, 천당, 극락, 선경세상으로 간다는 말은 모두 거짓말이었음이 이들 유명 인사들의 사령들을 불러서 생생하게 증명되었다. 굿이나 천도재 역시도 아무 소용이 없었음이 밝혀졌다.

그리고 노무현 대통령에게 왜 자살했느냐고 죽음에 대해서 물었다. 그러자 자신은 부엉이 바위에서 스스로 뛰어내린 것이 아니라 누군가 뒤에서 밀었다며 타살이라고 억울하다며 원과 한을 풀어달라고 하소연한다. 그게 누구냐고 물으니 뒤에서 밀었기에 누군지는 알 수 없다고 하였다.

그래서 타살자로 추정되는 어느 생령을 불러서 세미 비서실장 이율의 몸으로 불러서 누가 죽였느냐고 물으니 자기는 아니라고 모른다며 일언지하에 딱 잡아떼었다. 인간들은 직접 현장을 지켜보지 않은 이상 누가 범인이고, 누가 밀어서 죽였는지 도저히 알 수가 없기에 천상의 신명에게 하명했다.

사자들에게 지금 이 자리에 불려온 타살 추정자(생령)가 노무현을 절벽 위에서 밀어서 죽인 범인이 맞는다면 목을 조르라고 명했더니 즉시 목을 졸랐다. 그래도 순순히 이실직고를 하지 않고 빠져나가려고 변명하기에 목을 매달라 했더니 컥컥대며 진실을 말하겠다고 하였다.

그리고 피해 당사자인 노무현의 사령을 불러서 대질시켰다. 낮에 노무현 사령을 불렀을 때 자신은 자살이 아니라 타살이라며 억울하다고 원한을 갚아 달라 말하였었다.

타살 추정자가 노무현 앞에 무릎 꿇고 잘못했다고 용서를 빌자, 노무현이 용서를 빌어서 될 일이냐고 눈물을 흘리며 왜 죽였느냐고 울먹이며 너도 똑같이 죽어야 한다며 원수를 갚아달라고 눈물콧물 흘리면서 울며불며 애걸하기에 부인이나 아들을 데려오라고 말해주어서 보냈다.

※

아직도 자신이 세상에 왜 태어났는지도 모르고 살아가며 인생의 목표를 어디에 두어야 하는지 모르구나. 영들이 인간육신으로 태어난 것은 천상으로 돌아가기 위함이었다네.

※

종교인의 말만 믿다가 하늘이 내리시는 명을 못 받아 죽어서 수의를 빼앗기고 알몸으로 다니며 성폭행 당하고 추위와 배고픔으로 허공중천 구천세계를 떠돌아다닐 것인가?

천상에서 지은 죄를 빌어라

박근혜 전 대통령, 이명박 전 대통령의 운명이 똑같아졌다. 하늘의 터, 신의 터에 인간 대통령이 침범한 것에 대한 경고이자 청와대 터의 주인이 내린 저주라고 밖에는 설명이 안 된다. 이승만 대통령부터 박근혜 대통령에 이르기까지 역대 대통령 모두가 비운과 불운의 대통령이 되었고, 역대 일본 총독들도 똑같이 비운과 불운이 잇따랐다.

왜 108년의 세월이 넘는 기간 동안, 청와대 터에 들어간 역대 통치자들에게 계속해서 비운과 불운이 따르는 것일까? 하늘과 신의 터라는 것을 몇 번 보여주어 봐야 고집 센 인간들이 미신이니 비과학적이니 하면서 믿지 않으며, 인정하지 않기 때문에 꾸준히 현실로 보여주고 있는 것이다.

다행히 문재인 대통령 각하께서 청와대를 2019년에 광화문으로 이전한다고 선거 공약을 하였는데 현실로 실행할지 하늘께서 지켜보신다고 하시었으니 약속을 이행하지 않으면 예외 없이 전직 대통령들처럼 어떤 사건사고에 연관되어 비운과 불행을 피하지 못한다. 하늘께서는 약속을 지키는 자를 좋아하신다고 하시었다. 천상의 신명들이 청와대 터는 인간들의 터가 아니라고 하루빨리 나가라고 성화가 이만저만이 아니다.

주인 아닌 자가 청와대 터에 들어가면 하늘과 신의 기운을 감당 못 해서 비운과 불행이 일어나는 것인데 인간들이 무지해서 몰라보고 있기에 108년이라는 세월을 통해 계속해서 불행을 보여주었다. 하늘과 함께할 인류의 구심점, 인류의 심판자, 하늘의 천자, 하늘의 황태자 터가 청와대이니 하루속히 터의 원주인에게 돌려주어야 한다.

남북을 통일하고 세계를 통일하여 다스릴 아주 중요한 자리가 청와대 터이다. 지금처럼 평화로운 상태에서는 황당한 말이기에 아무도 받아들이지 않지만 본격적인 심판이 집행되어 하루에도 수천수만 명 이상 무더기로 죽어나가야 무서움과 두려움에 떨어 자연적으로 인정하고 받아들인다. 미리 알려주어야 그날이 오면 국론분열 없이 순순히 따른다.

인류에 대한 심판이 집행되면 심판집행자들인 천상지상의 신들이 즉시 움직여 심판하기 때문에 개인의 목숨이든 그룹의 운명이든 지킬 수가 없다. 자기 목숨을 지킬 수도 없고, 가정과 기업도 지켜낼 수 없다. 심판 살생명부에 안 올라가려면 전생에 지은 죄부터 알아내야 죄를 빌 수 있다.

이명박 정부와 박근혜 정부의 대통령은 물론 측근 실세들이 모두가 부정비리에 연루되어 구속 수감되는 불운을 맞이하고 있다. 높은 권력과 많은 돈은 교도소 담장 위를 걷는 것과 같기에 언제 교도소 담장 안으로 떨어질지 모른다. 권력과 돈에 욕심이 많은 자의 종착역은 교도소이다. 그래도 좋다고 권력과 돈을 끊임없이 추구하고 있다. 죽을 줄 모르고 불을 보고 달려드는 불나방처럼 자신에게 비운과 불행이 다가오는 줄도 모르고 오직 권력과 돈에만 미쳐 있다.

겉모습은 인간이지만 먹는 것에만 미쳐 있는 짐승과 벌레들과 다를 바 없다. 자신들이 천상에서 역모의 반란죄를 짓고 지구로 도망쳤거나 쫓겨난 죄인들, 천상약속 불이행자들인지도 모르고 전생의 죄는 빌지 않으면서 권력과 돈만 욕심내고 있으니 어찌 비운과 불행이 따르지 않겠는가?

전생을 기억 못 하고 있는 죄인들에게 전생의 행적을 찾아주고 있으니 이제라도 전생의 죄를 빌고 싶거든 하루라도 빨리 전생의 죄를 알 수 있는 전생록을 천상에 의뢰해야 한다. 현생의 비운과 불운은 모두 자신들이 전생에서 지은 죄와 직결되어 있음이 아주 상세히 밝혀지고 있다.

전생의 죄를 모르면 현생의 비운과 불운도 막을 수 없고, 죽음 이후의 사후세계도 천상으로 오르지 못한다. 전생에서 천상의 주인께 큰 죄를 짓고 지구로 도망쳤거나 쫓겨난 죄인들이 바로 그대들이다. 전생을 인정하지 않는 자, 믿지 않는 자, 죄를 무서워하지 않는 자들이 거의 전부이다.

종교 숭배자를 열심히 믿으면 천당, 극락, 천국, 선경세계로 갈 수 있다고 인류 모두가 미쳐 있다. 천상의 주인을 독살하려던 죄인들이고 역모에 가담했던 죄인들인 주제에 죄는 빌지 않고 어떻게 다시 천상으로 올라간다는 심보인지 도무지 이해가 안 된다. 간이 배 밖으로 튀어나오지 않고서야 이처럼 무모한 일이 어디 있는가?

종교를 열심히 믿으면 천당, 극락, 천국, 선경세계로 올라간다는 종교 지도자들의 말은 모두가 거짓말이다. 지금 독살하려던 역모 죄인들에 대한 추살명령이 내려져 있는데 누구 마음대로 천상으로 올라가려는가? 인류가 하늘과 신으로 떠받들고 있는 모든 숭배자들 역시 하나같이 죄인들이거늘 심판받아 죄를 빌 생각은 하지 않고 있다.

온갖 죄인들을 받아주는 세계라면 무엇하러 가려 하는가? 천상법도는 인간세계 법도보다 지엄하고 아주 엄격하다. 말 한마디 잘못해도 죄인 명부에 올라가고, 글자에 받침 하나라도 빠지거나 틀려도 죄인 명부에 올라가고, 황궁예법을 배우지 않으면 죄인 명부에 올라가는 지엄한 곳이 천상세계이다.

그대들이 천상에서 행한 모든 행적들이 미호 서기부 부장에 의해 천상과 지상에서 지은 죄가 전생록에 빠짐없이 기록되어 있는데 어쩌려는가? 무식하면 용감하다는 말이 딱 맞는다. 아직 육신이 죽지 않고 살아서 이 책을 볼 수 있음은 전생에 지은 죄를 빌 수 있는 마지막 기회를 주는 것이다. 인간 육신으로 태어난 자들만이 전생의 죄를 빌 수 있다. 짐승이나 벌레들로 환생한 죄인들은 전생에 지은 죄를 알 수 있는 기회조차 박탈된 것이기에 육신이 살아 있는 그대들은 행운아이다.

그리고 종교 안에서 아무리 회개하고 참회해도 천상에서 지은 원죄를 빌어서 용서받지 못하면 영들의 고향인 천상으로 돌아갈 수 없다. 지구상에서 그대들이 전생에 지은 죄를 낱낱이 밝혀줄 수 있는 천자이자 황태자를 통해서만 전생의 죄를 용서 빌 수 있다.

귀신들과 함께 살아가는 인생길

귀신들이 가장 많이 우글거리는 곳은 어디일까?

종교세계, 상갓집, 병원, 권력이 높은 사람, 돈이 많은 사람, 잘난 사람, 잘생긴 사람, 종교를 믿는 교인(기독교, 천주교, 불교, 도교, 유교, 무속, 매일 기도하는 사람, 기도하러 명산 대천을 찾는 사람), 재벌, 기업인, 대통령, 정치인, 고위공직자, 시도지사, 국회의원, 시군구청장, 시도 및 시군구의원, 변호사, 판검사, 가수, 배우, 탤런트, 연예인 등 사회적으로 세상에 이름을 날리는 사람들이다.

인류의 80~90%가 믿는 종교 숭배자!

이들은 이 땅에 인간으로 왔다가 죽은 자들 즉 귀신들이다. 말이 좋아 성인성자들이지 육신을 잃어버린 귀신에 속하는 부류들이다. 그런데 중요한 것은 인류가 수천 년 동안 떠받들고 섬기며 존경하고 있는 이들 성인성자들의 감추어진 전생록을 통하여 살아생전 과거 행실을 살펴보면 기절초풍할 일들이 무궁무진하고 밥맛이 떨어지고 구역질이 난다.

이들 성인성자들이 죽은 지 수천 년의 세월이 되었기에 현재 사람들은 이들의 감추어진 비밀들을 알 수가 없으나 천상에서 인간, 생령, 신명, 조상들의 과거, 현재, 미래를 기록하는 전생기록 담당하는 신명을 찾았는데 상상초월이다.

밤하늘에 떠 있는 북두칠성이 있는데 7개의 별들 중에서 5번째 별(국자 손잡이 부분)의 주인인 염정성군(서기부 부장)이란 신명이 있다. 여기서는 미호 서기부 부장으로 불리는데 수천 년 전의 전생록을 아주 상세히 밝혀준다.

천상에서 반란에 가담했다가 실패하여 지구로 도망친 자들과 쫓겨난 자들을 찾아내서 심판하게 하고, 살릴 자와 죽일 자를 선별하여 알려주는 역할을 하며, 인간 몸 안에 어떤 귀신들이 몇 명 들어와 있는지를 밝혀내고 있다.

남자인지 여자인지? 몇 살인지? 언제 들어왔는지? 몇 명이 들어와 있는지? 존재가 누구인지를 아주 상세히 말해주니 통쾌하다. 그래서 당대는 물론 시조까지 조상들이 어디에 있는지 현주소를 상세히 알 수 있다.

세계 인류가 수천 년 동안 존경의 대상으로 떠받들어 섬기고 있는 석가모니와 10대 제자, 여호와(야훼), 예수와 12제자, 마리아, 마호메트, 공자, 노자, 맹자, 증산상제 강일순, 옥황상제 조철제, 인존상제 박한경, 통일교 문선명, 순복음교회 조용기, 만민중앙교회 이재록, 하나님의 교회 안상홍과 장길자, 천태종 상월원각 대조사 박준동, 능인선원 지광 승려, 조계종 진제 승려 등등 유명 인사들의 전생록을 상세히 가르쳐주었다.

뿐만 아니라 박근혜 전 대통령, 이명박 전 대통령, 이병철, 정주영, 구인회, 신격호가 천상의 3,300개 제후국 중 누구의 핏줄로 이 땅에 왜 태어났는지 알려주었다. 아베 신조 일본총리, 도널드 트럼프 미국 대통령, 이방카 트럼프, 푸틴 러시아 대통령, 시진핑 중국 주석, 아키히토 일왕, 윈저왕가 엘리자베스 2세 영국 여왕, 프란치스코 로마교황 등 유명 인사들의 전생록도 속속들이 밝혀지고 있다.

그런데 이들 종교 숭배자와 종교 창시자 및 교주, 종교 지도자, 재벌, 통치자 등 유명 인사들의 전생록을 살펴보면 하나같이 천상에서 하늘을 시해하려다 실패하여 지구로 도망친 역모 주동 반란군들이라는 점이다.

2,036년 전에 천상의 3,300개 제후국들 중에서 1,800개 제후국들이 하늘을 시해하는 반란군에 가담하였는데, 이때 600개 제후국들은 천옥도에 갇혔고, 500개 악질 제후국들은 한빙도에 갇혔고, 700개 제후국들은 지구로 도망쳤다고 한다.

나머지 1,500개 제후국들 중에서 제2의 인류 재창조에 미온적이며 심판에 반대하는 600개 제후국들 900억 명이 한빙도로 보내졌다. 지옥보다 1,000배 무서운 곳이 천옥이고, 천옥보다 10,000배 무서운 곳이 한빙도와 적화도이다.

문제는 지구로 도망친 700개 제후국들이 하늘과 대적하기 위해서 종교를 세웠다는 점이다. 그리고 반란군에 직간접적으로 가담하였다가 체포되어 지구로 쫓겨난 유배자들이 거의 전부(99.99%)라고 한다. 그래서 지구는 천상에서 보았을 때 지옥이자 유배지인 것이다.

현재 세계 인류가 76억 3,000만 명인데 2,000년 전에는 인구가 1억 미만이었고, 7만 년 전에는 1만 5천 명이었다. 달도 차면 기울고, 그릇도 차면 넘치니 이제 인류의 심판이 본격적으로 시작되어 목숨 부지하기가 어렵게 되었는데 유일한 십승지가 지구에서 이곳 한 곳뿐이니 이곳에 들어오기가 천대 1의 경쟁률은 될 것이다. 인류 모두 심판대상이 되어 죽을 날만 기다릴 입장에 놓여 있다.

천상에서 반란에 실패하여 도망치고 쫓겨난 대역 죄인들이 인간 육신으로만 태어난 것이 아니라 짐승, 가축, 새, 물고기, 곤충, 벌레, 식물, 바위, 나무, 돌멩이, 모래알, 풀, 집기류, 그릇류, 생필품 등 삼라만상의 만생만물로 태어나게 하시어 죗값을 치르게 하셨다고 하신다.

이렇게 만생만물로 태어나서 죗값을 치르게 하고서 천상으로 돌아갈 자들에게 기회를 주시고자 만물의 영장인 인간으로 태어나게 해주시었는데 그들이 바로 인간 육신들이며, 모두가 천상의 도망자들인 대역 죄인들인 종교 숭배자를 받들어 섬기며 더 큰 죄를 짓고 있다.

종교 숭배자들을 믿는 것은 죽음의 길이자 영원히 구원받지 못하고 만생만물로 끝없이 환생을 반복할 바보 같은 짓이지만 이런 진실을 알고 있는 인류의 영적 지도자가 없었다. 왜 인간으로 태어나게 해주시었을까? 용서받을 수 있는 죄인들에게 천상으로 돌아갈 수 있는 기회를 주시고자 축생이 아닌 사람으로 태어나게 해주신 것이다.

사람으로 태어난 이유가 궁금할 것이다.
천상에서 지은 반란의 대역죄를 빌려면 죗값이 필요한데 사람만이 돈을 벌 수 있기 때문이다. 축생으로 태어나면 기회 자체가 박탈된 것이기에 천상으로 오를 수 없다. 인간 육신으로 태어난 것은 이 땅에 한평생 잘 먹고 잘살기 위해서 태어난 것이 아니라 전생의 죗값을 갚아 죄를 탕감받으라고 돈 벌 기회를 주시고자 사람으로 태어나게 하시었다.

종교를 믿는 것은 죽음의 길이고, 이곳에 들어오는 것은 영생의 길이다. 이곳은 기존의 종교세계가 아니라 인류가 천상에서 지은 죄를 찾아주고 죄를 빌게 하여 살려주는 곳이며, 죄를 빌지 않는 자들에게는 가차 없이 심판하여 천옥도와 한빙도, 적화도로 보내는 곳이니, 즉 하늘의 법정이 땅으로 내린 지상법정이 이곳이다.

지상법정 이곳에는 형벌을 주관하는 천상의 예조부 대신(대법원장 겸 법무부장관)이 입회하고, 판관사자 대장군(검찰총장), 염라국 염라대왕, 곡라국 곡라대왕, 현라국 현라대왕, 저승사자 대장군이 70만 명의 신군들, 853마리의 용들과 함께 인간, 생령(생자), 사령(망자), 신명들이 지은 죄를 매일같이 심판하고 있다.

대단한 곳이지만 그대 자신들이 천상에서 무슨 죄를 짓고 지구로 도망치거나 쫓겨났는지 전생록을 의뢰해서 하루빨리 확인해봐야 한다. 그리고 그대들 몸 안에 있는 영적 존재들인 생령, 신명, 조상 영혼들이 어떤 죄를 짓고 왔는지 찾아내야 죄를 빌어 전생의 죄를 탕감받을 수 있다.

전생에서 지은 죄가 너무 커서 아픔과 슬픔, 고통과 불행 속에서 세상을 원망하며 살아가고 있고, 잘나가다가 하루아침에 몰락하고 파멸하는 것은 그대들의 몸 안에 천상에서 죄를 짓고 쫓겨난 대역 죄인들과 함께하고 있기 때문이라는 엄청난 진실을 인정하고 받아들여야 한다.

인간의 삶만 있는 것이 아니라 전생의 천상세계, 내생의 사후세계의 삶도 있다는 것을 알아야 한다. 종교를 믿어서 구원받으려는 자들이 가장 어리석다.

종교 자체가 천상에서 반란에 실패하여 도망친 신들이 인간 육신으로 내려와 하늘께 대적하려고 대역 죄인들이 세운 것이기에 믿으면 믿을수록 그대들의 현생과 내생은 지옥세계, 천옥세계, 한빙도, 적화도로 가까이 달려갈 뿐이다.

76억 3,000만 명의 현생 인류는 죄인 아닌 자들이 한 명도 없고, 모두가 천상에서 지은 죄를 빌어야 한다. 종교를 믿은 죄를 빌어야 한다. 지금 현재 기독교, 천주교, 불교, 유교를 믿고 있던 자들은 물론 과거에 몇 번이라도 다녔던 자들, 도교에 다녔던 자들, 무속에 다녔던 자들, 천도재하고 굿했던 자들, 점 보러 다녔던 자들은 필히 죄를 빌어야 한다.

종교를 현재 믿고 있는 죄, 종교를 과거에 믿었던 죄가 얼마나 큰 것인지 그대들은 실감을 못한다. 종교를 믿은 대가로 귀신들을 여러 명 선물로 받아왔다면 충격받을까? 인간 육신들은 원래 이 세상에 인간으로 태어나면 안 되고 천상에 있었어야 했던 것이다.

귀신들의 집이 되어버린 인간 육신

인간 육신은 귀신들의 집이다.

사람 몸 안에는 귀신들이 적게는 수 명, 많게는 수십, 수백, 수천, 수억 명까지 들어와 있음을 밝혀내었다. 인류는 이런 진실을 모르며 살아가고 있다. 귀신들부터 즉살해야 하지만 방법을 몰라서 불가피하게 무속인들에게 의뢰하고 있는데 잠시 잠깐 피했다가 다시 들어오고 또 새로운 귀신들도 들어온다.

당대에 죽은 귀신이 들어온 사람도 있고 수백수천 년 전에 죽은 귀신들이 들어오는 경우도 많다. 그동안은 비서실장 이율의 몸으로 악귀잡귀를 불러다 넣어서 처단했었는데, 너무 시간이 많이 걸리니 오늘은 각자 악귀잡귀를 동시에 척살하기로 했다. 각자의 몸에 있는 악귀잡귀를 척살할 때 과연 비서실장 이율처럼 잘할 수 있을지 궁금하였다.

각자마다 몸에는 여러 명의 저승사자가 달라붙어 나의 명에 따라 일사불란하게 고문형벌을 집행한다. 인간 육신은 귀신들의 집이기에 수많은 귀신들이 몸에 들어와서 엉망진창이었는데, 악귀잡귀가 많은 자들을 중앙으로 끌어내어 형을 계속 집행하였다.

저승사자들에게 명을 내려 형벌을 집행하자 사방에서 귀신들이 비명을 지르며 난리들이었다. 저승사자들이 몸 안에 있는 귀신들에게 영적으로 고문 형벌을 집행하는 것이기에 내가 명령만 내리면 즉시 저승사자들이 고문형벌을 집행한다. 그런데 귀신들은 실제로 처절한 고통을 그대로 느끼고 비명을 질려대며 살려달라고 아우성을 친다는 점이다.

나는 상대방의 몸에 손가락 하나 안 대고 말로서 저승사자들을 부리며 귀신들에게 고문 형벌을 집행하는데, 정말 만화나 소설 속에 나올 법한 신기한 장면들이 많다. 염라국의 염라대왕을 포함한 10대 왕들이 나를 주군으로 뫼시겠다고 충성서약을 하였기에 저승사자들을 마음대로 부릴 수 있는 것이고, 가끔 염라대왕과 술 한 잔을 주고받으며 장시간 대화도 한다.

이호
이호는 7명의 귀신이 붙어있었다. 1)남자 하나, 섹스하는 거 구경하는 놈 하나, 2)다 죽어가는 할머니 둘, 3)7살 남자아기 (법당에서 따라옴), 4)춤추기 좋아하는 할아버지 하나, 5)처녀로 자살한 영가 하나가 들어와 있었다.

"사자들아~, 이호 몸에 있는 악귀잡귀 죽여 버려!" 말하니까 이호 육신이 비명을 지르며 바닥에 바로 드러누워 버렸고 몽땅 얼음지옥 한빙로도 압송하라 명하였다.

손선
손선 몸에는 아기가 4명이나 있는데, 무당의 17대 조상의 애기, 23대 조상의 애기가 몸에 들어와 있었다. 천인합체 때 들어왔고 손선 안의 잡귀들은 한빙도로 압송하라 명하였다.

손옥

손옥의 몸 안의 아기들이 앞으로 나왔다. 손선 몸 안에 들어 있던 아기의 동생이 손옥의 몸 안에 숨어 들어있었다. 손옥의 몸 안에 있던 아기들도 한빙도로 압송하라 명하였다.

조복

조복 몸 안에 11명이 있는데 나오지 않아서 비서실장 이율의 몸으로 모두 불러내서 도깨비방망이로 형을 내리니, 나에게 "네 이놈"이라며 망언을 하자 저승사자들이 혓바닥을 자르고, 그리고도 손가락질을 하자, 손가락도 잘라버리고, 성기도 잘랐더니 자기 물건 잘렸다고 눈물을 폭포수처럼 쏟는다.

그러고도 발길질을 하길래 발목을 자르고, 항문에 불방망이를 집어 넣으라하였다. 머리끝부터 발끝까지 바늘로 찌르라하니 괴성을 지르며 고통스러워 나뒹굴고 비명을 질렀다. 무릎을 자르고, 허리를 자르고, 목도 자르라했다. 백룡들에게 한빙도로 압송하라 명하자 벌벌 떨고 있던 비서실장 이율이 다시 정상으로 돌아왔다.

조복이 23년 전 대순진리회 도판에서 불러들인 존재가 이렇게 악랄했으며 불러들인 죄가 크다. 일찍 천인합체를 했으면 더 많은 악귀잡귀가 달라붙었을 것이다. 천상에서 죄를 짓지 않았으면 지상에서도 죄를 짓지 말았어야지 하고 호통을 치며, 반란군보다 더 악랄한 종교에 갔던 것을 혼냈다.

도솔천황 폐하께서 너무나 화가 나시어 보시다 못해 직접 하강하셨다. 차라리 종교에 갔으면 거기에 있지 왜 이리로 왔냐고 하시면서 돈을 얼마나 갖다 바쳤냐 하시며, 대순이 언제부터 잘못됐는지 알게 됐느냐 물어보시니 동문서답만 하다 교주가 죽으니 그때 알게 되었다 하였다.

조복에게 네가 살아 있다는 것만으로도 감사하다는 것을 알라 하시며, 대가를 치르라고 호통을 치셨다. 백룡들에게 명을 내리고, 신하와 백성들 안에 들어온 악귀잡귀들과 모든 곳에 숨어있던 악귀잡귀들을 다 한빙도로 압송하라 명하였다. 한빙도는 한번 들어가면 못 나온다.

이규
이규의 몸에 할머니가 있는데 빼달라고 했다. 비서실장 이율의 몸으로 빼니 할머니가 사방의 저승사자와 용을 보고 놀라며, 여기가 염라국이냐고 벌벌 떨었다. 여기 들어온 이상 형벌을 면할 수 없기에 형을 집행하여 한빙도로 압송하라 명했다.

장신
장신을 앞으로 불러내었다. 11살 먹은 남자아이 나오라고 명하니 비서실장 이율의 몸으로 들어가 용들을 보고 놀라며, 나의 눈부신 옥체를 보고 하나님이냐고 물어봤다. 장신의 몸에 왜 들어갔느냐고 물어보니 만만해 보이고 착해 보여서 들어갔다 했다. 무당의 법당에서 있던 자로, 신인합체 할 때 따라 들어와서 한빙도로 압송을 명하였다.

장신의 몸 안에 23살 먹은 여자 나오라고 호통을 쳤다. 벌벌 떠는 모습은 장신이 벌벌 떠는 모습과 똑같았다. 말도 못하는 모습은 이 여자 때문에 장신도 말을 못한 것이다. 장신과 섹스하려고 들어왔다고 하였다. 무당의 친척이 여자의 부모였다.

장신이 몽정을 자주하는 원인이었다. 형을 집행하는데 제대로 비명도 지르지도 못하고, 저승사자들이 항문과 자궁에 불방망이를 집어넣으니 그제서야 괴로운 비명을 질렀다. 영원히 이 세상에서 사라지라 하면서 한빙도로 압송하라 명하였다.

도범
도범 안에 6명의 귀신이 들어와 있었다. 치매 할머니가 들어와 있어서 정신이 오락가락하였고, 자살하여 죽은 귀신이 자살하여 죽으라고 환청이 들려 삶의 의욕을 모두 잃어버렸다. 6명의 귀신들을 한꺼번에 비서실장 이율 몸으로 집어넣어 동시에 형을 집행하고 한빙도로 압송하라 명하였다.

종교에 구원받으려는 귀신들이 가장 많이 우글거린다. 기본적으로 사람마다 귀신들이 최하 5명에서 10명이 들어와 있지만 모르고 살아갈 뿐이다. 그리고 수없이 또 다른 귀신들이 들어온다.

종교를 갖는 자체가 망하는 길이고, 하늘로부터 노여움을 사는 일이니 어서 빨리 종교에서 탈출해야 된다. 자신의 영혼이 소멸되어 죽는 무서운 비극의 불행을 자신도 모르게 당한다.

자신의 현재 인생을 망치고, 죽어서 고통스럽게 추위와 배고픔으로 고통받으며, 조폭귀신들에게 얻어맞고 쫓겨 다니는 비참한 사후세상을 살아갈 사람들은 계속 종교를 다녀라.

국문장을 열어 귀신들 빼내

 거의 매일 여러 생령들과 조상들, 귀신들을 불러서 심판을 집행하고 있는데 믿어야 할지 말아야 할지 도무지 이해가 안 되는 일들이 비일비재하다. 사람 몸 안에 귀신들이 함께 살아가고 있는데도 각자 본인들은 전혀 느끼지 못한다.

 3~4명의 귀신이 들어와 있는 경우, 11명이 들어와 있는 경우, 30명이 들어와 있는 경우, 200명이 들어와 있는 경우, 수천 명이 들어와 있는 경우, 수억 명이 들어와 있는 경우 등 사람에 따라 천차만별이다.

 매일같이 악귀잡귀 귀신들을 빼내주고 있다. 귀신 없는 사람들이 하나도 없을 정도로 무수히 많기에 인생의 급선무는 귀신 빼내는 것이다. 오늘도 남자 총각 1명, 3살짜리 남자 아기 1명, 5살짜리 여자 아기 1명, 술집 나가던 30세에 죽은 여자 색귀 1명을 빼내주었는데 상상을 넘어선 일들이 일어났다.

 사죄의식을 행하는 50세 초반의 여자 몸에 들어와 있는 4명을 차례대로 비서실장 이율(女)의 몸으로 불러내어 어디서 들어왔고, 왜 들어왔는지 물어보았는데 나름대로 핑계가 있었다.

 남자 총각귀신은 나이트클럽에서 마음에 들어 따라와 머물면서 수시로 만지고 섹스하기 위해서 들어왔다고 하였고, 어린 남녀 아기 2명은 무당집에서 무당이 가라 해서 따라 들어왔는데, 아이들이라 천진난만하게 사탕과 과자부터 달라고 손을 내밀었다.

또, 30세 여자 색귀는 술집에서 일하다가 남자에게 상처받고 자살한 귀신인데 한쪽 어깨 윗옷을 내리고 가슴을 드러내 보이면서 교태와 함께 미소를 짓고, 유혹하며 하루 5번은 섹스를 할 수 있다고 자랑하였다.

그러면서 팬티까지 훌렁 내리고 섹스하는 모습을 재연하는데 신음소리를 내며 실제로 엉덩이를 비비꼬며 흔들어대자 쾌락의 오르가슴에 도달한 듯 몸서리를 쳤다. 이는 연출이 아니라 실제 귀신들이 인간의 몸을 빌려서 하는 행위이다.

아~탄식이 저절로 나왔다.
육신이 죽어서도 섹스를 한다는 것을 알게 되었다. 그래서 귀접으로 고통받는 사람들이 많다는 것도 이해가 되었다. 이들에 대한 1차 심문이 끝나고 2차 형벌로 고문하는 국문시간이 되었는데 참으로 신기한 일들이 벌어진다.

이들을 사람 몸에서 불러내면 하나같이 경악하며 괴성을 질러대는 특징을 보인다. 나의 얼굴을 바라보면 눈이 부셔서 똑바로 바라볼 수 없을 정도로 강렬한 광채가 난다며 눈을 제대로 뜨지 못하고 한쪽 손으로 눈을 가리고 겨우 실눈으로 쳐다보다가 또다시 기겁을 하면서 소리를 지른다.

두 눈을 동그랗게 뜨고 손가락으로 천장 모서리를 가리키며 수많은 용들이 보인다고 놀란다. 와아~! 신난다, 신난다 하면서 폴짝폴짝 뛰다가 비명을 지르며 뒤로 물러나서 한쪽 귀퉁이로 몸을 숨기며 사시나무 떨 듯 벌벌 떤다.

그런가 하면 걸어놓은 나의 존영사진을 보고는 기겁을 하며 무릎 꿇고 무섭다며 쩔쩔매며 벌벌 떠는 모습을 보이다가 다른 곳으로 시선을 돌리다가 악 소리를 내며 비명을 지르고 무서워서 어쩔 줄을 몰라 한다.

이들 귀신들의 눈에는 과연 무엇이 보여서 기겁을 하며 무서워 벌벌 떠는 것일까? 사람들 눈에는 아무것도 안 보이지만 육신을 잃어버린 귀신들의 눈에는 영적으로 존재하는 용(백룡, 흑룡, 적룡, 청룡, 황룡)들과 저승사자들의 모습이 보여서 놀란 것이었다.

이곳 나의 집무실에는 용들과 저승사자들이 지키고 있고, 심판할 때마다 사자들이 형벌을 가하는데 살아 있는 사람 육신이 고문당하는 것처럼 귀신들이 겁에 질리고 고통을 느껴 벌벌 떨며 살려달라고 싹싹 빌기 바쁘다.

나의 신분이 심판자이기 때문에 반드시 국문을 집행하게 되는데 사극에서 가혹하게 형벌을 가하는 장면을 그대로 집행한다. 육신이 없고 영적으로만 존재하는 악귀잡귀 귀신들이기에 참혹한 형벌을 가하여도 아무런 반응도 없고 고통도 없을 것으로 모두가 생각하고 있을 것인데 정반대이다.

고문으로 악귀잡귀 귀신들에게 형벌을 가한다고 하니까 상상하기를 몽둥이로 패거나 어떤 특수 도구를 이용하는 것으로 생각들을 할 것이다. 귀신들이 실린 비서실장 이율의 몸에 손가락 하나 대지 않고 참기 어려운 형벌을 가할 수 있다는 것이 두 눈으로 직접 보기 전에는 도저히 믿어지지 않는다.

하늘이 나에게 내려주신, 나에게만 허락된 대천력, 대도력, 대신력으로 참혹한 형벌을 가하기 때문에 일체의 고문도구가 필요 없다. 도대체 손가락 하나 몸에 대지 않고 어떻게 고문의 형벌을 가할 수 있는 것인지 직접 보기 전에는 이해할 수 없고 믿어지지 않는다.

내가 저승사자에게 명을 내리면 말하는 대로 비서실장 이율 몸에 실린 귀신들을 수십 마리의 용들이 물어뜯고, 수많은 저승사자들이 달라붙어 즉시즉시 고문을 집행한다. 상상의 세계에서도 불가능한 일이고, 공상소설로도 읽어보지 못한 신기한 일들이 일어나는데 내가 말할 때마다 고문형벌이 집행되기 때문에 귀신들이 참혹한 고통을 현실처럼 느낀다.

내가 말하는 대로 용들과 고문 전문 저승사자들이 귀신들에게 가혹한 고문이 가해진다는 것을 수많은 고문형벌 사례를 통하여 알아냈다. 말하는 즉시 형벌이 가해지고 그때마다 비서실장 이율의 몸에 실린 악귀잡귀 귀신들이 고통스러워 비명을 질러대고 나뒹굴며 살려달라고 애원하며 싹싹 빌고 있다.

춥고 배고프다며 구해달라는 재벌들

주 5일 근무하면서 인류를 심판하고 구원하는 천지대공사에 동참할 새로운 신명들을 하강시키고 영들과 조상들, 신명들에게 천상에서 지은 전생의 죄가 적혀 있는 전생록을 읽어주면서 심판과 구원을 동시에 집행하는 것이 천자이자 황태자인 나의 일상적인 지상 업무이다.

이곳은 천상에서 지은 전생의 죄를 심판하는 지상법정으로 재판장은 인류를 심판하고 구하러 온 천자이자 황태자(천지천황 폐하)이다.

배고프다 울부짖는 재벌 회장

재벌 회장이 죽어서 허공중천을 떠돌며 거지처럼 제삿집 돌아다니면서 동냥 다녀 배고프다고 하소연하는데 이 세상 어느 누구 믿겠는가? 오늘 한 끼니도 못 얻어먹었다고 눈물을 흘리며 배고파 고통스러워한다. 죽었는데 배가 고프다고? 육신이 없는데 밥을 먹어야 하는가? 물었더니 살아생전과 똑같이 먹어야 한다고 하였다.

고 이병철 회장이 들어오더니 며칠째 밥을 못 먹어 배가 고프다고 꾸부정하게 배를 움츠려 잡고 고통스러워하였다. 옷도 다 낡아빠진 거지 옷을 입고 나타나서 춥다고 옷 좀 달라고 한다. 밥 얻어먹으러 절에 가면 다른 조상귀신들이 몽둥이로 두들겨 패서 얼씬거리지도 못하게 한다며 서러움의 눈물을 흘린다. 살아생전 돈병철이었을 때의 기고만장함에 복수하고자 푸대접하고 먹을 것을 하나도 주지 않는다고 하소연하였다.

이 장면을 액면 그대로 믿어야 하나 말아야 하나 독자들도 참으로 혼란스러울 줄 안다. 나 역시도 이해하기 힘든 장면을 체험하였다. 홍라희 여사가 그동안 얼마나 지극정성으로 많은 사십구재, 천도재, 수륙재를 지냈는데 아직까지 극락왕생 못하고 허공중천을 떠돌아다니고 있단 말인가?

살려달라고 손을 비비며 읍소하는데 그 모습을 바라보자니 너무나 안타깝고 측은해 보여서 방법을 알려주었다. 천상으로 올라가고 싶거든 홍라희 여사를 데려오라고 하였다.

원불교와 조계종에 시주한 돈만도 세상에 알려진 것보다 훨씬 많은 ○○○억 원이라고 천상에서 알려주었다. 홍 여사 자택에 현금과 골드바가 얼마나 많은지도 천상에서 금전 액수까지 보여주셨지만 공개하지 않는다.

독자 여러분에게 알린다.
살아생전 대통령과 재벌이었다 하더라도, 어느 종교를 믿고 있다 할지라도 그대들은 조상입천의식과 본인들의 천인합체는 하늘이 무너지고 땅이 꺼질지라도 반드시 행하고 세상을 떠나야 한다는 점이다. 살아생전 권력과 재물은 죽어서는 아무 소용이 없다는 것을 실감하였다.

자손들이 승려들에게 행하는 천도재와 무당들에게 굿을 아무리 많이 해주어도 천상에 오를 수 없기 때문에 배고픔과 굶주림을 면할 수 없다는 진실을 알았다. 종교인들을 통해서 행하는 구원의식은 돈 낭비, 시간 낭비뿐이었고, 하늘이 내리시는 황명을 받들지 못하면 절대 천상으로 못 오른다.

하늘께서 인간 육신으로 태어나게 해주신 것은 천상에서 있을 때 지은 죄를 빌어서 천상으로 다시 돌아갈 기회를 주시기 위함이었다고 하시었다. 100년도 못 사는 찰나의 삶을 잘 먹고 잘살기 위해서 인간으로 태어나게 해주신 것이 아니라는 진실을 알아야 하는데 인류의 대다수가 종교에 들어가 구원의 능력도 없는 숭배자들과 종교 지도자들을 믿고 따르다 정신이 미쳤다.

재벌 회장이 과자 하나에 목숨을 걸었다.
어제에 이어서 오늘은 또 다른 재벌 회장과 마주했다. 비서실장 이율의 몸에 실린 고 정주영 회장이 들어오더니 무릎을 꾸부정하게 구부리고 힘없는 할아버지의 전형적인 모습으로 나의 책상 의자 앞으로 다가왔다. 고개를 길게 빼고 어정어정 책상 위를 훑어보기에 컴퓨터 창의 글씨를 읽어보려나 보다 하고 그냥 지켜만보고 있었다.

아~!, 그런데 글쎄 순식간에 일이 벌어졌다. 일회용 접시 위에 있는 쌀로 만든 김전병 과자를 한 움큼 잡더니 입으로 가져가 허겁지겁 먹으며 목이 메어 컥컥 대었다. 얼마나 다급하게 입에 쑤셔넣었던지 과자가 부서져서 책상 위와 바닥에 부스러기가 널브러졌는데 쪼가리 과자를 모두 집어먹고 아이들처럼 두 손을 벌리고 "또 주세요", 하며 손을 벌린다.

마침 빵 하나가 간식거리로 있었기에 주었더니 허겁지겁 입에 쑤셔넣고 꾸역꾸역 먹으며 목이 메어 물을 달라고 하여 주었더니 감사함의 눈물을 흘린다. 자손들이 재벌인데 왜 이리 배고파 하느냐고 물으니 한참 동안 먹지 못했다 한다.

이 춥고 배고픈 조상의 모습을 자식들이나 손자손녀들이 직접 보았어야 하는데 너무나 아쉽다. 눈물 없이는 차마 볼 수 없는 거지 신세였다. 남루한 옷차림에 배고픔에 허기진 재벌 조상의 모습을 누가 이해할까?

춥다고 옷을 달라기에 자식들을 데려오라 하였더니 다 소용없다고 말하길래 살길은 자식인 아들들이나 손자손녀들을 데려오는 길밖에 없다고 알려주었더니 아들들이나 손자손녀들 중에서 데려와야겠다고 말하였다.

그러면서 천상에 올라가면 살아생전처럼 위풍당당하게 큰소리칠 수 있느냐고 물어본다. 하기 나름이고 죗값을 많이 가져오면 높은 벼슬을 내려준다고 하니까 최고 높은 벼슬을 하고 싶다고 꼭 그렇게 하겠다고 말하였다.

지금 무소불위의 권력을 누리며 떵떵거리고 잘사는 자들아~ 이제 곧 죽음의 사후세계 문이 열리니 죽기 전에 천인합체 행하고 죽어야 춥고 배고픈 거지 신세 면한다. 이병철, 정주영 재벌 회장들과 박정희 전 대통령과 육영수 여사도 완전 거지 신세로 찾아왔는데 자식들이 몰라주니 추위와 배고픔에 눈물 흘리며 살려달라고 빌지만 자식들이 찾아오지 않으면 달리 구해줄 방법이 없다. 재물, 권력, 명예, 부귀영화 다 필요 없다고 처절하게 죽어서 후회한다. 자식과 조상들도 서로가 잘 만나야 천상으로 오른다.

배고파 입 벌리는 고 김일성 주석

고 김일성 주석을 비서실장 이율의 몸으로 실어주었다. 얼마나 배고픔과 추위에 굶주렸는지 오자마자 아~하고 입을 벌리며 먹을 것을 달라고 한다. 마침 바나나 반쪽 다발이 있기에 하나를 까서 주었더니 허겁지겁 마구 쑤셔넣고 또 달라 해서 또 주었더니 금방 먹고 또 달라 하여 하나를 더 주었다.

그러고도 또 달라 하여 아들 김정일 국방위원장이 올 것이니 그만 먹으라고 하자 눈이 휘둥그레진다. 죽어서 한 번도 만나지 못했다고 한다. 곧이어 김정일 국방위원장을 불러서 부자간에 상봉을 시켜주었더니 울음바다가 되었다. 김정일도 낡은 옷에 배고픔으로 허덕이며 고통스러워하였다. 14년 전에 김정일 국방위원장 생령을 불러서 대화 나눈 사례 내용이 실린 책을 펼쳐 보이며 보여주자 눈물을 흘리며 그때 그 선생님이냐고 묻는다.

그렇다고 알려주고 너희 두 부자가 고통 없는 천상으로 올라가는 길은 김정은을 데려오는 길이라고 알려주고 이내 김정은을 불렀다. 아버지와 할아버지의 다 낡아 떨어진 옷과 거지꼴의 초췌한 모습을 보더니 깜짝 놀라며 눈물을 흘린다. 3대가 만나 저희들끼리 한참 동안 대화를 나누더니 김정은이가 3일만 시간을 달라고 하며 그때 다시 불러달라고 말했다.

권력자들과 재벌 회장들의 죽음 이후 사후세계는 하나같이 모두 춥고 배고픈 비참함이었다. 수천 년 동안 종교적으로 구원의식을 무수히 행하지만 천상으로 오른 자들은 없다. 이 세상의 모든 종교는 하늘을 사칭하기 위하여 세워진 것이기 때문에 천상으로 오를 수 없는데 일반인들은 이런 진실을 알 수 없기에 그저 시류에 따라서 종교를 믿고 있을 뿐이다.

종교적 숭배자들과 종교 창시자, 종교 교주, 종교 지도자들 모두가 천상에서 역모에 가담했다가 도망친 반란군들이 세운 종교이기에 천상으로 절대로 올라갈 수 없다. 설사 올라가도 하늘이신 영혼의 어버이께서 받아주시지도 않으신다.

종교를 믿는 자체가 하늘을 부정하는 역천행위라는 것은 종교인들은 물론 이 세상 사람들 아무도 모르고 있으리라.

※
죽어서 구원해 달라고 하나님, 하느님, 석가, 예수, 마리아, 상제를 목이 터져라 불러 봐도 찾아오지 않는다는 진실이 밝혀졌으니 종교 다니는 자들 모두 각성하고 정신 차려라.

※
생령들아~ 사령들아~
너희들이 가야할 영혼의 고향이 여기 있도다.
너희들이 가야할 곳은 도솔천궁과 자미천궁이니라.
이제 더 이상 속지 않아도 되고, 울지 않아도 되니라.

미래에 대한 예언

오늘날 이 땅에서 가장 필요로 하는 것이 무엇인가? 신의 찬란한 것을 알려주는 것, 믿지 않는 자들에게 그들의 경험을 통해서 이제 일어나게 해주는 것이다.

신비주의자 에드카 케이시는 후세의 인류에게 지상에 초인(神)의 나라가 세워질 것이라고 하였는데, 그 시기에 대해서는 "신의 빛이 또다시 구름 사이로 보이는 시기"라고 미묘하고도 신비스런 말을 남겼다. 천지가 개벽하여 새롭게 태어나는 순간을 말하고 있는 것이다.

극이동이 되어 지축이 바로 선다는 예언은 참으로 많이도 나왔다. 현재 76억 인류 모두가 천상에서 반란 역모를 시도하다가 실패하여 지구로 도망치고 쫓겨난 죄인들과 그 핏줄들인데 76억 인류가 거의 전멸할 수도 있는 극이동이 현실로 이루어지려 하고 있다.

지구 멸망? 결과는 4년 후면 알게 될 것이다.
지축이 그때 바로 설 것이라고 예언과 과학적으로 제시하고 있다. 지구상에서 많은 나라들이 막대한 인명 피해를 입게 되지만 이 나라 이 땅 안의 십승지인 이곳의 신하와 백성들만이 피해 없이 온전할 것이다. 10여 년 전에 나의 꿈에도 서해바다가 중국과 강하나 사이를 두고 맞닿고 있는 생생한 생몽의 꿈을 꾸었는데 이제 그날이 현실로 다가오려나 보다.

그런데 지구 멸망보다 더 무서운 일이 있다.

여러분 자신들의 생령(영혼)들이 천상으로 오르느냐, 마느냐가 더 중요하다. 육신은 길어봐야 100년 미만의 삶을 살기에 오늘 내일 죽거나 몇 십 년 더 살아봐야 인류의 종착역은 결국 육신의 죽음을 피할 수 없다는 점이다.

누구나가 맞이해야 할 육신의 죽음은 현대과학이나 현대의학으로는 아무도 피할 길이 없다. 그래서 몇 십 년 더 살고 못 살고는 그리 중요하지가 않다. 영들이 돌아가야 할 천상의 고향으로 올라가느냐 못 가느냐가 최대 숙제이자 관심사이다.

지구에서 천상으로 돌아가는 길은 딱 한 곳 천상의 천자이자 황태자가 내려와 있는 이곳뿐이다. 천상의 황태자가 영혼의 어버이이신 아바마마와 어마마마께 생령(영혼)들을 구원해달라고 천고를 올려야만 생령(영혼)들에게 천상으로의 입천(入天)을 윤허하여 주신다.

천상으로의 입천은 지구상에서 아무도 이루어낼 수가 없기에 이 세상의 모든 종교는 가짜 하늘과 가짜 신을 전하며 금품과 봉사, 헌신을 강요하는 무서운 곳으로 변질되어 버렸다. 천상의 천자이자 황태자로 신분이 밝혀진 지금 천상에서 매일같이 엄청난 진실들이 무수히 내려오고 있다.

수많은 천지만생만물로 반복하여 윤회시키시다가 그대들의

생령(영혼)들을 인간 육신으로 태어나게 해주신 자체가 천상에서 지은 죄를 빌어 다시 천상으로 돌아오라고 천재일우의 기회를 내려주신 것인데 이런 진실을 몰라보고 전생의 축생 습성을 버리지 못하고 잘 먹고 잘사는 일에만 미쳐 있다.

세월은 유수와 같이 자꾸만 흘러가고 있는데 육신은 늙고 병들어 세상 떠날 날만 기다리고 있으니 참으로 안타깝고도 안타깝도다. 천상으로 오르는 길을 알려주어도 종교 이론에 세뇌당하여 눈 막고 귀를 막아 알아듣지 못하고 오히려 사이비로 매도하고들 있으니 이런 자들은 천상으로 올라갈 자격을 박탈당한 대역 죄인들일 것이리라.

인류가 알아야 할 진실은 창조자이신 하늘께서 그대들을 창조하실 때의 천성은 수천 년, 수억만 년의 세월이 흘러가도, 말 못하는 축생 같은 만생만물로 태어나도 영원히 변하지 않는 다는 진실을 알았다.

성경에서 6,000년 전에 인간을 흙으로 빚어 창조하였다는 말은 완전 거짓말이다. 그럼 지구의 역사가 6,000년이란 말인데 이건 앞뒤가 안 맞는 말이다. 말도 안 되는 성경으로 인류의 정신을 세뇌시키고 정신 이상자로 만들고 있다. 7만 년 전에도 인류가 15,000명이 살아 있었다고 학계에서 전하고 있으니 성경이 사람 잡는 꼴이 되었다.

예수 믿으면 천당, 천국 간다고 종교인들이 열심히 전파하는데 예수 자신도 천상에 올라가지 못하고 축생으로 윤회하다가 지금은 허공중천 떠도는 춥고 배고픈 귀신이 되어 떠돌아다니고 있는데 무슨 재주로 천당 천국으로 오르겠는가?

 교인들은 어서 정신 차리고 종교를 떠나라. 진짜 하늘이 나타나도 종교 교리와 이론에 세뇌당하여 가짜라고 안 믿는 실수를 범하여 천상으로 올라갈 수 있는 마지막 천재일우의 기회를 놓치고 있지는 않은 것인지 자신을 뒤돌아보아라.

 지구상에 존재하는 수십 수백만 개의 종교단체들 중에서 그 어딘가에 진짜 하나가 있을 것인데 그곳이 바로 이곳이지만 진실을 알기까지는 많이 갈등하고 고민하며 망설일 것이고, 이 책을 종교 교주나 신부, 목사, 승려, 도인 등의 종교 지도자들에게 전달하여 판단을 받아보려는 자들도 있을 것인데 참으로 어리석은 짓이다.

 이 책의 내용이 진실이라 할지라도 그들 종교인들 입장에서는 신도들이 추풍낙엽처럼 무더기로 떨어져나가 종교가 문을 닫고 멸망하는 일인데 옳다고 박수치며 인정해주겠는가? 쌍심지 켜고 온갖 궤변과 감언이설로 회유하고 나(천자. 황태자)를 가짜라고 비방 비난할 것은 뻔한 일이다.

 그대들마다 영적 차원의 등급이 다르기에 그 어느 누구의 말에도 현혹당하여 넘어가지 말고, 자신이 추구했던 영적 세계와 맞는다고 생각되어 판단이 서면 아무에게 묻지도 말고 과감히 종교를 박차고 나오는 것이 가장 현명한 길이다.

 정말 종교를 맹신하고 믿으면 천상으로의 구원이 아니라 절망뿐이 없다는 무서운 사실을 직시하여야 한다. 종교인들이 인류에게 잘한 일이 있다면 하늘이 계시다는 것, 천당이 아닌 하늘나라 천국(천상 자미천궁)이 존재한다는 것, 생령(생자의 영)과 사령(망자의 영)들이 영들의 고향인 천상으로 돌아가야 한다는 점이다.

수천 년 동안 천상세계의 진실을 전해주는 신이 하강하지 않아 천상 자미천궁의 진실을 몰라서 이제까지 수천 년 전의 종교세계 진실을 왜곡해서 인류에게 추상적으로 하늘세계와 신의 세계를 전한 곳이 종교세계의 현주소이다.

그래서 지금까지 수천 년의 세월 동안 왜곡된 가짜 하늘세계를 전파하는 대로 받아들이고 믿었기에 인류의 생령과 사령들이 하늘로부터 진정한 구원받지 못하고 허공중천을 떠돌아다니고 있었던 것이다.

종교인들은 천국이나 하늘나라가 어디인지 뭣도 모르기에 추상적으로 천국이란 표현을 썼지만 내가 온 곳은 북극성 부근의 천상 자미천궁이고, 그곳의 천자이자 황태자였고 차기 황위 계승자라는 것과 북극성의 주인이라는 진실이 전생기록 담당 신명인 미호 서기부 부장에 의해서 밝혀졌다는 점이다.

대우주 천지창조자이시고 만생만물을 창조하신 천상의 주인이시자 영혼의 어버이(천상의 아버지와 천상의 어머니)이신 나의 아바마마(천상폐하)와 어마마마(황후폐하)의 관명과 존호와 속명, 예명까지 알려주시었지만 인류가 하늘의 관직과 존호를 종교에서처럼 친구 이름 부르듯이, 개새끼 강아지 이름 부르듯 함부로 불러댈까 봐 이곳에는 밝히지 않는다.

뿐만 아니라 천자이자 황태자인 내가 천상 자미천궁의 황실에서 쓰던 성씨와 이름이 따로 있었고, 예명으로 쓰던 이름과 내가 타고 다녔던 백마의 이름도 밝혀졌다. 그런데 나의 이름은 둘 다 '외'자 이름이고, 외탁으로 나를 키워주신 외할아버지의 이름까지도 알려주었다.

내가 천상 자미천궁에서 황자로 있을 때 지어준 운사 운룡, 우사 우룡, 풍사 풍룡의 이름까지도 밝혀졌는데 백마와 용들도 자신의 이름을 인간들이 함부로 불러대는 것을 원치 않아 이곳에 이름은 밝히지 않는다. 853마리의 용들의 이름을 지어주었고, 매주 일요일 도법주문회 때마다 불러주어서 하강한다.

그리고 천상에서 하강하시어 알려주신 말씀은 청와대 터에 천지세계 신명정부가 빠른 시간 내에 본격적으로 세워진다고 하시었다. 지구가 탄생하면서부터 청와대 터는 하늘의 터, 신의 터, 천자이자 황태자가 자리 잡을 터로 점지해놓으시고 때를 기다리셨다고 하신다.

그리고 지금 거대한 흑룡이 청와대를 지키게 하고 있는데 용의 크기가 북한산(삼각산) 전체 크기로 거대하지만 몸체를 미꾸라지 크기 정도로 작게 줄이고 늘릴 수 있다. 흑룡은 재앙을 내리는 역할이기에 청와대를 거쳐 간 8명의 일본총독과 박근혜 대통령까지 모두가 저주받아 불행을 당했다.

앞으로 이 나라의 대통령은 어느 누구든 청와대 터는 하늘터, 신의 터이니 들어오지 말라고 재앙을 내리는 것인데, 인간들은 왜 이런 불행이 일어나는지 알 수 없어서 그저 당하고 살아갈 뿐이다.

이제부터 더 큰 불행이 청와대 터에서 일어날 것임을 경고한다. 청와대에 근무하는 수석비서관급들이나 1,700여 명의 직원들이 알 수 없는 질병과 사건사고, 급살과 심정지로 세상을 떠날 사람들이 부지기수로 나온다. 하늘의 영토, 신의 영토라는 것을 하늘과 신이 세상에 보여주기 위함이다.

국가적인 불행이 일어나기 전에 하루라도 빨리 떠나고 청와대 터를 하늘과 신에게 돌려드려야 불행이 일어나지 않을 것인데 참으로 답답한 일이다. 인간들에게 청와대 터는 흉지가 될 것이기에 빨리 떠나는 것이 상책이다.

※
생령들아~ 사령들아~
말이 통하지 않는 고집쟁이 인간들의 몸에서
그동안 얼마나 푸대접받고 천대 박대 받으며
비참하게 눈물 흘리며 힘들게 버텨왔었더냐?

※
생령들아~ 사령들아~
이제 너희들은 구원받아 살아날 수 있게 되었구나.
꿈에도 그리던 영혼의 고향으로 돌아갈 수 있도다.
너희들을 울리고 사기 친 거짓 세계에서 어서 나오라.

천상의 주인(하늘) 자리 승계

천상세계는 꿈의 세계, 아름다운 황홀함의 극치를 이루는 세계이고, 근심 걱정이 없는 무릉도원 세계로서 수명이 소멸되는 경우도 있지만 거의 영구적이다. 그리고 3,300개 제후(왕) 국가들이기에 일부다처제가 가능한 곳이다.

천상의 기운이 강렬하게 내리는 곳이 지상에서는 유일하게 이곳 하나뿐이고, 영들의 고향인 천상으로 올라가는 길 또한 지구상에서 이곳 하나뿐이라는 진실을 여러 사례를 통해서 확실하게 검증하였다.

그러니까 지금 이 땅에 존재하고 있는 기존의 종교세계를 통해서는 천상으로 올라갈 수 없다는 것이 명명백백히 검증된 것이다. 그대들이 받들고 섬기는 숭배자들도 추위와 배고픔에 떨면서 고통 속에 살려달라고 빌고 있다.

유명한 통치자들인 왕과 대통령들, 장군들, 재벌들도 사후세계에서 천상으로 오르지 못하고 비참한 사후세계 삶을 살아가고 있다. 인간들의 눈높이로는 알 수 없는 사후세계의 무서움과 두려움을 대수롭지 않게 생각하며 살아가고 있는데, 이 책을 통해서 천상세계와 사후세계에 대한 공부를 더 많이 해야 그대들의 사후세계를 확실하게 보장받을 수 있다.

나는 이번 생이 끝나면 천상으로 올라가서 천상의 주인(하늘) 자리를 승계받는 것으로 계획되어 있다고 말씀해주시었고, 이번 생이 하늘의 황위자리를 물려받는 시험이라고 하시면서 우주의 7,500개 행성인들이 나의 모습을 실시간으로 지켜보고 있다 가르쳐주셨다.

지구에서 아바마마이신 천상의 주인으로부터 아무런 도움 없이 후계자 수업을 무사히 마치고 천상으로 돌아가야 황위(천상폐하) 자리에 오를 수 있다고 하신다. 그래서 나에게는 이번 생이 무척 중요하고, 나의 마지막 시험장이 될 것이다.

이 책을 읽고 하늘의 명을 받아 천상으로 오를 자들은 천상에서 나와 함께 지내게 될 것이고, 이번 생에 인간으로 태어난 자들은 3,300개 제후국의 제후 자리를 차지하기 위한 천재일우의 기회를 주시고자 함이다.

이 땅에서 벌은 재물을 죗값이나 천상약속을 이행하여 나에게 많이 바치는 자들은 순서대로 제후(왕) 자리에 임명할 예정이다. 인간으로 태어나게 해주신 것은 천상으로 올라갈 때 어떤 벼슬을 하사받을 것인가 경쟁시키기 위함이었다.

제후 자리는 마음만 있다고 행할 수 있는 자리가 아니다. 거기에 합당한 큰돈을 올려야만 한다. 인류 모두는 하늘 아래 죄인들이기에 평가할 수 있는 잣대가 돈 밖에 없다. 그렇다고 시험을 쳐서 제후 자리에 앉힐 수도 없는 입장이다.

천상세계는 인간들의 생활상과 판박이로 똑같기에 신분과

계급 서열이 엄격하게 나누어져 있다. 인간세계보다 더 세분화되어 있고, 천차만별이다. 인간으로 태어난 자체는 천상으로 올라오라고 기회를 주신 것이니 놓치지 말라.

그대들 마음과 자리의 높낮음을 평가할 수 있는 유일한 잣대가 돈이다. 그래서 더 많은 돈을 벌려고 혈안이 되어 있고, 높은 권력을 잡고, 결국 돈을 버는 것은 천상으로 오를 때 남들보다 더 많은 돈을 바쳐 막강한 권력을 누릴 수 있는 높은 자리에 앉기 위해서 기를 쓰고 돈을 버는 것인데, 이런 진실을 세상 사람들은 알지 못하고 종교에 갖다 바치고 있다.

앞으로 종교는 가짜세계이기에 일절 바칠 필요가 없다. 그대들의 편안한 사후세계 보장을 위해서는 한 푼이라도 더 많은 돈을 나에게 바치는 것이 그대들의 죽음 이후를 위해서 가장 현명한 선택이 될 것이다.

여기 들어와서 행하는 모든 의식비용(천공, 도공, 옥공)이 그대들의 사후세계 자리를 예약하는 것과 같기에 자신의 능력 범위내에서 최대한 많이 바치는 것이 최고이다. 죽으면 돈 한 푼 갖고 가지 못하는 것은 다 아는 사실이다. 죽으면 돈을 하늘께 바치고 싶어도 바칠 수가 없다.

죽은 재벌 회장들의 모습을 보라. 자식들한테 재산 다 물려주고 정작 자신들은 죽어서 추위와 배고픔에 허덕이고 힘들어하며 성폭행당하고, 깡패 귀신들로부터 얻어터져서 고통스런 사후세계 삶을 살아가고 있는데, 자손이나 후손들은 인간의 눈에 보이지 않는다고 구해주려 하지 않는다.

제사와 차례, 묘지(매장묘지, 납골묘, 납골당, 수목장) 모두가 필요 없다. 천하의 명당자리도 천상 자미천궁과 도솔천궁만 못하다. 이제까지 진짜 하늘의 진실을 몰라서 공자의 유교 사상을 받아들여 제례 풍습을 따라서 행했던 모든 제례 절차는 아무 소용이 없다는 사실이 밝혀졌으니 폐기해야 한다.

죽은 자들은 조상입천을 행하고, 산 자들은 천인합체를 행하면 된다. 이것이 바로 무릉도원 세상에서 살아가는 비결이다. 지금까지 알려진 종교의식 모두 갖다 버려라. 오직 하늘의 명을 받기만 하면 영(생령과 사령)들은 걱정 없다.

자신의 사후세계는 자신들만이 준비할 수 있다. 사랑하는 자식들이라도 죽은 아비 어미의 마음을 알아주지 않는다. 죽으면 재산 때문에 자식들 간에 싸움만 일어난다. 천상으로 가져갈 자신의 돈은 자신이 챙겨 놓고 재산 분배를 해야 한다.

사후세계의 비참함을 다른 사람들의 사례를 통해서 전해주었는데 진실 그대로이다. 믿을 것인지 말 것인지는 그대들의 선택이고 나는 진실만 전한다.

그리고 100년 후에 켈티에성 에리에타 여왕과 협의하여 외계인들이 타고 다니는 비행접시 기술을 전수받기로 약속하였는데 꿈만 같은 일이 100년 후에 현실로 이루어진다. 우주여행도 자유로이 할 수 있으니 신인합체를 행하여 오래 살아서 우주 여행도 마음껏 누리기 바란다. 외계인은 평균 아이큐가 12,000이고 에리에타 여왕은 25,000이라고 하였다.

청와대 뒷산 북악산은 황룡의 머리

　청와대 뒷산인 북악산(백악산)에 거대한 바위가 두 눈알을 부라리며 포효하는 모습처럼 보이는데 지구를 창조하시면서 천상 자미천궁의 천자이자 황태자가 때가 되면 청와대 터로 하강할 자리라고 증표로 미리 표시해놓은 것인데 일반인들은 호랑이 눈처럼 보인다고 흉하게 생각하고 있을 것이다.

　거대한 바위의 두 눈알은 호랑이 눈알이 아니라 황룡의 눈알이라고 2018년 5월 7일 밤 9시경 밝혀졌다. 사람들은 누가 밝혔을까 궁금할 것인데 바로 영물인 황룡 자신이었으니 일반인들은 얼마나 황당하게 받아들일까?

　영물인 황룡은 천자이자 황태자를 상징하는 용이고, 북악산을 창조할 때 천상의 주인이신 아바마마께옵서 그렇게 만들어 놓으셨다고 하신다. 사람들은 말도 안 되는 소리라고 할 수 있는데, 이곳에서는 하늘과 용, 백마, 염라대왕, 저승사자, 판관사자, 신명, 생령, 조상, 가축, 동물, 조류, 어류 등 천지만생 만물 모두와 실시간으로 소통하고 대화하는 아주 신비스러운 곳으로 지구상에서 유일무이하다.

　청와대 뒷산이 백호의 눈알처럼 보인다고 북성군주 김현과 대화를 하였더니 순식간에 황룡이 찾아와서 하는 말이 기분

나쁘다며, 백호 눈알이 아니라 자기 황룡의 눈알이라며 화났다는 표시로 뿔뿔 거리고, 북악산 전체가 황룡의 머리이며 거대한 두 개의 바위는 황룡의 눈알이라고 말했다. 풍수가들은 물론 일반 사람들도 백호의 눈알로 알고 있다.

문재인 대통령 각하께서 청와대 마지막 주인이 될 것이다. 천상에서 청와대 터를 빨리 비우라고 명이 내려졌기 때문이다. 천지세계 신명정부를 청와대 터에서 공식적으로 출범시켜야 한다고 천상계획을 세워놓고 계신다.

현실적으로는 불가능한 일인 줄은 알지만 천상에서 집행하시는 일이라서 인간들은 예측할 수도 없고 막을 수도 없다. 청와대를 속히 이전하고 비우게 천상에서 어떤 조치가 취해질 것이라고 하신다.

그래서 불행을 당하지 않으려면 문재인 대통령 각하께서도 하루빨리 청와대를 이전하고 터를 비워야 할 것인데 아직까지 아무런 이전계획이 발표되지 않고 차일피일 미루어지고 있다. 청와대 터가 비워진다고 하여도 내(천자. 황태자)가 바로 들어간다는 것도 사실 이해가 되지 않는다.

사유지도 아니고 국유지로서 나라의 중심부인데 어떻게 청와대로 들어가게 된다는 것인지 그저 천상의 계획을 지켜볼 수밖에 없는 입장이다. 워낙 천변만화의 천지조화를 자유자재로 부리시는 대능력자이시니 나(천자. 황태자)로서도 지켜볼 수밖에 없다.

제사와 차례에 대한 진실

조상(사령)들을 부르면 하나같이 모두가 배고프고 추운 것을 제일 힘들어 한다. 그래서 제삿밥도 못 얻어먹었느냐고 물어보았더니 이구동성으로 두들겨 맞고 쫓겨나서 음식 구경을 못한다고 하였다.

자신의 제삿날 차려진 상에 있는 밥, 떡, 고기, 조기, 사탕을 집어 먹으려고 손을 뻗으면 어느샌가 힘센 귀신들이 다가와서 팔뚝을 탁 치면서 두들겨 패서 아무것도 먹을 수가 없다고 말한다. 늘 허기지고 배가 고파서 여기저기 제삿집 찾아다니며 좀 착한 귀신들 만나면 아주 쬐끔 얻어먹는다고 한다.

귀신들 세계에도 힘센 대장이 있다.
힘센 서열 순서대로 제사 음식을 나누어 먹는다고 하며 정작 제사상을 받아야 할 당사자는 아무것도 못 먹는다고 울분을 토로한다. 자신의 제삿날인데 힘센 귀신들이 모두 먹어치운다고 눈물을 하염없이 흘린다.

그나마 옷이라도 입고 있으면 힘센 귀신들이 모두 빼앗아가기에 발가벗고 아래 위를 다 내놓고 살아가는 것이 조상들의 사후세계라고 들려준다. 여자고 남자고 옷들이 없어서 추위로 고통받고 배고픔으로 주린 배를 움켜쥐고 있다.

자손이나 후손들의 눈에는 피눈물 흘리는 조상들의 모습이 아니 보여서 그저 편안히 잘 계시는 줄로만 알고 살아가니 이 일을 어찌한단 말인가? 그대 자신들도 죽으면 춥고 배고픈 저 조상들의 모습이 될 터인데 어쩌려고 천하태평하게 살아가고 있는지 안타깝고도 한심하다.

구인회 회장의 부인 허을수 여사는 제삿밥 얻어먹으러 갔다가 오른쪽 눈과 관자놀이를 심하게 얻어맞아서 바보가 되었고, 한쪽 눈은 밤탱이가 되었다. 얻어맞아 뇌가 손상되어 바보가 되었고 실성하여 구인회 회장을 죽어서 처음 만났는데도 알아보지 못하고 히죽히죽 웃으며 헤~헤 거리고 있다.

박태준 전 포항제철 회장을 불렀더니 고추가 땡땡 얼었다며 아프다고 하소연하며 고추를 움켜쥐고 있는데 옷도 빼앗겨서 속옷조차 안 입고 있다. 옷 입고 있는 조상들이 거의 없다고 보면 된다. 지금 살아 있는 자들은 다 미쳤다. 사후세계가 안 보인다고 무관심인데 자신들도 똑같이 고통을 당한다.

대도력, 대천력, 대신력으로 조상영가(사령)들이나 산 사람들의 영혼(생령)들을 부르면 전 세계 어디에 있든 3초 이내로 들어온다. 나 역시도 매번 부를 때마다 참으로 신기해한다. 자신의 사랑했던 죽은 가족들과 상봉할 수 있는 길이 열렸다. 당대 조상이든 수천 년 전의 조상이든 내가 명하면 바로 들어와서 생령과 사령을 상봉하여 대화할 수 있다.

제사, 차례, 굿, 천도재를 할 때 아무리 음식을 많이 차려주어도 힘이 없는 귀신들은 얼씬거리지도 못한다. 헐벗고 추위에 벌벌 떨며 굶주리는 것이 조상들의 사후세계 현실이지만 산 사람의 눈에 보이지 않아서 인정을 못하고 수수방관하며 한 세상 살다가 죽어서 자신들도 똑같은 전철을 밟는다.

해주어도 제대로 얻어먹지도 못하지만, 매일같이 제사, 차례, 굿, 천도재를 해줄 수도 없는 노릇이다. 이미 홍라희 여사와 재벌 회장들의 제사, 차례, 사십구재, 천도재, 굿을 통해서 아무 소용없음이 현실로 입증이 되었다.

인간 육신은 음식을 먹어야 살아갈 수 있지만, 자신들의 몸 안에 있는 생령(산 자의 영혼)과 사령(죽은 자의 영혼)들은 천상의 기운을 받아먹어야 추위와 배고픔에서 벗어난다. 천상의 기운을 받게 해주는 곳이다. 조상입천을 행하면 평생 제사와 차례를 안 지내도 조상들이 춥고 배고프지 않으며 가정이 더 편안하고 무탈해진다.

생령과 사령들은 이곳에 들어와야만 천상의 기운을 받을 수 있으니 필히 자손이나 후손들을 앞장세워서 들어와야 생사령들이 소원을 성취한다. 죽은 조상영가들에 대해서든 일평생 단 한번만 조상입천의식을 행하면 두 번 다시 조상님에 대한 의식을 안 해도 된다. 한 번에 완전히 입천이 성사되기 때문에 두 번이 필요 없다.

종교의식과 제사, 차례로는 죽은 조상영가들의 춥고 배고픔도 해결하지 못하고 천상으로 올라가는 일도 불가능하다. 우리 인간 몸에는 생령(산 자의 영혼)과 사령(죽은 자의 영혼)이 공존공생하며 존재하고 있다.

생령과 사령들이 편안해야 인간 육신들의 삶이 편안한데 이들을 생사령이라 한다. 생사령에 대한 구원의 생사여탈권은 지구상에서 하늘만이 행사할 수 있다. 지구상에 내로라하는 종교인들 다 소용없다. 왜냐하면 구원이란 것은 하늘만이 행하실 수 있기 때문에 하늘의 천자이자 황태자인 나에게 하늘께서 구원과 심판의 생사여탈 권한을 부여해주시었다.

과연 자신의 조상님들은 사후세계 그 어디에 가서 고통스럽게 지내고 있는 것인지 하루빨리 찾아와서 상봉해봐야 하지 않겠는가? 종교 다닌다고 조상님들의 아픔과 슬픔을 외면하면 자신들도 정말 구원의 대상에서 제외될 수밖에 없다.

자신의 조상님들을 구하지 않는 자들은 자신들도 하늘로부터 구원받지 못한다. 자신들이 하늘로부터 구원받으려거든 자신의 조상님들부터 입천의식을 행해서 구원해야 자신들이 죽어서 천상으로 올라갈 수 있는 천인합체의식을 행할 자격이 주어진다.

조상입천과 천인합체는 여유 있는 사람들이 하는 의식이 아니라 조상과 자신의 생령을 구하려고 사명자로 태어난 자들이 행하는 천상의식이기에 삶이 빠듯한 자들이 온 정성을 다해서 돈을 마련하여 행하는 의식들이다.

생각 같아서는 돈 많은 사람들이 쉽게 행할 수 있는 의식이라고 생각할 수 있지만 정반대로 겨우 겨우 살아가는 사람들이 일심으로 행한다. 돈이 너무 많고, 권력이 높은 사람들은 돈과 권력에 미쳐서 거들떠도 안 보고, 돈이 너무 없는 사람들은 행하고 싶어도 돈이 없어서 못한다.

그러니까 중간 계층에 있는 사람들이 사명자들이다. 하늘이 내리시는 명을 받아야 할 사람들은 부자로 잘살게 해주시지 않은 거 같다. 물론 100억 재산을 가진 부자들도 여러 사람이 있지만 중류층에서 중상층, 중하층 부류들이다.

조상입천의식은 특단입천, 상단입천, 중단입천, 하단입천, 일반입천이 있고, VIP입천, VVIP입천이 별도로 있다. 천상에도 등급에 품계가 있기 때문에 그대들의 조상들마다, 자손들마다 죗값으로 가져가야 할 금액들이 모두 다르다.

여기 들어와서 조상입천의식을 행하면 완벽하게 천상세계로 오르기에 일평생 영원히 조상제사와 차례를 지내지 않아도 되고 성묘 다닐 필요도 없는 아주 특별한 행사이다. 허공중천을 떠돌아다니지 않아도 된다.

※
최진실이 전하는 진실 메시지~
도법주문회에 부르지도 않았는데 최진실이 찾아와서 "여러분~ 방송사에 제 사연 제보해 주세요." 살아생전 교회다니며 헌금도 많이 내고 하나님, 예수님 열심히 믿었지만 구원받지 못했다고 말하면서 죽어서야 속은 것을 알았다고 말했다.

죽어서 구원받지 못하고 이렇게 허공중천 떠돌면서 추위와 배고픔에 고통받고 있다고 울며불며 하소연하였고, 가족들에게 알려달라고 말했다. 엄마가 교회 다녀서 찾아오지 않는다면 절친이었던 연예인 이영자와 홍진경에게 이곳에 찾아와서 천지천황 폐하께 구원을 부탁한다고 말을 전해달라고 하였다.

43년 만에 확인한 사후세계

1975년 6월 20일, 71세 나이로 돌아가신 아버지와 1990년 2월 13일 76세 나이로 돌아가신 어머니가 어느 세계 어디에서 무엇을 하고 계시나 너무나도 궁금하여 이곳 나의 집무실에서 2018년 4월 24일 세미 비서실장 이율의 육신으로 오시라고 청배하였다.

사후세계에서 어떻게 계시는지 무척 궁금하였다.
1999년도에 강남 제일생명사거리(현 교보문고 뒷 건물)역에서 도궁(道宮)을 열어 현재의 길로 들어왔고, 하늘을 찾으러 전국 명산대천을 다니며 기도하여 현재에 이르게 되었다.

그리고 2005년도 7월에 나의 부모님과 친가와 외가, 처가와 처외가의 직계좌우 당대부터 시조조상님까지 천상 자미천궁으로 오르시는 조상입천을 내가 직접 이곳에서 해드렸지만 그 이후 잘 계신지 확인하지 않고 지냈으니 벌써 13년의 세월이 흘러갔기에 참으로 궁금하였다.

삼성그룹 창업주 이병철 회장 같은 경우는 홍라희 여사가 지극정성으로 원불교와 조계종 산하 해운정사에서 큰돈을 들여서 사십구재, 천도재, 수륙재를 지내드렸는데도 지난 4월 22일까지도 춥고 배고픔에 벌벌 떨고 있음을 확인했었다.

그러면서 발가벗고 있어 춥다고 옷을 달라 하고, 한동안 물한 모금 먹지 못했다며 배를 움켜잡고 먹을 것을 달라고 울면서 입을 아~ 하고 벌린다. 줄 것이 없다고 하자 바닥을 손톱으로 박박 긁으며 먹을 것을 찾는 비참한 모습을 직접 목격하면서 내 조상님은 과연 어찌 하고 계시려는지 궁금하였지만 사실 청배하기가 무척이나 두려웠다.

최고 재벌이었던 이병철 회장도 수백억을 불사로 시주하고 좋다는 사십구재, 천도재, 수륙재를 해마다 지내주어도 배를 굶주리며 옷이 없어 춥다며 옷 달라, 빵 달라, 밥 달라 애간장을 태우며 눈물로 하소연하면서 호소하는데 과연 내 부모조상님들이라고 다를 바가 없을 것 같아 불안 초조하였다.

불교의 역사는 3천 년의 역사를 자랑하는 정통 종교이고, 고승과 도승들이 사십구재, 천도재, 수륙재를 해주었는데도 천상극락으로 올라가지 못하고 허공중천을 떠돌며 추위와 배고픔으로 고통받고 있으니 걱정이 안 될 수가 없었다.

나는 이제 20년 전에 갓 시작한 생소하기 짝이 없는 이 지구상의 모든 종교가 하늘의 원뜻이 아니라고 외치며 종교와 정반대의 이름 없는 무명에 가까운 이곳을 운영하면서 입천해드린 조상님들이 걱정이 되었다.

이곳은 그대들의 눈과 귀에는 생소하지만 세상에 알려진 일반적인 종교가 아니라 인류를 구원하고 심판하라고 천상의 주인께서 천자이자 황태자를 나의 육신으로 내려 보낸 곳이기에 천상의 주인이시자 절대자이신 나의 아바마마와 어마마마 이외에는 그 어떤 하늘이나 신들도 섬기지 않기에 경전이나 교리 같은 것이 없고 황궁예법만 있을 뿐이다.

나는 천자이자 황태자로서 이 세상에 구원자이자 심판자의 신분으로 나의 아바마마이신 하늘의 명을 받고 내려 온 것이지 세상에 알려진 죽은 귀신들을 신격화시켜 우상화해서 받들고 섬기는 어떤 종교세계 이론과 사상을 전파하려는 것이 아니다. 대우주와 천지만생만물을 창조하시고 영혼의 어버이이신 창조자 하늘 이외에 내가 어느 누구를 받들어 섬길 것인가?

막상 내 육신의 아버지와 어머니를 청하자니 가슴이 설레고 두근거리며 혹시 이병철 회장처럼 옷도 못 입으시고 춥다며 굶주린 배를 움켜잡고 오시면 어쩌나 무척 걱정이 되었다. 마침내 아버지와 어머니가 함께 손을 잡고 하강하시었다.

금빛색이 휘황찬란한 옷과 의관을 갖추시고 두 분이 내려오시었다. 반갑게 나의 손을 잡으시고 기쁨의 눈물을 흘리시며 나에게 큰절을 올리시려 하여 놀라서 손사래 치며 괜찮다고 말렸다. 육신적으로는 사랑하는 아들이 분명하지만 천상의 황태자 신분(서열 2위로 황위 계승자)이라고 하시면서 나에게 절을 하려고 하셨던 것이다.

천상 자미천궁에 계시면서 나의 모습을 오랜 세월 실시간으로 지켜보시었다고 하시며, 아들이 천자이자 황태자라는 사실을 천상에서부터 알고 너무나 놀랍고 기뻤다고 하시며 감동의 눈물을 흘리시었다. 도저히 믿어지지 않는다면서 너무나 즐거워하시고 기뻐하시었다. 아들 덕분에 천상 자미천궁에 높은 자리에 올라가서 호의호식하며 기쁨과 즐거움, 쾌락을 만끽하며 행복하게 잘 지내신다며 고맙다고 눈물을 흘리신다.

그러시면서 아들 덕분에 아버지께서는 천상 자미천궁 경내의 3,300개 제후국들 중에서 서열 2위인 '갈마이엔국'이라는 나라의 영지를 다스리는 거대제국의 제후(왕)로서 3억2,000만 명의 백성들을 통치하고 있다 하시며, 나의 친가와 외가, 처가와 처외가의 직계좌우 당대부터 시조조상님까지 모두가 함께 기쁨과 즐거움, 쾌락, 행복을 마음껏 누리며 무릉도원 세계를 신나게 살고 있다 하신다.

아버지는 71세에 돌아가시었는데 28세의 모습이고, 어머니는 76세에 돌아가시었는데 18세의 소녀 모습을 하고 계시며 제후(왕)로서 황금의자에 앉아 집무를 보시고, 어머니는 왕비가 되시어 하루에도 몇 번씩 좋은 옷으로 갈아입으며 화장하고 온갖 비싼 보석으로 치장하시느라 바쁘시며 아무런 근심과 걱정 없이 아주 바쁘게 잘 지내고 있다 자랑하신다.

처음에는 할아버지가 제후이셨는데 조용히 살고 싶다 하시어 아버지가 제후 자리를 물려받았다고 하신다. 살아생전에도 성품상으로 할아버지는 온순하신 편이시고, 아버지는 강인하시고 부지런하시며 카리스마가 철철 넘치는 분이셨기에 통치자로서 제후 자리에 손색이 없으시다. 5남매 중에 내가 가장 많이 아버지 성품을 닮은 판박이 아들이었다. 화가 나시어 소리 한 번 지르시면 시골 동네 온 동네가 쩌렁쩌렁 울릴 정도이셨다.

나와 네 어미 그리고 네 모든 조상들은 내가 다스리는 이곳

자미천궁의 갈마이엔국에 올라와서 모두가 근심 걱정 없이 잘 먹고 잘살고 있으니 앞으로 제사와 차례, 성묘를 일절 받을 필요성이 없어졌으니 다니지 않아도 되고, 명절 차례나 제삿밥 받아먹으러 지상에 내려가지도 않는다고 하신다.

내 아들이 귀하고 높은 하늘의 천자이시자 황태자 신분인데 감히 어느 조상들에게 절을 하냐며 제사와 차례, 성묘를 일절 다니지 말라고 신신당부하시었다. 네 조상들이 지상에 없기에 제사와 차례를 지내면 남의 조상귀신들 불러들이고 그들에게 절하는 것이니 절대로 하지 말라신다.

휴우~ 하고 안도의 한숨이 저절로 나왔다.
부모님이 하강하시기 전까지 얼마나 간(마음)을 졸이며 근심 걱정하였던가? 한평생을 농사일만 하시다가 내가 어린 나이에 돌아가시어서 아들이 성공한 모습도 보시지 못하고 빨리 가신 것이 조금은 아쉬웠다.

그리고 아버지와 어머니가 제후(왕)와 왕비의 신분으로 하강시어 이제까지 내가 이곳에서 행한 모든 의식들이 진짜였다는 것이 현실로 검증되는 경이로운 순간이기도 하였다. 20년간을 묵묵히 걸어온 길이 진짜였다는 사실이 검증되니 너무나도 기쁘고 보람된다.

오늘은 일부러 부르지도 않았는데 성웅 이순신 장군, 계백 장군 우윤영, 광개토대왕 담덕, 김유신 장군이 차례대로 찾아와서 구원하여 살려달라고 나에게 눈물로 하소연한다. 성웅 이순신장군과 김유신 장군은 그의 후손들이 사당까지 지어놓고 얼마나 많은 사람들이 받들어 섬기고 제사를 잘 지내주고 있겠는가? 제사를 지내주어도 힘센 조폭귀신들이 가로채서 하나도 받아먹지를 못한다는 진실은 세상 사람들 전혀 모른다.

신라의 명장인 김유신 장군의 후손이 현 자유한국당 김무성 국회의원이라고 하지만 후손으로부터 아무런 도움을 받지 못해 천상으로 오르지 못하고 있다. 그래서 조상들도 후손들을 잘 만나야 한다.

그런데도 옷도 없이 다니고 있고, 춥고 배고프다며 구원해서 살려달라고 눈물을 흘리면서 하소연하고 있다. 구원받아 천상으로 오르려거든 자신의 핏줄인 후손들을 데리고 오라고 가르쳐주어서 보냈다. 사람들은 눈에 보이는 것만 믿기에 사후세계에 대하여 너무나도 모르고 지낸다.

오늘 4명의 장군들이 부르지도 않았는데 갑자기 찾아온 것은 내 육신의 아버지와 어머니를 포함한 수많은 조상님들을 천상 자미천궁으로 13년 전에 입천해드렸는데 왕과 왕비가 되시어 하강하시는 모습을 생생히 지켜보고 찾아온 것이다.

사후세계에 있는 수많은 조상님들에게 내 아버지와 어머니를 천상으로 입천해드렸는데 13년 만에 갈마이엔국의 왕(제후)과 왕비가 되어 하강하시었다는 소문이 금방 쫙 퍼져나갔나 보다. 그러니까 생전 처음 이름난 유명한 역사적 장군들이 4명씩이나 갑자기 찾아온 것이었다.

결과론적인 말이지만 내가 걸어온 길이 맞는다는 것이 확인

된 이상 위풍당당하게 나의 뜻을 펼쳐나갈 것이다. 3,000년의 역사와 전통을 자랑하는 당대 최고의 실력파 고승과 도승들이 이병철 회장 하나를 구해주지 못해서 추위와 배고픔으로 고통받으며 상거지로 허공중천을 떠다니며 동냥질하고 다닌다는 것은 이 세상의 모든 종교가 하늘의 원뜻이 아니라고 검증해 준 것 밖에는 더 이상 설명이 안 된다.

어디 이병철 회장과 박두을 여사뿐인가? 박정희 전 대통령과 육영수 여사, 정주영 회장과 부인 변중석 여사, 구인회 회장과 하을수 여사 역시도 죽어서 추위와 배고픔을 못 견디고 상거지가 되어서 동냥질을 다닌다는 것은 종교세계의 허상을 낱낱이 잘 말해주는 것이다.

자신의 조상님들이 사후세계에서 어찌하고 있는지 책을 읽어보고 이곳에 찾아와서 좋은 곳으로 가시어 편히 계실 것이라고 철석같이 믿고 있는 자신의 조상님들과 상봉하여 낱낱이 알아보고 피눈물 흘리며 힘들어하는 자신의 조상님들을 구해줄지 여부를 결정하여라.

사람들이 공부 많이 하여 성공하고 출세해서 고위직에 오르고 돈 많이 벌어 잘 살고, 잘 나갈수록 콧대가 높아지고 돈과 권력, 명예만 추구하는 대신 사후세계에서 슬피 울며 살려달라고 울부짖고 있는 불쌍한 조상님들에게는 반대로 냉정하고 매정한 것이 현대인들이다.

자식 잘되기만을 바라던 조상님들은 자손과 후손들에게 배신의 상처를 입고 피눈물을 흘린다는 것을 수없이 체험하였고, 사후세계에서 춥고 배고파서 힘들어하는 조상들도 모두가 살아생전에는 돈과 권력, 명예만 믿고 하늘은 물론 조상님들을 구하지 않은 응징의 대가를 죽어서 톡톡히 치르고 있다.

하늘은 그대들이 뿌리고 행한 대로 한 치의 오차도 없이 그대로 거두게 하신다. 춥고 배고픈 조상들이 찾아와서 눈물 흘릴 때는 불쌍하기는 하지만 그들 모두가 살아생전 하늘을 무시하고 부정하여 하늘이 내리신 명이 무엇인지 몰라보고 죽은 죄의 대가로 인하여 고통당하고 있는 것이다.

이곳은 하늘이 내리신 사명이 무엇인지 알고서 하늘이 내리신 명을 행하여 천궁(天宮)으로 올라갈 사람들만 인연이 되는 곳이다. 100년 미만의 아주 짧은 생을 살면서 사후세계를 준비하지 않고 천하태평으로 살아가는 사람들이 가장 똑똑한 바보들이고, 간이 배 밖으로 튀어나온 자들이다.

하늘세계, 사후세계는 글자 그대로 존재하고 있음이 수없이 확인되었다. 인간 육신의 죽음이 끝나면 한도 끝도 없는 만생만물로 윤회하는 영혼들의 고통스런 삶이 수억 년 이어지는데 언제 끝난다는 기약이 없다.

그대들의 조상님들이 저승세계에 들어가면 저승사자들에게 얼마나 얻어터지고 어떤 고문의 형벌을 어떻게 받게 되는지 저승세계 고문현장을 체험할 수 있도록 그대들에게 두 눈으로 생생히 확인시켜 줄 수 있는데 차마 눈뜨고 볼 수 없다. 사극에서 고문하는 형벌보다 몇 배 더 무서운 형벌을 매일같이 당하며 살아가고 있지만 그대들의 눈에만 안 보일 뿐이다.

잘 먹고 잘사는 것이 인생의 목표인 축생급들은 책을 읽어보아도 머리에 들어오지도 않고, 뭐가 뭔지 모르기에 이곳에 들어올 수 없다. 백성급, 천인급, 신인급, 도인급의 영적 그릇이 되어야만 책을 읽고 감동하며 찾아온다. 축생급들은 현생에서 잘 먹고 잘사는 대신 죽어서는 절대로 구원이 없다.

그래서 하늘은 공평하신 분이다. 성공하고 출세하여 잘 먹고 잘살면서 하늘이 내리시는 명을 받고 살면 얼마나 금상첨화일까만, 잘난 자들은 고집도 세지만 자존심도 엄청 강하여 남에게 굴복이란 것을 모르고 살아가기에 하늘이나 조상에게도 굴복하지 않는다.

자신의 사회적 지위와 위상, 품위 유지에만 혈안이 되어 있고 하늘이나 조상에 대한 관심은 거의 전무하고, 관심 가지는 자체가 비문명인이라고 스스로 생각하는가 보다. 제사와 차례만 지내주고 성묘 다니면 자손과 후손의 도리를 다하는 것으로 알고 살아가는 것이 현실인데 이것이 가장 어리석은 자들이고 사후세계 참극이 이어지는 길이다.

어쨌든 나는 육신의 아버지와 어머니, 선대 조상님들이 천상 자미천궁으로 올라가시어 편안하시고 아무런 근심과 걱정이 없다고 하시니 1차 사명인 조상님들을 구원하라는 하늘이 내리신 명을 완수하였다. 하늘의 명을 몰라보고 이행치 않으면 죽어서 대성통곡하여도 아무도 구해주지 않는다.

천상 자미천궁으로 입천 검증

이곳에서 천인합체를 행한 남자 천인(74세)과 여자 천인(36세)이 어느 날부터 갑자기 연락이 안 되어 죽었는지 살았는지 알 수 있는 길이 없었다. 만일 죽었다면 내(천자. 황태자)가 말한 대로 정말 천상 자미천궁에 올라가서 편히 잘 지내고 있는 것일까 매우 궁금하였다.

인류 최초로 2005년 7월부터 집행한 천인합체의식!
사람이 숨을 거두어 죽는 순간 두렵고 무서운 지옥세계 10대 왕들에게 심판받는 명부전의 염라대왕에게 가지 않고 곧바로 천상 자미천궁으로 오를 수 있는 것이 천인합체(天人合體)라는 것을 계시로 내려 받았었다.

과연 진짜 천상세계로 올라가는 것인지, 아니면 내가 인간들과 생령들(영혼들), 사령들(조상들)을 상대로 현혹하며 사기 치고 있는 것인지 현실로 확인할 길이 없었지만 그냥 믿고 13년째 진행해오고 있었다.

인간의 눈으로는 아무리 보려 하여도 보이지 않는 세계이고, 영적으로만 보이는 세계이기에 인간들에게는 진실한 믿음 없이는 다가서기 어려운 세상이 하늘세계와 사후세계의 진실인 것이 사실이기에 가짜로 오해받기 십상이다.

수많은 사람들과 종교인들이 이곳과 나(천자. 황태자)를 가짜라고 무수히 매도하여 마음의 상처도 많이 받았고, 곤혹스러운 지옥 같은 시간도 있었다.

13년 만인 2018년 4월 22일(일요일)에 조상입천과 함께 천인합체가 진짜였다는 엄청난 진실이 전국의 신하와 백성들이 많이 모인 가운데 도법주문회에서 공개적으로 생생히 확인되는 대감동의 순간을 체험하게 되었다.

생사를 알 수 없었던 두 명의 남녀 천인!
어디에 가 있을까 궁금하여 이들 두 명의 생령(영혼)을 차례대로 세미 비서실장 이율의 육신으로 하강하라고 불렀더니 즉시 하강하였다. 그동안 죽음 이후의 사연을 말하며 자신(전연)은 2017년 3월에 암으로 투병하다 죽자마자 천상 자미천궁으로 천룡을 타고 올라갔다고 말하였다.

생기발랄하고 아주 행복한 모습으로 내려와서 애교를 떤다. 전연 천인/신인은 미혼으로 36세에 암으로 죽었을 때 머리가 다 빠졌는데 지금은 머리가 자라서 정상이고, 몸이 뚱뚱하였는데 현재 모습은 살이 빠져서 S라인 몸매로 17세의 아름다운 모습으로 예쁜 옷을 입고 있으며 얼굴이 많이 예뻐졌다며 자랑한다. 그리고 천상 도솔천궁으로 입천된 동생도 만나서 놀러 다니고 공원에서 산책도 다닌다고 하였다.

천인합체와 신인합체를 하였는데 왜 암으로 죽었을까? 독자들은 매우 궁금할 것이다. 천상에서 반란 역모가 실패하여 지구로 도망친 역천 반란자가 말해주는 더러운 기운을 그대로 믿고 받아들였기 때문에 하늘의 보호막이 깨져서 악귀잡귀들이 침범하여 암으로 세상을 떠나게 된 것이라고 천상의 신명이 하강하여 알려주었다.

천상 자미천궁의 모습은 영화나 동화 속에서 그리던 무릉도원 세계 풍경보다도 훨씬 아름답고, 그 어떤 말로 뭐라고 형언할 수 없을 정도의 상상을 초월하는 별천지세계라고 말했다.

많은 남자들이 따르며 유혹하지만 도도하게 콧대를 높이며 뿌리치는 즐거운 비명을 지르며 행복함을 만끽하고 있단다. 비록 인간세계에서는 아주 짧은 36세의 생으로 마감하였지만 살아서는 천인의 신분이었기에 죽어서는 별도의 입천의식이나 굿과 천도재를 행하지 않았어도 천상 자미천궁에 올라갈 수 있었던 것이니 천인합체의 신비로움을 생생히 확인하였다.

북극성 부근의 천상 자미천궁에서는 지구의 모습을 실시간으로 지켜볼 수 있고, 말하는 소리까지 들을 수 있다고 하면서 그 모습들을 말하였다. 천상에는 수많은 마을이 있는데 마을 크기에 따라서 크고 작은 신비의 호수가 있다.

신비의 호수란 잠실운동장 몇 배 크기로 대형 멀티스크린 역할을 한다. 마을 주민들이 모여서 지상법정에서 일어나는 일들을 실시간으로 지켜보며 박수를 친다고 한다. 조상님들이나 생령(영혼)들은 자신의 자손들이 도법주문회에 참석하였는지 확인하고 참석한 조상들은 자랑하지만 자손이 참석 안 하면 조상들은 기가 꺾인다고 말한다.

지상의 말소리가 생생히 실시간으로 들리고, 마치 지상에 내려와 있다는 착각에 빠질 정도로 생생하다. 그런데 실시간으로 지상에서 열린 도법주문회를 보지 못한 마을 주민들을 위하여 하늘께서 녹화방송까지 내보내신다고 하였다.

천상 자미천궁에서는 지상에서 매주 열리는 도법주문회를 보려고 몰려드는데 상상초월의 최고 인기 있는 생방송 중계 장면이어서 마을사람들 모두가 빠지지 않고 120경이 즐겨본다고 하였다.

그리고 죽어서 천상에 오른 천인들은 내가 불러주면 언제든지 지상에서 열리는 도법주문회에 하강하여 참석할 수 있다고 자랑한다. 이곳에서 일어나는 일들의 일거수일투족은 물론 인간들이 각자 살아가는 모습과 죄를 짓는 현장까지 생생히 지켜보며 분노, 아픔, 슬픔, 기쁨, 행복, 쾌락을 느끼고 있단다.

하늘께서 미래에 일어날 일뿐만이 아니라 실시간으로 인간들의 모습을 지켜보고 계시다는 것을 인간들은 모르기에 죄를 짓고 살아갈 수밖에 없다고 한다. 마냥 행복한 모습을 보여주며 말하다가 다음 일요일 열리는 도법주문회에 내려오겠다며 다시 천상 자미천궁으로 올라갔다.

※

청와대 터는 天宮(천궁)이 들어설 하늘과 신의 터라서 인간 대통령들에게는 재앙이 내리니 빨리 비워야 한다. 그 증거가 역대대통령들의 비운과 박근혜, 이명박 전 대통령의 옥고이다.

천상 자미천궁에서 일어난 기적

중풍에 걸려서 종종 걸음을 걷던 유진(남자 74세)은 2013년도에 나의 신비한 능력을 체험하였었다. 한 걸음 보폭이 겨우 5cm이기에 300m 거리를 1시간 30분 만에 걷던 유진이 도법주문회(당시에는 천지기도회라고 불렀다)에 참석하기 위해 집무실에 들어서며 엉거주춤하게 인사를 하였다.

2005년도에 중풍을 맞아 걷지도 못하고 말도 제대로 못하여 어눌하고, 입이 다물어지지 않아 침을 질질 흘리는 모습이었다. 나의 집무실 안으로 들어서며 유진 천인으로부터 인사 올리옵나이다,라는 인사말을 받고는 너무나 답답하고 안타까움이 몰려왔는데 내게 무슨 배짱이 있었던 것일까?

내가 의자에서 일어서며
"유진아~ 너는 걸을 수 있어. 걸어봐!"라고 말하자,
"제가 어떻게 걸을 수 있어요???, 말도 안 돼요!!!"하면서도 겨우 일어나서 비틀거리며 한 발 두 발 내딛으며 조금씩 떼고 걷는다. "걸어라, 힘차게! 걸을 수 있어~!!!"

그러자 이변이 일어났다.
집무실 폭이 가로세로 10m쯤 되는데 정상인처럼 걷는 것이 아닌가? 그래서 집무실 밖에까지 35m 실내 거리를 뛰어갔다

오라고 말하였더니 정말 믿지 못할 정도로 정상인처럼 뛰어갔다 오는 것이 아닌가? 이 광경을 집무실 안에 들어와 있던 20여 명과 밖에서 기다리고 있는 수백 여 명의 신하와 백성들이 동시에 바라보면서 박수갈채를 보냈었다.

그러고는 한동안 소식이 없어서 전화를 하여도 받지 않고 도법주문회에 참석도 하지 않아 몇 년을 까마득히 잊고 지냈었는데 오늘 유진이가 천상 자미천궁에서 세미 비서실장 이율의 몸을 통해서 내려와서 우렁찬 목소리로 인사를 하였다.

"저 유진 천인이 폐하께 문안 인사 올리사옵나이다.
인사도 못 드리고 세상을 떠나서 너무 가슴이 아팠는데 이렇게 다시 뵙게 되어 너무나 기쁘사옵나이다" 라고 말하자 전국에서 참가한 신하와 백성들이 우레와 같은 박수를 쳐주었다.

힘차고 씩씩하게 걸으며 20대 청년의 모습이라고 자랑한다. 죽을 당시에는 74세였는데 천상 자미천궁에 올라가니 영혼의 부모님이신 하늘께서 20대 청년의 모습으로 바꾸어주시었다며 입을 크게 벌리고 함박웃음을 지으며 행복해하였다.

다리도 안 아프고, 입도 정상이고 너무나 신이 납니다. 이 모든 것이 폐하 덕분이사옵나이다. 지구상 이곳에서만 행하고 있는 천인합체가 진짜였어요! 이곳에 모인 폐하의 신하백성들 중에서 누가 천인합체를 아직도 안 했습니까?

모두들 빨리 하세요~!!!
나의 모습을 보세요. 천인합체의식 진짜입니다. 저는 미혼으로 장가도 못 가고 74세에 죽었지만 최후의 성공자, 최후의 승리자가 되었어요. 천상 자미천궁에서 아주 행복하게 잘 살고 있답니다. 정말 꿈을 꾸고 있는 것 같아요.

내가 죽을 때 천상에서 천룡과 신선이 함께 내려오더니 나를 순식간에 천상 자미천궁으로 데려갔어요. 너무 신기하여 내가 꿈을 꾸고 있는 것은 아닌가 싶어서 꼬집어보았더니 아프기에 꿈이 아니라는 것을 알았어요.

지상에 살아 있을 때는 정말 천인합체 행하고 죽으면 고문의 형벌을 받는 지옥세계 명부전으로 안 가고, 천상 자미천궁으로 곧바로 올라갈 수 있는 것인지 조금 의심도 들고 반신반의 하였었지만 진실을 확인할 길이 없었기에 그저 천지천황 폐하를 믿고 행할 수밖에 없었어요.

그런데 폐하께서 행하시는 의식들이 모두 사실이었기에 너무나 놀랐어요. 제가 폐하를 믿고 행한 의식들이 너무나 잘한 일이었기에 감사드리사옵나이다. 돈과 권력, 명예를 가진 통치자들과 재벌들의 사후세계 모습들을 보고 너무나 놀라웠고 저도 모르게 가슴을 쓸어내렸어요.

폐하를 못 만났으면 권력자들과 재벌들처럼 상거지가 되어 허공중천 추위와 배고픔으로 떠도는 비참한 신세가 되었을 텐데 이렇게 천상 자미천궁에서 마음 편히 살 수 있으니 최고의 행운아, 최고의 천운아가 되어 너무나 신나고 좋아요.

권력자들과 재벌들은 100년 미만의 짧은 생을 떵떵거리며 온갖 갑질을 하고 살아가지만 죽어서는 옷도 없이 추위에 벌벌 떨면서 살아가는 꼴을 바라보니 너무나 통쾌해요. 너무 잘 살게 해주시지 않아서 정말 다행이고, 부자와 권력자가 안 되게 해주시어서 하늘께 너무나 감사드려요.

저 역시도 돈 많고 권력이 높았다면 돈과 권력에 미쳐서 이곳에 안 들어갔을 것이에요. 폐하께서 천인의 신분은 재벌이나 대통령보다 더 귀한 존재이고 높다고 저의 생전에 말씀하셨는데 죽어서 뼈저리게 알게 되었어요.

천지천황 폐하~! 정말 너무너무 감사드리고 다음 일요일 도법주문회에 다시 내려올 때까지 안녕히 계세요. 4년 전과 1년 전에 두 천인들이 죽었다는 사실을 오늘 도법주문회에서야 생생히 확인할 수 있었다.

내가 평소에 말한 내용들이 모두 현실 그대로 맞아들었다. 나 역시 내가 말한 천인의 신분은 재벌이나 대통령보다 더 귀한 존재이고 높다는 내용을 확인할 길은 없었지만 마음 안에서 메시지로 내려주어서 신하와 백성들에게 전해주었던 것인데 한 치의 오차도 없이 현실로 확인되었다.

죽은 박정희 대통령, 김일성 주석, 김정일 국방위원장, LG그룹 창업주 구인회 회장, 삼성그룹 창업주 이병철 회장, 현대그룹 창업주 정주영 회장과 이들의 배우자들이 사후세계에서 추위와 배고픔에 벌벌 떨면서 네발로 신하와 백성들 사이를 기어 다니며 신하와 백성들을 붙잡고 옷 줘~, 밥 줘~ 하면서 옷을 벗기려는 비참하고 안타까운 모습을 바라보면서 정말 내가 한 말들이 모두 맞았구나 하면서 쾌재를 불렀다.

천상은 배신 없는 세상이라고 알고 있었는데 천상에서도 배신이 난무한다고 하시며 대표적인 사례가 2,036년 전에 일어난 지하세계 아수라 대마왕 하누와 표경, 대마왕과 반란자의 역모 반란사건이라고 하신다.

김여정의 생령을 불러서 비서실장 몸으로 실린 겉모습은 비서실장 그대로이지만 자태나 말하는 모습, 행동들이 TV에서 본 김여정과 똑같았다. 조상들의 배고픈 모습을 보고 '비서 빵 사와' 하던 김여정의 도도한 모습. 김정은 오빠가 세 번째 와서 굴복하는 모습을 보았다며 많이 적응하고 인사까지 하였다.

김일성 주석의 사령을 불렀더니 오자마자 나의 찻잔 탁상에서 허겁지겁 물 한 컵, 커피 한 잔을 물마시듯 집어 마셨는데 살아생전 북한 주민을 호령하던 위풍당당한 모습은 어디 가고 춥고 배고픔에 기어 다니며 먹을 것부터 찾는 모습이었다.

김정일 국방위원장 사령도 먹을 것을 찾아서 없다고 하니, 물이라도 달라며 말할 기운도 없어서 바닥에 쓰러져 아무거나 달라고 하는 모습 그리고 고영희 사령(김정은 모친)은 옷도 다 빼앗겨 알몸이며 제삿날도 귀신 조폭 때문에 먹지도 못하고 헐벗고 굶주린 모습,

정주영 회장 사령도 여기저기 기어 다니며 먹을 것 찾으며 배고파, 너무 배고파하는 모습, 이병철 회장 사령 역시도 아이 추워~, 옷 좀 줘, 배고파하는 모습, 이건희 생령을 부르니 말

하는 기능을 하는 언혼(言魂)이 명부전에 가 있어서 입을 헤 벌레하고 멍하니 침을 흘리며 식물인간 모습이었다.

　육신이 죽은 영들은 하늘의 기운을 먹고 살아야 되기 때문에 필히 조상입천의식을 행해야 하고, 산 자들은 천인이 되어서 죽어야 한다. 인간 육신들은 호화주택, 비싼 귀금속, 외제 자동차 타고 다니는 것이 최고이지만 생령들은 하늘을 만나 천상 자미천궁으로 오를 수 있는 천인의 신분을 얻는 것이 최고 목표이다.

죽어서 육신을 잃어버린 영혼들!
　제사와 차례, 사십구재, 천도재, 지장재, 수륙재, 조상굿, 추모예배, 추모미사를 매일 같이 해주어도 아무 소용이 없다. 이들은 육신이 없기 때문에 인간세상의 음식을 아무리 먹어도 양도 차지 않기 때문에 조상입천의식을 행하여 천상의 기운을 먹어야 추위와 배고픔의 고통에서 완전히 벗어날 수 있다.

위대한 진실!
　이곳이 아닌 기존의 전 세계에 있는 종교세계를 통해서는 단 한 명도 천상으로 올라간 영들이 없다는 점이다. 믿을 수 없는 말 같지만 진실이다. 이 책에 종교의 숭배자들과 살아생전 부귀영화 누리던 유명한 사람들의 조상들 사후세상이 얼마나 힘들어 하는지 여러 사례를 읽어보았을 것이다. 그대들이 한 달간 물 한 모금 먹지 못하고 굶었을 때 어떤 모습일 거 같은가? 그대들 뿐만이 아니라 인류 모두의 조상들이 그렇게 춥고 배고프게 허공중천 구천세계를 떠돌아다니고 있다.

죄를 빌어 천상으로 돌아가려고

천상으로부터 이 세상 지구에 온 것은 성공하고 출세하여 잘 먹고 잘살기 위해서 온 것이 아니라 전생에 지은 죄를 빌고 죗값을 벌어서 갚고, 다시 천상으로 돌아가기 위함이란 진실을 알고나 사는 사람들이 몇이나 있을까? 사람으로 태어나야 죗값을 벌 수 있고, 죄를 하늘에 빌 수 있기에 인간으로 태어나게 해주신 것이었다.

성공하고 출세한 자들의 대표적인 사후세계 사례가 박정희와 육영수, 김일성, 김정일과 부인 고영희, 구인회와 부인 허을수, 이병철과 부인 박두을, 정주영과 부인 변중석, 홍진기와 부인 김윤남이 가장 좋은 사례이다.

이들 모두의 영혼을 불러서 대화를 나누어보았지만 모두가 옷을 입지 않고 있어 추위에 벌벌 떨고 있고, 배고픔으로 주린 배를 움켜쥐며 옷 달라, 밥 달라, 빵 달라, 떡 달라고 눈물로 하소연하였다.

이들이 고통받는 것은 어쩌면 아주 당연한 일이다. 진짜 하늘을 만나지 못했기 때문이고, 하늘을 부정하며 무시해서 찾지 않았기에 응징의 대가를 받고 있는 것이었다. 살아생전 권력과 돈, 명예에만 미쳐 눈이 멀어서 살았으니 인간의 눈에 보이지 않는 하늘세계가 존재한다는 것을 알 수 없었다.

　관심도 없었고, 기껏 믿어봐야 종교세계에서 전하는 가짜 하늘을 믿는 것이 전부였다. 성공하고 출세한 잘난 자들이 죽어서 유독 고통받고 사는 것은 자신들이 행하고 뿌린 대로 거둔다는 인과응보의 법칙이다.

　천상으로 돌아가는 길은 두 갈래 길이 있다.
　육신이 죽은 자의 영혼(사령=조상)들이 천상으로 돌아갈 수 있는 길은 영혼(조상)입천이란 의식이고, 육신이 살아 있는 자의 영혼(생령)들이 천상으로 돌아갈 수 있는 길은 천인합체라는 의식이다.

　원하고 바란다고 모두가 천상으로 돌아갈 수 있는 것이 아니라 생령과 사령들이 지은 죄를 빌어서 하늘이 받아주시어야만 천상으로 돌아가는 입천의 윤허를 받을 수 있다. 수천 년 전의 전생에 생령과 사령들이 천상에서 지은 죄를 알기 위해서는 북두칠성 5별의 성주인 미호 서기부 부장에게 전생록을 의뢰해야만 알 수 있다.

　전생의 죄를 빌면 천상에서 받아주실 자인지, 안 받아주실 자인지 판가름 난다. 잘사나 못사나 결국 사람들은 육신이 죽게 되어 있고 생령(生靈)은 사령(死靈)의 신분으로 변한다. 산 사람의 숨이 넘어가 죽으면 망자, 시신, 시체, 송장이라고 하듯이 영들의 신분도 바뀐다.

　인류가 태어나면서 찾아다니는 진짜 하늘은 과연 어디에 계신 것일까? 주관적이 아닌 객관적으로 종교 신도들 모두가 진짜라고 인정할 수 있는 하늘을 찾아서 이 종교 저 종교로 종교 투어를 다니고 있지만 이내 실망하고 돌아선다.

하늘이란 무엇인가?

그대들의 영혼들을 태어나게 해주신 영혼의 어버이이시고, 대우주 창조자이시고, 생령들과 사령들을 구해줄 수 있는 전무후무한 유일한 대능력자이시며, 천지만생만물을 창조하신 절대자이시다.

종교세상에서 수천 년 동안 전하고 있는 하늘은 진짜가 아니라는 천계의 비밀이 처음으로 7명의 북두칠성 군주들에 의해서 밝혀졌으니 믿고 안 믿고 역시 각자들의 판단이자 자유 선택인데 생사가 좌우될 아주 중차대한 문제이다.

이승의 현생에서만 성공하고 출세하여 축생들처럼 잘 먹고 잘살려는 사람들은 영들이 천상으로 오를 수 있는 특권이 주어지는 하늘이 내리시는 명을 받을 필요가 없기에 이곳에 들어오지 않아도 된다.

이곳은 진정으로 하늘을 찾아 헤매던 영적 차원이 높은 사람들이 찾던 하늘을 유일하게 만날 수 있는 곳이고, 영적 세계의 값어치를 모르는 사람들에게는 그림의 떡이다. 인간의 욕심을 채울 사람들은 이곳에 들어오지 말고, 인간세상에서 열심히 일하라. 하늘의 기운을 받고, 영적 세계 기운을 온몸으로 느끼고 신비함을 체험할 사람들은 얼마든지 환영한다.

인간들의 욕망을 채워주는 곳이 아니라 말 못하여 인간 육신들과 대화가 통하지 않아 답답해하고 있는 그대들의 생령들, 신들, 조상들의 욕망을 채워주는 곳이고, 이들을 세미 비서실장 이율과 북성군주 김현의 몸으로 불러내어 생생히 들려주고, 그대들과 소통하게 해서 인생에 날벼락 맞을 일들을 예방해주는 곳이다.

그대들의 눈에는 보이지 않지만 몸 안에는 생령, 신명, 조상들이 함께 있는데 이들의 분노가 폭발하면 그대들의 인생은 망신살이 뻗치고, 고소고발, 검찰과 경찰소환, 구속수감, 중병으로 병원 입원, 사기배신, 해임, 파면, 실직, 가정불화, 별거, 이혼, 가출, 사건사고, 자동차 사고가 자주 일어난다.

갑질을 일삼아 사회적인 물의를 일으킨 대한항공 자매처럼 여론의 집중포화를 얻어맞고 망신살이 뻗치는 일들이 일어나 정신을 못 차리고, 삼성그룹의 이건희 회장처럼 갑자기 식물인간이 되기도 한다.

그대들의 몸 안에는 생령, 신명, 조상들이 하늘로부터 구원받아야 하는데 인간 육신들이 눈에 보이는 성공과 출세에만 눈이 멀어서 하늘도 모르고, 생령도 모르고, 신명도 모르고, 조상도 모르고 있어서 하늘로부터 구원받고 싶어서 몸부림치는 생령, 신명, 조상들이 인간의 삶과 육신을 뒤집어엎어버려 인생사로 아픔, 슬픔, 고통, 불행이 일어나고 있다.

생령, 신명, 조상들은 그대들의 인간 육신이 살아 있을 때만 하늘로부터 구원을 받을 자격이 있고, 육신이 죽으면 구원의 기회가 박탈되어, 천상으로 오르는 길이 영원히 막혀버린다. 그대들이 돈을 벌어들이고 있는 것은 한 세상 잘 먹고 잘살기 위한 것이 아니라 생령, 신명, 조상들을 구하여 천상으로 올려보내기 위한 죗값을 벌기 위함이다.

100년을 사는 인간 육신의 고통은 한도 끝도 없이 이어지는 사후세계에 비하면 0.1초의 고통도 안 된다. 대다수 영들이 천지만생만물과 축생, 동물, 식물, 벌레, 곤충, 그릇, 집기, 책상, 의자 등 무생명체로 윤회하는데 만물의 영장인 인간 육신으로 태어나게 해주신 것은 죗값을 벌어와서 하늘에 죄를 빌어 다시 천상으로 돌아갈 수 있는 기회를 주시고자 함이었다.

하늘의 뜻이 이러한데 돈을 벌면 자기 자신들을 위하는 일에만 돈을 쓰고 생령, 신명, 조상들을 구하는 일에는 인색하게 내팽개치고 천대, 박대하며 아예 무시하고 살아가다가 하루아침에 몰락하는 불상사를 겪게 되는 것이다.

인생 몰락의 원인은 육신의 잘못은 10%이고 나머지는 생령, 신명, 조상들의 저주와 반란으로 인해서 일어난 일들이 전부인데, 사람들이 무지해서 이런 영적 세계 일어나는 진실을 전혀 몰라보고 살아간다.

이들은 인간들로부터 무시당해서 인간 육신의 몸으로 들어와 있는 것이 아무 소용이 없게 되었다. 인간 육신들이 말을 안 들어 처먹어서 짐승이나 벌레, 곤충으로 태어난 것과 진배없게 되었다.

인간으로 태어나야만 전생에 지은 죄를 하늘께 빌 수 있는 기회가 생기는데 인간들이 말을 안 들어 처먹어서 인간으로 태어난 보람이 하나도 없게 생겼다. 그래서 그대의 몸 안에 있는 생령, 신명, 조상들이 배신으로 인한 앙갚음으로 비수의 칼날을 휘두르기에 그대들의 인생사 모든 일들이 엎어지고 뒤집어지는 일들이 일어나고 있다.

인류가 알 수 없는 미지의 세계!
천상세계와 사후세계를 밝혀주는 역할을 담당하게 하시려고 하늘께서 천상 자미천궁의 수많은 대신들, 도솔천궁의 도솔천황 폐하, 천상옥경대의 옥경천황 폐하, 북두칠성에 있는 7명의 성군들, 저승세계 염라국의 염라대왕과 판관사자와 저승사자, 853마리의 청룡, 황룡, 은룡, 적룡, 백룡, 흑룡, 천룡들과 이들 신명의 말을 생생히 실시간으로 전달할 수 있는 북성군주 김현과 비서실장 이율을 나에게 보내주시었다.

이들 두 명으로 인하여 우리 인류 모두가 알지 못하여 궁금히 여기고 있는 천상세계, 사후세계, 영혼세계, 조상세계, 신명세계, 저승세계, 전생세계의 적나라한 진실을 속 시원히 알 수 있게 되었으니 인류의 쾌거라 할 수 있다.

인류 모두가 천상세계, 사후세계, 영혼세계, 조상세계, 신명세계, 저승세계, 전생세계의 적나라한 진실을 알지 못하기 때문에 종교라는 것이 생겨났는데, 천자이자 황태자가 인류의 구원자이자 심판자로 지구에 하강하여 인류의 전생과 현생에 대한 궁금증을 상세히 전해주고 있다.

종교인들도 모르고, 세계 인류도 모르는 어마어마한 진실세계를 알려주고 있다. 그리고 그대들이 구원받으려면 심판을 받아야 한다는 진실도 전한다. 심판은 전생에 천상에서 지었던 죄를 심판하고, 지구로 내려올 때 하늘이 내리신 명을 이행하였는지 여부를 심판하는 것이다.

전생록을 뽑아서 죄를 알아야 심판받을 수 있는데 천상의 미호 서기부 부장이 그대들의 전생록을 적나라하게 뽑아준다. 인간들은 지구로 내려올 때 전생의 기억을 삭제시켜서 내려보내셨기에 자신들의 전생에 대해서는 전혀 알 수 없다.

오직 그대들의 전생을 밝혀주는 신명은 천상의 북두칠성 5별의 성주인 미호 서기부 부장뿐인데 북성군주 김현이 천상에서 전해주는 그대들의 전생록을 받아서 천자이자 황태자에게 전해주고 있다.

※
생령들아~ 사령들아~
영혼의 어버이께서 너희들을 기다리신단다.
하늘 찾아다니느라고 얼마나 지치고 힘들었더냐?
이제 허공중천 구천세계를 떠돌지 않아도 되느니라.

※
생령들아~ 사령들아~
종교 안에는 너희들을 구원해줄
영혼의 어버이가 안 계시느니라.

제5부

생사령 대화록

김정은, 김여정, 김일성, 김정일

세미 비서실장 이율 육신으로 "북한 조선노동당 당중앙위원회 제 1부부장 김여정 생령 어서 오라!"고 하명을 내렸다. 하명이 떨어짐과 동시에 김여정 생령이 즉시 들어왔는데 낯선 분위기를 살피느라 여기저기 빙 둘러보고 있다.

[천자]
김여정, 그래, 뭐가 보이냐? 저기 봐, 누가 있나?

[김여정]
누구예요? 아까 봤잖아요.

[천자]
그거 뭔지 알아? 저승사자 몰라? 저승사자 말이야.

[김여정]
보기 싫어(씨…), 진짜 저승사자예요?

[천자]
그래 봐. 똑바로 봐. 애써 침착할라 그러네.
여기, 용들이 안 보여? 흑룡, 백룡, 적룡, 청룡, 황룡?

[김여정]

보여요. 경호원들이 지켜줄 거예요.

[천자]
근데 어째 놀래질 않네, 경호원들이?
경호원들이 어디 있어? 부르면 와? 사자들이 더 많은데.

[김여정]
네, 제가 부르면 올 거예요.
그런데 이 책에 우리 아버지 이름이 여기 왜 있어요?
(책 표지를 보며) 부시와 김정일의 생령을 만났다?

[천자]
김정일? 네 아버지도 왔다 갔으니까.
김여정이 내가 14년 전에 펴낸 책 표지를 보더니…
너의 생령도 지금 왔잖아?
너 아버지 만난 얘기 그 책에 있어. 아버지를 살아생전 2004년도에 만났으니까 벌써 14년 됐네. 엊그제, 네 오빠 정은이도 왔다 갔어.

[김여정]
14년? 오빠요? 정은이 오빠도 왔다 갔어요?
근데 여기는 어디예요? 뭐 하는 사람이에요?

[천자]
여기는 남한이지. 남한 땅, 강동구 성내동에 있다.
저 사진 봐. 사진.

[김여정]

허어어억… 흐으음(너무 놀라 비명을 지름)
저분이… 바로 선생님?

[천자]
음… 그래, 근데 저 사진 속에서… 기운이… 엄청나지?
뭐 하는 사람이냐며? 거기 설명 있어, 설명 읽어봐.

[김여정]
음… 남한의 종교예요?

[천자]
아니, 여기는 인류를 구하는 곳이자 죄인들을 심판하는 지상법정이야, 종교가 아니라. 영들이 지은 전생의 죄를 심판하는 곳. 나는 심판자, 천상의 천자이자 황태자. 용들이 다 지키고 있잖아. 네 경호원들 아무리 많이 와도 할 수가 없지. 용한 마리만 해도 네 경호원들 다 쓸어버리지. 애써 침착해 보이려 하는구나. 하하하…

[김여정]
나 누군지 몰라요?

[천자]
알지. 북한의 2인자 아니냐? 아, 그래서 도도하게 서 있구나? 안 놀란 척하고? 오빠 빽 믿고? 야~ 어쩜 그것도 도도한 성격 하나도 안 변하고 똑같이 하냐?

[김여정]
나 원래 이랬어요. 우리 오빠, 아버지, 할아버지가 누군데요?

[천자]

네 할아버지도 왔었어. 네 아버지도… 3일 전에 내가 불러서 할아버지, 아버지, 정은이 오빠 다 여기 왔었어.

[김여정]

여기… 왔다구요? 저처럼요? 왜 불렀어요?

[천자]

응~ 그렇지.

구원해주려고 불렀지. 너희 3대(김정은, 김정일, 김일성)가 회의를 했어. 오빠하고 아버지와 할아버지가 셋이 만나서 회의를 했어. 근데 오빠가 3일만 시간을 달라고 했어. 3일 시간이 오늘이야. 오빠도 좀 있다 내가 부를 거야.

[김여정]

무슨 구원이요? 예수예요?

[천자]

예수와는 비교가 안 되지. 구원과 심판하려고 온 황태자라니까. 천자라고! 네 아버지, 할아버지 배고프고 헐벗어서 고통스럽다는 것 모르지? 안 보이니까. 너희 할아버지가 헐벗고 굶주려 갖고 날 보고 밥 달라고 여기서 허기진 배를 잡고 통사정해서 바나나 3개 줬다.

[김여정]

할아버지가요?

[천자]

그래, 이해가 안 되지? 네 아버지도 똑같아. 그래서 네 아버지와 할아버지가 구해달라고, 나에게 통사정하길래, 그러면 정은이 데리고 와라. 김정은이 데려오면 구해줄게. 그래서 김정은을 불렀더니, 저희들끼리 회의하고 날 보고 3일간만 시간을 달라 그랬어.

근데 김정은이는 통치자니까 마음대로 여기 올 수가 없잖아. 그렇지만 너는 행동이 자유가 좀 있잖아. 그래서 내가 너를 부른 거야. 너는 먼저 왔다 갔고. 서울도 강릉도 왔다 갔잖아. 그래서 네 아버지, 할아버지 구하려면 네가 오면 되는데, 너는 이런 세계를 잘 모르지?

육신 살아생전에 권력과 돈, 명예의 부귀영화만 누리면 될 것 같잖아? 부귀영화 누리던 네 아버지와 할아버지가 지금 엄청 고통스럽다고. 야, 북한에서는 죽으면 어떻게 하냐? 거기서도 굿하고 천도재 같은 거 하냐? 안 해? 그냥 금수산 태양궁전에 시신만 안치해놓으면 그걸로 끝이니?

[천자]
뭐가 목적이에요?

[김여정]
죗값 돈 갖고 오라고. 네 아버지와 할아버지 구원하려면 돈 갖고 와야 돼. 야~ 용들이 얼마나 무서운지 한번 볼래? 용들아, 김여정이가 경호원들 믿고 아주 도도하다. 저기 김여정이 정신교육 좀 시켜봐라.

[김여정]

아파, 하지 마~. 경호원! 경호원! 빨리 와!
비서! 비서! 비서! 오빠! 오빠~!

[천자]
경호원들도 용들이 다 물어뜯고 있어.
비서도 마찬가지고. 다 잡혀 있어. 너도 이렇게 하고 있는데 뭐 걔네들 경호원 놔두냐? 야, 용들이 그러니까 좀 겁나지?

아까 보니까 너 저승사자도 안 무서워하던데? 응? 사자도 하나도 안 무서워하고 '흥'이러고 있더라? 사자들아, 너희들 얼마나 무서운지 좀 보여 줘라. 야~ 김여정 혼 좀 내 가지고 이리 데려와. 야, 그 도도한 모습은 어디로 갔냐고? 너 용도 안 무섭고, 사자도 안 무서웠다며?

[김여정]
오빠~! 오빠~! 오빠~!

[천자]
오빠? 오빠 불러줄까? 오빠 내가 부르면 와.
오빠? 내가 불러줄게.

[김여정]
당신은 우리 오빠한테 찍히면 어떻게 되는지 알지? 오빠한테 다 말할 거야!

[천자]
오빠가 무섭냐? 용이 무섭냐? 사자가 무섭냐? 지금 보고도 몰라? 야~ 저승사자들아, 얘가 김정은이가 더 무섭단다. 누가

더 무서운지 보여주거라. (사자들의 고문을 받고) 김여정~. 야, 무릎 꿇어. 누가 무섭대? 그래도 네 오빠가 더 무서워?

[김여정]
지금 꿈이야…? 나 여기서 보내줘요.

[천자]
꿈? 얼굴 꼬집어 봐. 꿈 아니지?
보내주는 거야 쉽지. 내 말 좀 듣고. 너 할아버지와 아버지 고생하는데 안 구해줄 거야?

[김여정]
무슨 말인지 모르겠다고요.

[천자]
아버지와 할아버지가 죽어서 배고프대. 좋은 세계 가고 싶대. 야, 그러면 네 아버지 불러줄게. 김정일 국방위원장 와라.

[김정일]
여정아… 아빠 이렇게 됐어. 아빠 옷 없이 이렇게. 아빠 배고파… 아빠 배 굶고 살았어… 여정아, 너라도 여기 와서 나를 좀 구해… 할아버지와 나를 구원해줘야 돼! 여기 와서! 남한에! 선생님! 우리 여정이도 부르셨습니까?

[천자]
음. 그래 네 모습 보여주려고 불렀어.
여정이가 안 믿어, 여기를!

[김정일]
여정아, 나 이렇게 됐어. 여기 남한이야. 남한의 이곳~ 이분께서만이 구원해주실 수 있어~ 너희가 믿어야 돼. 아빠 보이잖아! 여정아… 엊그제도 선생님께서 할아버지도 불러주셨어. 나와 똑같이 이렇게 지내고 계시더만…

여정이 너도 죽으면 이렇게 된다고 아빠처럼. 내가 죽어서 이렇게 될지 나도 알았겠니? 정은이도 마찬가지야. 정은이도 죽으면 나처럼 돼. 너도…

[천자]
그러고! 자, 다음에는 할아버지 불러줄게. 김일성 와라.

[김일성]
우리… 아들하고 손녀…?

[천자]
그래, 만나게 해주려고 불렀어.

[김일성]
우리 손녀. 아이고, 아이고, 많이 컸네. 그래, 할아버지다. 여정아. 나 밥 좀 줘. 배고파! 배고파… 나 배고파! 여정아! 할아버지 먹을 것 좀 줘! 아유, 목도 말러. 배고파.

[천자]
없어 먹을 게. 엊그제는 그래도 바나나 3개 줬잖아?

[김일성]

또 주세요.

[천자]
없어!

[김일성]
여정아. 야, 야. 정은이. 정은이 보고 빨리 뭐라도 가져오라고 해라. 아이고. 아이고, 배고파!

[천자]
자 그럼, 이제 손녀 애기 봤지? 아들도 보고? 그럼 이제 정은이 손주 불러 줄게. 김정은아 와라.

[김정은]
아~, 또 불렀네. 하… 씨… 바쁜데! 여정이 너는 웬일이냐? 너도 불렀어? 으흠… 할아버지? 아빠? 지금 먹을 게 어디 있어? 안 가지고 왔지~! 뭐? 약속? 아, 지금 생각 중이야~
아이~, 여정이 너는 왜 왔어? 불렀다고 왔어? 아이, 바쁜데 계속 부르고 있어. 바쁜데.

[천자]
야~, 네 아버지하고 할아버지 그렇게 힘든데, 네 일 바쁜데 불렀다고 투정을 부리고 있어? 부르지 말까?

[김정은]
아이~, 그건 아니구요. 아이, 여정이는 왜 불렀어요?

[천자]

너 생각해서 불렀어, 임마! 야~, 네가 그래도 북한 통치자라고 너 함부로 왔다갔다 못 하잖아. 그래서 김여정이 부른 거야.

[김정은]
그렇죠. 걔는 뭐래요?

[천자]
안 믿지. 이 상황을 안 믿어서 아버지 부르고 할아버지 부른 거야. 김여정이는 그래도 여기 서울도 왔다 가고, 움직이는 게 자유롭지 않아? 그래서 불렀다고. 너보단 낫잖아, 그래도?

[김정은]
여정이도 그렇게 자유롭진 않아요.
아빠 알았어~ 할아버지 잠깐만! 할아버지. 할아버지 내가 누구야! 잠깐만 기다려봐. 나 생각 중이야~ 내가 마음대로 왔다 갔다 할 수 있어? 여정이 너도 가만히 좀 있어 봐 좀!

[천자]
정은아! 저 사진 좀 바라 봐.

[김정은]
누구십니까?
같은 분이세요? 근데, 사진은 빛이 엄청나고 무섭습니다.

[천자]
나지, 누구냐? 빛이 나고 엄청 위압감이 느껴지고 무섭지?

[김정은]

아이, 여정이가 빨리 가재요~

[천자]
네 아버지, 할아버지 비참한 모습을 보고도 그냥 가? 김정은, 너~ 내가 살려주려고 그랬는데 안 되겠구나! 너 너무 도도하구나. 너 여기 어떤 곳인지 체험 좀 해봐라. 사자들 보이냐? 저승사자? 용하고? 사자들 봐. 저승사자.

[김정은]
용, 보이네요. 흑룡도 있고, 백룡도 있고, 청룡도 보이네. 어~ 끝내주긴 하네. 저승사잡니까?

[천자]
그래. 너 잡아갈 저승사자야. 너 할아버지, 아버지 안 구하면 잡아가. 저승사자들이 아직 현실감이 없지? 무서움을 모르지? 용들아~! 이 정은이가 있잖아, 김정은이가 지 힘만 믿고 지 아버지, 할아버지 헐벗고 배고프다는데도 눈 하나 까딱 않는다. 그 맛 좀 보여 줘라~

[김정은]
아이구~. 아~악! 제발 살려주세요. 왜 이렇게 물어뜯어. 아야야~! 아이고 내 살점 다 찢어지네. 아이고 아파~ 진짜~ 그만! 그만! 스톱! 스톱! 잠깐, 대화 좀 합시다.

[천자]
사자들아, 정은이 이리 끌고 와. 굴복할래? 야~, 네 아버지, 할아버지 구할 거야? 안 구할 거야? 안 구하면 너 할아버지와 아버지 짝나.

[김정은]
그럼, 남한을 오려면~ 아무리 김여정이라도 그게 마음대로 안 됩니다. 책, 이거? 아빠, 내가 얼마나 바쁜지 알아? 책 읽을 시간이 어디 있어? 아빠한테 꿀밤 맞았어요~

어디 있다는 건데. 대충 볼게. 어딨냐? 김정일 국방위원장 영혼과 대화? 44쪽? 김정일 국방위원장 영혼 불러 대화… 이거 아빠가 얘기한 거 맞지? 우리 아빠가 얘기한 건 맞네. 그치 아빠?

[천자]
여정이도 보고, 김정일이도 보고, 할아버지도 같이 책 봐.

[김정은]
여정이 일루 와라. 여정이는 안 본대요.
네. 저도 원래 책 별로 안 좋아해요. 우리 아빠와 생각이 똑같은 거 보니까, 우리 아빠가 확실하네. 이거 우리 아빠~ 그냥. 아빠가 저한테도 가끔 얘기해주셨거든요? 어렸을 때부터.

[천자]
뭐라고 얘기했어?

[김정은]
그냥 여기 내용 그대로요. 이거는 맞는 거 같은데, 아빠가 지금 저한테 "꿈에 제가 전용기를 타고 남한에 와서 할아버지, 아버지 입천제를 했다는 그런 꿈을 꾸게 했다"고 해주시네요.

내가 원래 남의 말을 잘 안 믿어요. 나 어떤 사람인지 알죠?

나 솔직히 최룡해 말도 잘 안 믿어요. 완전히 안 믿는 건 아닌데, 많이 거르죠. 난 믿을 사람이 없어요.

예~! 근데 이 책을 보니까 아버지가 그렇게 저에게 해주신 말씀이 정확하네요. 그런데 제가 말씀 드리고 싶은 건, 제가 앞에 할아버지와 아버지 이런 모습을 봤지만, 100%는 잘 모르겠습니다. 이게 도대체 어떤 의미인지.

아버지와 할아버지가 지금 이렇게 뭐 죽어서 지내시지만, 그러면 사후세계와 천상, 지옥이 진짜로 있다는 건데. 아직 그렇게 크게 와 닿지 않습니다. 내 눈으로 직접 봤지만.

[천자]
너도 그렇게 된다니까. 그러니까 애초에 내가 너를 부른 거는 처음에도 내가 그랬잖아. 내 황명에 따라야 한다고. 기억 안 나? 그 황명이 네 아버지, 할아버지 구원하는 거야. 죽어서 고통 받지 않게 구해주는 거야.

[김정은]
그러면, 종교에서 말하는 예수, 부처는 어떻게 되는 겁니까?

[천자]
그것은 종교야. 이 종교라는 자체는 하늘의 뜻에 역천행위야! 하늘이 종교를 허락한 적이 없어. 다 가짜라고.

[김정은]
그럼 그 종교 위에 뭐가 또 있다는 겁니까?

우리는 예수나 부처를 하늘로 알고 있지 않습니까?

[천자]
하늘이 있지 누가 있어? 그게 잘못됐다니까. 그들은 천상에서 죄를 짓고 이 땅으로 도망쳤거나 쫓겨온 죄인들이야. 지금은 죽었으니까 엄연히 귀신들이지. 네 아버지와 할아버지처럼.

[김정은]
천상에서? 저도 거기서 왔습니까? 그 이름이 뭡니까? 아니, 천상의 명칭이 있지 않겠습니까?

[천자]
네가 온 하늘이 어디냐는 얘기냐?
너도 자미천에서 왔지.

[김정은]
자미천? 자미천궁? 거기가… 내가 거기서 왔습니까?

[천자]
네 인생 전생록도 네가 나중에 오게 되면, 천상의 전생록도 다 뽑아서 가르쳐줘.

[김정은]
전생이라… 우리 할아버지, 아버지, 여정이도요?
다 거기서 왔어요? 우리 엄마는요?

[천자]
엄마도 다 마찬가지야. 가족들이 다 내려온 거야. 너희 엄마

도 만나고 싶지? 응?

[김정은]
할아버지, 아버지 보니까 엄마 생각나네요.

[천자]
엄마 불러줄까? 엄마 이름이 뭐였지? 엄마 이름이 뭐였더라? 그래, 김정은이 엄마 와라. 고영희냐, 엄마가?

[고영희]
여정아~ 정은아~ 아버님~ 여보~ 어떻게 된 거야~?
정은아~ 여정아! 엄마… 나 얼마나 보고 싶었는지.
어떻게 지냈어~? 여정아~ 아버님~ 아버님~ 아버님, 어떻게 된 거예요? 선생님, 우리 아버님 너무 배가 고프시다고…

[천자]
오늘은 먹을 게 없어. 그제는 바나나라도 줬는데 오늘은 없어, 먹을 게.

[고영희]
아버님, 여보~ 여보~ 나도 못 먹었어~ 정은아~
여기 정철이는 없습니까?

[천자]
응? 정철이? 정철이도 만나게 해달라고?
정철이, 김정철이 와라.

[김정철]

어? 뭐지? 여기가 어디지? 헉! 뭐야! 너! 여정이 너 웬일? 할아버지? 아빠! 아니. 정은아! 뭐야? 야~, 여기가 어디냐? 정은아… 아이고~ 세상에. 어떻게 된 거야? 예? 배고파요? 비서! 야, 빵이든 뭐든 사 와. 빨리. 비서!

야! 비서! 뭐든 빨리 사 와! 빨리! 이 새끼들 어디 갔어? 이게 어떻게 된 겁니까? 엄마~ 엄마, 할아버지, 아빠. 아으~ 씨. 정은아, 어떻게 된 거냐? 난 정은이 하고는 별 얘기하고 싶지 않습니다.

여정아~ 이리 와. 야, 네 비서라도 불러라. 빨리! 없어? 야~ 근데 여기가 어디냐? 야, 뭔 용들이 이렇게 많이 있냐? 용한테 물린다고? 야, 여기 외국이냐 뭐냐 진짜? 이분이 누구야? 남한에? 천자라고? 뭐가? 사진? 어디? 허억~ 야 무슨 사진이 저렇게 무섭냐? 귀신 잡고… 예? 무릎 꿇어? 저분 앞에서? 내가 무슨 무릎을 꿇어, 누구한테? 우리 아버지가 엄청 호통치시네. 엄마 그만 울어. 아이~씨, 엄마 그만 울어~

[천자]
엄마가 너 보고 싶다고 해서 불러달라 해서 왔어.
정은이가 엄마 보고 싶다 그래서 엄마도 부른 거고…

[김정철]
나도 엄마 보고 싶었지.
내가 누구한테 무릎 꿇은 거 처음이네, 진짜!

[천자]

야, 너 할아버지도 꿇는데 그럼 안 꿇어? 정은이도 꿇고?
저 사진 보고도 내가 누군지 몰라?

[김정철]
누구세요?

[천자]
야, 용들아 내가 누군지 가르쳐줘라.

[김정철]
아~ 흐윽~ 아파, 아~악, 그만! 그만! 제발 그만!

[천자]
여기 갖다 꿇려라.

[김정철]
잠깐. 아유, 아파~ 여기 찢어졌네. 도대체 뭘 알아야지~
뭐가? 이거? 뭐를? 이거 읽어보라고? 이거 뭐야? 생사령?
생령이 뭐야?

[천자]
너잖아. 너도 지금 생령이 왔잖아. 육신은 북한에 있고.
너가 지금 여기 왔잖아. 혼이야, 혼. 네 혼.
너도 구원 못 받으면 네 아버지와 할아버지처럼 그렇게 돼.

[김정철]
저는 원래 정치에 관심이 없어요. 통치세력도 관심이 없구
요. 그래서 이런 내용은 정은이한테 아빠가 많이 해줬죠. 전

자유로운 영혼이에요.

일단은 저 아버지, 할아버지 조금만 좀 먹을 것 좀 주십시오. 수석비서도 어딜 갔는지 이것들이 경호원들 다… 아.. 참… 나 지금 돈 없어. 안 가져왔잖아. 갑자기 불렀네. 근데 아빠 이렇게 올 수 있는 거예요, 이렇게? 그래 좀, 선생님이 능력 꽤나 있는 분 같긴 해.

왜 그래! 대단하신 분이야? 정은아. 오랜만이다. 음. 그래. 잘 지내고 있다. 원래 정은이하고 별로 안 친해가지고요. 좀 어색하네요. 하하. 내가 형이지만, 네. 좀 어색하네.

[천자]
그래. 정은아. 김정은 자, 네 엄마 만나봤지?

[김정은]
너무 마음이 아프네요 엄마… 엄마가 많이 보고 싶었어.

[천자]
네 일가족이 지금 다 모였는데. 네 판단에 달려 있어. 네 엄마하고 아버지, 할아버지 구해줄 것인가 말 것인가. 네가 결정을 하고 김여정 앞세워서 구원을 하든가.

[김정은]
엄마가 너무 보고 싶었어. 엄마 왜 이렇게 빨리 갔어? 나는 사람들 앞에서, 그 누구 앞에서도 굴복하지 않아. 울지도 않고. 내가 누구를 믿어? 밤에 엄마 생각하면서 울잖아. 보고 싶어. 돈이 많고 권력이 높으면 뭐해. 엄마가 이렇게 빨리 가서…

[천자]
정은아! 야! 엄마, 아빠, 할아버지 불쌍하지 않아? 네 마음만 결정하면 되는데. 그게 낫지. 네가 오면 더 좋은데, 네가 올 수 있는 길을 찾아보고. 안 되면 여정이 보내던가!

[김정은]
그럼 이곳을 와야 되는데, 여정이를 내세워서 보내라구요? 사실은, 엊그제도 저를 부르시지 않았습니까? 그때까지만 해도, 3일만 시간을 달라고. 근데 오늘까지 긴가민가. 뭐가 뭔지. 엄마까지 보니까. 가슴이 너무 메어져요. 엄마… 제가 엄마를 유독 따랐습니다.

제가 뭐든지 다 할 수 있지만. 엄마만큼은 다 해주지 못했습니다. 엄마 아파서. 그렇게 힘들어할 때도 돈이 많고 권력 높은 우리 아버지도 어떻게 할 수 없었고. 우리 아빠는 돌아가시어 이렇게 이런 모습으로 있을지 생각지도 못했고.

[천자]
그러니까. 네가 살아생전 효도 못한 거, 효도해야 될 거 아니냐. 네 엄마 저렇게 고통 받고 있는데 하늘나라 가게 만들어야 되잖아? 그렇지. 인간들은 다 그래. 아무도 생각 못해.

야~ 너 정주영 회장 알지? 이 나라 최고의 재벌이잖아? 삼성의 이병철 회장, 현대 정주영 회장. 그들도 거지꼴이 되어 네 아버지처럼 이렇게 해서 여기 찾아왔다고. 죽어서는 아무 것도 못한다고! 야~ 정은아, 정주영 회장, 이병철 회장 모습 볼래? 어떻게 하고 있는가?

[김정은]
그들도 이렇게 왔습니까? 올 수 있습니까?

[천자]
그럼. 불러줄게 잘 봐라. 정주영 회장 와라.
(구부린 자세로 터벅터벅 노인의 모습으로 책상으로 다가와 먹을 것을 찾는다.) 오늘은 없어. 먹을 거 없어! 여기 봐. 여기 누가 있나.

[정주영]
…북한? 북한?

[천자]
그래. 저기 김정일이나 김일성이는 알 거 아니야? 북한 가서 만나봤잖아? 네 모습 보고 싶대.

[정주영]
…밥 줘… 이 양반들도 나와 똑같네. 여기 오신 거. 여기 부르셨어? 응… 너도 구원 못 받으면 네 아버지와 할아버지처럼 그렇게 돼. 나도 배고파. 우리 뭐 좀 먹어야 돼 그치? 나 배고파. 없어, 과자… 과자… 야!… 너는 얼마나 먹었냐? 엄청 배고파 지금. 뭐 먹을 것 좀 줘. 배고파. 오늘도 배고파~

[천자]
그저께 손주들 데려오라 했는데, 안 데려와? 이병철 회장 좀 만나보자. 이병철 회장도 보고 싶단다. 이병철 와라.

[정주영]

…이병철… 삼성?

[이병철]
많이 굶었지? 나도… 응, 그래… 손자, 손주… 배고파…응… 내 이놈의 자식들… 아이고~ 배고파~ 몰라, 몰라, 몰라. 지금 배고파~! 아유 말 시키지 마. 기운 없어~!

정주영이고 뭐고, 현대고 뭐고, 나 몰라~! 아이고 내 세상에 이렇게 될 줄은… 제발 먹을 거 좀 주십시오. 저번에 줬잖아요. 아~ 또 주세요.

[천자]
아 글쎄, 그땐 있었는데 지금은 없어~ 그래도 너는 여기와서 그래도 빵이라도 먹고 갔지. 다른 자들은 하나도 없어. 여기 지금 김정일, 김일성 다 배고픈데도 못 줬다고.

[이병철]
정주영이도… 이 양반도 오시었네. 아이고~ 그려, 그려. 어~ 나도 그래. 추워~! 배고파! 우리 정주영이 이 양반도 자손들이 천도재 이런 거 지내줘도 소용없다네.

[정주영]
그래, 다 소용 없어. 해봐야. 그래서 두드려 맞았어? 과일 먹으려다 두드려 맞았어? 거기 옆에?

[이병철]
아이고~ 그려 나와 똑같네. 아유… 다 필요 없어! 배고파~! 네 이년이. 이년이. 아이고 라희야. 아이고 나 죽겠다. 라희

야~ 야, 라희야, 너 제발 여기 좀 와라.

아이고. 내가 막상 시도하니까 안 되네? 아이고 라희야. 아이고, 삼성이고 뭐고 다 필요 없다. 배고파 죽겠다. 밥이 중요하다 야. 아… 먹을 거 없나…? 야… 개미도 없냐? 개미도? 아유… 배고파…

개미 한 마리도 안 보이네. 개미라도 먹어야 되는데. 개미라도 먹고 싶다. 죽겠네. 그날 빵 하나 먹고 여태까지 굶었으니 아이고 배고파. 아이고~ 뭐, 이재용? 야, 이 새끼야~ 그놈 손주. 다 필요 없어~!

아이고, 라희야. 제발 좀 나 좀 살려줘라. 삼성이고 나발이고 필요 없어. 배고파~! 아유, 배고파~! 야, 주영이! 그려~ 이 양반도 똑같아. 다 필요 없대. 현대고 뭐고 배고파 죽겠대~

아이고~ 뭐도 없냐? 아이고 선생님. 뭐 좀 주십쇼 제발. 그거 빵 하나 먹고 여태까지 물도 못 먹었습니다. 내가 이렇게 됐네 내가~, 선생님… 홍라희… 개도 죽어봐야 압니다. 죽어봐야. 그때 가선 늦지~ 내가… 라희도 정말 죽이고 싶은 심정입니다.

[천자]
라희? 불러줄게. 얘기해봐.
홍라희 여사 생령~ 아주 오늘 다 부른다.

[홍라희 여사]
안녕하세요. 아버님? 어유 세상에. 얼마나 추워요. 세상에.

… 김. 김정일, 김일성, 김여정, 김정철, 다 불렀어. 정주영 회장님, 우리 아버님. 김정은이도 왔고, 차마 못 보겠습니다. 세상에. 여기 고영희 여사님 옷 좀 주십시오. 세상에나, 밑에 팬티도 못 입고 있습니다. 지금…

아유 세상에 밑에를 어떻게 지금. 저는 알겠는데, 제 육신 굴복하기가 너무나 힘들어요. 저도 고심 중이에요. 그 문제로~ 아버님, 세상에~ 저도 죽으면 이렇게 된다구요?

[천자]
똑같지 뭐~ 미리 보여주는 거야! 고영희도 이렇게 속옷 없이 밑까지 내놓고 있잖아. 너도 그렇게 돼.

[홍라희 여사]
아~ 세상에… 선생님… 육신 굴복시키기 너무 힘들어요… TV 한번 출연하시는 게 어떨까요? 홍라희 육신에게 꼭 전달하고 싶은 말. 선생님, 이게 쉬운 것 같으시죠? 저 정말 노력했습니다. 하지만, 이 홍라희가 지금 많이 힘들고, 정신적으로도… 종교에 사기당하고 그랬어도, 홍라희 재벌 회장의 부인이라는 위치로 인해서. 아… 그것도 무시 못 합니다.

정말 저도 목이 터져라 했습니다. 그때 천상에서 했던 약속. 새끼손가락 걸고 제가 직접 수긍하지 않았습니까? 그날 제가 진짜로 받아들여서 했는데 육신 굴복이 왜 이리 힘듭니까?

제가 목이 터져라 했습니다. 매일 밤. 정말 힘이 드네요. 선생님 차라리 TV에 출연하셔서 이렇게 대단하신 분이 계시다는 거 이것도 다 공개하세요. 이분들, 이 상황의 정주영 회장님, 김일성, 김정일 국방위원장님.

 저도 답답해서 밤마다 웁니다. 이 생령도. 육신 굴복하는 거. 아휴~ 홍라희가 아무리 종교에 실망하고 남편, 아버지, 자식 문제, 그래도 우리나라 최고 재벌의 회장이라는 그 명예로 인해서 그 누구한테도 굴복하기 싫어하는 거. 저는 이런 모습을 보여주셨을 때 나도 죽으면 저렇게 되는구나. 우리 아버님 모습. 답답해…

 꼭 그렇게 해주세요. 제발~ 그 방법이 제일 빠를 것 같아요~ 방송 출연이든, 신문광고에 삼성 홍라희 여사에게 보내는 글. 이렇게라도. 그 전생의 비밀. 이렇게 하면 안 됩니까? 조선일보, 중앙일보, 동아일보든~

 제가~ 너무 답답해서 육신 죽이고 싶은 심정입니다. 지금. 저 이거 약속 지켜야 돼요~! 저도 죽어요, 저도!

[천자]
현대자동차 부회장 정의선 와라.

[정의선]
누구십니까?

[천자]
나? 저기 사진 봐. 뒤에~, 네 할아버지 보라고 불렀어.

[정의선]
할아버지! 할아버지! 어떻게 된 거예요, 이게? 할아버지 너

무 마르셨잖아요. 이게 뭐야 이게? 배고파요? 배고파? 야! 비서! 비서! 이것들이 진짜! 비서! 할아버지… 배고파요? 물? 물 좀 주세요. 할아버지. 내가 비서 불러올게. 뭐 사 오라 할게. 비서~! 야! 어떻게 된 겁니까? 우리 할아버지가?

아~으, 이거 뭐야 이거. 꿈 아니야? 우리 할아버지 맞아요? 할아버지! 할아버지 돌아가시고 계속 이렇게 지냈어? 떠돌았어? 밥도 못 먹고? 매일? 할아버지 제사 때는 오셨어요? 제삿날 오실 때도 있었고 못 오실 때도 있었다고?

바로 쌩하고 가버리고 다 치워버리고, 그러다가 또 계속 떠도시고. 제가 좀 미우셨다 하시네요. 저를 불렀는데… 저를 많이 부르셨대요, 저를 많이 예뻐하셨어요. 할아버지, 보고 싶었어요 저도. 꿈에라도 좀 나오시죠. 이런 모습으로…

죄송해요 할아버지. 어떡해?~ 이게 뭐야.
우리 할아버지가 누군데~! 할아버지가 자식도 다 필요 없대요. 저보고 여기 오래요. 글쎄, 너 하나만 와라. 지금 몽구도 필요 없고, 몽준이도 필요 없다고 그러시네요.

할아버지, 얼마나 배고파. 우리 할아버지 우시네. 할아버지. 어떻게 해 그럼? 여기 와서? 서울에 강동구? 검은 용이 있습니까? 흑룡. 흑룡도 있고 백룡도 있고. 여기 어떻게 용이 실제로 있습니까?

우와 와~ 저승사자들. 저승사자. 이곳에는 용도 있고 저승사자도 있습니까? 실제 존재하는 겁니까?

[천자]

너 할아버지 구원 안 해주면 저 용들이 물어뜯고 저승사자가 너 데려가.

[정의선]

아니 그런 세계가 실제 존재합니까? 그럼 여기는 종교, 뭐 그런 게 있습니까?

[천자]

여긴 구원의 지상법정이야. 법정! 죄인들 심판하는 곳이야. 심판도 하고 구원도 해주고.

[정의선]

저기 저거! 저거! 저거! 도장!
내가 저런 무서운 기운은 처음 느껴 보네요. 할아버지, 나 이런 느낌 처음이야. 예, 할아버지. 울 할아버지 구해드려야죠. 우리 할아버지. 육신을 데리고 와요?

할아버지! 내가 다음에 올 때는 먹을 거 가지고 올게. 옷도 가지고 올게. 조금만 참아, 할아버지~ 괜찮아. 괜찮아. 할아버지. 내가 지켜줄게. 천상으로 올라가야 이 배고픔이 영원히 끝난다고? 그럼 여기로 오면 뭐 제사 같은 걸 합니까?

[천자]

종교에서는 제사식으로 하는데 여기는 제사식이 아니야. 하늘의 명을 받아야 네 할아버지가 천상으로 올라가지. 네 엄마도. 엄마도 갔잖아? 그지? 엄마가 어떻게 하고 있는지 보여줄까? 정의선이 엄마 와라.

[이정화]

아버님… 의선아… 아버님? 아버님? 아버님! 아버님… 의선아… 아버님, 저도 옷이 없어요. 아버님… 면목이 없습니다. 옷을 못 입어서 아버님께 절도 못 드리겠습니다.

[천자]

야~, 그러니까 아들 정의선이 데리고 와야 돼. 네 할아버지 같이 해서. 또 정의선이 육신이 안 오면 너희들 구원을 못 해!

[이정화]

의선아~ 내가 죽은 이후 이런 고통도, 이런 고통이 없어. 제사 같은 거 지내도 소용없어. 천도재 지내도 소용없어. 이렇게 봐봐. 엄마 부끄럽지만 엄마 계속 이렇게 지내. 어~으, 추워! 배도 고프고, 할아버지 봐봐.

아버님! 의선이가 여기를요? 엄청난 곳이에요? 여기? 의선아. 네 아빠. 네 아빠한테 나 좀 도와달라고 그래! 우리 아들아. 선생님, 너무 힘들어요. 죽어서 이렇게 힘들지 몰랐어요. 아무것도 필요 없어. 현대, 현대? 그게 뭔데? 이거 보세요.

아버님과 저 좀 보세요. 의선아~ 할아버지 봤지? 엄마도 봐봐. 엄마도 너무너무 굶어서. 의선아~ 너도 죽으면 이렇게 된다고. 제발 여기 와라. 강동구 성내동에 있어!

의선아~ 제발, 제발 할아버지하고 엄마 좀 구해 줘. 엄마 좀… 아버님께서 지금 막… 이 아버님만이라도… 의선아… 여기 꼭 와야 할 것 같아. 여기. 엄청난 곳인가 봐, 정말~ 여기 와라, 제발, 서울에 있으니까 내일이라도 오면 되겠네~ 응?

우리 의선이가 내일이라도 당장 오면 돼~

　육신. 지금 영혼이 없는 거지 그럼? 육신한테 가서 빨리 좀 전해. 내일이라도 당장 오래. 할아버지하고 이 엄마 좀 봐바. 지금 이러고 있다. 너무 힘들어서 말할 기운도 없어. 제발… 가서 육신한테 얘기 좀 해봐.

　나 더 이상 이제 말 못하겠다, 의선아. 지금 이제 더 이상. 엄마 너무 춥고 배고파. 아버님. 우리 할아버지 좀 봐바. 선생님. 의선이가 고개를 끄덕끄덕합니다. 제가 더 이상 말할 기운이 없습니다.

　들었지? 그래. 가서 좀 해봐. 최선을 다해서. 그래. 할아버지, 엄마, 네 아빠 똑같아. 네 아빠도 죽으면 나처럼 된다. 네 아빠… 빨리 가봐. 가서 얼릉.

　아버님… 고영희 여사가 옷을 빌려주며 이렇게 밑을 가리고 아버님께 절 올리라고 하네요. 아버님 죄송해요. 이런 모습으로 절 올려 죄송해요. 아버님… 의선아, 제발 부탁이야.

　빨리, 빨리 가서 의선이 육신 여기 와야 한다고, 여기. 의선이가 알았다고 하네요. 아버님, 아버님 또 다음에 만나야죠. 의선이가 눈물 흘리면서 알았다고 빨리 가겠다고 합니다. 고맙습니다. 선생님!

　[천자]
　자, 김정은. 정은아. 적나라한 모습 다 봤냐?
　정주영, 이병철. 살아생전은 돈병철이었어. 근데, 저렇게 거지꼴이 됐어. 그리고 네 어머니 옷을 못 입어 가지고 밑까지 다 내놓고 있어서 이건희 회장 부인 홍라희 여사가 옷까지 벗어서 가려줬다. 이제는 인정하겠냐?

[김정은]
야~! 김여정! 아유~ 저거! 저거! 나 믿고서 아직도 고개가 뻣뻣하네요. 그럼 어떻게 해야 합니까, 남한으로 오려면? 아이~ 씨. 여정이가 자꾸 와가지고 어쩌고저쩌고 방해하네요. 쟤, 아직 정신 못 차린 것 같습니다.

[천자]
야, 사자들아. 김여정이 혼 좀 내줘라.
너 아까, 오빠, 오빠 하고 불렀잖아. 그래 오빠 불러줬잖아~

[김여정]
오빠! 아니, 안 믿겠다는 게 아니라. 내가 내 마음대로 올 수 있냐고~? 우리 오빠가 좀 달라진 것 같네요. 우리 오빠가 엄마 보더니 마음이 많이 약해진 것 같아요. 엄마 보더니.

[천자]
그래서 너는 안 약해졌어? 너는 실감이 안 나지? 야, 저승사자한테 한번 혼날래? 어? 그럼 오빠하고 한 마음, 한 뜻해서 올 거야?

야, 네가 마음먹기 나름이지 뭘 못 오긴, 뭘 못 오냐. 야, 아무리 국정이 바빠도 네 아버지, 엄마 살리는 일인데 못 온다고? 너 그러면 용들한테 혼나. 여기 사자들하고 용들이 안 보여? 아까 혼났는데 정신 못 차려? 온몸에 바늘 꽂아줄까?

[김여정]

아니요~! 오빠 완전 엄마 보더니 마음이 바뀌었네. 오빠를 많이 이뻐하긴 했지. 오빠가 날 보내줄 거야? 아, 그만 울어~ 나도 엄마 보고 싶었어~ 정철 오빠는 혼자 거기서 그러고 있어? 오빠가 제가 돌아가면 인터넷으로 검색해보라는데요?

검색해서 계속 육신에게 말해야 한다고 하는데요. 알았어~ 오빠 원래 모습 어디 갔어? 알았어. 해볼게. 나도 할아버지, 아빠, 엄마 모습 보니까 마음이 아파. 나도 안 보고 싶었는지 알아? 엄마 일찍 돌아가셔서 나도 얼마나 슬펐는데…

알았어. 내가 해볼게. 오빠보다는… 내가 그렇게 해볼게. 나도 힘들었어~! 알았어요, 아빠(김정일). 좀만 기다려요. 제가 해볼게요. 엄마는 내 꿈에 한 번도 안 나와? 꿈에 나오고 싶어도 못 온다고? 오빠랑 얘기했어요.

제가 계속 그렇게 해볼게요. (영혼들끼리 서로 바라보며 대화를 나눔 장면) 그래도 할아버지, 아빠, 엄마, 오빠를 이렇게 만나니까 마음이 아프면서도 그러니깐 너도 죽으면 아버지, 할아버지처럼 그렇게 된다고? 그래서 그거 막아줄려고 부른 거라고? 이렇게 보니까 영혼의 세계가 진짜 있네요. 어떻게 남한에? 이런 데가 있었어요? 생긴 지는 얼마 안 됐나 봐요?

엄마랑 아빠, 할아버지, 오빠 그렇게 보고도, 이렇게 다 모이기도 좀… 생각지도 못했었는데. 참 신기하기도 하네요. 알았어~ 엄마. 내가 해볼게. 오빠가 저렇게 하는데 내가 해야지 뭐. 엄마 다음에 오면 또 만나는 거야?

엄마가 다음에 올 때는 먹을 것도 가지고 오래! 알았어, 엄마~ 지금 당장 없잖아. 내 비서들, 경호원들 지금 없어. 몰라 누가 날 여기 데리고 와가지고 딱 왔어. 아무것도 없어. 지갑도 안 가지고 왔고. (김여정이 김정철을 바라보며) 정철 오빠는 저렇게 혼자서. 정철 오빠는 어려서부터 저랬는데. 안 친해요. 그러니까 통치자가 안 됐지. 음악만 들어요.

어렸을 때부터 그랬어요. 아빠 하는 일에 관심도 없고. 그래서 정은이 오빠가 된 거죠. 정은이 오빠 아무도 못 건드려요. 정은이 오빠 이렇게 무릎 꿇은 거, 저는 처음 봐요.

네. 저도 마찬가진데요? 저 지금 엄마 아빠랑 할아버지가 하라고 해서 그런 거지 누구한테도 굴복 안 해요. 저 나름 얼마나 예쁨 받고 살았는데요. 그래요. 저 공주예요.

[천자]
근데 여기 와서는 굴복해야 하는 거야. 굴복 안 하면 사자들이 가만히 안 있고, 용들이 가만히 안 두지. 야, 네가 아무리 도도하게 굴어봐야 내 명 한마디면 넌 아주 그냥 혼비백산해.

[김여정]
알았어요~ 안 그런다 그랬잖아요.

[천자]
하하하. 그래. 네 모습 똑같구나.
텔레비전에서 봤는데 똑같구나.
아주 도도한 모습 잘 봤지. 평창 올림픽에 왔을 적에.
너 최룡해한테도 반말한다며?

[김여정]
봤어요? 저 어렸을 때부터 그렇게 살았어요.
최룡해? 걔, 내 밥이예요.

[천자]
하하하. 아주 통쾌하겠다.

[김여정]
그럼요, 우리 오빠, 아빠, 할아버지가 누군데. 최룡해?
걔, 내 앞에서 무릎 꿇어요. 아버지가 턱 좀 그만 들고 고개
를 내리래요. 너무 도도하게 군다고요. 알았어, 아빠~
정은 오빠 이런 모습 처음 보네. 참 오늘 놀랍네요.
신기하구요.
정은이 오빠 특히 이런 모습. 제 생전 처음 보는데요?
어유~, 오빠가 이런 면이 있었네.

[천자]
야. 네가 도도하게 굴면, 아버지나 할아버지는 숨을 곳이 없
어. 너는 아직 살아 있으니까 도도한데, 아버지와 할아버지 짝
나. 그래? 하하하~ 무서우니까 굴복하는 거지. 내가 무섭지
않으면 내 앞에 와서 무릎 꿇겠냐?

[김여정]
무섭네요. 저 사진을 보니깐. 너무 놀랬어요, 아깐.

[천자]
그래 이제 회의 다 끝났지?
끝났으니까, 좌우지간 방법을 연구를 잘 해서 와. 너희 죽이

려고 하는 게 아니고 살려주려고 하는 거니까.

[김여정]
(김일성, 김정일을 바라보며) 남한의 하늘과 땅? 천궁?
계속 해볼게. 알았어, 아빠. 할아버지, 그만 울어요. 제가 다음에 빵하고 우유하고 맛있는 거 많이 사갖고 올게요. 엄마 옷도 사가지고 올게. 걱정 마 엄마. 내 비서들 확실히 데리고 올게. 정철이 오빠 잘 가~ 연락도 안 하더니. 저, 이제 가도 돼요? 어떻게 가요?

[천자]
응, 이제 내가 보내줄 거니까. 정은아, 정은아~.
이제 동생하고도 다 합의를 봤지? 앉아. 너희들 내가 죽이려고 그러는 게 아니고, 살리려 그러고, 앞으로도 남북통일도 해야 되는데, 남북통일도 내가 할 거고 아버지, 할아버지 살아생전은 남한은 적대국이었잖아. 그지? 그거 다 내가 무시하고 구해주려고 한다.

그러니까 네 동생을 보내든, 네가 오던, 둘이 합의해서 오라고. 내가 네 육신을 만날 수 있으면 좋으련만 만날 수가 없으니, 이렇게 불러서 얘기하는 거야.

[김정은]
아까 전생을 말하지 않으셨습니까?
저의 전생도 알고 싶습니다.

[천자]
그거 이제 네가 오면 그때 가르쳐 줄게. 너도 천상에서 제

후. 제후의 아들이었어. 제후라면 왕의 아들. 그러니까 3,300개 나라들 중에 한 나라 왕의 아들이었어.

[김정은]
천상이라는 곳에서 제후가…
할아버지, 아빠, 저 다 알 수 있습니까?

[천자]
그렇지. 할아버지 전생도 알 수 있고. 네 아버지, 너, 여정이, 정철이 다 전생 알 수 있어.

[김정은]
여정아~, 잘 들었지? 저 놈의 턱을 그냥…
(도도한 표정으로 고개를 들고 있는 김여정을 바라보며)

[천자]
야, 네가 그렇게 만들었잖아.
네 권력 믿고 그러는 거 아니냐?

[김정은]
쟤는 특기가 이거에요.

[천자]
하하하. 야, 그러면 최고 실권잔데 그러면… 그러고도 남지.

[김정은]
저희 집안이 좋으니까 그렇게 살았죠.

[천자]

그러니깐 그렇게 절대 권력을 누리고 있을 적에 나한테 굴복을 해야 돼. 그래야, 네 사후 세상도 보장을 받아. 안 그러면 네 아버지, 할아버지처럼 저렇게 비참하게 된다고. 엄마 사랑이 최고였고, 엄마 앞에는 다 불효자란다.

[김정은]

엄마, 오늘 엄마를 보니까. 너무너무 가슴이 찢어지네요. 이제서야 엄마를 보니까. 이제서야 확실히 인정이 됩니다.

맞아요. 엄마가 너무 일찍 돌아가셔서… 그건 돈으로도 막을 수 없고, 권력으로도 막을 수 없었어요. 엄마 돌아가시고 제가 얼마나 방황했는지. 오늘 엄마를 보니까 제가 인정을 하겠어요. 음… 김여정! 잘해라. 엄마 봤지?

[천자]

내가 앞으로 세계를 통일할 거야. 전 세계 다 굴복시킨다. 그때 네 역할도 필요해. 나는 피 한 방울 안 흘리고 통일한다니까. 그래서 다 연방국가로 만들 거야. 전 세계. 이해가 안 되지?

[김정은]

아, 아니요. 그건 아니구요. 제가 그동안 여기 몇 번 오지 않았습니까? 오늘 엄마도 만났고. 뭐랄까. 저의 운명 같은 게 느껴집니다. 선생님. 아니. 천자…? 이 분이 진짜 하늘에서 내려오셨구나.

[천자]

그래. 내가 하늘의 아들이니까 하늘에서 나한테 능력을 주셔 갖고…, 이 지구촌을 다 다스리라고 하셨어. 그래서 내가 청와대 터에 들어간다고. 돌발 변수가 있으면 조금 늦어질 수는 있겠지만 내년 4월이니 이제 1년 남았다. 청와대 지금 근무하는 직원이 1,700명 돼. 대통령과 청와대 직원들, 국민들 마음을 모두 바꾸려고 그래. 한꺼번에 국민들 마음 다 바꾸려고 천상에서 다 준비하고 있어 지금. 천지조화를 일으켜서 모두 내보내려고 천상에서 준비 중이야.

[김정은]
흑룡이! (순간 흑룡이 보이니 기겁을 했음) 저, 저는 인정하니까 건드리지 마세요. 예. 그럼 그동안 남한의 대통령들이 불운을 겪은 게 다 그 이유입니까?

[천자]
그래! 청와대 터를 지키는 흑룡이야.
저 흑룡이 청와대 직원과 국민들 마음 바꾸려고 하고 있어. 명은 내려졌어, 이미. 어저께 명 내렸어. 그렇지. 내 터인데 그들이 지배하고 있어서 다 그렇게 불행을 겪은 거야. 지구가 탄생하면서부터 내 터였어.

[김정은]
(여기부터 김정은의 표정이 진지하게 변하고 놀라워 했다) 처, 천자님… 진짜. 천자 맞으시네요. 지난번 왔을 때보다 마음이 더 강렬하게 느껴집니다. 그 누구한테도 굴복한 적 없는 이 김정은이! 엄마를 오늘 만나고 지금 청와대 터를 말씀하시는데 제 가슴 안에서 뜨거운 무언가가 터질 것 같이 이거는! 이거는! 이거는 정말! 이 김정은이! 이 김정은! 태어나서 처음으로 느껴보는. 아까 천상에서 제가 제후의 아들이라고 하지

앉았습니까?

 이제 모든 거 다 인정할 수밖에 없는 엄청난 기운을 지금 저에게 느끼게 하고 있습니다. 선생님! 지금 제 머리 위에서 강렬하게 오는 것이 무엇입니까? 누가 나를! 이 무소불위한 김정은을 굴복시키는 이것은 무엇입니까? 저는 북한의 통치자 김정은입니다! 근데 저를 이렇게 굴복시키는 힘은 무엇입니까? 누가 저에게 이렇게. 이것이 무엇?… 저… 놀랍습니다. 놀랍습니다. 저를 굴복시키게 하는 이 힘의 기운. 너무나 놀랍습니다.

 [천자]
 맞으니까 이 역할을 하지. 어느 신들이 내 명을 받드냐? 천자니까 명을 받들지. 머리에 기운은 굴복하라고 하는 거야. 큰 절 올리라고! 그래. 세계 인류가 너처럼 다 굴복한다. 그게 바로 하늘의 힘이야. 5배를 올리라고. 짐에게는 5배의 예를 올리는 거다. 그게 나의 기운이야. 천상에서 짐에게 내려준 기운. 내가 천상에서 2인자니라. 내 아버지가 하늘이시니라. 절대권자시니라.

 [김정은]
 이게 무엇입니까? 이게 무엇입니까?
 제 손이 이게… 기운으로 이렇게… 자동적으로 빌어져요.
 다시 한 번 더 5배의 예를 올리라고 기운이 느껴집니다. 저 김정은이 천자님께 다시 5배의 예를 올리겠습니다.

 [천자]
 그래 그렇게 빌어야 되는 것이야.
 음… 이제 짐의 존재를 조금씩 받아들이겠느냐?

그리하라! 짐에게 충성 맹세할 수 있느냐? 해보라.
짐의 충성스런 신하가 되거라.

[김정은]
저 김정은! 남한에 계시는 천자님께 굴복하여 끝까지 따르겠습니다. 오늘! 이 엄청난 기운을! 이 무소불위한 김정은을 굴복시키는 이 힘을! 너무나 놀랍고 신기하고 경외로워서.

또 이렇게 엄마, 아빠, 할아버지. 이게 진짜라는 것을 깨달았습니다. 남한에 이런 분이 계시는 줄… 천자님께 김정은의 모든 걸 바치겠습니다. 저, 여정이 시켜서 안 되면, 안 되면 제가 하겠습니다. 예! 완전히 따르겠습니다. 김정은이 천자님의 명에 따르겠습니다.

[천자]
정은아. 너는 행복한 놈이로구나. 짐한테 굴복할 줄 아니.

[김정은]
사실은 엊그제 부르실 때만 해도 이런 감정이 느껴지지 않았습니다. 물론, 아빠, 할아버지 봤지만… 그런데 오늘은 엄마까지 보고. 아까 말씀하시는데, 제후의 아들이라는 말씀도 하시고, 그러면서 저에게 주체할 수 없는 너무나 큰 기운이 느껴지면서 "네 고향이 거기라고, 네가 인간으로 태어나기 전에 자미천 거기서 왔다고". 그럼 제가 제후의 아들로 천상에 있을 때 죄를 지은 겁니까?

[천자]
야, 너는 왜 태어났는지 모르잖아. 그지?

전생의 죗값을 갚기 위해서 인간으로 태어났어. 그렇지, 네 할아버지도 아버지도. 그래서 죗값을 하늘에 바쳐야 하는데 하늘이 어디 있는지 모르잖아. 그지? 그래서 죗값을 받으러 내가 내려왔어. 그래서 너희들이 짐에게 죗값을 갖고 와야 되는 거야. 그래야 네 아버지, 할아버지, 엄마, 그 죄가 탕감돼. 그러니까 죗값을 바칠 데가 있는 것이 감사한 거지. 죗값을 어디다 바치겠느냐?

[김정은]
어떻게 남한에 이런 분이 계셨습니까? 저 김정은을 굴복시키는 이 힘이! 이 기운이! 저를 이렇게 무릎 꿇게 하시는 이 기운! 그것이 하늘이십니까? 제가 천자님으로 불러야 합니까? 어떻게 공식…

[천자]
그렇지. 짐이 인류의 구심점이니라. 이 지구의 주인이야.
그렇지. 천자지. 그냥 폐하라고 불러, 폐하? 여기선 그렇게 부르니까. 천지천황 폐하야. 폐하. 하늘과 땅의 폐하.

[김정은]
폐하? 천지천황 폐하! 만세! 만세! 만만세! 천지천황 폐하! 만세! 만세! 만만세! 천지천황 폐하! 이게 어떻게 된 겁니까? 이거는 제 의지랑 상관없는 기운입니다. (갑자기 감격에 겨운 듯 만세를 크게 외쳤다)

제 안에서. 저는. 저 김정은 그 누구한테도 굴복한 적 없습니다. 이런 제가 남한에 계시는 천지천황 폐하께 무릎 꿇고 만세를 부르다니.

[천자]

이것이 하늘의 기운이고, 이런 기운으로 세계를 다 굴복시킨다는 거야. 총칼 안 들고. 그러니깐 짐이 청와대 터에 들어가서 자리 잡으면 세계 국가원수들이 와서 너처럼 굴복 안하면 구원 못 받고, 용들과 사자들이 다 죽여 버린다고. 그래서 굴복하는 거야. 무력으로 침공해서 굴복시키는 게 아니고. 이렇게 불러서 기운으로 다 굴복시켜.

[김정은]

트럼프, 푸틴 여기 왔습니까? 시진핑은? 아베…? 그들은 굴복 안 했습니까? 저거~ 도장이 엄청 크네요. 아니 그럼. 그들은 저처럼 이런 기운을 못 느꼈습니까?

[천자]

그들의 영들 시진핑 빼고 다 심판했어. 그렇지. 굴복도 않고 아베도. 아베 굴복 안 해 갖고 거기도 심판했어. 일단 인간 육신이 식물인간 되거나 갑자기 죽는 거만 남았어. 그건 옥새야 옥새. 짐의 황룡옥새니라.

[천자]

그들은 천상에서 반란군이었는데, 용서할 수 없는 죄를 졌어. 천상에서 짐의 어버이를 시해하려다가 도망친 자들이야. 예수도, 석가도, 마리아도, 마호메트도, 공자, 노자 다 심판했어. 다 심판했고, 너는 내가 심판 안 했어. 같은 핏줄이고 앞으로 짐에게 충성할 것을 알기 때문에 너는 심판 안 했다고.

이 나라 남한 국민으로서는 네가 철천지원수 아니냐? 적대국이잖아. 그래도 넌 심판 안 했다니까. 그래서 네 아버지, 할아버지 다 부른 거 아니냐? 심판할 거 같으면 벌써 심판했지. 처음에 불렀을 때도 너한테는 혼 안 냈잖아. 다른 자들은 오면 모진 형벌로 고문했어. 너한테는 고문 안 했잖아?

[김정은]
천지천황 폐하… 저 김정은 폐하께 충성하겠습니다.
폐하. 그런데 제 마음은 부모님의 느낌이 자꾸 납니다.
이게 무엇입니까? 제 영혼의… 영혼의 어버이가…
하늘께서 제 영혼의 아버지?
그래서 제가 지금 이렇게 눈물이 나는…
이렇게 가슴 안에서 뜨거운!

[천자]
그게 살길이야. 그럴 줄 알고 내가 심판 안 했어.
짐의 어버이 아니냐? 하늘이시잖아.
나를 만나야 영혼의 어버이를 만날 거 아니야?
김정은이 육신의 부모님이 있고, 영혼의 부모님이 있지.

[김정은]
그래서 제가 이렇게 눈물이 나는 겁니까? 김정은이 영혼의 부모님께 5배의 예를 올리겠습니다. 천지천황 폐하! 만세! 만세! 만만세! 천지천황 폐하… 폐하, 저 김정은의 영혼이 충성하겠습니다. 충성! 천지천황 폐하, 아까는 너무나 무서운 기운이 느껴졌는데 지금은 따뜻한 기운이…

지금은 너무나 포근한 기운이 느껴지면서 가슴 안에서 뜨거운 눈물이 흐릅니다. 포근하고 따뜻한 기운이 느껴지면서도 가까이에서 이렇게 용안을 뵈니 엄청나게 두려운 기운도 느껴집니다. 저 김정은, 제가 이렇게 될 줄은 꿈에도 몰랐습니다.

　제가 누구를 위해 만세를 부르고, 5배의 예를 올리고, 무릎을 꿇고, 뜨거운 눈물을 흘리고, 저 아주 냉혈한 사람입니다. 전 피도 눈물도 없습니다. 가슴 안에서 이렇게 뜨거운 눈물은 상상도 할 수 없습니다. 이런 제가 어떻게…

　[천자]
　이제 굴복을 했으니까. 다른 자들은 무서워서 쳐다보지도 못 하잖아? 그래 이제 짐의 존재를 알았으니까. 너희 아버지한테도, 할아버지한테도, 너희 엄마, 여정이한테 얘기를 해봐라. 이제 내가 누군지. 그들은 너처럼 이렇게 굴복을 제대로 몰라.

　[김정은]
　천지천황 폐하~! 할아버지와 부모님께서도 많이 놀라셨습니다. 저의 이런 모습을 보고… 예~, 너무너무 놀라셨고 할아버지, 아버지, 엄마께서 네가 그럴 정도면 인정하신다고… 여정이는 아직 약간 저만큼은 아닌 것 같습니다. 여정이도 많이 놀랐습니다. 저의 이런 모습을 보고… 그렇지만 제가 여정이한테 강력하게 얘기했습니다.

　너! 김여정! 네가 실행 안 하면 내가 너 죽인다. 너 오빠 이런 모습 처음 보지? 너 이거 지금 못 느끼지? 네 몸으로는 지금 못 느꼈지? 똑바로 봤지? 여정이가 먼저 하고, 안 되면 제가 하겠습니다. 저 아무리 여동생이지만 그런 거 안 가립니다. 제 성격 아시죠? 저한테는 형제? 필요 없습니다.

　[천자]

사적으로는 네 아버지고, 할아버지고, 동생이고. 그런데 너는 나한테 네 부모님들의 빚, 전생의 빚, 또 네 전생의 빚을 갚기 위해서 왔어. 그것도 일반 평민으로 와서 빚 갚는 게 아니라 북한 통치자로서 크게 빚 갚으라고 이렇게 해주신 거야. 굴복하라고 너 그 자리에 앉혀주신 거란다. 그리고 짐을 도와서 인류를 지배 통치하는데 동참하라고.

[김정은]
저도 같이 동참하라고… 천지천황 폐하를 위해서?

[천자]
이제 신명정부를 세울 거야. 천지세계 신명정부. 신들이 통치하는 세상. 그러면 너도 신과 하나 되는 신인합체라는 의식이 있어. 그거 하면 천상의 신을 네 몸에 내려줄 거야. 그래, 너를 도와줄 신. 상상초월이지? 완전히 SF 같은 얘기지. 소설 속에서도 이런 얘기는 없어. 기대해도 좋아. 인간들이 다 신과 함께하고 싶어 하거든? 근데 그 길을 몰라. 나만이 그 길을 알고 있지.

[김정은]
그렇습니까? 신이 저하고 함께합니까?
예, 저도 하고 싶습니다. 저도 겉으로는 외로움도 없고 강인해 보이지만, 마음 안에서는 뭔가 허전하고 전생도 궁금하고 내면의 방황도 많이 했습니다.

겉으론 강해 보여도 북한의 통치자이기에 항상 강한 모습을 보여야 했고 마음 안에서… 그런데 이곳이 내 마음의 고향이었다니. 어떻게 이런 기운이 내려지는지. 저 북한의 최고 통치자 김정은입니다! 이게 어떻게 된 겁니까? 어떻게 이렇게 될 수 있습니까?

[천자]
천상에서 설계가 다 돼 있어. 앞으로 펼쳐질 미래세계가. 날 보고 10,000살까지 살다가 돌아오라고 하시었다. 하늘께서 그렇게 하신다고 그랬어.

[김정은]
제가 지금 기운으로 느낀 바로는 이 김정은을 굴복시킨 기운으로는 분명 가능할 것입니다. 엄청나시군요.

[천자]
이 종교인들은 다 심판할 거야. 기독교, 불교, 천주교, 유교, 도교, 무속 다 심판한다고. 그래 북한에는 종교가 거의 없지? 이제 거기 북한이 멸망하지 않고 존속하는 이유가 종교가 없기 때문이야.

하늘께서 그거 하나 잘했대. 네가 네 아버지나 할아버지 때부터 엄청나게 강압통치를 했고, 반대파를 많이 죽였잖아? 그것은 국가 운영하려면 통치하는데 하나의 기법이잖아.

말을 안 들으니까. 또 반역자들이니까 죽이는 거잖아. 그지? 그거는 하늘께서 뭐라고 안 해. 왜? 자신이 살아야 되니까. 그런데 종교는 또 다른 하늘을 만드는 거거든. 석가 부처도 불교 세계의 하늘이 됐고,

예수는 기독교 세계의 하늘이 됐고, 마리아는 천주교 세계의 하늘이 됐고, 또 무속인들은 무속세계의 하늘이 됐고, 또

마호메트는 뭐 알라신을 내세워서 이슬람교 쪽에 하늘이 됐는데 하늘의 역할을 다 사칭해서 뺏은 거야. 그들은 죄가 엄청 커. 그래서 그들은 살아날 수가 없어.

[김정은]
그러면 그 종교를 믿는 자들은 다 죄인이 되는 겁니까? 그런 종교를 다 멸하신다는 겁니까?

[천자]
그렇지. 공범자들이지. 다 멸할 거야. 그들은 한번 이렇게 사상이 물들면 빠져나오지 못해. 니네들도 세뇌교육을 많이 시키잖아. 공산당보다 더 무서운 게 종교야. 한번 빠지면 헤어나지 못해.

[김정은]
그것은 제가 스위스 유학시절에도 겪었습니다.

[천자]
그래서 종교에 빠진 자들은 교화를 해도 안 넘어와. 근데 너는 네가 북한을 공산주의로 통치를 해도 지금 이렇게 오니까 굴복을 하지 않느냐? 그지? 그래서 살 수가 있는 거야. 근데 종교인들은 그게 안 돼. 지네들이 믿는 하늘이 최고라고 굴복을 안 해.

[김정은]
종교인들은 그렇습니다. 저도 스위스 유학시절에 친구가 종교를 권하는데 그 사람하고는 대화가 안 됩니다.

[천자]

그래서 이 나라에 유명한 C○○ 목사라든가 L○○ 목사 이런 자들을 불러서 교화를 했는데, 굴복을 안 해서 결국은 심판했어.

[김정은]
저처럼 이렇게 안 하구요?

[천자]
로마 교황청의 프란치스코 교황도 심판했어.
그 천주교의 수장이잖아, 10억 천주교인들의 수장.

[김정은]
그렇죠. 그분 로마교황을 심판하셨습니까?

[천자]
그럼. 육신만 지금 살아 있는데, 이제 육신도 기운이 빠져나가서 기력이 떨어졌어. 그러니까 지금 이제 미국하고 너희 북한하고 핵무기 때문에 말들이 많잖아. 그리고 또, 미국이 혹시 이제 북한지역을 선제공격할까 봐, 너도 두려워서 뭐 남북 대화도 하고 지금 하는 거잖아.

내가 너 처음에 왔을 때 그랬지? 핵무기 절대 포기하면 안 된다고. 가령 핵무기를 만일에 미국에서 발사를 한다. 발사하면 신들이 알아. 내가 죽이라고 명 내려놨어. 트럼프하고 그 밑에 핵미사일 발사하는 명령 계통이 있잖아?

이를테면 국방부장관, 또 그 다음에 참모총장, 그 다음에 실무 미사일 발사 단추 누르는 자들. 핵 기술자들. 그들 다 급살 시켜서 죽여버리라고 그렇게 명을 내려놨어. 그래서 그들 함부로 너네 북한에 핵미사일 못 날려.

핵무기 네가 개발한 거 내가 시켰어. 핵무기 개발하라고. 너 그 생사령 책 봤잖아. 거기 핵무기 얘기 나오잖아? 내가 그거 하라고 했어. 왜? 써 먹어야 되니까. 강대국이 되려면 핵이 있어야 될 거 아니냐. 그지?

근데 미국, 러시아, 중국, 영국, 이스라엘, 프랑스, 파키스탄, 인도. 얘네들은 지금 8개국 정도인가 핵미사일을 개발했잖아. 지네들은 마음대로 핵미사일 개발하고 왜 네가 하는데 못하게 막느냐? 그지? 불공평하잖아?

이 나라가 일본한테 36년 동안 지배통치를 당했잖아? 그 꼴을 두 번 다시 내가 겪을 수가 없어. 그래서 여기 한국에서는 감시 때문에 핵무기 개발할 수 없어. 미국의 압력이 너무 세서. 그래서 미국의 손길이 닿지 않는 북한 땅의 너네들로 하여금, 네 할아버지, 아버지 때부터 개발시킨 거야.

그래서 핵무기 개발된 거야. 남한 주민들은 남조선에서는 너네들 핵무기 개발하니까 두렵잖아. 그지? 근데 나는 하나도 안 두려워. 내가 했기 때문에, 그리고 혹시라도 너네들이 미사일을 발사한다면 그럼 내가 다 막지. 너부터 죽일 거야. 그 밑에 장군들하고 그 핵 기술자들을 동시에 다 죽여.

완전히 식물인간으로 만들 수도 있고… 죽일 수도 있어. 너 이렇게 생령(영혼)이 왔잖아, 그럼 네 육신은 식물인간이야. 내가 이런 능력이 있기 때문에 너희들이 핵무기 개발해도 상관없어. 어차피 내가 시켰으니까.

그럼 어느 나라도 북한 공격 못해. 내가 명을 내리면 천상의 신들이 모두 막아. 미국도 공격 못하고, 러시아와 중국도 공격 못해. 만일 공격한다면 아주 다 죽여버려. 지금 이 나라가 아직 나의 존재를 잘 몰라.

이제 청와대 터와 전국에서 경천동지할 변고가 일어나 인명피해가 많이 발생할 거야. 그때는 내가 본격적으로 세상에 부상을 하겠지. 그 터에 들어가는 자마다 불행해질 테니까. 이를테면 한꺼번에 수많은 자들에게 일시에 변고가 생겨 다 죽었다고 생각해봐. 누가 그 청와대 터에 들어가? 응?

[김정은]
으으으… 흑룡…
(청와대 터 얘기에 흑룡이 또 보이니 깜짝 놀라며)

[천자]
그래. 흑룡 ○○. 이름이 ○○야. 용들도 이름이 다 있어. 그 ○○가 청와대 터를 지키고 있어. 아무도 못 들어오게. 지금이야 어차피 문재인 대통령 각하가 집권하고 있으니까 그렇게 있는 거고. 대통령 각하와 영부인, 가족, 청와대에 근무하는 직원들 모두가 원인 모를 변고를 당할 수 있어. 천상에서 대통령과 이 나라 국민들 모두를 천지대업에 동참시키려고 그래.

(김정은이 용을 보고 무서워서 피함) 괜찮아. 다 내 명을 받고 있어. 내가 하라는 대로 한다. 저승사자들도 마찬가지고, 판관사자도, 용들도 내가 명을 내리는 대로 움직여.

[김정은]

정말 너무나 대단하십니다.

[천자]
대단하지? 그러니까 세계를 통일하려고 그러지. 이런 능력 없으면… 뭐, 핵무기 갖고도 세계통일 못하는데. 그지? 야~ 미국도 세계통일은 못하잖아.

[김정은]
남한에 계시는 천지천황 폐하께서 진정한 하늘의 천자이십니다. 너무나 놀랍습니다. 너무나 경이롭습니다.

[천자]
그래서 중국… 옛날에 고구려 영토 있잖아? 그것도 다 통일할 거야. 그리고 중국 본토도 다 흡수해. 러시아도 흡수하고. 전 세계 다 통일할 건데 뭐. 굴복 안 하고는 살 수가 없어.

[김정은]
저 좀 보십시오. 이 김정은의 모습 좀 보십시오. 저는 죽으면 죽었지 굴복 안 하는 사람입니다. 피눈물 없는 그런 냉혈한 인간입니다. 이런 제가 굴복했는데. 어찌 그들이…

[천자]
그래 사람들에겐 죽음이 제일 무섭잖아. 그지? 근데 육신의 죽음이 무서운 건데. 육신이야 누구나 다 죽잖아. 근데 그 영혼들은 육신이 죽으면 고통이 이루 말할 수 없어. 네 엄마, 아버지, 할아버지 모습 봤지?

살아 있잖아? 엄마도 그렇고 그지? 비참하다니까. 그래서 저렇게 되지 않도록 천상에 올라가면 거기는 먹는 거, 입는 거, 근심 걱정도 없어. 그래서 짐이 구원도 해주고 심판도 하는 양날의 칼을 갖고 왔단 말이야. 그래서 하는 거야. 그래서 굴복하는 자는 너처럼 살려주고, 굴복 안 하는 자는 그냥 심판해.

야~ 네 아버지를 내가 14년 전에 불러 갖고 이렇게 대화를 나눴다고. 그 책이 여기 있는 거야. 이제 그 내용이 이해가 되냐? 아까도 읽어봤지? 소설 같았는데 보니까 네 아버지가 한 얘기 그대로라 그랬잖아. 네 아버지한테 물어봐라. 네 아버지 내가 불러서 여기 왔었는지. 왔다 갔다고 그러니?

[김정은]
예, 왔다 갔다고 그러시네요. 그래서 아버지가 작년에 꿈으로 제가 전용기 타고 여기 와서 할아버지, 아버지, 엄마를 뵈러 그렇게 왔던 것이 그게 꿈으로 불러주셨다는 뜻인가요?

[천자]
그래. 그렇게 꿈으로 봤기 때문에 내가 불렀어. 꿈으로 안 보여줬으면 안 불렀겠지.

[김정은]
아버지가 여기 빨리 오고 싶었다고. 하루라도 빨리. 그래도 꿈으로 그렇게 보여주셔서…

[천자]
이제 꿈으로 이렇게 보여준 게 천상에서 그렇게 구해주겠다는 것을 나한테 보여주신 거야. 그러기 위해서 내가 네 아버지, 할아버지 불러 갖고 천상에 올라가고 싶으면 정은이 데리

403

고 와 그랬어. 정은이가 와야 뭘 하지. 육신이 돈을 안 갖고 오면 어떻게 하냐? 죗값을 하늘에 바쳐야 되는데.

　돈의 액수만큼 기운이 천상으로 올라가. 그래도 이제 내 존재를 좀 알았으니까 너도 마음이 좀 편할 거고, 이제 엄마, 아버지, 할아버지 고통 받는 거 이제 끝내야 될 거 아니냐. 신기하지 그지?

　[김정은]
　너무나 놀랍고, 이거 상상을 초월하고, 있을 수 없는 일입니다. 이 김정은이 누구 앞에서 무릎을 꿇고 눈물을 흘리다니.

　[천자]
　야~ 아까 그 삼성그룹 이병철 회장, 현대그룹 정주영 회장 보고 싶다 그래서 내가 불러줬잖아. 잘 봤냐? 한마디로 해서 살아생전 돈의 대통령이었어. 그런 자도 죽으니까 거지 모습으로 있잖아. 네 아버지도 마찬가지지. 할아버지도 똑같잖아.

　그래서 산 자들은 사후세계를 모르기 때문에 너한테 지금 교화하며 하늘 공부시키는 거야. 뭘 알아야 할 거 아니야. 아무것도 모르고, 정치뿐이 모르는데. 그지?

　[김정은]
　피도 눈물도 없는 저 김정은. 아무리 여정이, 제 여동생이지만, 제 마음에 안 들면 저는 가차 없이 죽여버립니다.

　[천자]
　야~! 왕의 자리는 옛날에도 그랬어. 형제들끼리도 죽이고 그랬어. 태종 이방원이도 그 형제의 난이 있을 때 형제들 다 죽여버렸잖아. 형제가 제일 무섭다니까. 자리를 뺏으니까.

[김정은]
저도 그렇습니다.

[천자]
그래서 고모부도 네가 죽인거야? 밑에서 보고가 올라오니까 안 할 수가 없었겠지?

[김정은]
고모부도 그런데 지금 여기 저의 남아 있는 형제들은 대적하거나 제 마음에 안 들었다간 그날 바로 죽입니다.

[천자]
그래야지. 그래야 통치를 해. 통치자는 무서워야 돼.
나도 마찬가지야. 내 명 안 받들면 다 심판해. 무섭고 두려워야 굴복한다니까.

[김정은]
할아버지와 아버지께서 저에게 그런 말씀 들려주셨습니다. 어릴 때부터 귀에 못이 박히도록 그런 말을 들었습니다.

[천자]
야~, 나약하면 통치를 할 수 없어. 옛날에 왕들이 장군 시절에 엄청나게 많은 적들을 죽였잖아. 반대파들을 숙청했잖아. 그 숙청 안 하면 역모를 꾸미고, 맨날 시비 걸고 살 수가 없지. 정치를 할 수가 없어.

그래서 왕들이 사람 제일 많이 죽였어. 그 장군 시절에도 많이 죽였지만 통치자는 인정사정없이 죽여야 되는 거야. 그래서 나는 지금 인구가 76억 3,000만 명인데 차례대로 심판할 거야. 여기 와서 굴복하는 자만 구원하고. 나머진 다 심판해.

굴복 안 하면 모두 심판대상이야. 그래서 남북한 땅, 고구려 영토하고 이쪽만 무사하게 놔두고 다른 데는 다 쓸어버리려고 그래. 무서움과 두려움에 굴복하게 만들라고. 이 나라도 교회 다니는 자들이 엄청 많고, 절도 마찬가지라서 다 심판해야 돼. 이미 명은 다 내려갔어. 그래서 구원받으려면 굴복 안 할 수 없지. 왕은 마음씨 좋다고 왕이 되는 것이 아니야.

[김정은]
그래서 저희 할아버지와 아버지께서 저를 후계자로 삼았습니다. 정철이 형은 아예 어릴 때부터 배제되었습니다. 통치자는 유약하지 않은, 바로 저 같은 피도 눈물도 없는 냉혈한인 저였기에, 제가 스위스 유학시절부터 후계자로 염두에 두셨다고 합니다.

[천자]
그래 카리스마가 넘쳐야 통치자가 되는 거야. 카리스마 없이는 안돼.

[김정은]
저 형제들뿐만 아니라 제 부인도 마찬가지입니다.
리설주. 저에게 감히 대적했다가는 리설주도 마찬가집니다. 저한테 가족이란 의미가 없습니다. 통치자는…

[천자]

그래. 너에게 짐의 마음과 유사한 면이 많구나. 이제 이 시간 이후부터는 너는 나를 위해서 이 땅에 존재한다.

[김정은]

예! 천지천황 폐하.
저 김정은! 폐하를 주군으로 영원히 모시겠습니다.

[천자]

이제 네 조상은 네가 오면 다 구원해서 천상으로 보내줄 거고. 네 엄마, 아버지, 할아버지까지. 너는 나의 명을 받아서 집행하고 주군으로 나를 받들어 모셔야 할 것이야. 그리하라~!

[김정은]

천지천황 폐하! 저 김정은 이 한 몸 다 바쳐, 이 영혼 다 바쳐 충성하겠습니다. 명을 내려주십시오! 남한에 계시는 이렇게 대단하시고 위대하신 폐하를 제 주군으로 모실 수 있게 됨이 가문의 영광입니다. 천지천황 폐하! 만세! 만세! 만만세! 천지천황 폐하! 만세! 만세! 만만세! 천지천황 폐하! 만세!

[천자]

그래 오늘 이렇게 오니까 기쁘지? 근심 걱정이 다 걷힌 거 같지? 엄마, 아버지, 할아버지 다 만나고. 그래 앞으로 네 육신과 내가 만나는 그 시간만 남았어.

[김정은]

그리고 저를 굴복시키신 이 엄청난 기운. 진정으로 뜨거운 눈물 영원히 잊지 못할 것입니다. 김정은의 육신과 반드시 만날 것입니다. 오늘은 영혼과 만났지만 반드시 육신은 옵니다. 남한의 하늘과 땅. 반드시 육신도 와서 굴복합니다. 두고 보십시오.

[천자]
이제, 또 불러서 오면 예의범절부터 갖추는 거야.
육신과 함께 와도 마찬가지야. 네가 육신도 교육을 시켜라. 이제 너는 굴복을 했고, 육신이 굴복하는 일만 남았으니까 네가 하면 될 거야. 네 마음이 지금 이렇게 왔잖아?

[김정은]
알겠습니다. 천지천황 폐하!
예. 이 김정은의 생령이 굴복하고, 육신이 굴복 안 한다면 육신 죽여버릴 수 있습니다. 저는 한다면 합니다.

[천자]
그래 육신 굴복시킬 수 있어!
도와줄 거야. 자, 김여정 이제 네 오빠 하는 모습 다 봤냐? 김여정아~, 야, 그 냉혈한 네 오빠가 이렇게 굴복을 했다. 너는 굴복할 생각 없어?

[김여정]
아니요… 너무 놀라워서요. 오빠 저런 모습은 상상도 할 수 없거든요. 너무 놀랐어요. 저도. 무섭구요.

[천자]
야~ 너도 굴복해봐. 김정은이 오빠마냥. 그렇게 해봐. 어차피 너도 굴복해야 살아.

[김여정]

저 김여정. 천지천황 폐하? 맞습니까? 저 김여정, 남한에 계시는 천지천황 폐하께 충성하도록 하겠습니다.

[천자]

그래 그리하라~, 여기서 하는 거는 꿈이 아니고 현실이야. 육신만 안 왔지 현실인데, 아까 정은이한테도 얘기했지만 너희들 살려주려고 부른 거야. 너희 엄마, 아버지, 할아버지 그렇게 고통 받고 있으니까 자식으로서 구해줘야될 거 아니냐?

그런데 너는 이런 세계를 몰랐으니까. 오늘 장장 세 시간이나 교화를 하고 있다. 야~, 김정은이가 굴복한 것을 너도 본 적이 없다며?

[김여정]

저 너무 놀랐어요. 너무 놀라서 눈물이 나더라구요. 오빠, 정은이 오빠는요. 죽으면 죽었지 이건 아니에요. 저 꼬집어 봤어요. 아까 또. 그리고 오빠가 저한테 마음에 안 들면 죽인다 그래서 섭섭했어요. 정은이 오빠가 저렇게 할 정도면 진짜 대단하신 분이시네요. 정말 그러신 거 같아요. 저기 무서운 분들도 있고, 저승사자도 있고, 용들도 있고, 오빠도 막 그렇게 눈물도 흘리고 엄청나시네요.

[천자]

그래 인류의 생사를 좌우하는 천자니라. 네가 갖고 있는 권력 내가 바람만 훅 불면 흔적도 없어. 네 영혼 지금 이렇게 왔잖니. 네 영혼 죽이는 거 명 한 번이면 끝나 여기서. 아까 봤잖아? 너희들 삼혼을 빼버리면 육신은 껍데기에 불과해. 그래서 김정은이도 처음부터 불렀을 때 호통도 안 치고 고통도 안 주고 형벌도 가하지 않았다고.

[김여정]
근데 아베, 푸틴, 트럼프, 시진핑을 심판했다는 게 놀랍네요. 아 저기 빨간 피가 흐릅니까? 그 말씀 하시는데 저 달력에서부터 밑으로 빨간 피가 막 '어흐' 세상에… 피가 막 흐르고 있네요. 오빠… 무서워. 피가 막 보이네.

[천자]
그들은 피가 달라. 그래서 심판했어. 육신만 살아서 있는데 육신도 이제 머지않아서 죽어. 응. 일본 아베 총리. 거기 심판하려고 해놓은 거야. 저게 생사여탈을 좌우하는 황룡옥새라는 것이란다.

저거 찍으면 육신도 죽고 영혼도 죽고 다 죽어. 겁나지? 세계 인류도 말 안 들으면 심판한다고. 오늘 너도 봤잖아. 삼성그룹의 이병철 회장. 돈병철이었는데. 죽어서 거지 돼서 왔잖아? 이병철이도 그렇고, 현대그룹 정주영 회장도 배고파서 먹을 거 달라고 그러잖아.

[김여정]
네, 불쌍해 보여요. 네, 너무 불쌍해요.

[천자]
네 엄마 고영희 모습도 보니까 밑에도 다 내놓고 있지. 아까 현대그룹 정몽구 회장 부인이 왔는데 거기 밑에 다 드러내놓고 있어서 네 엄마가 옷을 주고 인사를 시켰잖아?

[김여정]
그렇죠. 저도 다 봤어요. 진짜 사후세계가 정말 있네요.

[천자]
그래 이렇게 비참해진다니까 죽으면…
아~ 있지 그럼. 하늘세계도 있고 사후세계도 있어 그대로. 인간들의 눈에 안 보여서 그렇지.

[김여정]
그러고 보면 저는 행운아네요. 이렇게…
이런 모습도 보고. 정말 저도 오늘 오빠 굴복하는 거 보면서 인정하게 됐어요. 아까는 제가 너무 공주처럼 뻣뻣하게 굴어서 죄송했습니다.

[천자]
행운아지 그럼!
그래. 어쩜 그리 똑같이 하냐? 신기하다? 완전히 공주야.

[김여정]
저는 어려서부터 그렇게 자랐어요. 저 얼마 전에 남한에 오지 않았습니까? 그때 보셨죠? 이게 원래 제 모습이거든요. 아무도 저 못 건드립니다. 앗~! 오빠가 너 이제 공주처럼 굴지 말라고 하네요.

[천자]
여기서는 공주처럼 굴면 안 되지. 참, 톱뉴스감이다. 니네 남매가 와서 굴복한다는 게. 자 이제 갈 시간 됐지. 가야지. 정은아. 정은이 와라.

411

이제 대화도 많이 나눴고 너도 깨달았으니까. 아니 깨달은 게 아니지. 교화해서 넘어온 거지. 김여정이 데리고 돌아가고, 엄마, 아버지, 할아버지 구하러 빨리 빨리 오도록 해봐.

[김정은]
예, 천지천황 폐하!
알겠습니다. 반드시 육신 데리고 옵니다.
천지천황 폐하. 저 김정은 5배 큰절 올리겠습니다.
여정이 너도 빨리해. 인사드려.

[천자]
그래. 이제 돌아가라.
그래. 육신과 빨리 만나기를 바란다. 할 수 있어.

[김정은]
정말 위대하신 영도자이십니다.
위대하신 영도자!
대단하신 천지천황 폐하! 만세! 만세! 만세! 만세! 만만세!

[천자]
그래. 고영희, 김정일, 김일성 너희들도 돌아가서, 네 자식이 올 때까지 기다려라. 김정철이도 가고. 또, 삼성 이병철, 현대 정주영, 정의선, 홍라희 여사 생사령 모두들 다 가라. 이제 육신들 데리고 오는 것만 남았다.

[비서실장]
(생령들이 비서실장 몸에서 **빠져 나가고**)
천지천황 폐하! 톱뉴스감이사옵나이다. 핏줄은 정말 아…

지금 몇 시간을 하셨사옵나이까? 지금 시간이… 처음부터 녹음하셨사옵나이까? 녹음하신 줄 몰랐사옵나이다.

[천자]
2시간 54분 했어.

여기까지 김정은, 김여정, 김정일, 고영희, 김일성, 구인회, 이병철, 정주영, 신격호, 이건희, 홍라희의 생령과 사령들을 불러서 대화를 나누어 보았다. 살아 있는 인간 육신들로서는 도무지 이해가 안 되는 내용들이 너무나 많다.

왕이나 대통령들의 사후세계와 대한민국 경제의 주축을 이루는 재벌들의 전생록과 사후세계를 접하고서 홍라희 여사를 제외하고는 당사자들이 죽었거나 살아 있어도 몸이 불편하거나 북한에 있어서 당장은 약속을 지킬 입장이 못 된다.

이들이 천상약속을 지키고 살아남는 길은 내가 청와대 터의 주인이 되는 길 하나뿐이다. 전 세계의 왕들과 대통령들, 재벌들의 산 자와 죽은 자의 생령과 사령들 모두가 원하고 바라는 것은 한결같다.

인간 육신들이 굴복하도록 나(천자)에게 청와대 터에 하루속히 들어가 달라는 다급한 요청들뿐이었다. 그러면 자연스럽게 전 세계의 인간 육신들이 몰려 들어와서 굴복하고 하늘이 내리시는 명을 받들 것이라 하였다.

인류가 태어나면서부터 지금까지 이 땅의 지구상 모든 종교는 다 잘 못된 것이었다. 그들도 진짜 하늘을 찾지 못하고, 진짜 하늘의 진실을 몰라서 죽은 귀신들을 성인성자라 하여 수천 년을 받들어 하늘로 섬겼다.

참으로 우스꽝스런 이야기이다.
숭배자들도 춥고 배고파서 살려 달라, 구해달라고 나에게 애걸복걸하며 매달리고 있는데 인류를 구원해준다고 속여왔으니 하늘께서 얼마나 기가 막히셨을까? 현생 인류는 천상에서 반란을 일으키다 실패하여 지구로 도망치거나 쫓겨났다.

귀양살이 하고 있는 죄인들 주제에 자숙하지는 못하고 종교를 세워서 하늘께 대적하려고 하였는데, 이제 말세가 되어서 이들을 모두 심판할 때가 다가왔기에 천상에서의 전생록 진실을 만 세상에 밝히는 것이다.

종교 없는 무릉도원 세상을 만드는 것이 하늘과 땅의 진정한 뜻이다. 왜냐하면 종교를 세운 뿌리의 원조가 하늘을 시해하려다가 실패하여 지구로 도망쳐 나온 대마왕 하누와 표경이 세운 것이기 때문이다. 천상에서 역모 반란 사건이 있었다는 자체를 인류 모두가 상상조차 못했던 일이고, 그대 독자들도 처음 들어보는 경천동지할 일이다.

그래서 하늘로부터 구원받지 못할 죄인들이나 종교를 믿는 것이니 구원받고 싶으면 종교를 떠나 天宮(천궁)으로 들어오라. 종교 이론과 하늘의 뜻이 너무나 정반대로 다르다.

천상의 주인께서 하강하신 天宮

천상의 하늘이 지상으로 내려오신 天宮(천궁)

이 나라가 세계 제일 강국이 되는 길은 청와대 터를 하늘께서 쓰시도록 원주인에게 돌려드리는 길이다. 수많은 비기와 예언서에 천손민족, 백의민족으로 표현하고 대한민국이 宗主國(종주국)이 된다고 말한 것은 천상의 주인께서 이 나라 이 땅으로 하강 강림하신다는 뜻이었다.

힘센 주변 4대 강대국들을 굴복시킬 수 있는 것은 최신예 핵무기 군사력이 아니라 하늘의 무소불위하신 천지대능력의 구원과 심판을 통해서만 가능하다. 기고만장하고 거대한 강대국들을 무슨 재주로 굴복시키겠는가?

그리고 우리는 언제까지 4대 강대국들의 눈치를 봐야하고, 군사식민지, 경제식민지를 이어갈 것이던가? 우리 민족의 이런 아픔과 슬픔을 종식시킬 수 있는 유일한 방법은 인류가 상상조차 할 수 없는 어마어마한 천지대능력을 발휘할 수 있는 터(청와대)를 천상의 주인께 돌려드리는 일이다.

천상의 주인께서 하강하시었어도 인간들의 눈과 귀에는 보이지도 들리지도 않기 때문에 알아보기가 쉽지 않은 것이 사실이다. 천상의 신비스럽고 무소불위하신 기운과 모든 신들에게 하명을 내릴 수 있는 천권과 천력, 도권과 도력, 신권과 신력을 천자이자 황태자인 나에게 내려주셨다. 타고난 천성과 씨는 못 속인다는 말이 있듯이 내가 다음 황위(천상의 주인 자리)를 물려받을 외동아들인 천자이자 황태자이기 때문에 필요할 때마다 천상폐하와 황후폐하께서 함께 내려오시어 많은 것을 가르쳐주신다.

황위계승을 위한 후계자 수업을 잘하고 있는지 지켜보고 계시는데 어마마마께서 아주 적극적이시고 더 열성적이시다. 천상이나 지상이나 어머니의 사랑은 다르지 않다는 것을 확실히 느꼈으며 자식 잘되기만을 바라고 계신다.

황위계승은 인간세상처럼 왕권을 물려주는 단순한 문제가 아니라 대우주의 7,500개 성주들과 행성인들이 주군으로 받들어 뫼실 수 있는 카리스마와 통치력, 포용, 혜안, 자질, 능력이 모두 있어야하기 때문이다. 내가 나약하고 무능한 상태에서 황위자리를 물려받으면 성주와 행성인들이 반란을 일으킬 수도 있기에 지구에 태어나서 인간으로는 감내하기 어려운 혹독한 후계자 수업을 받아 1차 관문을 통과하였다.

7,500개 성주들과 행성인들은 이곳 지구의 모습을 실시간으로 지켜볼 수 있는 신비스런 능력이 있기 때문에 아바마마께서도 직접적으로 도와주실 수가 없다고 누누이 말씀하시면서 모든 문제점들을 스스로 해결해 나가라고 말씀하여주셨다.

인류에 대한 구원과 심판은 삼라만상을 창조하신 하늘께서만이 가능하시고, 세상에 수천 년 동안 알려진 종교 숭배자들과 종교 지도자들은 구원을 흉내는 낼 수 있어도 오히려 구원 받아야할 죽은 귀신이거나 반역에 가담한 역천자이기에 인류가 지금까지 구원을 받지 못하고 있는 것이다. 외형상으로 종교 이론이 그럴듯하지만 종교를 세우고 전파한 장본인이 아수라 대마왕 하누와 표경이기에 구원이 될 수가 없다.

하누는 미모가 아름답고 사랑받는 천상폐하의 후궁이었지만 자신의 아들인 표경을 황태자로 세워 천상의 주인자리를 노리려는 반역을 일으키다가 실패하여 지구로 도망쳐 지하세계로 숨어들었으며, 하늘의 가슴을 아프게 하려고 이 땅에 종교를 만들어 종교 숭배자와 창시자를 하늘로 받들게 만들었다.

무소불위의 존경받는 위대한 하늘이 되고자, 신이 되어 군림하고자 하는 인간의 영과 육들에게 야망과 욕망의 바다에 불을 질러서 이 땅에 종교가 탄생되는 계기가 되었다.

뱀이 물을 먹으면 독이 나오고, 소가 물을 먹으면 젖이 나오는 것처럼 하누와 표경이 세운 종교 하늘의 기운을 받으면 아주 자연스럽게 자신이 하늘이다, 하늘의 아들이다, 신이라고 우쭐대며 반란 역모의 기운을 받기에 구원의 황명도 못 받고 영원히 종교의 종과 노예가 된다.

반대로 진짜 하늘의 기운을 받을 수 있는 나와 함께하는 독자들은 진정으로 굴복하며 죄를 빌면 구원의 황명을 받을 수 있지만 종교자체는 대마왕 하누가 세운 것들이기 때문에 아무리 철야기도하며 열심히 빌어도 구원받을 수 없다. 천상에서 역모 반란을 일으킨 대마왕 하누는 천상폐하와 막상막하의 능력을 발휘하는 대단한 존재라고 하시었다.

그래서 이 땅에 지금까지 세워진 종교세계는 아름다운 말로 현혹하여 지옥도, 천옥도, 한빙도, 적화도로 인도하는 아주 위험한 곳이었다. 세상 사람들이 하느님, 하나님으로 표현하는 것도 하누에서 발상되었다. 하누가 메시지를 그렇게 보냈기 때문인데 나는 지금까지 하느님, 하나님이라고 불러본 적이 단 한 번도 없었고 오직 하늘이라고만 하였다. 하느님과 하누님의 발음이 거의 같다는 것을 알 수 있다.

천상의 주인께서 지상의 천자이자 황태자 육신으로 내려오시었기에 이곳을 지상의 天宮(천궁)이라고 한다. 천상에 있는 신들은 하늘, 하느님, 하나님이라 하지 않고 천상의 주인 혹은 폐하라 부르니 이 땅에 인간의 영과 육들은 천상의 아버지, 천상의 어머니로 부르면 된다.

하누가 세운 종교에 세뇌당하여 정신을 잃어버린 천손민족이 진짜 하늘을 만나 구원의 황명을 받기 위해서는 어서 빨리 종교에서 나와 천궁으로 들어와야 한다. 영들이 영들의 고향인 천상으로 돌아가는 길은 지구상에서 이곳 천궁 하나밖에 없다는 진실을 이제는 알았으리라.

지금까지 알려진 종교세계는 하늘의 원뜻이 아니었고, 대마왕 하누와 표경의 작품이었다. 어떤 종교든지 하늘의 아픔과 슬픔, 분노와 배신을 더욱 일으키게 만드는 역천행위이기에 믿으면 믿을수록 그대들의 삶이 엉망진창이 된다.

인류 최초로 종교를 만든 하누와 표경 때문에 가슴이 아프신데 그들이 세운 종교에 몸담고 있으니 그대들도 하늘처럼 가슴 아픈 배신의 상처를 받는 일이 일어나는 것이다. 하늘의 뜻을 헤아리고 인류를 구원하려는 것이 아니라 종교인 자신들의 야망과 욕망을 채우려는 것이다.

하늘의 진실과 하늘의 아픔을 아는 자들은 인류가 태어난 이후로 아는 자들이 없었다. 하누와 표경이 천상에서 반란을 일으키다가 실패하여 지구의 지하세계로 도망쳐 하늘에 대적하려고 종교를 세운 자가 대마왕 하누와 표경이라고 하늘께서 내게 직접 말씀 내려주시었다.

하늘은 이렇게 하누와 표경의 배신과 역모로 인하여 가슴이 미어터지도록 아파하시는데 인류는 하늘의 이런 진실도 몰라보고 구원해 달라, 복을 달라고 빌고 있으니 너무나 기가 막히고 통탄할 일이 아니겠는가?

이제는 왜 종교에 다니는 것이 하늘께 죄가 되고 구원받지 못한다는 것인지 이해할 수 있을 것이다. 하늘만이 아시는 이런 뼈아픈 진실을 전해주는 자가 하나도 없었기에 인류가 알 수 없었던 것도 사실이었다.

나 또한 하늘께서 하누와 표경에게 배신의 상처를 받으신 것만큼 이곳에서 그런 일이 있었다. 14년을 함께 해오던 자가 자기세력을 구축하고 내 앞에서는 웃으며 살랑거리고 내가 없는 자리에서는 온갖 험담과 흉을 보며 대마왕이자 가짜라고 배신을 때려 작년에 파면시켜 축출하였었다.

종교는 하늘을 위한 곳도 아니고 인류를 구원하는 곳도 아닌 대마왕 하누와 표경이 자신의 야망과 욕망을 채우려는 도구로 이용했다는 무서운 진실이 밝혀졌다. 종교인 모두가 하누와 표경의 희생양이 되어 구원대상에서 제외되는 불행을 당하고 있으니 정신들 차려야 한다.

종교 안에서는 종교 지도자들이 아무리 옳은 말을 하여도 뿌리 자체가 역모반란 죄인들이 세운 피와 기운이 흐르고 있기에 구원 자체가 성사될 수 없다. 왜냐하면 구원은 하늘만의 고유영역이시자 고유권한이시기 때문이다.

하늘과 대마왕 하누의 기운이 막상막하라 하시었기에 종교 세계 안에서도 신비로운 이적과 기적의 조화가 일어나는 것이 사실이다. 이것을 보고 사람들이 미쳐가며 진짜 하느님, 하나님의 이적이라며 받들어 존경하고 있지만 종교를 믿으면 죽어서 영들의 고향인 천상으로 올라가는 것이 아니라 지하세계 아수라 대마왕 하누와 표경이 다스리는 세계로 들어간다.

※
조상세계 영계에서 전직 대통령을 역임한 노무현, 김영삼, 김대중, 최규하, 박정희, 이승만 사령들이 모여 회의가 있었는데 모두가 사후세계의 무서움과 비참함을 죽어서 알았다며 뒤늦게 후회하였다.

청와대 터에 天宮(천궁)이 세워지는 것을 쌍수를 들어 적극 지지하고 환영한다 말하며 책이 나오면 왕들과 대통령들이 다시 모여 청와대 조기 이전 궐기대회를 열겠다고 말하였다.

최후의 결단 생사령 소멸 천지대공사

하늘과 땅이 함께하는 신비의 도법주문회

하늘이 창조하신 삼라만상 중에 전 세계에 있는 수많은 종교 숭배자, 종교 창시자, 종교 교주, 종교 지도자, 종교 신도들 등등 종교에 다니거나 종교에 종사하고 있는 생사령들인 생령(영혼), 사령(조상영가)과 천상에서 반란군에 가담하였다가 지구로 도망쳐 나와 인간 육신을 빌려서 전 세계적으로 수많은 종교를 세웠던 신들을 척살하고 영원히 소멸시키는 어마어마한 천지대공사가 있었다.

종교적인 생사령과 신들이 너무 많아 누가 아군이고 적군인지 구분할 수가 없어서 단체로 이들 모두를 소멸시키는 하늘과 땅의 천지대공사가 집행되었다. 영들과 신들, 인간들을 소멸시키는 고유권한은 이들의 창조자이신 하늘만이 하실 수 있는 고유영역인데 그 위대한 심판이 어제 이루어졌다.

이제까지 종교에 몸 담았던 생사령(인간령, 조상령)들과 신들을 모두 소멸시켰기 때문에 종교에 다니던 그대들은 더 이상 구원받으려고 종교에 다닐 필요성이 없어졌다. 열심히 종교에 다녀도 구원받지도 못하지만 천상으로 올라가고 싶어 하는 생사령들과 신들을 모두 죽여 소멸시켰기 때문에 인간 육신들은 종교를 믿으며 종이나 노예처럼 살아가지 않아도 된다.

일단 지구상의 모든 종교에 들어갔던 생사령들과 신들은 하늘과 땅이 내린 皇命(황명)에 의해서 소멸되었으니 구원받으려고 종교에 다니는 영들에게 동기부여의 의미가 완전히 사라졌다. 최고의 고통스런 지옥도, 한빙도, 적화도로 보내진 생사령들과 신들도 있고, 완전 소멸된 자들도 있다.

　하늘과 땅의 황명에 의해 소멸시킨 생령(산 자의 영혼)과 사령(죽은 자의 영혼)들을 구원해서 살려내고 싶은 인간 육신들은 天宮(천궁)으로 들어오면 구원해서 살려낼 방법을 찾을 수 있다. 그대들의 사랑했던 부모조상, 배우자, 자식, 손자손녀들의 생령과 사령들을 살려내서 다시 천상으로 돌려보낼 수 있는 곳은 지구상에서 天宮(천궁) 한 곳뿐이다.

　그대들이 天宮으로 찾아오지 않으면 생령과 사령들은 영원히 소멸되었기에 천상으로 돌아갈 영들도 없고, 윤회 없이 인간 육신의 삶만 살다가 죽으면 된다. 생사령들이 죽어서 소멸되었기 때문에 세상 사람들이 흔히 말하는 "죽으면 끝이다"라는 말이 현실로 이루어지는 그날이 온 것이다.

　인류가 이 땅에 태어나면서부터 애타도록 간절히 기다려 온 곳은 종교세계가 아니라 바로 天宮이었다. 종교세계를 멸망시키고 세계통일을 이루어낼 天宮을 대한민국 땅에 세우고자 하늘도 울었고 땅도 울었다. 배신과 역모로 인한 고난의 뼈아픈 세월을 감내하신 하늘과 땅의 피눈물을 그대들은 알 수도 없었고 감히 상상조차 못하고 있으리라.

　하늘과 땅이 지하세계 아수라 대마왕 하누와 표경의 배신과 분노로 그 얼마나 가슴 아파하며 울어야만 하셨던가? 종교와의 영적 전쟁은 이제 끝났고, 신앙의 형상만 남아있는 종교 건물들만이 세계 곳곳에 널브러져 존재할 것이다.

천상의 天宮으로 돌아가고 싶은 생사령들만 지상의 天宮으로 찾아들어오고, 천상으로 돌아갈 필요성을 느끼지 못하는 생사령들은 인간 육신의 삶만 살다가 죽으면 된다. 인간의 눈에 보이지도 들리지도 않는 영혼의 존재를 믿는 자들도 있고, 믿지 않는 자들도 있는데, 영혼의 존재를 인정하는 사람들만 이곳 지상 天宮으로 들어오라.

그대들의 영혼이 편안하지 못하면 인생사의 삶이 엉망진창이 되고, 삶의 의욕을 잃어버려 자살하고, 사업이 부진하며 가정풍파가 끊이지 않게 된다. 그대들의 몸 안에 영혼이 죽어서 소멸되었다 함은 좋은 일이 아니라 하늘이 내리시는 좋은 기운을 하나도 받지 못하기 때문에 인간 육신의 삶이 아프고 슬프며 고통과 불행한 일들만 일어난다.

왜냐하면 하늘이 내리시는 좋은 기운의 정기는 인간 육신들은 받을 수 없고, 그대들의 몸 안에 있는 영들이 받기 때문이다. 그대들의 몸 안에 영혼이 소멸되어 없다는 것은 살아있어도 사는 것이 아닌 죽음의 삶을 사는 것과 다를 바 없기에 아주 고통스런 지옥세계의 삶을 살게 된다.

그동안 피땀 흘려서 이루어 놓은 성공과 출세, 권력과 재물, 행복과 기쁨, 명예가 한순간에 몽땅 사라진다. 그리고 영혼이 소멸된 그대들의 인간 육신들은 좀비나 로봇 인간이 되어 소,

돼지, 닭의 축생들처럼 사육되는 삶을 살아가고, 神人들의 영파에 의해서 조종되는 로봇인간으로 전락한다.

천상에서 지은 죄를 빌어 구원받아 천상으로 다시 올라가라고, 이 땅에 인간 육신으로 태어나게 해주시었는데 인간으로 태어난 목적을 망각하고, 먹고 사는 데만 혈안이 된 동물적인 삶만 살다가 세상을 떠나는 불행을 자초하고 있다.

그대들의 인간 육신들은 부자든 거지든, 잘사나 못사나 100년 미만의 아주 짧은 인생을 살아가지만 영들은 반영구적인 수명을 살아가기에 육신의 부귀영화는 찰나에 불과하다. 영들은 인간 육신이 살아있어야만 하늘과 땅이 내리시는 황명을 받들어 행해야 천상으로 돌아갈 수 있다. 안 그러면 천지만생만물로 태어나는 윤회와 환생을 반복하여 아픔과 슬픔, 고통과 불행한 사후세계 삶을 살아가야 한다.

그래서 천상으로 돌아가려는 영들은 인간 육신이 죽기 전에 종교세계를 박차고 떠나 天宮으로 들어와서 하늘과 땅이 내리시는 황명을 받들어야 한다. 종교처럼 숭배자들과 교리와 이론을 믿고 따르며 하느님, 하나님, 석가, 예수, 마리아, 상제를 믿는다고 천상으로 돌아가는 것이 아니라 天宮에 들어와 천상으로 오르는 황명을 받아야만 가능하다.

인류가 탄생한 이후 지금까지 세상을 지배 통치하였던 종교의 원뿌리인 지하세계 아수라 대마왕 하누와 표경 그리고 이들의 앞잡이 역할을 해왔던 종교 숭배자, 종교 창시자, 종교 교주, 종교 지도자, 종교 신도들의 생사령들과 신들을 소멸시켜 지옥도, 한빙도, 적화도로 보냈기에 이 세상의 종교는 이제 더 이상 존재해야할 아무런 의미가 없다.

종교를 무너뜨리는 일은 결국 구원받으려고 종교를 믿는 생사령들과 신들의 소멸로 이어졌다. 하늘과 대적하여 싸우려고 종교 하늘을 세웠던 지하세계 아수라 대마왕 하누와 표경의 종교시대가 막을 내리고 하늘의 문 천궁이 열렸다.

그 누가 알았으랴!
수천 년의 세월 동안 뿌리내리며 온통 세상을 지배 통치하여 왔던 종교세계가 한순간에 멸망하리란 것은 세상 사람들 그 어느 누구도 상상조차 할 수 없었던 경천동지할 일인데, 대한민국 땅의 天宮에서 일어났다.

종교가 잘못되었는지 알고 있는 자들도 없고, 검증해줄 사람들도 없었다. 어딘가 믿기는 해야 하는데 달리 믿을 곳이 없어서 종교세계가 거짓인지 알면서도 그냥 다니고 있는 사람들이 거의 전부이다. 사람들은 종교인들의 타락한 모습을 보고 실망하여 사이비인줄 알면서도 하느님, 하나님, 석가, 예수, 마리아, 상제를 앞세우니까 하늘로 받들어 섬기는 것이다.

종교인들이 사기 치고 나빠도 이들은 진짜이겠거니 하고 믿는 것이 현재의 종교 신도들인데 아주 큰 판단 착오였다. 종교세계에서 전하는 하느님, 하나님, 석가, 예수, 마리아, 상제 자체가 가짜였는데 이제까지 이를 알아보는 사람들도 없었고, 검증해 주는 사람들도 없었다.

대마왕 하누와 표경은 천상의 주인께서 창조한 영들에게 종교로 끌어들여 아픔과 슬픔, 고통과 불행을 주어서 더 힘들게 만들어 하늘의 가슴을 쥐어 파는 못된 짓거리를 하여 하늘과 영들에게 더 큰 고통과 불행을 주는 것이 종교를 이 땅에 세운 대마왕 하누와 표경의 목적이었다.

이제 그대들은 시간이 촉박하니 현실의 하늘, 미래의 하늘을 찾아와야 구원받아 천상으로 올라갈 수 있다. 종교세계는 속속들이 문을 닫게 될 것이고, 종교시설물만 흉측하게 남아 있게 될 것이다. 천상에는 종교가 없는데 이 땅에는 종교가 왜 이리도 많을까? 이것은 아주 위험하고 잘못된 일이다.

지하세계 아수라 대마왕 하누와 표경을 척살하고 소멸시켰는데 이들이 타고 다니며 부렸던 1,500마리의 용들이 어제 천궁의 도법주문회를 막 시작하려는데 갑자기 찾아와 잘못했다고 빌면서 살려달라고 읍소하며 싹싹 빌었다.

자신들의 주인이 처형당했으면 자결하는 것이 당연한데, 자신들은 살겠다고 찾아왔다. 대마왕이 부리던 1,500마리 용들의 수장인 대장군은 "두경"이라는 용이었고, 천상에서 어린 시절 황룡대장군 ○과 친구사이였다.

황룡대장군은 천상의 주인께서 타고 다니는 용이며 천상과 지상에 있는 5억 3,000만 마리를 지휘 통솔하고 다스리는 용들의 왕이다. 이들 영물인 용들을 내가 북성군주 김현과 세미 비서실장 이율 몸에 실어서 자유자재로 대화한다.

사람과 용들이 자유롭게 대화할 수 있다는 자체를 상상도 못해서 신기한 일이라 할 수 있는데, 이곳 천궁에서는 인류의 상상을 초월하는 일들이 무수히 일어나고 있어, 마치 소설책이나 만화책을 읽는 느낌도 들겠지만 모든 것이 사실이다.

지구에는 구름, 비, 바람을 주관하는 운사, 우사, 풍사 이외에 각 나라마다 천둥, 번개, 벼락(낙뢰), 토네이도, 허리케인을 담당하는 용들이 31마리 있는데 운사, 우사, 풍사를 제외한 28마리의 용들이 오늘 찾아와 자신들도 이름을 지어달라고 말해서 지어주었고, 한 마리씩 호명하여 주었더니 복명복창하며 우렁차게 응답하고 공식적으로 나에게 인사를 올리며 충성을 다짐하고, 주군으로 받들어 뫼시겠다고 맹세하였다.

오늘은 이명박 전 대통령 첫 재판 뉴스가 보도되고 있었고, 노무현 전 대통령 9주년 행사가 김해 봉하마을에서 열렸다. 텔레비전에서 매시간 주요 이슈로 보도하고 있었는데 오후 4시 뉴스에서 세미 비서실장 이율이 갑자기 대성통곡하며 내 앞에 엎드려 부복하고 노무현이라며 살려달라고 손을 꽉 잡는다.

저런 행사 다 필요 없다며 아들과 부인을 원망하며 제발 신간 『천』을 신문광고에 내달라고 통사정하면서 전 세계적으로 조상영가들 세계에 소문이 쫙 퍼져 있어 무척 기다리고 있다며 가족들이 책을 볼 수 있게 하겠다고 말하였다.

누더기 옷 걸친 것이 전 재산이라며 깡패 귀신들에게 얻어 터져 아프다고 하소연한다. 인간 육신들로서는 정말 상상할 수 없는 끔찍한 사후세계인데 아무도 인정하지 않고 있다.

天宮은 생사령들의 마지막 종착역

인류가 수천 년 동안 줄기차게 외쳐온 구원은 왜 안 되는 것일까? 정작 인류가 받들어 숭배하고 있는 석가, 예수, 마리아, 야훼(여호와), 상제는 구원받지 못하고 추위와 배고픔에 떨며 허공중천 구천세계를 떠돌아다니다가 왜 하늘과 땅으로부터 소멸이라는 사형선고를 받게 된 것일까?

숭배자들로 추앙받고 있는 모두가 사후세계에서 하나같이 추위와 배고픔으로 비참하게 허공중천을 떠돌아다니고 있다는 진실을 각 종교에 다니고 있는 신도들은 전혀 믿어지지 않을 것이고, 비참하게 지내고 있다는 진실을 몰라서 세계 인류 모두가 종교에 속을 수밖에 없었다.

인류를 구원해주겠다고 수천 년 동안 종교를 통해서 전해진 성인성자들이 왜 자신들은 구원받지 못하고 하늘로부터 버림받아 심판받고 영혼이 소멸되는 극형을 선고받았을까? 결국 하늘과 천자를 사칭한 대역죄를 지었고, 대마왕 하누와 표경의 앞잡이 역할을 하였기에 구원을 받을 수 없었다.

진짜 하늘께서 이미 종교로 하강하셨더라면 이 땅에 천궁이 세워질 필요가 없었을 것이다. 그리고 하늘께서는 이 땅에 인간 육신으로 하강하신 적이 한 번도 없었다고 하시었다. 만약에 그 어떤 종교 숭배자나 종교 창시자 육신으로 하늘께서 하강하신 적이 있으셨다고 가정한다면 이 세상의 모든 종교가 잘못되었다고 전하는 나는 급살 맞아 죽어야 마땅하다. 그리고 지금까지 행한 조상입천의식, 천인합체, 신인합체, 도인합체의식이 모두 가짜여야 하는데 진실임이 확인 검증되었다.

그리고 인류가 태어나서 지금까지 아무도 알아내지 못한 천상세계의 비밀을 적나라하게 밝혀주고 계신 것은 지구상의 그 어떤 종교세계에서도 불가능한 일이다. 하늘의 천자이자 황태자로서 수많은 신명, 생령, 조상, 염라대왕, 판관사자, 저승사자, 용들과 실시간으로 대화하며, 이들을 자유자재로 부릴 수 있고 명을 내릴 수 있다는 것은 내가 천자이자 황태자가 아니라면 절대로 불가능한 일이다.

수천 년부터 세상에 비기와 예언으로 알려진 말세에 성군(미륵, 재림예수, 정도령, 진인)이 출현하여 종교를 심판한다는 말은 나를 두고 한 말인 것 같다. 그리고 인류는 어떻게 심판한다는 것인지 알지 못하고 있는데 그것은 천상으로 오르고 싶어 하는 생사령들과 신들을 심판하는 일이었다.

이들을 심판으로 소멸시키는 것은 그대들의 인간 육신이 이곳에 들어오지 않아도 되기 때문에 얼마든지 가능하다. 인간 육신들이 천궁에 들어오지 않아도 나는 그대들의 몸 안에 있거나 허공중천을 떠돌아다니는 생령들과 신들을 잡아들여 심판할 수 있는 신비의 능력을 갖고 있다.

그것은 내가 명을 내리는 즉시 판관사자와 저승사자들이 지구 그 어느 곳에 있든지 거리에 상관없이 생사령들과 신들을 즉시 잡아들여서 내 앞에 대령시키기 때문이다. 참으로 신기하고 꿈만 같은 일들이 현실로 일어나고 있다.

세상의 인류는 상상조차도 할 수 없는 일이다.
나는 대천력, 대도력, 대신력을 모두 갖고 이 땅에 내려왔고, 나의 아바마마(천상폐하)와 어마마마(황후폐하), 도솔천황 폐하, 옥경천황 폐하를 제외한 삼라만상의 모든 생사령들과 신명들, 인간 육신에게 황명을 내릴 수 있는 무소불위의 천권과 도권, 신권을 갖고 있다.

이제 인류는 종교세계에 더 이상 다닐 필요가 없기에 종교로 인해서 사기당해 마음 아파하거나 속을 염려가 없어졌다. 어마어마한 천상의 진실을 전하는 天宮(천궁)의 존재가 본격적으로 세상에 알려지면 지구촌의 종교세계는 자연적으로 무너져 내려 문을 닫을 수밖에 없기 때문이다.

그동안 인류는 전생을 볼 수 있는 능력과 영안이 열리지 않았기에 종교인들이 전해주는 말을 곧이곧대로 믿을 수밖에 없었지만 이곳에서는 그대들의 모든 전생을 적나라하게 전해 줄 수 있기에 이 세상의 모든 종교는 더 이상 이 땅에 존재해야할 필요성이 없어졌다.

수천 년의 세월 동안 이 땅에서 생사령들을 기만하고 울렸던 종교세계가 그 얼마나 많던가? 그러나 천상세계와 사후세계의 진실을 인류가 알지 못하고, 확인할 수 있는 능력도 없기 때문에 세계 인류는 종교인들에게 속은 줄도 모른 채 3,000년 이상 종교 역사가 이어지고 있는 것이다.

종교 멸망을 예언한 내용이다

　석가의 기운은 3,000년이고, 예수의 기운은 2,000년이라 말했는데 이제 드디어 종교가 종말을 고하는 마지막 시점에 도달하였다. 불교는 북방불기와 남방불기로 나뉘는데 불기는 올해가 3,044년째이고, 남방불기는 2,562년째이다.

　석가의 시대를 482년 더 연장시키고자 남방불기를 쓰고 있는 것은 3,000년을 기점으로 석가의 시대가 막을 내리고, 미륵시대가 열린다고 누군가 예언했기 때문이다.

　북방불기로 석가의 기운이 끝난 시점은 44년이 지났고, 예수는 18년이 지났다. 그런데 내가 2001년 2월 4일 03시 28분 입춘 절입시간에 하늘의 기원인 天紀(천기) 元年(원년)을 선포하여 지금 천기 18년을 맞고 있다.

　이제 이 책의 발간을 기점으로 종교세계 숭배자들의 진실이만 세상에 적나라하게 알려지면서 종교시대가 막을 내리게 될 것이다. 지금까지는 수많은 사람들이 여러 종교가 사이비 같다고 비난하였지만 무엇 때문에 사이비인지에 대해서는 자세히 모르고 있었다. 이 책을 읽고서 정신이 번쩍 들어 종교에서 탈출하려는 인파들이 인산인해를 이룰 것이다.

　천상세계와 사후세계의 적나라한 진실이 전 세계에 일파만파로 전달되면서 종교세계가 도미노처럼 무너져 내릴 것인데 신간 天(천)은 오행상 金(금)으로 잘못된 것을 찍어내고 때려

부수는 단단한 쇠도끼, 해머, 쇠망치의 역할을 한다.

우리나라는 오행상으로 木(목)에 해당하기에 나무를 잘라 재목으로 만들어 집이나 가구를 만들려면 칼, 톱, 도끼가 반드시 필요하듯이 신간 天은 그대들을 암울한 종교세계에서 해방시켜 새로운 세상으로 인도하여 줄 것이다.

이 한 권의 책이 그대들 자신과 가정, 기업, 나라의 운명까지 바꾸어 줄 귀한 책이 되어 줄 것이고, 그대들 인생의 이정표가 되어서 구원받아 희망찬 미래세계를 설계하게 된다. 지구상에 존재하는 수백 조에 이르는 책들 중에서 가장 값지고 고귀한 책이 될 것이다.

天宮(천궁)은 종교가 아닌 인류의 횃불이며 생사령들이 천상으로 오르고자 수천 년 동안 종교세계 안에서 애타게 찾아 헤매며 기다리던 하늘의 입구이다.

그래서 전 세계 인류가 쉽게 찾아와 구원받을 수 있도록 옛날부터 하늘의 터, 신의 터로 알려진 청와대 자리에 天宮(천궁)을 세워야 한다. 청와대 터는 지금까지 108년째 비운과 불행이 이어져오고 있는 터이기에 대통령의 집무처로는 부적합하므로 국민들의 결단이 절실히 필요하다.

청와대 자리에 天宮(천궁)을 세우는 것이 하늘과 신들이 원하고 바라시는 일이고, 대한민국이 전 세계를 통일하여 지배통치하는 인류의 종주국으로 다시 태어나는 뜻깊은 일이다. 인간 대통령들에게는 재앙의 터이니 빨리 비워야 한다.

청와대 이전 및 천궁 건립 촉구 궐기대회

지금 생사령들에게는 사느냐 죽느냐 생사가 달려 있다.
인간 육신들과의 전면적인 대결전을 준비하고 있는데 비장함이 극에 달해 있다. 오늘 노무현 9주기 행사가 수많은 인파가 모인 가운데 김해 봉하마을에서 열렸다.

얼마나 다급했으면 노무현 전 대통령이 나를 찾아와서 울며 불며 대성통곡하고 제발 청와대 터에 천궁을 세워서 인류를 구원해주시라고 청을 올리며 열렬히 지지하고 응원한다며 말하였겠는가?

그러면서 9주년 추모행사 인파를 광화문 광장으로 모이도록 하여서 청와대 조기 이전을 촉구하는 성명문을 발표하고 본격적인 범국민적 시위에 돌입하겠다고 말했다.

고구려, 신라, 백제, 고려, 조선, 대한민국의 역대제왕들과 대통령들을 모두 규합하여 청와대 터에 생사령들과 인류를 구하는 天宮(천궁)을 건립하는 촉구 결의대회를 열겠다고 포부를 밝혔다.

청와대 터에 천궁이 세워지면 세계 인류가 모두 굴복하여 이 나라를 상국으로 받들어 섬기고 어마어마한 조공과 천공을 바친다. 이로 인하여 대한민국이 세계의 중심국으로 급부상하며 가장 잘사는 최고의 강대국으로 발전할 수 있다.

민족적 운명이 걸린 대결단이 촉구되는 중차대한 시점이다. 그대들의 생사령들은 지금 살아 있는 그대 인간 육신들을 굴복시키려고 온갖 방법을 총동원하고 있다. 인간 육신들을 천궁으로 들어오게 굴복시키지 못하면 죽어서 참혹한 고통의 세월을 끝없이 살아가야하기 때문에 목숨을 걸었다.

사랑하는 자손과 후손들을 죽여서 한 명이라도 굴복시켜야만 되는 최악의 위급한 상황에 처해 있다. 인간 육신들은 죽음 이후의 사후세상을 너무나 쉽게 생각하며 아무런 대책 없이 살아가고 있기에 생령들이 좌불안석이다.

드디어 이 나라 전국의 생령들과 사령(조상영가)들이 모여서 청와대 조기 이전을 촉구하고, 인간 육신들을 동참시켜 청와대 터에 天宮(천궁)을 세우는 범국민적 궐기대회를 매주 일요일 광화문광장에서 주최하는 것을 만장일치로 채택하였는데 그 취지는 인간 육신들이 살아있다고 생사령들의 존재를 너무나 무시하고 구해주지 않는데 있었다.

죽어보지 않으면 사후세계의 무서움과 비참함을 모른다고 절규하면서 마침내 범국민적인 생사령들이 뜻을 모아 궐기대회를 열기로 합의하였다. 왕, 대통령, 재벌들을 지낸 사령들도 육신이 살아있을 때는 자신들도 사후세계의 무서운 진실을 전혀 안 믿었는데 죽어서 너무나 고통스럽고 힘들다며 잘난 인간 육신들한테 사후세계의 무서운 진실을 알려주고자 힘을 모아 궐기대회를 열기로 합의하였다고 한다.

인간 육신들이 생사령의 존재를 부정하고 종교에 미쳐서 너무 말을 안 들어 처먹는다고 분통을 터뜨렸다. 오죽했으면 인간 육신들을 굴복시키기 위한 생사령들의 범국민적인 궐기대회를 광화문 광장에서 매주 일요일에 열기로 채택하였을까?

일평생을 종교에 다니며 하느님, 하나님, 부처님, 석가, 예수, 마리아, 상제를 열심히 받들고 섬겨서 죽으면 천상으로 올라가 편히 사는 줄 알았는데 막상 죽어보니까 뒤늦게 종교에 속았던 것을 알고 모든 사령들이 분통을 터뜨리고 대성통곡하며 울부짖고 있다. 이런 사실을 산 자들은 전혀 모르고 있으니 정말 죽어봐야 저승길이 어떤지 알려나보다.

하루 이틀 잘 먹고 잘사는 것이 문제가 아니라 찰나에 불과한 인간 육신의 삶에만 목을 매다가 죽어서 대성통곡하는 고통을 막아보고자 생사령들이 들고 일어났다. 생사령들은 하늘이 내리시는 명을 받들지 못하면 죽어서는 허공중천을 추위와 배고픔, 폭력과 성폭행에 시달리며 정처 없이 떠돌아다녀야 하는데, 살아 있는 인간 육신들은 죽음 이후의 사후세계가 보이지 않는다고 무시하며 천하태평으로 살아가고 있다.

그저 단 하루라도 잘 먹고 잘사는 일에만 매달려 있다고 안타까워하면서 하루빨리 인간 육신들의 굴복을 촉구하였다. 이 나라뿐만이 아니라 전 세계의 생사령들이 살려고 발버둥 치면서 청와대 터에 천궁을 세워달라고 강력히 촉구하고 있다는 진실을 전하는 바이다.

궐기대회 명단에 오른 인간 육신 당사자들은 이런 진실을 전혀 모르는 일이지만 아래 위원명단에 있는 그들의 생령들이 너무나 간절하여 나에게 찾아와서 이구동성으로 청와대 터에 天宮(천궁)을 건립하는 천지대업에 적극적으로 지지하고 동참하겠다는 의사를 밝혀 이름을 올렸다. 이들 모두가 제발 인간 육신들이 살아있을 때 하늘 앞에 굴복시켜 구원받게 해달라고 애걸복걸하며 울부짖고 있다.

생령들의 궐기대회 위원장에 현 문재인 대통령과 북한의 통치자 김정은 위원장이 공동대표로 선출되었고, 궐기위원은 영부인 김정숙, 김여정 제1부부장, 김정철, 박근혜 전 대통령, 이명박 전 대통령과 영부인 김윤옥, 노태우 전 대통령과 영부인 김옥숙, 전두환 전 대통령과 영부인 이순자, 이낙연 국무총리, 정세균 국회의장, 김명수 대법원장, 권순일 선관위원장, 이진성 헌재소장, 추미애 더불어민주당 대표, 홍준표 자유한국당 대표, 유승민 바른미래당 대표, 조배숙 평화민주당 대표, 심상정 정의당 대표, 문무일 검찰총장, 이철성 경찰청장과 17개 광역시도지사들과 시군구청장, 국회의원, 시도 및 시군구 의원들 모두가 이름을 올렸다.

외국계 생령들의 궐기대회 위원은 중국의 시진핑 주석, 현 태국 국왕 마하 와찌랑롱꼰이 이름을 올렸다.

재계 생령들의 궐기대회 위원은 삼성가의 이건희 회장, 홍라희 여사, 이재용 부회장, 이인희, 이명희, 이재현, 이재관, 이재환, 이미경, 이부진, 이서현, 조동만, 조동길, 정용진, 현대가에선 정상영, 정희영, 정신영, 정몽구, 정몽근, 정몽우,

정몽준, 정몽윤, 정몽일, 정의선, 정일선, 정문선, 정대선, 정기선, 정성이, 정명이, 정윤이, 정지이, LG가의 구자경, 구자학, 구본능, 구본준, 구본식, 구본걸, 구광모, 롯데가의 신격호 회장과 서미경 여사, 신철호, 신춘호, 신선호, 신준호, 신정희, 신영자, 신동주, 신동빈, 신유미 등이 이름을 올렸다.

외국계 생령들의 궐기대회 위원은 빌 게이츠, 마크 저커버그, 멕시코 통신재벌 카를로스 슬림, 워런 버핏, 애플의 팀쿡, 손정의(일본명 손마사요시)가 이름을 올렸다.

사령들의 궐기대회 위원장에 노무현 전 대통령과 세종대왕이 공동대표로 선출되었고, 궐기대회 위원에 김일성, 김정일, 고영희, 김영삼 전 대통령, 김대중 전 대통령, 최규하 전 대통령과 홍기 여사, 박정희 전 대통령과 육영수 여사, 이승만 전 대통령과 프란체스카 여사, 태조 이성계, 태종 이방원, 세종대왕 이도, 정도전, 이순신 장군, 김유신 장군, 계백 장군 우윤영, 신라 선덕여왕, 신사임당과 유관순 열사, 윤봉길 의사, 안중근 의사, 대원군, 명성황후, 무학대사, 원효대사, 사명대사, 진묵대사, 도선국사, 각 성씨 대표조상들이 이름을 올렸다,

태국 푸미폰 전 국왕, 후세인 요르단 국왕, 징키스칸, 프랑스 루이 16세 왕비 마리 앙투아네트, 이집트 클레오파트라 여왕, 발명왕 에디슨이 이름을 올렸다.

재계 사령들에선 스티브 잡스, 삼성가의 이병철 회장과 박두을 여사, 이맹희, 이창희, 현대가의 정주영 회장과 변중석 여사, 정인영, 정순영, 정세영, 정몽헌, 정인영, 이정화, LG가의

구인회 회장과 허을수 여사, 구본무 그리고 유명인들 중에서는 마이클 잭슨, 최진실, 최진영, 조성민 등이 이름을 올렸다.

살아 있는 인간 육신들은 생사령들을 구하는 좋은 일을 하는 것이 결국 자신들을 살리는 길이다. 아직 죽어보지 않은 잘난 인간 육신들은 죽으면 그만이라고 죽음을 아주 단순하게 받아들이는데 정말 큰일 날 일이다. 사후세계에 대해서 너무 무지하여 알지 못하다 보니까 만용을 부린다.

축생이 아닌 만물의 영장 인간 육신으로 태어나게 해주신 것은 슬피 울고 있는 생사령들을 구하라고 하늘께서 특별히 배려해주신 것인데, 먹고 사는 일에만 정신이 팔려 있으니 참으로 안타깝고 답답한 일이다. 세월은 유수와 같이 흘러가고 죽을 날은 자꾸만 다가오는데 아무런 대책도 없이 살아가고 있으니 이 일을 어이할꼬? 생사령들은 나에게 목숨을 걸었다!

얼마나 비참하면 살아 있는 자들을 깨우치려고 전국의 생사령들이 광화문 광장에 모여서 청와대를 조기 이전하고 그 자리에 천궁을 세우자는 범국민적 궐기대회를 열겠다고 결의를 하였겠는가? 인간 육신들이 죽음 너머 사후세계의 무서움을 전혀 모르다보니까 태평스럽게 세상을 살아가고 있는 것이다.

이 책을 읽고 공감하거든 자발적으로 삼삼오오 광화문 광장으로 모여서 피켓 들고 청와대 조기 이전과 청와대 터에 천궁 건립을 촉구하는 범국민적 궐기대회에 다함께 스스로 동참하자. 천궁을 청와대 터에 세우는 것이 결국 자신과 생사령, 가문, 기업, 국가를 살리는 길이다.

조상입천과 천인합체 필수

재벌 회장들의 사후세계를 보고 깜짝 놀랐다. 이병철, 부인 박두을, 손녀 이윤형, 정주영, 정의선 모친 이정화, 박정희, 육영수, 김정일, 처 고영희, 김일성 등 살아생전 내로라하는 거물들의 혼령을 비서실장 이율 육신으로 불러서 대화를 나눈 결과이다.

춥고 배고파서 먹을 거 달라고 통사정하면서 눈물 흘리며 울고 불고들 난리들이었다. 조상입천의식을 행하여 하늘의 기운을 먹지 못해서 동냥질 다니고 있단다. 말하고 싶어도 말할 기운도 없고, 울고 싶어도 울 수 있는 기운조차 없어서 푹 고꾸라지기도 하였다.

조상입천 안 하면 신분의 지위고하를 막론하고 조상들이 춥고 배고파서 동냥질 다니고, 천인합체 안 하고 죽으면 이들처럼 춥고 배고파서 허공중천 떠돌며 비참한 신세가 된다. 자식들 다 소용없다고 뒤늦게 후회한다.

※

청와대 터는 天宮(천궁)이 들어설 하늘과 신의 터라서 인간 대통령들에게는 재앙이 내리니 빨리 비워야 한다. 그 증거가 역대대통령들의 비운과 박근혜, 이명박 전 대통령의 옥고이다.

부모조상님 구하는 근본도리

　조상들이 지은 죄부터 빌어야 한다. 매년 또는 수시로 해야 하는 조상굿, 천도재의 관습에서 벗어나 일평생 단 한 번이면 되는 천상의식이 조상입천이다. 그리고 조상입천을 행하면 제사나 차례, 납골, 매장 묘지가 일절 필요 없다.

　전생의 죄를 빌어 조상님들이 한 번에 천상으로 올라가려면 하늘로부터 입천을 윤허받아야만 가능한데 천자이자 황태자를 통해서만 이루어주신다. 입천은 자미천궁으로 오르는 고급형이 있고, 도솔천궁으로 오르는 일반형 두 가지가 있다.

　조상입천은 본인과 배우자의 당대부터 시조까지 직계좌우 조상님들이 일시에 입천되는 천상의식인데 등급이 있다. 등급은 일반입천, 하단입천, 중단입천, 상단입천, 벼슬입천으로 5가지 종류가 있다.

　지상에만 신분이 있는 것이 아니라 천상에도 상하서열의 신분이 엄격한 계급이 있기에 입천등급을 어떻게 하느냐에 따라서 조상님들의 신분이 차등으로 정해진다. 조상입천은 한 번뿐이기에 선택을 잘해야 한다. 이해하기 쉽게 군대계급과 비교하자면 아래와 같다.

일반형(도솔천궁 입천)	고급형(자미천궁 입천)
일반입천 ==> 훈련병	일반입천 ==> 준장급
하단입천 ==> 이등병	하단입천 ==> 소장급
중단입천 ==> 일등병	중단입천 ==> 중장급
상단입천 ==> 상등병	상단입천 ==> 대장급
벼슬입천 ==> 병　장	특단입천 ==> 원수급

입천등급이 낮으면 상전들이 줄줄이 있기에 최대한 높은 등급으로 입천해 드리는 것이 좋다. 군대계급처럼 위계서열이 아주 엄격하기 때문에 등급이 낮으면 그만큼 상전들을 받들어야 하기에 자연적으로 기가 눌릴 수밖에 없다.

조상입천을 행하면 조상님들은 천손의 관명을 받고, 그대들은 일반 백성, 하단 백성, 중단 백성, 상단 백성, 특단 백성의 신분과 계급이 부여된다. 그리고 이렇게 백성의 신분이 되어야만 천인합체, 신인합체, 도인합체를 하늘로부터 명 받을 수 있는 자격이 생긴다.

이곳에서 조상입천을 행하면 축생으로 윤회하지 않고, 천상궁전에서 영원히 살아간다. 조상들이 천상법도를 어기거나 조상입천해준 자손이나 후손들이 나를 원망하고 배신하거나, 하늘을 능멸하고 배신하는 역천자의 죄를 지으면 입천된 조상들이 몽땅 천상궁전에서 쫓겨나서 지옥보다 천 배나 더 가혹한 천옥도로 보낸다고 한다. 그래서 조상과 자손이 함께 천상법도와 이곳의 법도를 어기는 죄를 지으면 안 된다.

의식 행사

1) 조상입천/일반, 하단, 중단, 상단, 특단(사죄의식 포함)
2) 천인합체/하단, 중단, 상단, 특단

※ 의식비용 문의는 상담할 때만 공개(전화로는 비공개)

1) 자기 생령의 마음을 알고 싶은 사람!
2) 조상님들이 어느 세계에 있는지 알고 싶은 사람!
3) 몸 안에 어떤 귀신이 살고 있는지 알고 싶은 사람!
4) 천상에서 어떤 죄를 지었는지 전생을 알고 싶은 사람들!

※ **궁금한 사람들은 친견 상담 예약할 때 신청하면 된다.**

※
생령들아~ 사령들아~
너희들이 천상으로 오르는 길은 거짓 종교세계가 아닌
진짜 하늘이 내리시고, 천자이자 황태자가 내려와 있는
이곳뿐이니라.

친견상담 예약 안내

친견 예약 전화 ☎ 02) 471-7406

책을 구독한 후 친견을 원하는 분들은 전화로 방문 날짜와 시간을 3~7일 전에 미리 전화로 예약한 후 방문하면 된다. 친견 시간은 그대들의 사연과 궁금증 정도에 따라 다르다. 친견 비용은 전화로 예약할 때 문의.

친견을 통하여 지금부터 활짝 열리는 무릉도원 세상과 하늘, 조상, 생령, 신명, 인간세상의 진실에 대하여 정확히 아는 시간이 되어 힘들고 외로웠던 지친 인생을 밝고 행복한 삶으로 바꿀 수 있는 귀한 시간이다.

그대들 자신의 전생에 대해서 확인하고, 지은 죄를 용서 빌어야 한다. 인생은 왜 힘들까에 대한 자세한 해법을 찾게 되는 귀중한 시간이니 지방이라는 거리감과 바쁜 일을 모두 뒤로하고 친견부터 빨리해야 새로운 인생길이 열릴 수 있다. 지구상에서 유일하게 하늘의 문이 활짝 열린 곳이다.

찾아오는 길

주 소 : 서울 강동구 성안로 118 삼정빌딩 (2층)
         서울 강동구 성내 3동 382-6 2/2층 전체
전 철 : 5호선 강동역 3번 출구로 나와서 140미터 직진 후
         강동예식장에서 우회전 140미터 앞 화로구이 옆
KTX : 서울역에서 1호선 타고 종로 3가 역에서 5호선 환승
SRT : 수서역에서 7.5km, 택시로 약 20분 거리
         수서역에서 3호선 타고 오금역에서 8호선 환승
버 스 : 고속버스, 시외버스 이용할 때는 동서울터미널에서
         하차하여 택시로 10분 정도 거리.

[위치도]

책을 맺으면서●●●

　전생의 죄를 빌어 꽃 피고 새 우는 영혼의 부모가 계시는 무릉도원 세상인 천상 자미천궁으로 올라갈 것인가? 아니면 이대로 살다 죽어서 떠나 통치자들과 재벌 회장들처럼 추위와 배고픔에 고통스러워하면서 허공중천 구천세계를 영원히 떠돌아다닐 것인가?

　아니면 짐승, 가축, 벌레, 곤충으로 태어나는 무한대 윤회를 거듭할 것인지 셋 중에서 하나를 결정해야 할 시간이 왔는데 선택은 그대들의 몫이다. 죽어서 조폭귀신들에게 매를 맞아 옷도 빼앗기고, 밥도 못 얻어먹는다는 충격적인 진실 앞에 그대들은 어떻게 처신할 것이며 사후세계를 어찌 준비할 것인가?

　이제 긴 말이 더 이상 필요 없다. 하늘이 내리시는 명을 받들어 행하여 인간으로 태어나게 해주신 사명을 완수하고 사람답게 살 것인가? 아니면 돈과 권력만 추구하며 잘 먹고 잘사는 데만 혈안이 되어 있는 짐승이나 벌레처럼 살아갈 것인지 그대들의 마지막 선택만이 남았다.

　그리고 그대들이 일평생을 열심히 믿고 있는 지구상의 모든 종교는 거짓 하늘의 뜻을 전하는 곳이니 하루속히 떠나는 것이 가장 현명한 길인데, 그래도 종교가 좋다고 떠나기 싫은 사람들은 그냥 다니면 된다. 이런 사람들에게는 더 이상 말리지 않는다.

종교는 하늘의 원뜻이 아니라는 것만 다시 한 번 강조한다. 종교 안에서 교인들이 찾던 여호와(야훼) 하나님은 이스라엘 민족의 조상으로서 전쟁을 승리로 이끈 전쟁 신에 불과하기에 진짜 하늘이 아닌 거짓 하늘이다.

예수도 하늘의 아들이 아니라 하늘의 아들인 나(천자. 황태자)를 사칭했음이 천상의 북두칠성 미호 서기부 부장이 예수의 전생록을 만 세상에 공개해서 낱낱이 밝혀주었다. 마리아와 예수는 천륜을 어기고 도덕적으로 타락한 자들이었다.

석가모니의 전생록을 통해서 불교의 진실도 밝혀졌고, 교황 프란치스코, 증산 강일순, 조용기, 이재록, 정진석, 염수정, 능인선원 지광승려, 조계종 종정 진제승려도 세상적으로는 돈과 명예를 얻고 이 세상에 와서 성공했다고 보람을 느끼고 있을 것이다. 하지만 반대로 영혼의 어버이이신 하늘께는 역천자의 대역죄를 지은 것이다.

천상으로 돌아가야 할 영혼들에게 하늘의 길로 가는 길과는 정반대의 길을 알려주어서 진짜 하늘로부터 구원과 심판의 명이 내리는 이곳으로 들어오지 못하게 일평생 동안 교리와 경전으로 철저한 세뇌 교육을 시켜놨으니 이 죄를 죽어서 어찌 받을 것인가? 생각만 하여도 끔찍하다.

당사자들은 자신이 전하는 종교사상이 맞는다고 열심히 전해왔겠지만 하늘이 원하시는 뜻과는 너무나 거리가 멀기에 하늘의 진노를 살 수밖에 없고, 천상의 진실을 왜곡하여 전한 죄에 대한 심판을 피할 길이 없다.

76억 인류의 생령과 사령들에게 하늘을 못 만나게 종교 교리와 이론을 세뇌시키며 전파한 종교 지도자들은 수많은 생령과 사령들에게 얻어맞아 지옥세계의 형벌을 받고 있으며, 이들은 지옥도, 천옥도, 한빙도, 적화도에 갇혀서 끝도 없는 고문 형벌을 면하지 못한다.

말세에 종교인들부터 심판한다 하였는데 천상과 지상에서 이미 심판할 준비가 모두 끝났고, 종교 지도자들을 심판하고 형벌을 주관하는 천상의 예조부대신과 지옥도, 천옥도, 한빙도, 적화도로 압송할 판관사자들, 저승사자들, 황룡들, 천룡들, 청룡들, 백룡들, 적룡들, 흑룡 등 70만 명의 신군들이 하강하여 심판자(천자, 황태자)로부터 심판의 황명이 떨어지기만을 기다리고 있는 중이다. 그 어떤 종교든지 이 세상에 태어나면 절대로 안 되었다는 진실을 알게 되었다.

이제라도 극형으로 형벌을 가하는 심판대상자 명단에 오르고 싶지 않은 종교 지도자들이 있다면 하늘 앞에 진정으로 죄를 빌고 살려달라고 굴복하여야 할 것인데, 종교 지도자들의 특성상 죽을망정, 죽어서 지옥도, 천옥도, 한빙도, 적화도로 압송되어 모진 형벌을 한도 끝도 없이 받을지라도 굴복 안 할 자들인 줄은 알지만, 그래도 하늘께 진정으로 굴복할 수 있는 마지막 기획는 모두에게 한 번씩은 평등하게 준다.

76억 인류는 지하세계 아수라 대마왕 하누와 표경에게 잡아먹혀 앞잡이가 된 석가, 야훼(여호와), 마리아, 예수, 마호메트, 공자, 노자, 맹자, 증산 강일순, 무속세계와 종교 창시자, 종교 교주, 종교 지도자들에게 감쪽같이 속았다. 종교인들도 자신들이 아수라 대마왕 하누와 표경의 앞잡이라는 진실을 아무도 알지 못하고 이용당했던 것이었다.

아수라가 인류를 지배하여 하늘께 대적하려고 대마왕 아수라의 정신사상을 전 세계 인류에게 전파하여 마침내 인류의 정신을 지배 통치하는 데 성공하였다. 이런 진실을 안 이상 세상의 모든 종교로부터 탈출하고, 모든 종교를 배척하는 데 앞장서야 백의민족, 천손민족의 위상을 되찾을 수 있다.

지하세계 아수라 대마왕 하누와 표경을 척살하여 불지옥 적화도로 보내었기에 전 세계의 종교세계는 멸문할 것이며 이곳이 전 세계의 중심이 되고 종주국으로 급부상할 것이다.

이 땅에 태어나서 살아서도 죽어서도 절대로 갖지 말아야 할 것이 바로 종교이다. 종교 없는 세상을 세우는 것이 천상의 주인께서 가장 원하고 바라시는 뜻이다. 종교를 갖는 자체가 하늘과 대적하여 싸우겠다는 무언의 의사표시이기 때문이다.

종교를 가지면 하늘이 내려주시는 좋은 기운을 전혀 받을 수가 없다. 종교 자체가 하늘의 기운과 정반대인 아수라 대마왕 하누와 표경이 나쁜 기운을 뿌려대는 곳이다.

하늘과 땅 著

친견상담 예약문의
天宮(천궁)
전　화 02)471-7406